行为与治理 电商机构

全国高校电子商务及法律系列规划教材

张夏恒　张荣刚　朱晓娟　编著

ELECTRONIC
COMMERCE
LAW

WUHAN UNIVERSITY PRESS
武汉大学出版社

图书在版编目(CIP)数据

电商机构行为与治理/张夏恒,张荣刚,朱晓娟编著.—武汉:武汉大学出版社,2020.9

ISBN 978-7-307-21568-9

Ⅰ.电… Ⅱ.①张… ②张… ③朱… Ⅲ.电子商务—商业管理—中国—高等学校—教材 Ⅳ.F724.6

中国版本图书馆 CIP 数据核字(2020)第 096650 号

责任编辑:詹 蜜 责任校对:汪欣怡 版式设计:韩闻锦

出版发行:**武汉大学出版社** (430072 武昌 珞珈山)
(电子邮箱:cbs22@ whu.edu.cn 网址:www.wdp.com.cn)
印刷:武汉中远印务有限公司
开本:720×1000 1/16 印张:22.25 字数:449 千字 插页:2
版次:2020 年 9 月第 1 版 2020 年 9 月第 1 次印刷
ISBN 978-7-307-21568-9 定价:58.00 元

作
者
简
介

张夏恒

　　博士，西北政法大学商学院副教授、硕士生导师，浙江大学应用经济学博士后；曾在富士康科技集团、九阳股份有限公司履职高级管理岗位。西北政法大学长安青年学术骨干，阿里巴巴集团阿里研究院活水学者，山东省丝路电商研究中心副主任，陕西省西咸新区研究院兼职研究员，中国跨境电商50人论坛智库专家，山东省跨境电商百人专家。出版专著、教材8部。发表学术论文80余篇，其中SSCI、SCI、EI、CSSCI、CSCD、北大核心论文40余篇，人大复印资料全文转载5篇，高等学校文科学术文摘转载1篇，社会科学文摘转载1篇。主持课题20余项，其中省部级课题3项，获得陕西省第十四次哲学社会科学优秀成果奖三等奖、陕西省高等学校人文社会科学研究优秀成果二等奖。

作者简介

张荣刚

现任西北政法大学党委委员、副校长，博士，博士后，三级教授，硕士生导师，教育部电子商务类专业教学指导委员会委员，陕西省第十三届人大常委会立法咨询专家，第一届陕西省人民政府立法专家库成员，西北政法大学长安学者。兼任中国风险学会理事、陕西省管理科学研究会常务副会长、陕西省内部审计师协会常务理事等。主持国家社科基金项目及省部级课题30余项，出版专著3部，发表学术论文100余篇。获得陕西省师德先进个人1次，获得陕西省高等教育教学成果一等奖、西安市科技进步二等奖，西安市社会科学优秀成果二等奖1次、三等奖2次。

朱晓娟

中国政法大学民商经济法学院分党委副书记、副教授，民商法学博士，中国法学会商法学研究会理事、副秘书长，中国政法大学应用法律研究中心研究员，北京市易准律师事务所兼职律师。著有《论合作社的法律主体性》《电子商务法》《公司法》《破产法原理·规则·案例》《合同法原理·规则·案例》《公司法改判案例精析》《商法.经济法司法考试辅导讲义》等著作，在《政法论坛》《社会科学》《暨南学报》《北方法学》《知识产权》《光明日报》《人民法院报》《经济日报》等核心期刊、报纸上发表论文近20篇。擅长公司法、电子商务法、合同法、破产法等课程的研究与讲授。主持教育部、中国法学会、司法部项目3项，主持校内教学研究项目3项，参与国家社科基金重大项目以及教育部、北京市法学会等科研项目数项。曾多次获得中国政法大学优秀教学奖、青年师德先进个人、优秀班主任、优秀共产党员、优秀实习指导教师等荣誉称号。

总　序

在全球业界精英围绕"发展数字经济、促进开发共享——携手共建网络空间命运共同体"主题共同憧憬和探讨数字经济发展之际，我们编写的电子商务及法律系列教材即将付梓，正当其时。

"电子商务及法律"是一个新兴的交叉专业，是一个理论和应用并重的专业，是一个实践多向发散、理论总结紧随的专业。为这样一个专业编写教材，是一项具有历史使命感的工作，也是一项可能吃力不讨好的工作。因此，对于电子商务及法律系列教材的编写者来说，无论是心态，还是具体的编撰过程，均非寻常。一方面，该教材被列为武汉大学出版社系列规划教材，是此一大类的国内第一套系列规划教材，无首创之名，具首创之实，其责任感和压力可想而知；另一方面，当前该专业在我国方兴未艾，细数国内的教研力量，基础比较薄弱，众多问题亟待解决，难有定论。因而，要编写一套便教利学，真正反映和体现该专业设置目的和要求的教材，其难度不言自明。

北京邮电大学、湖北大学、重庆理工大学和本人所就职的西北政法大学，均是国内最早开办电子商务及法律专业的高校，几所学校于 2015 年在西安共同发起了"全国高校电子商务及法律专业联盟"。经过在联盟会议上的多次探讨和交流，我们深切地认识到，为了更好地促进电子商务及法律专业建设，更及时有效地满足日新月异的本专业人才和实践探索需求，编写一套理实并重、严谨前瞻、融合法商的教材，尤为必要。

管子有言"不言之言，闻于雷鼓"。于是，这一共同认识就转化为切实的努力和行动。在充分调研的基础上，结合电子商务及法律专业建设的实际需要，各位专家学者以电子商务发展趋势为引领，以探究性学习为核心，以联盟学校为依托，经过艰苦努力和持续探索，目前书稿陆续完成。我特意写了这一小段文字，以为纪念。

在教材的编撰过程中，有大量优秀的电子商务及法律领域实践成果不断涌现却未能编入，非常遗憾和可惜，只能留待后续再版时增添了。编写亦难免有不妥之处，还望大家不吝提出宝贵意见！

张荣刚

第四届世界互联网大会召开之际

目　　录

第一章　绪　　论

伴随着电子商务的发展与成熟，参与电子商务活动的组织或机构越来越多，构成形式也越来越丰富。作为电子商务活动的构成要素，这些组织或机构日常活动繁多而复杂，对于电子商务活动产生很多影响，这些组织或机构间同样存在相互影响的关联关系。

第一节　组织及其构成

一、组织

不管是自然环境，还是社会环境，凡涉及人类的大多数活动是以某种方式有组织地集体开展。尤其在社会活动领域内，极少存在与群体活动无关的行为，很多活动都是由多个个体的活动集合而成的。

由若干个体组成的集合，如果这些个体在某一固定时间周期内相对稳定的集中在一起从事某种活动，就会形成某种社会组织。组织又等同于机构，在对其进行定义时，切入角度不同会产生不同的组织定义。从广义上看，组织指由多个要素按照一定方式相互联系起来的系统。从狭义上看，组织指人们为实现一定的目标，相互协作结合而成的集团、团队或机构等。狭义上的组织专门指人群而言，运用于社会管理之中。在现代社会生活中，组织是人们按照一定的目的、任务和形式编制起来的社会集团，组织不仅是社会的细胞、社会的基本单元，而且可以说是社会的基础。从管理学的角度，组织指这样一个社会实体，它具有明确的目标导向、精心设计的结构与有意识协调的活动系统，同时又与外部环境保持密切联系。

根据目标的不同，组织可以划分为不同的类型，如政治组织，其目标是走上政治职场，管理国家机器，执政掌权，制定政策，治理国家；军事组织，其目标是保家卫国，保护国家与人们的安全；经济组织，其目标是通过商品生产与交换，获取利润；教育组织，其目标是传播文化与知识，教书育人，为社会培育人才；宗教组织，其目标是宣传某种宗教教义，梳理某种宗教信仰，争取信徒。

二、组织要素

组织的概念，包括重要的构成要素，即组织成员、组织目标、组织活动、组织资源与组织环境。

（1）组织成员。任何组织都是由一定数量的个体的集合。任何个体，只要与组织所需的要求相吻合，并愿意接受组织的约束，遵守组织的规章制度，提供组织所需的贡献，参加组织的集体活动，就可以成为组织的一员。

（2）组织目标。组织目标是不同组织成员之间的黏合剂与润滑剂。作为组织成员的个体，出于他们需要实现某个依靠其单个个体无法实现的目标，而愿意加入组织并与其他成员协同的行为。事实上看，在多数情况下，组织成员不仅拥有个体目标，而且与组织的共同目标不一致，甚至有时会出现相互矛盾的地方。但是，组织成员仍愿意承认与接收这种共同目标，因为他们的个体目标的实现往往是以集体共同目标的实现为前提的。

（3）组织活动。为了实现共同目标，组织必须从事某种活动，组织活动的内容是由组织目标的性质决定的。由于能够实现同一目标的活动形式与内容多种多样，所以组织必须对不同的目标活动进行权衡、比较与选择。

（4）组织资源。任何活动的开展都需要利用一定数量与种类的资源。组织不仅是人的集合，还是不同资源的集合。特定组织是一定人与一定资源的特殊组合。广义看，人或者说人的劳动也是一种资源。除人以外，组织在目标活动中需要利用到的资源还包括保证组织活动顺利开展的物质资源、信息资源、财力资源，以及包括社会声誉等资源在内的无形资源，等等。

（5）组织环境。作为人的集合，组织总是存在于一定的社会中。组织是社会的一个基本单位，它在目标活动中必然会与外部存在的其他单位发生各种经济或非经济的联系。外部社会环境便是通过这种联系来影响组织的目标与活动。同时，组织自己也会通过这种联系，利用自己的活动去影响和改造外部环境。由于构成外部环境的众多因素在不断变化，因此组织与环境的交互作用也是一个不断变化的过程。

第二节　组织类型

一、组织分类

根据社会结构理论，现代社会的社会组织可以分为政府组织、营利组织和非营利组织三大类型，它们分别是政治领域、经济领域和社会领域的主要组织形式。在社会经济领域，组织形式主要是营利组织与非营利组织两种，这两种组织由于其存在的根本性目的不一样，因此存在很大差别。

二、营利性组织

营利性组织，指经工商行政管理机构核准登记注册的以营利为目的，自主经营、独立核算、自负盈亏的具有独立法人资格的单位，如企业及其他各种经营性事业单位，其中又以企业或公司最为典型。

经济活动是人类社会活动的主要内容。在现代社会，经济活动主要是以公司为单位进行。公司是商品经济发展的产物。人类为了生存，必须消费一定的物品。在商品经济条件下，人们为了满足生存需要而必须消费的物品或与之有关的服务，主要是在市场上通过商品交换获得的，而专门为市场提供这种商品或服务的社会经济组织就是公司。因此，公司是指那些根据市场反应的社会需要来组织与安排某种商品或服务生产与交换的社会经济单位。

根据《中华人民共和国公司法》有关内容，公司是指依法设立的，以营利为目的的，由股东投资形成的企业法人。公司有独立的法人财产，享有法人财产权，以其全部财产对公司的债务承担责任。组织形式仅限于有限责任公司和股份有限公司，如图1-1所示。公司的特征鲜明，具体表现为：（1）是独立的企业法人；（2）以营利为目的的经济组织；（3）公司必须依法设立，并有一定的组织机构；（4）是人资集合的企业法人组织。

有限责任公司指依据公司法由全体股东共同出资设立的，每个股东以其出资额为限对公司承担责任，公司法人以其全部资产对公司债务承担全部责任的经济组织。其特征表现为：

（1）有限责任公司股东的人数有一定的限制，必须是50人以下；

（2）股东以各自的出资额为限对公司承担有限财产责任；

（3）有限责任公司不公开募集资本；

（4）公司的规模可大可小，适应性强；

（5）公司的设立程序简单，组织机构灵活。

有限责任公司的设立条件：

3

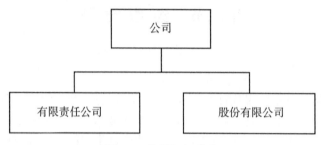

图 1-1　公司组织形式

（1）股东人数符合法定人数；

（2）股东出资达到法定资本最低额 3 万元；

（3）股东共同制定公司章程；

（4）有公司名称，建立符合有限责任公司要求的组织机构；

（5）有公司住所。

股份有限公司是指依法成立的，其全部资本分成等额股份，通过发行股票筹集公司资本，股东以其所持股份为限对公司承担责任，公司法人以其全部资产对公司债务承担全部责任的经济组织。其特征表现为：

（1）公司发起人有人数限制，2～200 人；

（2）公司资本分成等额单位，称为股份；

（3）股份以股票形式发行；

（4）股份有限公司一般规模较大，是典型的合资公司，在设立程序上也比较复杂。

股份有限公司设立的条件：

（1）发起人符合法定人数；

（2）发起人认购和募集的股本达到法定资本最低限额；

（3）股份发行、筹办事项符合法律规定；

（4）发起人制定公司章程，采用募集方式设立的经创立大会通过；

（5）有公司名称，建立符合股份有限公司要求的组织机构；

（6）有公司住所。

三、非营利性组织

非营利组织是指在政府部门和以营利为目的的企业之外的一切志愿团体、社会组织或民间协会，是介于政府与营利性企业之间的"第三部门"。非营利组织所涉及的领域非常广，包括艺术、慈善、教育、学术、环保等。它的运作并不是为了产生利益，这一点通常被视为这类组织的主要特性。

在法律层面上，世界上很多国家都对非营利组织进行了不同的界定。

美国法律上对非营利组织的界定是通过组织是否具有免税资格来认定的，即满足免税条件的组织在法律上被认可是非营利组织。

英国对非营利组织的认定标准如下：①该组织是为公众而非私人利益设立；②该组织雇用一些志愿服务、不领薪水的人员；③领薪水的人员放弃应有的报酬（如接受比一般行情低的薪水）；④盈余不得分配给会员；⑤不支薪会员的理事负责管理该组织事务；⑥其资金来自不同的组织。

日本法律规定，非营利组织是指不以营利为目的，并且其收入不得用于分发给成员的社会组织，但非营利并不意味着不能参加营利性经营活动，而是必须把各种收入用于公益事业。

联合国对非营利组织的界定是根据非营利组织资金来源来定义的。如果一个组织一半以上的收入不是来自以市场价格出售的商品和服务，而是来自其成员缴纳的会费和支持者的捐赠，则是非营利组织。由于各个国家的此类组织在资金来源结构上存在较大差异，此标准并不具有普适性。

在学术层面上，非正式组织又有以下几类定义。

列维特（Levitt）从部门划分的角度对非营利组织进行界定，并使用第三部门（Third Sector）这个名词，用以统称这些处于政府和私营企业之间的社会组织。非营利组织更多地表现出社会责任，具有持续更新社会价值、信念和规范的活力，洞察社会的道德取向、预测社会的趋势，并能开发新的社会服务方式来满足民众需求，他认为这类组织的特征在于组织使命，并且是公共使命。

麦克劳夫林（Mclaughlin）从管理行为角度来界定非营利组织，他通过比较非营利组织与政府组织和营利性组织的管理行为差异，来界定什么是非营利组织。

约翰·霍普金斯大学的萨拉蒙（Salamon）教授从组织特征来界定非营利组织，他认为满足以下六个基本的特征：正规性、民间性、非营利性、自治性、志愿性和公益性的组织就可以称为是非营利组织。

安瑟尼·杨（Anthony Y）则是从组织运营特征来界定非营利组织的内涵，他认为非营利组织相对于政府组织和营利性组织具有以下 12 个方面的特征，即：（1）不以营利为目的；（2）主要提供公共物品和服务；（3）公平和效率之间的冲突更加激烈；（4）在目标和发展战略上相对于营利性组织具有更多的约束；（5）收入具有非价格来源的性质；（6）税收和法律上有特殊的规定；（7）存在管理控制失灵的痼疾；（8）组织成员的行为难以考察；（9）专业技术人员占据主导地位；（10）各种类型的非营利组织内部结构差异较大；（11）财务上对客户的依赖性较小；（12）趋向商业化运行。

非营利组织还必须产生收益，以提供其活动的资金。但是，其收入和支出都是受到限制的。因此非营利组织往往由公、私部门捐赠来获得经费，而且经常是免税的状态。私人对非营利组织的捐款有时还可以扣税。

非营利性组织作为一个部门的界定并不完全统一，不同国家的界定标准也有所不同，目前国际上较为广泛接受的是萨拉蒙教授指导的美国约翰·霍布金斯大学非营利性组织国际比较研究项目归纳的 5 个特征界定，即：（1）组织性，指有正式的组织机构，有成文的章程、制度，有固定的工作人员等；（2）非政府性，指不是政府及其附属机构，也不隶属于政府或受其支配，也可称为"民间性"；（3）非营利性，指不以营利为目的，不进行分红或利润分配；（4）自治性，指有独立的决策与行使能力，能够进行自我管理；（5）志愿性，指成员的参加特别是资源的集中不是强制性的，而是自愿和志愿性的，组织活动中有一定比例的志愿者参加。在这 5 个属性中，组织性一般被看作一个不言而喻的前提，自治性和志愿性也有一些不同的提法，而非政府性和非营利性是最核心和最一致的认识。

四、营利性组织与非营利性组织的比较

（一）组织目标不同

众所周知，营利性组织最典型的就是企业，而企业是以营利为最终目的，其出发点和归宿都是营利。因此营利性组织的目标就包含 3 个：生存，发展，获利。首先，企业必须生存，只有生存下来才能进一步发展. 只有发展才能获利，而企业最终只有获利才能体现其生存的价值，这 3 个方面是息息相关的。

非营利组织是不以获取利润为目的，为社会公益服务的独立组织。非营利组织表现为各种社会团体、事业单位或者民办非企业单位等形式，在教育、文化、科学技术、医疗卫生、环境保护、权益保护、社区服务、扶贫发展及慈善救济等领域为社会公益提供服务。非营利组织一般是指不以获取利润为目的，而从事商品生产、流通，提供服务的民间组织。尽管这些组织提供有偿服务，并收取合理的费用来弥补它们提供服务所消耗的成本，以维持组织的生存。但它们不是以营利作为组织运营的最终目标。非营利组织即使有盈余也要回馈给其他有利于该组织宗旨完成的运作或组织的扩充，而不会分配给组织的成员、管理人员，或者进入任何一个私人的账户。

（二）组织的财务管理目标不同

与企业组织的营利目标相对应，企业财务管理的目标也与企业获利紧密相连。对于有关企业财务管理目标，我们通常有几种具体的表述：有利润最大化、每股盈余最大化、股东财富最大化、相关利益主体的利益最大化。尽管表述不一样，但其实质都是一样的，都是以营利为其最终目的。

非营利组织财务管理的目标可以描述为：获取并有效使用资金，以最大限度实现组织的社会使命。因此在非营利组织财务管理中，没有利润指标。非营利组织是

为了实现其社会使命而运作的，因此，对于为实现其社会使命所提供的服务，也会收取一定的费用，但该收费水平与营利组织相比相当低，甚至有些是免费的。

（三）财务管理活动的内容不同

对于营利性组织而言，其财务管理活动的内容可以概括为四大部分：筹资、投资、营运和收益分配。根据资本金制度，企业在创立时需要一定的自有资金，以便其进行正常的生产经营活动。

非营利组织的收入来源主要有 3 个渠道：民间捐赠，服务收费和政府补贴。民间捐赠大部分来自个人、基金会和企业的捐款，这是非营利组织独特的收入来源，也是其与公共部门及私人营利机构相区别的标志之一。

（四）组织的权益不同

对于企业而言，股东出资创办了企业，对于企业的资产，股东拥有所有权。股东以其出资比例为限承担相应的义务并享有相应的权利。在企业破产清算时，对于企业的破产财产，股东拥有剩余财产的求偿权。

对于非营利组织而言，由于其所有权形式特殊，资金大多来源于捐赠，因此，资金的提供者对于组织的财产并不享有所有权，相应的就不存在可以明确界定并可以出售、转让、赎买的所有者权益。即使非营利组织解体，资产提供者即捐赠者也没有分享一份剩余资产的权利。

☞ 本章回顾

所谓组织，是指人们为实现一定的目标，相互协作结合而成的集团或团队或机构等。组织的构成要素包括组织成员、组织目标、组织活动、组织资源与组织环境。公司是现代社会人们从事经济活动的主要组织形式，是典型的营利性组织。此外，组织还包括非营利性组织。在公司这一维度里，根据公司法规定，公司又分为有限责任公司与股份有限公司。就营利性组织与非营利性组织看，各自特征鲜明；就有限责任公司与股份有限公司看，两者区别同样明显。

☞ 关键术语

组织　组织要素　营利性组织　非营利性组织　有限责任公司　股份有限公司

☞ 思考题

1. 什么是组织，组织要素包括哪些内容？
2. 什么是营利性组织，什么是非营利性组织？

3. 有限责任公司与股份有限公司都有哪些特征?

4. 公司的特征是什么?

5. 非营利性组织具有哪些特征?

6. 对比分析营利性组织与非营利性组织。

第二章　电子商务生态系统

【学习目标】

掌握生态系统的概念及特征

掌握商业生态系统的概念

掌握商业生态系统结构图

掌握摩尔关于电子商务生态系统的概念

掌握电子商务生态系统结构图

了解核心物种、关键物种、支持物种、寄生物种

【章节纲要】

本章主要分三节来阐述电子商务生态系统问题。第一节主要介绍生态系统问题；第二节主要介绍商业生态系统问题；第三节重点介绍电子商务生态系统问题。

第一节　生态系统

一、生态系统的概念

生态系统较早由 A. G. Tansley（1935）所提出，认为生态系统是生物与环境之间形成的不可分割的相互关联与相互影响的整体。A. G. Tansley 在 Ecology 发表的题为《植被概念与术语的使用和滥用》一文中提及"更基本的概念……不仅包含有机体综合体，还包含形成的成为环境的物理因素的全部综合体的整体系统……不能把它们从它们的特殊的环境分离出来，它们与特殊环境形成了一个自然系统……正是如此形成的这个系统构成地球表面自然界的基本单位……这些生态系统（Ecosystem）如我们可以称呼它们的"。在《生物多样性公约》（CBD）中对生态系统的定义较普遍被认同，即由植物、动物和微生物群落及其无机环境相互作用构成的一个动态、复杂的功能单元。也有学者提出，对生态系统的描述包括它的空间关系、自然特征的调查，它的栖息地与生态位，它的有机体与能量物质的基本存量，它的输入物质的性质、能量与行为，以及它的熵水平的趋势。从构成要素的角

度，有学者强调突出三类要素以及与外界环境的物质、能量、信息交换关系，包括生产者、消费者与分解者；也有学者提出生态系统由六种成分构成，分别为无机物质、有机化合物、气候因素、生产者、消费者、分解者。

生态系统的概念虽然有不同学者从不同角度加以定义，但普遍被认同为一个松耦合的域群集，并且包含物种集居的环境，物种会主动顺应自身利益进而与环境融合。生态系统可分为两个重要构成要素，即复杂的物种及其赖以生存的环境。不仅如此，生态系统还为社会系统提供所需的服务，如可移动的物质、能量与适合人类所需的社会系统信息。生态系统特征鲜明，从诸多对生态系统概念的界定角度出发，发现其特征表现如下：①生态系统是生态学上的一个主要结构与功能单位，属于生态学研究的最高层次，按照生态学研究的层次由低至高依次为个体、种群、群落与生态系统（见图2-1）；②生态系统内部具有自我调节能力；③能量流通、物质循环与信息传递是生态系统的三大功能；④生态系统中营养级的数目受限于生产者所固定的最大能值与这些能量在流动过程中受到的巨大损失；⑤生态系统是一个动态系统，经历了一个从简单到复杂、从不成熟到成熟的发育过程。

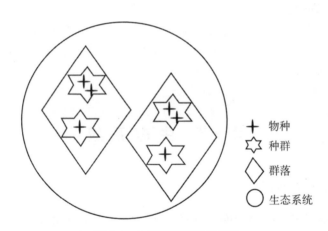

图2-1 生态系统构造示意图

物种
种群
群落
生态系统

二、解读生态系统

在解读及研究生态系统时，有些关键词及相关理论需要得到重视。通过梳理众多关于生态学理论的研究成果，针对这些关键词及理论描述的大同小异，而进行一一比较和梳理的意义不大，文章选取其中常用的说法加以论述。

关于生态位，物种若要生存与繁殖，必须在一定的温度、地理等环境范围内方可进行，这个范围就成为物种的生态位。

物种是生态系统中最小的个体及要素，也是基本单元与核心单元。物种是由群居组成的具有生殖属性个体所构成，与其他个体在生殖上是孤立的，在生态系统内占据一定的生态位。

种群是生物学的重要概念之一，具体指在一定空间中同种物种的组合。种群由共同物种构成，占据一定的领域，是同种物种通过种内关系组成的一个统一体或系统。种群由物种构成，但不等同于物种的个体简单相加，除了物种的集合外，还包括物种的个体间非独立性的交互作用与影响。

群落又称为"生物群落"，是相同时间聚集在同一地段上的各物种种群的集合。其概念较早由生物群落生态学家 V. E. Shelford（1911）提出，其定义生物群落为：具有一致的种类组成且外貌一致的生物聚集体。美国著名生态学家 E. P. Odum（1957）在《生态学基础》中对该定义进行了补充，提出除了种类组成与外貌一致外，还具有一定的营养结构和代谢格局，群落是生态系统中最具生命的部分，也是生态学中最重要的原理之一，即各种不同的物种能在有规律的方式下共处。此外，群落还被定义为在特定的空间或特定的生存环境下种群有规律的组合，它们之间以及它们与环境之间彼此影响，相互作用，具有一定的形态结构和营养结构，并执行一定的功能。图 2-1 详细描述了生态系统的构成结构。

在生态系统理论中，存在反馈现象，既包括正反馈，也包括负反馈。反馈具体指当生态系统的一个部分发生变化，并且该变化在生态系统其他部分形成效应链之后，该变化在原发生部分所产生的影响。生态系统的变化就在于正反馈与负反馈的存在与作用。正反馈刺激着变化，当生态系统的一个部分发生变化，另一个部分的变化增加该部分的变化，就形成了正反馈，正反馈是生态系统不稳定的根源所在，正反馈促进了生态系统的变化。负反馈是反向变化效果的循环链，当生态系统一部分超出正常要求，系统的其他变化会扭转第一部分的变化。它保持了生态系统的稳定性，所有生态系统都存在很多负反馈循环，促使生态系统的每一个部分都保持在正常范围内，从而实现整个系统持续正常的运行。

生态系统的不同部分之间能够很好适应的奥秘在于生态系统本身，它自己组织了自己，即生态系统的自组织特性。作为生态系统的主要理论之一，自组织推动了生态系统物种之间功能的相互联系，以及推动了生态系统的运转。不管是自然生态系统，还是社会生态系统，自组织都是其中最重要的特征之一。

自组织指在生态系统里能够自发、自主、自觉地进行物质、能量、信息交换与转化的循环过程。生态系统是一个自组织的系统，自组织也是生态系统的基本规律。在自组织的驱动下，生态系统实现了进化与优胜劣汰，这些过程都是遵循着自组织的客观规律发展的，这种内在的客观规律不以人的意志为转移。

共同进化也是生态系统的重要理论之一。在生态系统，尤其是商业生态系统中，共同进化是一个远比竞争或合作更重要的概念。共同进化包含在整个生态系统的进化中，它是一个过程，相互依存的物种是在一个无穷的交互圈内进化，物种 A

的变化为物种 B 的自然选择变化提供了场所，反之亦然。

生态系统是一个复杂的系统，存在复杂的驱动机制驱使其发生变化。主要的驱动因素包括人、经济、社会、政治、文化、技术以及自然与生物的多种类别等。其中，人的因素是生态系统中最活跃的细胞，也是保护、恢复与管理生态系统的关键环节。如果用函数表达式来描述生态系统，根据不同学者的观点，有以下两种表达方式：

$$Y_e = f(x_p,\ x_c,\ x_d,\ x_i,\ x_o,\ x_w)$$
$$Y_e = f(x_p,\ x_c,\ x_d)$$

其中：

Y_e 为生态系统；

x_p 为生产者；

x_c 为消费者；

x_d 为分解者；

x_i 为无机物质；

x_o 为有机化合物；

x_w 为气候因素。

第二节　商业生态系统

一、商业生态系统概念

借助于生态系统观点与理论，James F. Moore（1993）最早提出了商业生态系统，认为商业生态系统是一种基于组织互动的经济联合体。

随后 James F. Moore（1996）在其著作 *The Death of Competition：Leadership and Strategy in the Age of Business Ecosystem* 中详细阐述了商业生态系统理论，认为商业生态系统是以组织与个体（商业世界里的有机体）的相互作用为基础的经济联合体，并生产出对消费者有价值的产品或服务，商业生态系统的构成体包括核心企业、消费者、市场中介（代理商、销售渠道等）、供应商、风险承担者与有力的成员（政府、立法机构等），在一定程度上还包括竞争者，如图 2-2 所示。

Power Thomas 等人（2001）认为商业生态系统是由在现实中存在关联关系的实体单位通过互联网上的网站构成的系统，是一些经济实体及其环境中非生物因素的统一体，该观点将信息性与互联网作为构建商业生态系统的根基。

Lewin Roger（1999）提出商业生态系统由占据不同生态位的企业构成，企业生态位的牵动影响着企业价值链的组成成分。

Marco Iansiti 等人（2004）主张运用生态系统中的生态位概念来阐述商业生态

系统的结构特征，将商业生态系统界定为由占据不同但彼此相关的生态位的企业所构成，一旦其中一个生态位发生变化，其他生态位也会相应发生变化。

Mirva Peltoniemi 等人（2004）认为商业生态系统是一种由具有一定关系的组织组成的动态结构，这些组织可能是一些小企业，也可能是大企业、研究中心、公共机构以及其他可能影响这个系统的组织。

Erik den Hartigh 等人（2006）认为商业生态系统是一种由围绕在某项核心技术周围、相互依赖的供应商与客户构成的网络，该观点以企业与企业网络的关系为研究出发点。

Shaker A. Zahra 等人（2012）将商业生态系统视为一种为企业提供资源、合作伙伴以及重要市场信息的网络，该网络是基于网络内部成员企业之间长期的互动关系形成的。

二、商业生态系统结构图

部分学者对商业生态系统中的企业进行分类，如 Marco Iansiti 等人（2004）提出将商业生态系统中的企业，按其表现分为三大类，即：（1）领导型企业（Keystone），（2）关键型企业（Dominators），（3）寄生型企业（Niche Players），此外还对商业生态系统理论框架进行构建，并加以实际运作，如对 IBM、微软、惠普、沃尔玛、戴尔等大型企业进行了案例研究。

国内学者陆玲较早关注了商业生态系统，于 1996 年提出企业生态学原理与企业生态系统概念，提出了企业生态系统是企业与企业的生存环境构成的统一体（见图 2-2）。虽然后续有一些学者相继对企业生态系统进行阐述，但从其概念看，企业生态系统就是商业生态系统。韩福荣（2002）以物种为划分角度，将企业生态系统分为生物成分与非生物成分两部分。其中，生物成分包括企业个体及群体、消费者、市场中介、供应商及投资者等主要物种，非生物成分包括政治形势、经济环境、政策法令、科技发展水平、劳动力知识水平及自然资源等。杨忠直（2003）结合自然、经济与社会环境概念，提出商业生态系统是在一定时期与一定的空间内由企业、消费者、市场及其所在的自然环境、经济环境与社会环境组成的整体系统。此外，有一些学者从商业生态系统的构成要素角度加以剖析，如王兴元（2005）提出商业生态系统理论是供应链理论的进一步发展；陆杉等（2007）人认为商业生态系统除了一般意义的供应链（即商业生态系统的核心部分）外，还应包括政府机构与其他管理组织、供应链的行业协会等组织、同类的供应链（商业生态系统的扩展部分）；赵湘莲等人（2007）提出商业生态系统的边界不仅仅局限于系统规模的大小及所处的地域，还可能存在于常规的行业界限里，也可能会跨越若干行业，系统内成员可以采用灵活多样的供应链式、转包式、插入兼容式及虚拟合作式等形式，构建信息交互参与动态联盟，还致力于同质企业群体间与周边非生

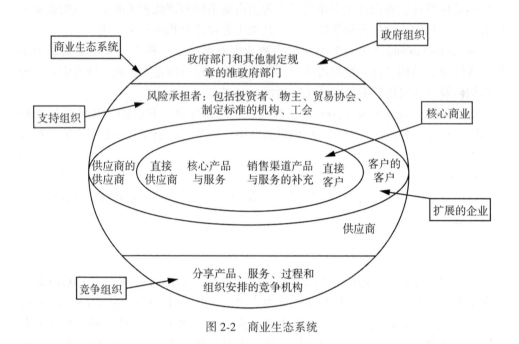

图 2-2 商业生态系统

物环境间的建设性关系的构建；欧阳泉（2013）认为商业生态系统是以组织和个人与其所处生态环境形成的相互作用、相互依赖、共同发展的一种松散经济联合体，是强调为适应或改善环境而组成的共同体，商业生态系统的成员除了企业自身外，还包括消费者、供应商、生产者、流通者、竞争者等经济联合体，以及管理咨询、科研机构、社会团体等相关的组织团体。

　　商业生态系统成为企业管理者、行业领袖等实践层面面临与思考的热点之一，也是学术研究领域的前沿问题之一，尤其在大数据、云计算等信息突飞猛进的背景下，研究商业生态系统更加行之有效。关于商业生态系统的协同进化或协同演化也成为研究焦点，协同进化的意义重大且作用凸显。Moore 的商业生态系统理论的基础思想就在于企业的发展壮大，必须密切关注并理解经济环境及影响其进化的组织，并从中作出独特的贡献。Jay Barney 等人（2001）提出通过商业生态系统，企业间能够进行资源互补及业务协同。赵湘莲（2006）也提出商业生态系统结构与合作方式的复杂性决定了商业生态系统的进化行为为协同进化。潘剑英等人（2012）呼吁研究要更加重视商业生态系统与其内部企业的互动合作关系，更多聚焦于商业生态系统及其内部企业的协同演化。由此可见，商业生态系统的重要性也是实现协同的关键所在。企业通过联合形成系统，除了减少环境的影响外，更重要的是企业间的联合有利于提高各自的技术创新能力，增加各自的市场机会。所以，商业生态系统的本质在于成员间的协同进化。

商业生态系统是一个复杂系统，成员面临复杂多变的环境，尤其是在大数据环境下，企业间的竞争也不再是个体竞争，也不是供应链的链条间的竞争，而演变为企业联合的商业生态系统间的竞争。为了应对动态不确定的环境变化，商业生态系统中形成的协同进化机制越发重要，各成员在自我改善的同时，必须对系统中其他成员加以关注，并予以积极配合，同时其他成员也应进行自我努力以实现改造的目标，其中，骨干与核心成员的作用更加关键。

第三节　电子商务生态系统

一、电子商务生态系统概念

电子商务生态系统是借助于生态系统与商业生态系统理论而衍生的一个概念。有人提出电子商务生态系统是在 Internet 环境下的生态系统，其观点比较片面。

叶秀敏等人（2005）较早提出了网商生态系统的概念，网商生态系统是网商之间相互交换信息与资源，进行交易，伴随着竞争与淘汰，网商们努力与周围环境相适应，进而构成了一个不断完善、高速发展的以互联网为基础的商务生态系统，并提出网商生态系统是由网商、规则、互联网信息交流及产品交易平台、环境四大要素共同构成，该观点也不全面，只是从电子商务生态系统中的网商角度提出的。

刘志坚（2006）将生态系统与商业生态系统引入电子商务领域，提出电子商务生态系统是由一系列关系密切的企业与组织机构，超越地理空间位置的界限，将互联网作为竞争与沟通平台，通过虚拟、联盟等形式进行优势互补与资源共享构成一个有机的生态系统。

胡岗岚等人（2009）认为将互联网作为竞争与沟通平台，通过虚拟、联盟等形式进行优势互补与资源共享，构成的一个有机的生态系统就是电子商务生态系统。

吴恒亮等人（2010）认为电子商务生态系统是在网络与电子商务环境下，相互影响、相互作用的企业，这些企业包括核心电子商务企业、供应商、顾客、物流公司、供应商的供应商、金融机构、第三方支付机构、认证机构、第三方电子商务平台提供商、广告公司、软件公司等，它们依靠各自核心能力及其优势互补，不断进行物流、资金流与信息流交换，以实现价值增值所形成的复杂经济群体。

纪淑娴等人（2012）认为电子商务生态系统是商务生态系统的一种，是由电子商务核心交易企业、金融服务企业、物流服务企业、政府等组织机构以联盟或虚拟合作等方式通过互联网平台分享资源形成的一种生态系统，成员间信息共享、协同进化，实现自组织与他组织。

郭旭文（2014）认为电子商务生态系统为一系列密切关联的企业与组织机构，

超越地理局限，利用互联网络平台作为竞争与沟通环境，围绕核心电子商务企业，通过优势互补与资源共享联合成为的一个有机的生态系统，该系统中各成员各司其职，促进物流、资金流与信息流的交换与循环，共同构成一个多层次、复杂的商业生态系统。

吕瑞祥等人（2015）认为电子商务生态系统是在电子商务活动中，生态主体之间以及主体与环境之间不断进行交流与合作形成统一复杂的系统，强调该系统涉及诸多关联主体与环境因素，主体包括商家、终端客户、金融机构、政府等，环境包括技术、法律、市场环境等，所有要素共同构成相互联系、相互协作、共同演进的电子商务生态系统。

☞ **新闻摘录**

电子商务是互联网发展日臻成熟的直接后果，是网络技术应用新的发展方向。互联网自身所具有的开放性、全球性、低成本、高效率的特点，已成为电子商务的内在特征，并使得电子商务大大超越了作为一种新的贸易形式所具有的价值。电子商务让整个社会扁平化，当然其中也包括企业组织的扁平化。换句话讲，在互联网时代，消费者在整个社会活动中扮演着越来越重要的角色，甚至成为产业创新活动最重要的动力之一。而电子商务平台中的佼佼者当属阿里巴巴，京东，万达电商。阿里巴巴的马云说过："任何一个'帝国'都有毁灭的时候，我们要做的是'生态系统'，因为只有'生态系统'才可以生生不息。"

二、电子商务生态系统结构图

电子商务生态系统的构成要素比较复杂，有的强调由主体与环境两大要素构成，也有从系统涉及的诸多方面组织或企业的角度，也有学者将生态系统中的物种划分为核心物种、关键物种、支持物种、寄生物种。按照生态系统中"物种"层面来划分电子商务生态系统的构成要素的观点使用相对较多。如电子商务生态系统的成员分为领导种群、关键种群、支持种群、寄生种群，也有的提出电子商务生态系统由领导种群、关键种群、寄生种群等构成，也有的认为由领导种群、关键种群、支持种群与环境构成。本书从"物种"层面作为研究视角，综合前人研究成果提出电子商务生态系统的构成要素，如图2-3所示。

（1）核心物种，即核心电子商务企业，是整个生态系统资源的领导者，可以通过所提供的交易平台以及信息、监管等服务，承担着电子商务生态系统的资源整合与沟通、协调的角色。

（2）关键物种，即电子商务交易主体，包括供应商、消费者、投资商、生产商乃至供应商的供应商以及客户的客户，一起构成的电子商务生态系统其他物种所共同服务的对象。

（3）支持物种，即电子商务交易所必须依附的企业、组织或机构，包括物流企业、支付企业、金融机构、行业协会、政府机构、通信服务企业、信息技术机构等，这些物种都是围绕电子商务核心物种与关键物种的活动，支持电子商务系统的正常运转。它们无须完全依赖于电子商务生态系统而生存，而是通过优化的电子商务生态系统获取超越以自身竞争能力而获得的利益。

（4）寄生物种，即为电子商务交易提供增值服务的服务提供商等，包括网络营销服务商、各类技术外包服务商、电子商务咨询服务商、供应链优化及整合服务商、物流增值服务项目提供商、各类广告服务提供商等。

（5）环境，即电子商务生态系统所包含的各类环境，包括各企业、组织及机构内部环境，也包括它们面对的外部环境以及系统所面对的外部环境等。从环境类别看，分为政治环境、经济环境、法律环境、技术环境、社会文化环境、自然环境等。

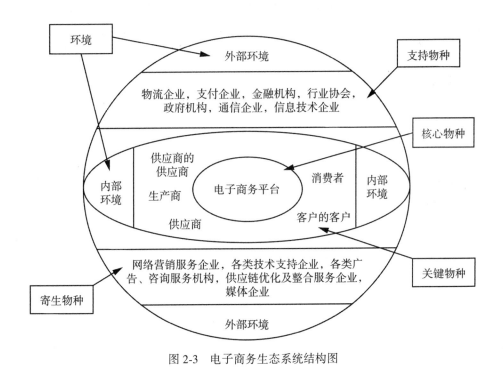

图 2-3　电子商务生态系统结构图

电子商务生态系统是根据生态系统、商业生态系统理念而提出的。商业生态系统属于生态系统的一种类型，电子商务生态系统又属于商业生态系统的一种类型。

在生态系统与商业生态系统理论背景下，作为构成物种的表现形式，即各类企业或组织结构，要将关注点从提升组织内部能力向增加组织所参与的商业网络的整体能力上转移。在未来的竞争中，已不再是单个组织之间的竞争，而是演化成商业生态系统之间的抗衡，这也是本书从生态系统理论研究电商机构行为与治理的出发点之一。

☞ 本章回顾

电子商务生态系统源于商业生态系统与生态系统理论，实质上属于一脉相承。生态系统被认同为一个松耦合的域群集，并且包含物种集居的环境，物种会主动顺应自身利益进而与环境融合。生态系统可分为两个重要构成要素，即复杂的物种及其赖以生存的环境。生态位、物种、种群、群落、自组织共同进化一并构成了生态系统的主要知识点。在生态系统理论基础上，摩尔提出了商业生态系统，认为商业生态系统是一种基于组织互动的经济联合体。随之，电子商务生态系统呼之欲出，并沿用了商业生态系统的概念与结构图。同时，还认为电子商务生态系统从物种角度看，主要包括核心物种、关键物种、支持物种、寄生物种以及环境。

☞ 关键术语

生态系统 物种 商业生态系统 电子商务生态系统 自组织 共同进化 生态位

☞ 思考题

1. 如何理解生态系统、商业生态系统及电子商务生态系统？
2. 生态系统具有哪些显著的特征？
3. 解读自组织理论与共同进化理论。
4. 如何刻划电子商务生态系统结构图？
5. 举例说明如何构建电子商务生态系统。

第三章　电商交易参与主体

【学习目标】
掌握电子商务的概念
了解电子商务法律特征
掌握常见的几种电商分类
掌握电商平台及电商平台经营者
了解电商交易流程
了解供应商类型
了解网民及互联网发展现状
掌握电商物流及跨境物流的类型
了解电商支付的类型

【章节纲要】
本章主要分六节来介绍电商交易参与主体问题。第一节主要介绍电子商务概括；第二节重点介绍电商平台；第三节重点介绍电商交易活动中的供应商；第四节重点介绍电商活动中的消费者；第五节重点介绍电商物流问题；第六节重点介绍电商支付问题。

第一节　电子商务简述

一、电子商务概念简述

在对电子商务概念进行演技与归纳时，国内外学者对其定义大同小异。不同学者从不同角度提出过不同的定义与观点，较有代表性的有如下一些：

（一）国外学者的观点

（1）美国的 Emmelhainz 博士在其著作《EDI 全面管理指南》中，从功能视角把 E-commerce 定义为：通过电子方式，在网络基础上实现信息、物质的商业交换活动。

（2）加拿大的 Jenkins 和 Lancashire 在《电子商务手册》中从应用视角定义为：

数据或资料电子装配线的横向集合。

（3）美国 NIIT 负责人 John Longenecker 从营销视角定义，称为电子化的购销市场，即电子化的商品购买和服务市场。

（二）国内学者的观点

（1）王可研究员从过程视角定义，即在计算机与通信网络基础上，利用电子工具实现商业交换和行政作业的全部过程。在电子商务原理方面，王可研究员针对工业时代注明的准时制（JIT）生产原理，提出在信息化时代电子商务信息管理原理：把需要的信息在正需要的时刻送到正需要的地点，以消除时间的浪费。

（2）王新华认为，从本质上看，电子商务是一组电子工具在商务过程中的应用，这些工具主要包括电子数据交换（EDI）、电子邮件、电子公告系统（BBS）、条码、图像处理、智能卡等。应用的前提与基础是完善的现代通信网络、人们思想意识的提高以及管理体制的转变。

（3）李琪教授从内在要素视角对电子商务进行了分析与定义，认为电子商务的概念分为广义与狭义。广义范畴的电子商务是，使用各种电子工具从事商务劳动或活动。这些电子工具包括从初级的电报、电话、广播、电视、传真到计算机、计算机网络，到 NII（国家信息基础结构：信息高速公路）、GII（全球信息基础结构）和 Internet 等现代系统。商务活动则是从泛商品（实物与非实物，商品与商品化的生产要素等）的需求活动到泛商品的合理、合法的消费除去典型的生产过程后的所有活动。狭义范畴的电子商务是，主要利用 Internet 从事商务活动。电子商务是在技术、经济高度发达的现代社会里，掌握信息技术和商务规则的人，系统化地运用电子工具，高效率、低成本地从事以商品交换为中心的各种活动的总称。这个分析突出了电子商务的前提、中心、重心、目的和标准，指出它应达到的水平和效果，它是对电子商务更严格和体现时代要求的定义，从系统的观点出发，强调人在系统中的中心地位，将环境与人、人与工具、人与劳动对象有机地联系起来，用系统的目标、系统的组成来定义电子商务。

（三）国际组织的观点

（1）联合国国际贸易程序简化工作组对电子商务的定义是，采用电子形式开展的商务活动。它包括在线供应商、客户、政府及参与方之间通过任何电子工具，如 EDI、Web 技术、电子邮件等共享非结构或结构化商务信息，并管理和完成在商务活动、管理活动和消费活动中的各种交易。

（2）全球信息基础设施委员会（GIIC）电子商务工作委员会对电子商务的定义是，电子商务是运用信息技术作为通信手段的经济活动。通过这种方式，人们可以对带有经济价值的产品和服务进行宣传、购买、结算与消费。

（3）世界贸易组织（WTO）在《电子商务》专题报告中，对电子商务进行了定义，认为电子商务是通过电信网络进行的生产、营销、销售和流通的活动，它不仅是指基于 Internet 上的交易活动，而且还指所有利用电子信息技术来解决问题、降低成本、增加价值以及创造商业和贸易机会的商业活动，包括通过网络实现从原材料查询、采购、产品展示、订购到出货、储运、电子支付等一系列的贸易活动。

（4）联合国经济与发展组织（OECD）在有关电子商务的报告中，对电子商务的定义是，电子商务是发生在开放网络上的企业之间、企业与消费者之间的商业交易。

（四）企业的观点

（1）IBM 对电子商务的定义具有代表性，认为电子商务是在 Internet 的广阔联系与传统信息技术的丰富资源相结合的背景下，应运而生的一种在互联网上展开的相互关联的动态商务活动。它强调的是在计算机网络环境下的商业化应用。IBM 认为电子商务不仅包括在线商品的交换，还包括对客户的服务和商业伙伴之间的合作。

（2）Intel 公司对电子商务的定义是，电子商务＝电子化的市场＋电子化的交易＋电子化的服务。

（3）HP 公司把电子商务、电子业务、电子消费这几个概念区别对待，电子商务的定义是，通过电子化手段来完成活动的一种方式。电子业务是指一种新型的业务开展手段，通过基于互联网的信息结构，使得公司、供应商、合作伙伴和客户之间利用电子业务共享信息。电子消费定义为人们使用信息技术进行娱乐、学习、工作、购物等一系列活动，使得家庭的娱乐方式越来越多的从传统电视向因特网转变。

二、电子商务演进的生命周期

（一）生命周期理论的提出

生命周期是一种非常有用的工具，标准的生命周期分析认为市场经历发展、成长、成熟、衰退几个阶段。然而，真实的情况要微妙得多，给那些真正理解这一过程的企业提供了更多的机会，同时也更好地对未来可能发生的危机进行规避。

生命周期理论由卡曼（A. K. Karman）于 1966 年首先提出，后来赫塞（Hersey）与布兰查德（B1anchard）于 1976 年发展了这一理论。它以四分图理论为基础，同时吸取了阿吉里斯的不成熟—成熟理论。

阿吉里斯主张有效的领导人应当帮助人们从不成熟或依赖状态转变到成熟状态。他认为，一个人由不成熟转变为成熟的过程，会发生 7 个方面的变化。他认为，这些变化是持续的，一般正常人都会从不成熟趋于成熟。每个人随着年龄的增长，会有日益成熟的倾向，但能达到完全成熟的人只是极少数。

（二）行业生命周期理论

行业生命周期指行业从出现到完全退出社会经济活动所经历的时间。行业生命周期包括 4 个发展阶段：幼稚期，成长期，成熟期，衰退期，如图 3-1 所示。

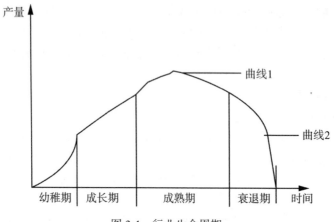

图 3-1　行业生命周期

　　行业生命周期曲线忽略了具体的产品型号、质量、规格等差异，仅仅从整个行业的角度考虑问题。行业生命周期可以从成熟期划为成熟前期和成熟后期。在成熟前期，几乎所有行业都具有类似 S 形的生长曲线，而在成熟后期则大致分为两种类型：第一种类型是行业长期处于成熟期，从而形成稳定型的行业，如图 3-1 中的曲线 1；第二种类型是行业较快地进入衰退期，从而形成迅速衰退的行业，如图 3-1 中的曲线 2。行业生命周期是一种定性的理论，行业生命周期曲线是一条近似的假设曲线。

　　识别行业生命周期所处阶段的主要指标有：市场增长率、需求增长率、产品品种、竞争者数量、进入壁垒及退出壁垒、技术变革、用户购买行为等。下面分别介绍生命周期各阶段的特征。

　　1. 幼稚期

　　或称为导入期，这一时期的市场增长率较高，需求增长较快，技术变动较大，行业中的用户主要致力于开辟新用户、占领市场，但此时技术上有很大的不确定性，在产品、市场、服务等策略上有很大的余地，对行业特点、行业竞争状况、用户特点等方面的信息掌握不多，企业进入市场的壁垒较低。

　　2. 成长期

　　或称为发展期，这一时期的市场增长率很高，需求高速增长，技术渐趋定型，行业特点、行业竞争状况及用户特点已比较明显，企业进入市场的壁垒提高，产品品种及竞争者数量增多。

　　3. 成熟期

　　这一时期的市场增长率不高，需求增长率不高，技术上已经成熟，行业特点、行业竞争状况及用户特点非常清楚和稳定，买方市场形成，行业盈利能力下降，新产品和产品的新用途开发更为困难，行业进入市场的壁垒很高。

4. 衰退期

这一时期的市场增长率下降，需求下降，产品品种及竞争者数目减少。从衰退的原因来看，可能有四种类型的衰退，它们分别是：

（1）资源型衰退，即由于生产所依赖的资源的枯竭所导致的衰退。

（2）效率型衰退，即由于效率低下的比较劣势而引起的行业衰退。

（3）收入低弹性衰退。即因需求-收入弹性较低而衰退的行业。

（4）聚集过度性衰退。即因经济过度聚集的弊端所引起的行业衰退。

行业生命周期在运用上有一定的局限性，因为生命周期曲线是一条经过抽象化了的典型曲线，各行业按照实际销售量绘制出来的曲线远不是这样的光滑规则，因此，有时要确定行业发展处于哪一阶段是困难的，识别不当则容易导致战略上的失误。而影响销售量变化的因素有很多，并且关系复杂，整个经济中的周期性变化与某个行业的演变也不易区分开来，再者，有些行业的演变是由集中到分散，有的行业是由分散到集中，无法用一个战略模式与之对应。因此，应将行业生命周期分析法与其他方法结合起来使用，才不至于陷入分析的片面性。

（三）电子商务的生命周期

将整个发展历程细分来看，电子商务成果显著，但也呈现出几段小低潮。根据生命周期理论，新事物出现后一般会经历导入期、发展期、成熟期、衰退期四个阶段，其中，在向衰退期进化过程中，要么直接进入衰退期，或者，如果能够进行创新与突破，则会步入新的生命周期循环。以网民规模、网商规模、网络活跃度、互联网相关企业数量为划分依据，将电子商务生命周期划分如下：

1. 1994 年至 2002 年：电子商务的导入期

1994 年的三金工程（金管、金卡、金税）标志着我国电子商务的诞生。随后，电子商务逐步导入，如 1996 年全桥网与互联网正式开通；1997 年第一家垂直互联网企业成立；1998 年以 8848 为代表的 B2C 企业正式运营，此时进入电子商务的实际应用阶段。到 2002 年，一批 B2B、B2C、C2C 互联网企业成立与运营，如中国化工信息网、阿里巴巴、易趣网、慧聪网、当当网等。电子商务处于起步阶段，信息化水平偏低，公共社会缺乏了解，网民、网商与互联网企业数量稀少，电子商务整体市场尚未成型。网民接触网络仍以电子邮件、浏览新闻、网络聊天、论坛、交友等形式为主。2000 至 2002 年期间，全球互联网崩盘，互联网泡沫开始消退，电子商务的发展面临巨大的危机。电子商务的导入期也为其进一步发展打下了基础，作为一个新事物开始逐渐被大众了解并接受，培育了较好的社会舆论与环境。

2. 2003 年至 2008 年：电子商务的发展期

电子商务增长速度较快，互联网企业不断演绎且成果喜人，如 2003 年阿里巴巴推出了淘宝网与支付宝，同年慧聪网成功上市；2004 年马云正式提出"网商"的概念；2006 年网盛科技成功上市，同年首家独立移动电商企业"买卖宝"成立；2007 年京东商城斩获风投，淘宝网涉足移动业务；2008 年众多服装类 B2C 网购平台开始运营。电子商务的飞速发展得益于经济的高速增长，以及信息技术、物联网技术、网络支付技术的发展与推广。国家也出台多项措施，旨在推动电子商务的发展。在发展期，网民数量、网购网民数量与网络购物交易额达到新高度，网购与网商观念得到认同，企业、网民、资金、信息、技术纷纷涌入电子商务行业。政策、物流、支付、诚信等瓶颈得到基本解决，电子商务基础环境不断成熟。虽然还未颠覆社会大众的生活习惯与方式，但已推动了现实社会与虚拟网络的不断融合。

3. 2009 年至 2013 年：电子商务的成熟期

2009 年起，电子商务增速加快，消费者与互联网企业逐渐成熟，政策与环境日趋完善，网民数量剧增，电子商务交易额逐年攀升。伴随 3G 网络与 Wi-Fi 网络兴起，网络设备价格下降，网络速度提升与资费下调，为电子商务的成熟发展提供了设备与环境基础。从 2010 年到 2012 年智能手机兴起，保有量剧增，到了 2012 年，千元智能手机获得普及，推动着移动上网行为的流行。从中央到地方，各类政策出台，推动着电子商务的成熟发展。云计算、大数据、移动技术优势凸显，电子商务平台功能全面化。基于网络购物的增值服务不断涌现，如网络议价、网络导购、网站模特、网络运营服务与外包等。各类移动购物应用开发，移动支付得到完善，在国内经济发展乏力的背景下，移动电子商务初露端倪。

4. 2014 年至今：突破与创新期

受网民规模增大和智能终端的推动，4G 网络得到推广，电子商务迎来新的发展机遇。李克强总理在 2014 年的《政府工作报告》中提出要鼓励电子商务创新发展。经过近一年的发展，在 BAT（百度、阿里、腾讯）巨头推动下，京东、苏宁、1 号店、国美、聚美优品等传统企业或传统电商纷纷布局移动电商业务，移动购物份额剧增，移动电子商务模式涌现。由此，预示着电子商务移动化时代的来临。

三、电子商务的分类与特征

（一）电子商务的分类

1. 按照商业活动的运行方式

（1）完全电子商务：指交易活动中的物流、商流、信息流、资金流都可以在网上完成，商品或服务的整个商务过程都可以在网络上实现的电子商务。完全电子商务使交易双方完全超越了地理界限与时间界限，深入挖掘世界各个市场的商业资源，充分体现了电子商务相对传统商业模式无可比拟的优越性。如，很多数字商品的网上交易，当当网的电子商，携程网的旅游产品等，都是完全电子商务。

（2）不完全电子商务：指上述四个活动流并非都是在网上完成的，或者说完整的交易过程并不能都依靠电子商务方式来实现的商务。一般说来，只要在电子商务过程中的四流中的一个流没有在网上实现，都认为它是不完全的电子商务。比如，离线支付方式、实物物流系统、外卖等电子商务，都是不完全电子商务。

2. 按照交易主体的地理空间

根据交易主体所处地理位置，以城乡地理空间、国家地理空间为基础，交易主体双方都位于城市地理空间，则归类为城市电子商务；交易主体双方至少有一方位于县乡地理空间（县区、乡镇、农村），则归类为县乡电子商务；交易主体位于不同国家或地区，则归类为跨境电子商务。此外，借助于移动互联网络、移动支付、移动智能终端设备，交易主体不再受地理空间所限制，可以随时随地实现空间位移，则归类为移动电子商务。

3. 按照交易主体类型

（1）企业对企业电子商务交易模式（Business to Business）：指企业之间进行的电子商务活动，这种模式最早是以企业通过专用网或增值网采用 EDI 方式进行的商务活动。目前，这种模式仍是电子商务的主流。随着市场竞争日趋激烈，商业环境不断完善，越来越多的企业采用这一模式从事电子商务活动。

（2）企业对消费者电子商务交易模式（Business to Consumer）：指企业对消费者之间进行的电子商务活动。这种模式主要是借助于网上销售模式，这种模式的电子商务近十年发展较快，特别是企业网页对于广大消费者并不需要统一标准的单据传输，只涉及信用卡、电子货币或电子钱包，且网上搜索浏览功能和媒体界面使消费者更容易寻找商品。

（3）消费者对消费者电子商务交易模式（Consumer to Consumer）：商品直接由消费者出售给消费者，这一模式源于传统的跳蚤市场，它主要是消费者之间的自由交易，国外该模式较早源于 eBay，国内较早源于易趣网。

（4）企业对政府电子商务交易模式（Business to Government）：指企业与政府机构之间进行的电子商务活动。政府通过将采购清单在网上发布，以网上竞价方式进行招标，企业则通过网上投标。这种方式利于政府机构节省费用，提高政府办公的公开性与透明度。这种商务活动覆盖了企业与政府机构之间的各项事务。

4. 按照交易的商品属性

按照交易活动的商品属性划分，电子商务分类比较多，常见的有农产品电子商务、3C 电子商务、化妆品电子商务、服装电子商务、书籍电子商务、旅游电子商务等。

5. 国外学者的分类

Michacl Rappa 对 Internet 上的商务模式进行了归类分析，提出了 9 种基本形式的商务模式，包括经纪模式、广告模式、信息中间人模式、商人模式、制造商模式、会员模式、社区模式、订阅模式和效用模式。

Paul Bambury 从新旧商务模式的差异出发，将 Internet 商务分为两大类，即移植的真实世界的商务模式和 Internet 与生俱来的商务模式。这里的商务包括与交易相关的所有以物易物、交换、交互和活动。

（二）电子商务的特征

1. 商务性

电子商务最基本的特征就是商务性。通过互联网信息连接数据库，企业可以记录下每次的访问、销售、购买形式和购买动态，以及客户对产品的偏好，这样企业就可以通过统计这些数据获知客户购买心理，尤其在大数据与云计算技术的支撑下，能够清晰把握市场需求，确定市场划分与营销策略。

2. 电子化

电子化是指书写电子化。无论是电子货币、电子订单，还是作为商品的软件，就其物理层面看，都是 0、1 的数据形式，没有任何具体含义，当且仅当它代表某个信息时，才代表着一定的价值。电子商务中的经济资源并不是以其传统的物化形式出现，而是被虚拟为多种数据形式的符号。这种虚拟的信息资源给商家的商业信用提出了更高的要求。由于计算机处理、存储和 Internet 上传输的都是表示一定信息的电磁信号，以 Internet 为载体，计算机处理为表征的电子商务中，双方的谈判记录、使用的资金，甚至标的本身都是数据化、信息化的。

3. 低成本

电子商务没有店铺成本，没有专门的销售人员，没有库存压力，这也是电子商务交易优于传统商务的突出特征之一。低成本对交易双方都是十分有利的。在具体实践中，虽然电子商务活动模式较多，但最终都体现了低成本这一优势，这也是电子商务被称为先进生产力的依据之一。

4. 服务性

电子商务在很大程度上区别于传统商务的特点在于它的服务性。开展电子商务活动的企业、组织和个人都可以充分利用电子网络的优势向内部或外部提供电子化的无时间、空间限制的信息服务。

5. 集成性

电子商务对事务处理有整体性和统一性，它能规范事务处理的工作流程，将人工操作和电子信息处理集成为一个不可分割的整体。集成性提高了人力和物力的利用效率。网络使企业可以自动处理商务过程，不再像以往那样强调公司内部分工。企业在互联网上可进行客户服务，使消费者更加便利。电子商务经济活动的领域打破了传统的各个产业、各个行业之间的经营界限，涉及制造业、流通业、服务业、信息产业等领域的相互融通与合作，因而具有综合性特征。

6. 便捷性

电子商务是 Internet 应用的较高层次，从售前服务到售后支持的各个环节均实现了电子化、自动化，给当前的商务活动提供了极大的便捷。企业还可以通过网络发布和寻找交易机会，通过电子单证交易、电子商务跟踪货物、电子资金转账等手段完成整个交易过程，给人类经济活动带来了极大的便利。

7. 开放性

电子商务是基于 Internet 的商务活动，而 Internet 最大的特征就是开放性。在 Internet 上，网络对于商业活动的参与者都是可以自由流动的，其自身的开放性特征同样传递到了电子商务活动中。

四、电子商务的法律特征

与传统的商务活动相比，电子商务具有自身的特点，在适用传统法律解决电子商务冲突与纠纷的过程中，由于传统法律制定的基础迥异于电子商务据以运行的信息化和网络化基础，在解决电子商务争议过程中发挥的作用有限，由此也使得在立法上对其进行特殊关注变得更为必要，电子商务的法律特征促进了电子商务法律制度体系的构建与完善。总体而言，电子商务的法律特征主要有：

（一）交易市场的虚拟化

电子商务交易双方接触并开展各种类型交易均是在虚拟市场中进行，该虚拟市场用二进制数字代码来表达构成事物与事物之间的关系，从而形成了一个独立于现实世界又具有实在性的数字化的社会空间或者社区。其突破了传统物理性交易市场的局限，可以实现跨地区、跨国界的交易。因为有更加丰富的文字、图片、声音、视频等信息，一定意义上降低了买方的信息搜索成本，消除了买卖双方之间的信息不对称。同时，基于产品的不同属性，购买与实际拥有产品的时间会发生更大程度上的分离（实物产品）或者更大程度上的接近（数字产品）。虚拟市场的存在更像一个社区，需要自身的运行与治理规则，当然，也需要在法律的范围内进行活动。同时，电子商务交易的跨境化使得传统国际私法主要依据物理地址或物理属性确定连结点的规则受到挑战，电子商务的涉外性只有自身特点，当事人行为地等连结点往往难以在网上查明，或者即便查明，也对交易活动的定性无关系或无意义。因此，需要法律对电子商务准据法的适用规则明确的规定。

（二）交易内容的信息化

电子商务交易的最大特点便是无纸化交易，不同于传统有纸化的交易，相关的交易内容可以得到有形的记录与展现，电子商务的交易信息更多通过电子化的方式达成，故不同于传统交易尤其是合同交易的要约、反要约的磋商过程，电子商务的交易进程被极大缩短，也正是此点区别使得有必要在传统交易法的基础上关注并制定电子商务交易的特殊法律规则，比如交易的发出、到达、有效性识别规则等。

（三）交易主体的虚拟化

传统的民商事活动对交易主体的权利能力与行为能力有明确的要求，欲取得完全的法律效力需要具有完全的行为能力，对主体的实在性要求很高；而电子商务中，交易主体虽然也可以说是一个存在，但已经不是物理性存在，而是虚拟的存在，在交易过程中根本不知道交易对方到底是谁，是否有行为能力及履约能力等，并可以实现完全电子商务，全部线上交易，甚至可以通过预设自动信息系统完成交易、实现履行。故电子商务交易中，主体的虚拟化必然导致交易风险加大。传统法律中，主体行为能力判定、意思表示确认、归属以及合同履行的相关规则在适用时必然面临挑战。电子签名、电子认证、电子合同等法律制度的形成与发展即是回应电子商务交易诉求的表现。

（四）交易性质的经营化

电子商务交易必须是经营活动。电子商务交易首先必须以获取利润为目的，不以获取利润为目的的以物易物或公益捐款等活动不属于经营活动。其次，电子商务交易应具有一定的持续性，自然人偶尔利用网络出售二手或闲置物品等行为不具有持续性，因而不属于经营活动，故不属于电子商务法的调整范围而应由合同法等相关法律调整。但为自然人偶尔出售二手或闲置物品提供平台的平台经营者如果有通过扩大流量获取广告收入等利润的行为时，则属于经营活动，应受电子商务法调整。当然，交易的经营化要求以获取利润为目的，但并不要求必须发生实际盈利的结果。

第二节　电商平台

电商平台作为电子商务生态系统的核心物种，是整个生态系统资源的领导者，扮演着商品陈列、浏览的媒介，也是商品达成交易的平台与场所，起到衔接商品供应与消费的桥梁与载体的角色。电商平台在电子商务交易活动中，通过所提供的交易平台及信息、监管等服务，承担着电子商务生态系统的资源整合与沟通、协调的角色。

一、电商平台概念

电子商务平台，即电商平台，是指通过信息网络技术方式为买卖双方撮合、达成交易并提供相关服务的信息平台。电子商务平台在相关立法中通常被称为第三方平台，如《网络交易管理办法》第22条称其为第三方交易平台，是指在网络商品交易活动中为交易双方或者多方提供网页空间、虚拟经营场所、交易规则、交易撮合、信息发布等服务，供交易双方或者多方独立开展交易活动的信息网络系统。该系统内包括互联网、计算机、相关硬件和软件等。《电子商务法》中对于电子商务平台提供网络经营场所、交易撮合、信息发布等功能采取示范性列举的方法，考虑到随着技术发展平台形态的多元化与开放性，其并未对平台的类型进行明确界定，而是以示范性功能列举的方式为平台的进一步发展预留空间。

很多情况下，为优化电子商务交易环境、促进电子商务交易，电子商务交易平台还有为交易双方提供身份认证、信用评价、广告发布、网络营销、网上支付、物流配送、交易保险等辅助服务的功能，即平台的主要功能与辅助功能同时发挥作用。世界上最早的电子商务平台型企业，应该是1995年创立的美国的C2C代表易贝公司和B2C代表亚马逊公司。在中国，1998年创立的C2C电子商务平台易趣网是最早较具有影响力的电商平台，后来被亚马逊收购后改名为易贝易趣，之后则被淘宝取而代之。较具代表性的B2C和B2B则发展出了较多的企业，如阿里巴巴旗下平台、京东、当当网、一号店、唯品会等，以及服务领域的代表性平台，如携程等。

二、电商平台常见类型

（一）垂直型电商与综合型电商

按照电子商务网站经营商品品类进行划分，电商可以分为垂直型电商与综合型电商。其中，垂直型电商指专注于某些特定的领域或某种特定的需求，提供该领域或需求的全部深度信息与服务，如定位母婴商品的红孩子（2012年被苏宁收购）、专注于服装的凡客诚品、专注于女性用品特卖的唯品会等；综合型电商是与垂直型电商相对应的概念，不像垂直型电商那样专注于某些特定的领域或某种特定的需求，展示与销售的商品种类繁多，涉及多种行业，如淘宝网、京东商城等。

（二）平台型电商与自营型电商

按照电子商务网站开发与运营主体进行划分，电商分为第三方平台电商（或称为"平台型电商"）与自营型电商。其中，平台型电商是开发与运营第三方电子商务网站，吸引商品卖家入住平台，卖家负责商品的物流与客服，并对买家负责，而平台型电商则不参与商品的购买与销售，只负责提供一个商品交易的媒介或场所，如淘宝网、天猫商城等。自营型电商是与平台型电商相对应的一个概念，自营型电商开发与运营电子商务网站，并自己负责商品的采购、销售、客服与物流，同时对买家负责，代表性企业有京东商城（发展初期为自营型电商，后续也将业务向综合型电商发展）、凡客诚品、亚马逊与当当网（亚马逊与当当网也逐渐向综合型电商转型）、1号店、海尔商城等。

综上所述，电商平台可以分为综合平台型、综合自营型、垂直平台型与垂直自营型四类。综合平台型电商代表企业有京东商城、天猫商城、淘宝网、洋码头等；综合自营型电商代表企业主要有亚马逊、当当网、网易考拉海购、小红书、兰亭集势等；垂直平台型电商的参与者比较有限，主要集中在服饰、美妆垂直类商品，代表性企业有美丽说、海蜜全球购等；垂直自营型电商也比较少见，代表性企业有我买网、蜜芽、聚美优品、唯品会等（如图3-2所示）。

图 3-2　电商平台分类

☞ **新闻摘录**

　　三种类型的电商平台：垂直型、水平型、全球型。

　　垂直型平台：所销售产品的来源有很多，但都是同一个类型的产品。例如，奢侈品电商平台 TrueFacet. com 只销售珠宝以及相关产品。在一个名为 ShopTalk 的会议上，TrueFacet 的创始人兼 CEO Tirath Kamdar 认为 TrueFacet 正在创造珠宝行业的波尔多（法国红酒品牌）。在网站上列出的每件珠宝都配有独一无二的标识符，并且 TrueFacet 通过鉴定珠宝的品质来增加产品价值。

　　水平型电商平台：销售产品种类丰富，但该类型平台只面向特定受众。例如，电商平台 Panjo 是一个主要面向各种爱好者的平台。根据 Panjo 的 CEO Chad Billmyerb 表示，Panjo 通过提供社区平台、基础设施等，为所有追求爱好产品的买卖双方带去流量。

　　另一个出席 Shoptalk 会议的水平型电商平台是 Dote。Dote 使女性用户能够同时访问多个品牌的零售店铺，包括 Madewell、Forever 21、J. Crew、Lululemon、Brandy

Melville、Topshop、Free People、Ann Taylor、Loft、Zara 等。用户可以在同一个应用程序中同时查看来自不同零售商的产品。Dote 专注于服务特定类型的客户，并为他们提供类别丰富的产品。

全球型电商平台：面向所有类型的用户，并销售各种类别的商品。eBay 便是个绝佳范例。eBay 拥有 1.67 亿用户，超过 10 亿件商品在 eBay 上销售，并且 eBay 销售的商品价值近 900 亿美元。丰富的产品类别是 eBay 吸引用户的主要原因。eBay 副总裁 Bob Kupbens 在 Shoptalk 表示，如果有大量的商品进行买卖，用户就可以了解产品最公道的价格是多少，并且他们会觉得自己花对了钱。

三、电子商务平台经营者

(一) 电子商务平台经营者的概念

当电子商务交易在平台内电子商务经营者与消费者用户之间展开时，电子商务平台经营者则处于第三方的位置，因此在实践及相关立法中也被称作第三方平台经营者。从功能上看，电子商务平台经营者是基于电子商务的飞速发展而产生的一种新型的中间商，代表了信息经济时代的典型商业模式。根据我国现行《网络交易管理办法》的相关规定，电子商务平台经营者应当是经工商行政管理部门登记注册并领取营业执照的企业法人。

在上述规定基础上，《电子商务法》第 9 条规定，电子商务平台经营者是指在电子商务中为交易双方或者多方提供网络经营场所、交易撮合、信息发布等服务，供交易双方或者多方独立开展交易活动的法人或者非法人组织。本书认为，这一规定具有合理性。因为电子商务交易平台作为在线运营的状态，为电子商务经营者提供交易的场所及交易撮合等服务，形成一个巨大的专业交易的虚拟市场，在电子商务中扮演着重要的角色，因此，应当要求电子商务交易平台的经营者必须真实合法，具有一定的经济实力。通常情况下，法人或非法人组织的经济实力会强于自然人；同时，作为独立的法律主体，法人或非法人组织具备的组织性特征使得其可以超越自然人生命有限的局限而永续存在，从而实现电子商务交易的连续性；加之作为具有一定管理职能的市场主体，平台经营者要求有较强的技术水平和管理能力，而自然人满足该条件比较困难。此外，当平台经济发展到一定规模时，平台上秩序就具有一定的公共属性。在法律规则设计的过程中，应注意充分发挥企业法人或非法人组织在平台治理规则构建中的作用。当然，平台经营者本身的私主体属性决定了其发挥管理职能主要是通过合同约定以及法律的明确授权，随着电子商务的发展，平台治理将构成社会治理的重要组成部分。

需要注意的是，自行设立网站、拥有独立的信息网络系统而不借助于电子商务交易平台进行商品销售或服务提供的自然人、法人或其他组织，不属于平台经营者，这类网站也通常不被称为交易平台。上述从事电子商务经营的自然人、法人或非法人组织属于典型的非平台电子商务经营者，通常被称为垂直电商。我国现有的平台经营者中，诸如滴滴等共享经济平台以及淘宝、京东等电商交易平台当然属于电子商务平台，但阿里云、百度云等虽为存储平台，因不连接经营者与其用户两端，故不属于电子商务平台，其经营者也只是非平台电子商务经营者。

（二）电子商务平台经营者的职能与特点

电子商务平台经营者具有服务提供者和秩序管理者的双重职能，其既要为入驻平台的电子商务经营者提供交易平台服务，又要制定平台内部的管理规范。平台内部的管理规范包括对平台内经营者的身份及与经营有关的其他信息的审查、交易平台进入和退出机制、平台内经营商和消费者之间矛盾的解决、违反平台规则的电子商务主体的追责机制等。以淘宝网为例，淘宝网不仅向淘宝商户提供交易平台，也是淘宝商户的管理者和监督者，为了规范淘宝网上商家和消费者的交易行为，淘宝网制定了《淘宝规则》，其中对交易、市场管理、通用违规行为及违规处理等内容都进行了规定。

电子商务平台经营者的功能与定位决定了其具有下列特点：

1. 电子商务平台经营者的第三方性

电子商务平台经营者的核心功能在于搭建交易平台，供他人独立开展交易活动，自己并不直接介入到交易活动之中，为电子商务交易的达成提供条件是电子商务平台的基本功能。

2. 电子商务平台经营者提供服务的促进交易性

电子商务平台经营者主要提供网络经营场所、交易撮合、信息发布等有利于促进交易的服务。依《网络交易管理办法》的规定，第三方交易平台还应提供交易规则，如只提供信息发布类服务而不提供具体的交易规则的平台就不属于第三方交易平台，但依据《电子商务法》其属于电子商务平台经营者，表明了《电子商务法》平台认定标准的宽松性。

3. 电子商务平台经营者主体形态的非自然人性

电子商务平台经营者应该是法人或非法人组织，这种组织性要求是为了保证平台经营者发挥职能所要求的技术水平、治理能力和经济实力等。

4. 电子商务平台经营者身份的多重性

电子商务平台经营者提供网络经营场所、交易撮合、信息发布等服务，通过平台内经营者等服务接受者的使用获得收益，则电子商务平台经营者具有网络服务提供者的身份；平台经营者可以以一方当事人的身份为客户提供支付、广告、物流服务或者进行自营服务，此时其与普通的电子商务经营者一样享有权利、承担义务。即电子商务平台经营者的权利与义务取决于其参与的具体法律关系。

5. 电子商务平台经营者与平台内经营者的共生性

平台的主要功能在于提供有利于交易达成的环境与服务，只有大量平台内经营者的入驻与使用，两者间通过服务协议等建立稳定的联系，才能界定为电子商务经营平台。因此，社交媒体平台运营者不具有电子商务平台经营者的属性，因为社交媒体平台的主要功能是促进社会交往而非进行经营，偶尔利用社交媒体从事与经营有关的信息沟通与交易磋商不属于经营行为，只有社交媒体平台开放经营者入驻功能，允许其持续经营，成为稳定的平台内经营者时，社交媒体平台运用者才兼具有电子商务平台经营者的属性。

6. 电子商务平台经营者的私主体性与管理性

电子商务平台经营者属于电子商务经营者中的一种形态，是典型的私主体，其与平台内经营者之间是基于服务协议构建起来的主体间的平等合同关系。同时，电子商务平台经营者会借助于搜索排名、信用评价、算法控制、内部惩戒等一系列手段对平台内经营者施加强势影响而进行事实上的管理，需要立法关注处于相对弱者地位的平台内经营者合法权益的维护，对电子商务平台经营者滥用权力的行为予以纠正和规制。正因如此，立法在要求平台经营者承担大量强制性义务的同时，也应尊重平台经营者作为双边市场自身控制违法行为的动机与实践以及采取技术措施的可能性，不应过分增添平台经营者的成本负担。

7. 电子商务平台经营者从事业务的广泛性与限定性

《电子商务法》第46条规定了电子商务平台经营者可以提供服务的范围，即可以在遵守法律、行政法规和国家有关规定的基础上为经营者之间的电子商务提供仓储、物流、支付结算、交收等服务。电子商务平台经营者在《电子商务法》第9条规定的基本服务基础上提供的仓储等服务都是加强电子商务服务能力、提高整体竞争力经常需要涉及的服务范围，其可以在依法和相关规定的基础上提供其他相关服务。同时，根据《国务院关于清理整顿各类交易场所切实防范金融风险的决定》（国发〔2011〕38号）和《国务院办公厅关于清理整顿各类交易场所的实施意见》（国办发〔2012〕37号）的相关精神，明确禁止电子商务平台经营者提供属于金融交易场所提供的相关服务，包括集中竞价、做市商等集中交易方式进行的交易以及标准化合约交易，这些交易具有特殊的金融属性和风险属性，直接关系到经济金融安全和社会稳定，必须在经批准的特定交易场所，遵循严格的管理制度规范进行。《电子商务法》第46条明确禁止电子商务平台经营者实施金融交易行为，有助于防止电子商务经营秩序异化，维护正常金融秩序，防范社会风险，维护经济金融安全，促进社会稳定。

(三) 电子商务平台经营者的种类

依据不同的标准，电子商务平台经营者可以有不同的分类。

1. 纯粹型、居间型和混合型电子商务平台经营者

依据平台经营者是否从事商品销售或者服务提供为标准，可将电子商务平台经

营者分为纯粹型、居间型和混合型电子商务平台经营者。所谓纯粹型电子商务平台经营者是指仅提供交易平台、提供网络交易服务但不参与其他交易的电子商务平台经营者，如开始创建时的淘宝网。其运行模式是买方与淘宝内网店订立买卖合同，通过第三方支付进行付款，卖方承担通过物流公司发货给买方的义务，在整个交易环节中，淘宝网既非卖方，也非买方，不参与具体的交易环节，仅为买卖双方的缔约提供机会与信息。

所谓居间型电子商务平台经营者是指不仅提供网络交易平台，而且自身对于买卖双方的电子商务交易充当居间人角色的电子商务平台经营者，居间型电子商务平台经营者本身参与到交易中，但不属于交易的任何一方，也不属于任何交易方的代理人，而是为双方提供订约机会的居间人。如阿里巴巴网为其用户提供发布供求交易信息、提供在线支付手段、提供公司信息介绍等居间服务，通过供求信息发布和公司信息介绍，为会员提供推销公司和产品的机会，再通过信用凭证与保障机制，消除会员之间的资信障碍，帮助会员达成交易，从而收取居间费用。

所谓混合型电子商务平台经营者是指不仅提供交易平台的运营服务，自身也从事商品销售或服务提供的电子商务平台经营者，成为交易的一方当事人，如京东商城，既是平台经营者，也是销售商品或提供服务的电子商务经营者，与消费者之间存在平台网络服务协议关系与交易合同关系。甄别混合平台经营者的主体身份，明确争议涉及的法律关系，从而确定平台经营者的义务与责任非常关键。

☞ 新闻摘录

2015 年 3 月，陈某在某电子商务公司经营的购物平台上购买了某食品公司经营销售的某品牌深海鱼油软磷脂胶囊礼盒，并支付了人民币 4200 元。某食品公司在其商铺宣传界面称上述产品具有"调解内分泌、抗炎止痛、改善视力"等功效。实际上，该商品仅为普通食品。于是，陈某向法院起诉，要求某食品公司退还购物款 4200 元，并按购物款 3 倍赔偿 12600 元；某电子商务公司承担连带责任。

某电子商务公司在庭审中提交某食品公司的营业执照复印件、食品流通许可证复印件、联系方式、涉案产品的出入境检验检疫证书等；答辩称其尽到了必要的审查义务，对于某食品公司在其网络平台上宣传涉案产品的功效无法事先审查。一审法院以虚假、夸大宣传为由，判决某食品公司返还购物款 4200 元并向陈某 3 倍赔偿 12600 元；某电子商务公司承担连带赔偿责任。某食品公司、某电子商务公司均提起上诉，二审法院经审理后，依法维持了某食品公司退还货款和 3 倍赔偿的原判。

2. 单一型与复合型电子商务平台经营者

依据平台经营者是否提供或者集成其他服务为标准，可将电子商务平台经营者分为单一型与复合型电子商务平台经营者。

所谓单一型电子商务平台经营者是指仅提供网络交易场所、交易撮合及信息发布等平台服务功能的电子商务平台经营者；复合型的电子商务平台经营者是指不仅提供电子商务平台服务，还提供或集成了促进电子商务交易的身份认证、信用评价、广告发布、网络营销、网上支付、物流配送、交易保险等辅助服务的电子商务平台经营者。目前，影响较大的几大电子商务平台经营者均属于复合型的电子商务平台经营者。平台设立初期，通常只是具有基本的网络交易服务功能，随着平台的发展和实力的增加，会不断增加其他有助于交易达成的功能。基于其所提供服务的具体内容不同，平台经营者需承担相应的与其功能相适应的义务。

四、电子商务流程

电子商务流程是指从消费者在其客户端上网寻找商品或服务信息开始，到售后服务与支持为止所经过的全部过程，也包括商品的采购环节。电子商务的核心是商务活动，在介绍电子商务流程前，先阐述一下商务交易的流程。

（一）商务交易流程

商务交易是由卖方与买方构成，这两个交易主体的活动流程并不相同。

在商务交易活动中，买方所经历的业务流程如图3-3所示。买方参与交易时要明确自己的需求。确定需求后，寻找能够满足这些需求的商品或服务。买方选择了满足所需求的商品或服务后，就会选择可以提供这些商品或服务的供应商。买方可以通过多种途径或方式与供应商进行接触。形成初步购买意愿后，买方与供应商进入了商务谈判阶段。谈判内容包括价格、交货时间、交货方式、运输方式、质量保证、付款条件等。谈判达成后签订购买合同，然后供应商按照合同约定提供商品或服务。当买方认为收到的商品或服务符合双方约定的条件或标准时，就会按照合同约条支付金额与方式来支付货款。买卖活动完成后，买方还会就质量、售后服务等内容与供应商接触。

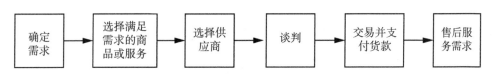

图 3-3　商务活动中买方的业务流程

对于买方的每一项业务活动，卖方都有一个对应的业务活动与之匹配，如图 3-4 所示。卖方通过市场调研寻找潜在的消费群体，明确消费者的需求。当确定消费者需求后，卖方会按照其生产与制造商品或服务。接下来，卖方就会通过广告、促销等多种营销活动，让消费者知晓、接触、了解这些商品或服务。当消费者对营销活动给出回应后，双方会开始进行交易谈判，具体内容与买方流程中的谈判内容相似。谈判内容达成一致，并签订销售合同。卖方根据合同条款与约定交付商品或服务，买方则支付货款。销售活动结束后，卖方还需对售出的商品或服务提供相应的质量担保与售后服务，这些活动旨在让消费者满意，并进行重复购买。

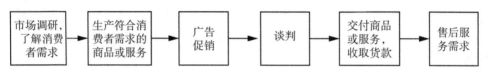

图 3-4　商务活动中卖方的业务流程

（二）电子商务业务流程

电子商务应用中，交易活动的流程如图 3-5 所示。

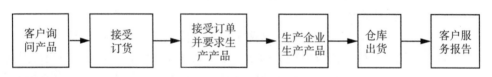

图 3-5　电子商务业务流程

通过具体到一笔交易活动，以此为例来解读电子商务业务流程，并以 B2C 模式为例，一笔交易需要经过 8 个主要步骤，如图 3-6 所示。

第一步，消费者在购物网站上浏览信息，确定自己所要购买的商品，发出订单，网站自动显示付款流程，并向相应的金融机构付款，如图 3-6 中的①。

第二步，网站前端处理后将订单信息传到企业监控端口，如图 3-6 中的②。

第三步，付款窗口与金融机构链接，金融机构收到付款信息，如图 3-6 中的③。

第四步，金融机构向消费者确认，如图 3-6 中的④。

第五步，金融机构向企业确认，如图 3-6 中的⑤。

第六步，企业通知消费者将发货，如图 3-6 中的⑥。

第七步，企业通知仓库发货，如图 3-6 中的⑦。

第八步，仓库将商品配送到消费者手中，如图 3-6 中的⑧。

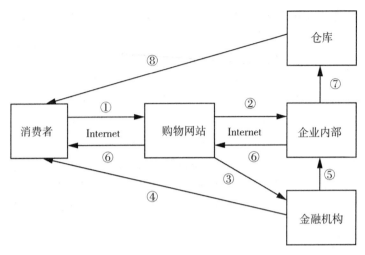

图 3-6 B2C 电子商务流程

第三节 供 应 商

2012 年 7 月，苏宁易购在南京举行了"开放平台战略发布暨供应商大会"的活动，对于苏宁易购电商平台入驻的供应商，推出"三免政策"，即"免年费、免平台使用费、免保证金"，并承诺为入驻商家解决仓储物流配送问题。几乎同时，腾讯电商在深圳召开招商大会，推出 QQ 网购开放平台，向首批入驻商家提供一系列的优惠政策。随着电子商务市场成熟发展，电商巨头之间竞争更加激烈，而优质供应商资源对于电商平台而言异常重要。所以，供应商价值及供应商选择工作格外受到关注。

一、供应商分类

1. 战略型供应商

战略型供应商指企业战略发展所必需的少数几家供应商。这一类供应商的商品或服务非常重要，价值较高，这些产品或服务会对采购方的产品和流程运营产生很大的影响，或者会影响采购方满足客户需求的能力。由于战略型供应商具有较高的竞争力，产品或服务通常针对具体采购方的需求，具有高度个性化和独特性。

能够满足采购方需要的战略型供应商数量相对较少，因为供应商转换成本较高，适宜的采购方法是采购方与供应商建立长期的战略合作伙伴关系。

2. 影响型供应商

影响型供应商对于企业来说通常是具有较大的增值作用，但其竞争性却比较弱，其特点是供应商数量众多，但其本身的产品或服务具有较高的增值性；或是处于某个行业的垄断地位，具有较高的行业准入门槛；或处于关键的地理位置。

影响型供应商的产品通常已经建立了质量和技术标准，联盟与伙伴关系价值不大，因此合理的采购方法主要包括根据需求形成采购规模，或签订长期采购协议。与这一类供应商建立合作关系，重点在于降低成本或保证材料的可获得性。

3. 竞争型供应商

竞争型供应商的产品具有某一方面技术的专有性或特殊性，具有较高的难以替代性，因此采购这些产品需要耗费大量的时间与精力。但其产品或服务属于低价值的产品或服务，在整个采购中所占比重相对较低。对于此类的供应商，采购方的重点在于使采购这些产品所需的精力和交易尽量标准化和简单化，以降低与交易相关的成本等。

4. 普通供应商

普通供应商就是对企业具有较低的增值价值，普通供应商数量很多。由于普通供应商的产品质量和技术标准化程度较高，供应商转换成本低，采购方应该把重点放在价格分析上，根据市场需求判断最有效的产品。比较适宜的采购方法是施加压力和签订短期采购协议。

二、供应商选择工作的重要性

供应商选择在电子商务活动中是一项非常重要的工作，其重要性主要表现在以下几点，即：

（1）供应商货物供应顺畅：店铺不会因为缺货而影响正常经营。

（2）货物质量稳定：确保店铺运营状态的稳定。

（3）交货数量准确：确保店铺应有销售数量的准确。

（4）交货时间准确：确保店铺销售数量的准确。

（5）各项工作的有序协作：良好的配合让双方工作进展顺利。

☞ 新闻摘录

品控问题的实际案例：菜到啦

本来农产品就并未实现标准化，谈品控的确很难。但是，消费者对农产品的安全和质量又特别看中，所以，生鲜电商平台必须加大品控管理，那就意味着必须要投入更多资源和钱。在这方面，"菜到啦"在融资之后，自建60人规模的物流团队上门配送，收取商户返点。这样一来，每笔订单提高返点费用后，商户又会涨菜价。品控作为生鲜的生命线贯穿始终，对于平台而言，难以对产品的品质和价格进行把控，"菜到啦"最终以一个月亏损五六十万元的结局告终。专家指出，我国农产品生产分散,生鲜电商在上游缺乏控制力。为避免投诉,生鲜电商不得不在购买货品后自行分拣选货,这必然会使货损进一步提高,加之生鲜电商的货源渠道和线下实体区别不大,议价能力并不高。因此,如何在品控上发力,需要生鲜创业者去创造出一套更新的模式。

三、优质供应商的衡量标准

一个好的供应商,基本具有以下几点优势,即:

(1) 有优秀的企业领导人:确保企业能够健康持续稳定发展。

(2) 有高素质的管理层:确保企业的管理有效率,充满活力。

(3) 有稳定的员工群体:企业员工的稳定能够确保产品质量的稳定,确保稳定的产量与交期。在流动性过大的员工群里,这些方面都会受到一定的影响。

(4) 有良好的机器设备:确保产品质量、产能。

(5) 有良好的技术:有高质量管理层与良好的管理,加上良好的具有创新的技术,产品质量更有保障,而且生产成本会不断下降,生产效率会不断提升。

(6) 有良好的管理制度:激励机制的科学,管理渠道的顺畅,各种管理制度的健全,能充分发挥人的积极性与能动性,从而保证其供应商的整体是优秀的,其质量是优秀的,其服务是一流的。

第四节 消 费 者

一、网民规模与结构

(一) 网民规模

1. 总体网民规模

截至 2016 年 12 月,我国网民规模达 7.31 亿人,全年共计新增网民 4299 万人。互联网普及率为 53.2%,较 2015 年底提升 2.9 个百分点(如图 3-7 所示)。

我国网民规模历经近 10 年的快速增长后,人口红利逐渐消失,网民规模增长率趋于稳定。2016 年,我国互联网行业整体向规范化、价值化发展。首先,国家出台多项政策加快推动互联网各细分领域有序健康发展,完善互联网发展环境;其次,网民人均互联网消费能力逐步提升,在网购、O2O、网络娱乐等领域中,人均消费均有增长,网络消费增长对国内生产总值增长的拉动力逐渐显现;最后,互联网发展对企业影响力提升,随着"互联网+"的贯彻落实,企业互联网化步伐进一步加快。

移动互联网发展依然是带动网民增长的首要因素。2016 年,我国新增网民中

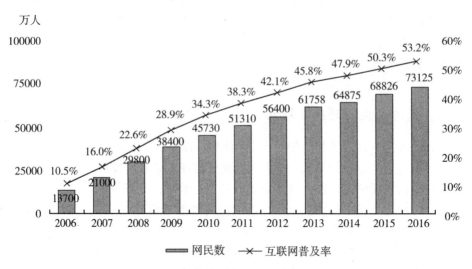

资料来源：CNNIC 中国互联网络发展状况统计调查 2016.12

图 3-7　中国网民规模和互联网普及率

使用手机上网的群体占比达到 80.7%，较 2015 年增长 9.2 个百分点，使用台式电脑的网民占比下降 16.5 个百分点。同时，新增网民年龄呈现两极化趋势，19 岁以下、40 岁以上人群占比分别为 45.6% 和 40.5%，互联网向低龄、高龄人群渗透明显。

2. 手机网民规模

截至 2016 年 12 月，我国手机网民规模达 6.95 亿人，较 2015 年底增加 7550 万人。网民中使用手机上网人群的占比由 2015 年的 90.1% 提升至 2016 年的 95.1%，提升了 5 个百分点，网民手机上网比例在高基数基础上进一步攀升（如图 3-8 所示）。

移动互联网发展推动消费模式共享化、设备智能化和场景多元化。首先，移动互联网发展为共享经济提供了平台支持，网约车、共享单车和在线短租等共享模式的出现，进一步减少交易成本，提高资源利用效率；其次，智能可穿戴设备、智能家居、智能工业等行业的快速发展，推动智能硬件通过移动互联网互联互通，"万物万联"时代到来；最后，移动互联网用户工作场景、消费场景向多元化发展，线上线下不断融合，推动不同使用场景细化，同时推动服务范围向更深更广扩散。

（二）网民结构

1. 性别结构

截至 2016 年 12 月，我国网民男女比例分别为 52.4∶47.6；截至 2015 年底，我国人口男女比例为 51.2∶48.8。网民性别结构进一步与人口性别比例逐步接近。

资料来源：CNNIC 中国互联网络发展状况统计调查 2016.12

图 3-8　中国手机网民规模及其占网民比例

2. 年龄结构

我国网民以 10~39 岁群体为主。截至 2016 年 12 月，10~39 岁群体占整体网民的 73.7%。其中 20~29 岁年龄段的网民占比最高，达 30.3%；10~19 岁、30~39 岁群体占比分别为 20.2%、23.3%，较 2015 年底略有下降。与 2015 年底相比，10 岁以下低龄群体和 40 岁以上中高龄群体的占比均有所提升，互联网继续向这两部分人群渗透（如图 3-9 所示）。

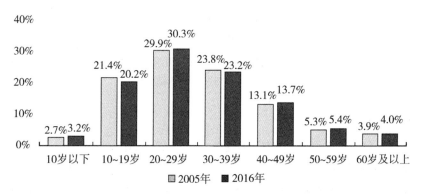

资料来源：CNNIC 中国互联网络发展状况统计调查 2016.12

图 3-9　中国网民年龄结构

3. 职业结构

中学生网民群体规模最大。截至 2016 年 12 月,学生群体占比为 25.0%;其次是个体户/自由职业者,占比为 22.7%,较 2015 年底增长了 0.6 个百分点;企业/公司的管理人员与一般职员占比合计为 14.7%,这三类人群的占比保持相对稳定(如图 3-10 所示)。

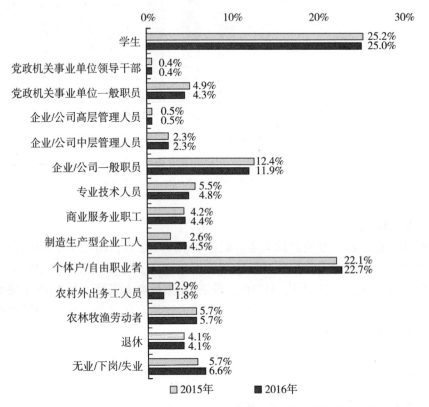

资料来源:CNNIC 中国互联网络发展状况统计调查 2016.12

图 3-10 中国网民职业结构

4. 学历结构

网民中具有中等教育程度的群体规模最大。截至 2016 年 12 月,初中、高中/中专/技校学历的网民占比分别为 37.3%、26.2%,其中,高中/中专/技校学历网民占比较 2015 年底下降 3.0 个百分点。与 2015 年底相比,小学及以下学历人群占比提升了 2.2 个百分点,中国网民继续向低学历人群扩散(如图 3-11 所示)。

5. 收入结构

月收入在中等水平的网民群体占比最高。截至 2016 年 12 月,月收入在 2001~

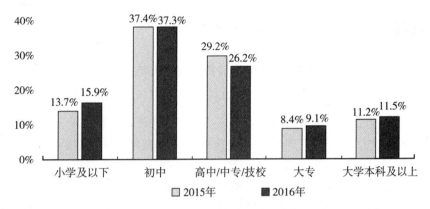

资料来源：CNNIC 中国互联网络发展状况统计调查 2016.12

图 3-11 中国网民学历结构

3000 元，3001~5000 元的群体占比分别为 17.7% 和 23.3%。2016 年，我国网民规模向低收入群体扩散，月收入在 1000 元以下的群体占比较 2015 年底增长了 1.2 个百分点（如图 3-12 所示）。

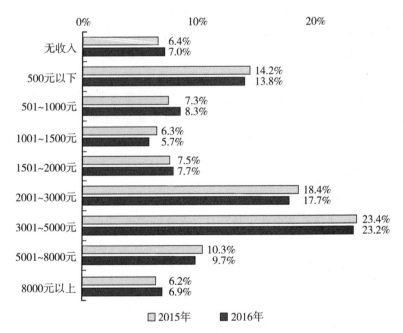

资料来源：CNNIC 中国互联网络发展状况统计调查 2016.12

图 3-12 中国网民收入结构

☞ **新闻摘录**

国庆长假电商消费呈现五大特点

2018 年国庆长假在消费方面与往常不同的地方，主要在于已不是简单的消费增长和消费活跃，更重要的还有消费升级——消费升级正在成为中国消费领域一个值得期待的趋向，新零售、黑科技、智慧出行等在此次国庆长假的消费领域大放异彩。

特点一：新零售融合线上线下，成经济增长新引擎

"十一"黄金周是观察消费动向的绝佳窗口，也是判断经济潜力的重要指标。据商务部统计数据显示，2018 年 10 月 1～7 日，全国零售和餐饮企业实现销售额约 1.4 万亿元，日均销售额比 2017 年 "十一"黄金周增长 9.5%。

对此，电子商务研究中心主任曹磊认为，电商新零售业者纷纷为各大城市线下零售商赋能，线下线上融合，成为消费升级的重要阵地。居民电商消费呈现出来的新特点，还包括金额越来越大，从买书到买车，从买衣食住行日常用品到买奢侈品，从国内买到全球买等，这些都可能是电商消费未来的趋势。

特点二："黑科技"刷新消费者国庆长假体验

在杭州华星时代广场，百年老字号"五芳斋"如今已经升级成一家"智慧餐厅"。不像传统的餐厅需要排队，由服务员点餐、上菜。在这家店里，从点单、下单到取餐，都是"无人化"自助操作。

对此，曹磊指出，在大数据、人工智能、物联网等技术推动下，移动支付走进千万家，刷脸支付、电子标签、智能云货架、AR 试衣/试妆等方兴未艾。黑科技的不断融合运用，在不断提升消费者的消费体验的同时，更提高了商家的运营效率，可谓一举两得。

特点三：服务消费崛起，智慧化出游成趋势

随着消费水平的日益提高，人们更加注重满足精神文化的需求，旅游成为人们休闲、娱乐的最佳选择，服务业消费升级趋势愈加明显。

宋城集团湘湖片区总经理王乐表示，"十一"期间，杭州乐园、烂苹果乐园游客接待量同比增长近 20%，其中电子商务及现场扫码买票占 72.89%。可见智慧化旅游的趋势越来越明显，对大众的影响也越来越大。

特点四：境外游消费升级显著，文旅消费亮点纷呈

曾几何时，人们对出境游的印象是打卡各地主流景点，如今"到此一游"的留念照已成往事。一地多刷和小众目的地深度游成为新风尚，是消费观念升级的生动注脚。

对此，陈礼腾认为，消费升级带动的是文化升级。在物质生活日益改善的今天，消费者对于旅游出行有了质的提升。加上移动互联网的普及、移动支付的全球化，出境游、文化旅游成为旅游经济增长新动力。

特点五："新餐饮"连通家与远方，餐饮服务提质扩容

有人走出国门看世界，也有人通过便捷生活服务把世界带回家，"宅经济"丝毫不逊色于"浪经济"，新零售新餐饮服务生动诠释着"无远弗届"。

对此，陈礼腾认为，"十一"黄金周居民消费呈现实物消费个性化、服务消费智能化的特征，形成驱动消费升级的新格局；文旅消费精品化、普惠消费品牌化、消费人群年轻化则使消费升级蕴含巨大潜力。这是中国经济社会不断进步的推力，从中可以洞察消费升级的大势。

二、个人互联网应用现状

2016 年，我国个人互联网应用保持快速发展，除了个人邮件外，其他应用用户规模均呈上升趋势，其中又以网上外卖、互联网医疗用户规模增长最快，年增长率分别达到 83.7% 和 28.0%；手机应用方面，手机外卖、手机在线教育课程规模增长明显，年增长率分别达到 86.2% 和 84.8%。

1. 基础应用用户规模增长稳健，内容拓展为企业关注重点

即时通信、搜索引擎、网络新闻和社交作为基础应用，核心业务已进入相对成熟的发展阶段，用户规模保持平稳增长。即时通信通过拓展服务内容再次获得增长，个人即时通信差异化更加显著；搜索引擎在技术创新和服务延伸方面均有进步，针对用户个性化、场景化需求提供更有针对性的服务，形成以搜索为入口的多服务生态体系；网络新闻向多形式、多平台化发展，对监管和内容创新提出更高要求；细分社交平台进一步丰富，向创新、小众化方向发展。

2. 网上外卖用户规模增长明显，线上线下融合速度加快

商务交易类应用在 2016 年均保持增长，其中网上外卖增长明显，用户年增长率达到 83.7%。网络购物市场更加多元化、规范化，其中，网红、直播等形式带动网络购物向娱乐化、体验化、内容化的方向发展，跨境电商步入调整期，农村电商服务完善步伐加快；网上外卖用户规模迅猛增长，外卖平台开始探索精细化运营模式，以提升行业资源与用户需求的匹配度；旅行预订方面，线上平台与传统旅游服务商呈竞合博弈态势，线上线下融合趋势更加明显。

3. 出门"无钱包"时代悄然开启，互联网理财用户规模增长进入平稳期

网络支付企业大力培育市场，促进线下支付方式极大丰富，网民在饭馆、超市、便利店、小市场等线下实体使用移动网络支付工具习惯初步养成，网民在线下实体店使用手机支付结算的比例已达 50.3%，出门"无钱包"时代悄然开启；历

经几年发展，互联网理财平台涉及多类别理财产品的平台化布局构建完成，传统银行机构纷纷实现自身产品网络化，网络已成为网民理财的常规渠道，2016年我国购买过互联网理财产品的网民规模为9890万，较2015年底增加863万人，用户规模增长进入相对平稳期。

4. 网络娱乐用户规模稳中有升，移动游戏成为增长亮点

网络游戏行业在2016年整体保持平稳发展，作为增长核心的移动游戏在用户规模和使用率增长的同时，行业营收也全面超过 PC 客户端游戏；网络文学的盗版侵权问题在2016年得到明显改善，同时，网络文学商业模式逐渐由一次性售卖转向对内容的深度、长线开发，并引进越来越多的跨界合作；网络视频自制内容向精品化发展，且会员付费收入增长态势明显，视频生态圈逐步形成；网络直播在经历上半年的激烈竞争和发展后，监管力度不断加大，行业逐步进入规范期。

5. 教育、医疗互联网化进程加快，网约车向规范化发展

在线教育领域中，中小学教育用户使用率最高，家长的付费意愿和能力较强，推动市场迅速发展；互联网医疗挂号领域服务不断完善，但远程医疗和医疗大数据仍在探索期，未来仍面临诸多挑战；网约车作为共享经济的代表，在满足用户个性化出行需求方面发挥了重要作用，随着相关管理办法的出台，行业将进一步向规范化、安全化发展；公益慈善借助互联网公益平台，引导更多的人参与到公益行动中来，网络募捐、公益众筹、社交圈筹款等募捐新模式的出现推动慈善捐赠向便捷化、多元化和小额化发展。

第五节　电 商 物 流

一、电商物流类型

现有的电商物流模式主要有自营物流运作模式、第三方物流运作模式及物流联盟模式三种类型。不同的模式各有其优点及不足，选择何种物流模式成为电商企业发展战略之一。

（一）自营物流模式

1. 自营物流概念及流程

自营物流模式指的是电商企业为满足业务需要，自己建立物流系统，拥有自己的物流设备和作业人员，自主管理物流业务的一种物流模式。自营物流模式分为两类：一类是自营配送中心与快递服务，即企业通过自建配送中心，并依靠自有的快递公司，实现对商品的配送，采取这种物流模式的企业包括京东商城、苏宁易购等。另一类是自营配送中心与核心城市快递服务，即企业在自建配送中心的基础上，将自营快递服务集中在一些核心城市，而对于其他城市则选择外包策略。采用

这种物流模式的企业包括亚马逊、当当网等。自营物流模式业务流程如图 3-13 所示。

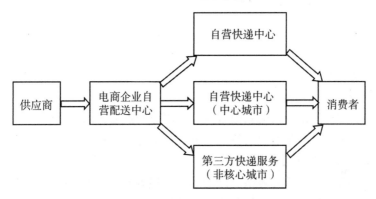

图 3-13　自营物流模式业务运营流程

2. 自营物流优势

（1）摆脱第三方物流的束缚，提高客户占有率。

自营物流模式直接与消费者接触，可以第一时间知道消费者的个性需求，从而找出物流活动中的不足，不断完善自己，同时摆脱第三方物流的束缚，增强企业对物流的控制力。

（2）提升物流的服务质量，维护公司的品牌形象。

网上的商品大同小异，如果仅凭价格适宜且页面美观，很难进一步提升消费者体验。所以物流服务成为提升顾客满意度的一个关键因素，送货的及时性和安全性可以使顾客有更好的消费体验，同时对公司品牌的维护起到很好的促进作用。

3. 自营物流劣势

自营物流本身也存在很多不足。一方面，电商企业自营物流增加了企业的资金投入，自营物流不仅对财力、物力有很大的消耗，对人才的要求也很高。另一方面，电商自营物流对资金需求量很大，由于一些商品存在季节性，在淡季，电商物流面临着仓储的大量闲置，而且需要专人进行管理，导致人力成本的增加，加重了电商的风险，物流设备的闲置也增加了固定投资。在旺季，又可能出现人手不足的情况，对电商企业的正常运营产生不良影响。

（二）第三方物流模式

1. 第三方物流概念及流程

第三方物流模式是指电商企业将物流业务委托给第三方物流公司的物流运作方式。电商企业中大部分选择的是第三方物流模式，较多使用中通、圆通、申通、百世汇通、韵达、天天等第三方物流企业，其业务流程如图 3-14 所示。

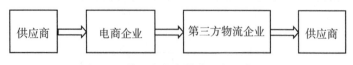

图 3-14　第三方物流模式业务运营流程

2. 第三方物流优势

（1）物流业务覆盖范围广。

由于第三方物流是专门的物流企业，其服务网点通常遍布全国，甚至一些偏远的山区都能到达，可满足客户送货上门的物流配送要求。

（2）提高资金的利用率。

电商企业将物流业务外包给专门的第三方物流公司，可以减少对自建物流配送中心的投入，降低物流成本，提高资金的利用率。

（3）提高社会物流资源的利用率。

随着电子商务的快速发展，越来越多的电商企业进入市场，如果每一个企业都建立自己的自营物流中心，物流设备的利用率就会很低，势必会造成社会物流资源的浪费。

3. 第三方物流劣势

（1）电商企业对第三方物流的依赖性增强。

对于电商企业来说，物流是其发展中的重要一环，如果选择第三方物流，势必会对其产生依赖感，受到第三方物流的控制，在与第三方物流进行价格谈判时失去有利地位，而且，一旦第三方物流公司出现状况，就会影响整个电商企业的正常运营，对其发展产生不良影响。

（2）物流服务的质量无法保障。

由于第三方物流企业控制物流的最终环节，电商企业就失去了与客户面对面接触的机会，无法满足客户的个性化服务要求，对于培养客户的忠诚度产生影响，甚至由此失去客户资源。

（三）物流联盟模式

1. 物流联盟概念及流程

物流联盟是指两个或两个以上的企业，为实现自己的战略目标，通过某种协议组建物流联盟，将各成员的物流资源整合起来，形成风险共担、优势互补的物流组织，代表性的物流联盟有京东物流、顺丰物流与菜鸟物流等。物流联盟模式业务流程如图 3-15 所示。

2. 物流联盟优势

（1）降低物流成本，提高资源利用率。

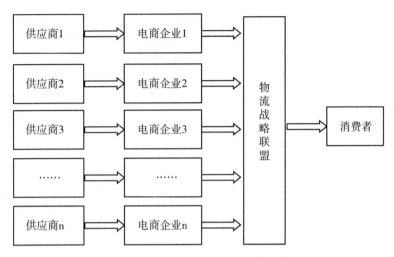

图 3-15 物流联盟模式业务运营流程

物流联盟是将物流企业的物流资源进行整合，提高了资源的使用效率，同时，由于资源实现共享，电商企业可以减少人力、物力的投入，降低了投资风险。

（2）提高企业的运营水平。

物流联盟将企业的物流信息进行共享，成员之间可以互相学习先进的物流技术及管理经验等，使整个物流联盟的运营水平提高，向更专业化、集约化的方向发展。

3. 物流联盟劣势

（1）物流联盟的稳定性较差。

一方面，物流联盟虽然共享物流资源，但联盟成员的运营规模、知名度等方面各不相同，加入物流联盟获得的收益也会有所差别。另一方面，物流联盟是一个自发性的组织，对成员的约束力不强，一旦发生成员背叛的现象，整个物流联盟都可能受到影响。如何做到成本与利润的有效分配，是物流联盟现阶段面临的问题。

（2）物流配送不容易标准化。

由于物流结盟是为了实现物流资源的共享，只有大量的物流企业加入才可能实现规模经济效益。但如果联盟成员数量过多，则很难实现配送的标准化，也会影响物流配送的效率。

物流是电商企业发展中的重要一环，选择何种物流模式对电商企业至关重要，而不同的物流运作模式各有所长，也有其不足之处。电商企业选择何种物流运作模式，主要取决于电商企业自身的资金实力、运营规模及经营策略、企业城市的空间布局、主营产品的特点以及第三方物流企业的服务能力等。

☞ **新闻摘录**

京东品质狂欢节、天猫苏宁誓师北伐、国美在线、亚马逊中国参战、飞凡网开打实体 "618"、聚美优品网红直播＋电商促销、网易考拉海购、洋码头、贝贝网……2016 年 "618" 电商促销大战已落幕。3C、数码、服装、生鲜、农村、跨境等均作为战场亮相，作为电商大促的重要支撑物流又做了哪些准备？

以下为中国电子商务研究中心监测的电商物流实力概况：

京东：截至 2016 年 3 月底，自建物流覆盖区县 2493 个，物流中心 7 个，运营 209 个大型仓库，仓库总面积 430 万平方米，配送站、自提点 5987 个，2015 年超过 85% 的自营订单实现当日和次日达配送。

天猫：菜鸟网络大数据系统，目前全国主流快递公司全部接入菜鸟平台，共拥有约 18 万个物流快递网点，超过 50% 可实时监控，全国 70% 的包裹在菜鸟平台上运转；日处理数据 7 万亿条。日日顺和苏宁的大家电物流配送。

苏宁：已建成的物流仓储及相关配套总面积 452 万平方米，形成了包含 12 个自动化分拣中心、60 个区域物流中心、300 个城市分拨中心，以及 5000 个社区配送站的物流网络体系。

国美：428 个仓储中心，1700 多家门店自提，为接近 40000 多个乡镇四级区域提供无盲区服务。

据中国电商物流快递网企业数据库监测显示，中国已成为全球第一快递大国，而电商物流衍生出多种业态，并朝着多元化、智能化、开放化、国际化方向发展。

快递企业：顺丰、申通、圆通、韵达、汇通、中通、宅急送、天天快递、优速快递等；电商做物流：京东、苏宁、亚马逊、唯品会、1 号店、国美在线、当当网等；物流大数据：菜鸟网络、丰巢等；众包物流：京东众包、人人快递、饿了么 "蜂鸟"、美团众包、我快到、51 送、闪送、E 快送等；货运 O2O：1 号货的、云鸟配送、货车帮、罗技物流、蓝犀牛、速派得、运满满、货拉拉、福佑卡车等。

二、跨境物流发展概况

（一）跨境物流的概念

跨境物流指在两个或两个以上国家之间进行的物流服务。跨境物流是物流服务发展到高级阶段的一种表现形式。由于跨境电子商务的交易双方分属不同国家，商品需要从供应方国家通过跨境物流方式实现空间位移，在需求方所在国家内实现最后的物流与配送。根据商品的空间位移轨迹，跨境物流分为国内物流、国际物流与运输和目的国物流与配送三块。与国内物流相比，跨境物流涉及输出国海关和输入国海关，需要进行清关与商检，工作内容较为复杂，且很少有企业依靠自身能力单独办理并完成这部分业务。

（二）跨境物流企业类型

跨境电子商务的发展推动着跨境物流的发展，通过梳理跨境物流经营企业类型，发现跨境物流企业包括以下几种：①交通运输业、邮政业发展起来的跨境物流企业，如 UPS、FedEx 等；②传统零售业发展起来的跨境物流企业，如美国的沃尔玛、法国的 Cdiscount 等；③大型制造企业或零售企业组建的跨境物流企业，如海尔物流、苏宁物流等；④电商企业自建物流体系，如京东物流、兰亭集势的兰亭智通等；⑤传统快递企业发展跨境物流业务，如顺丰、申通等；⑥新兴的跨境物流企业，如递四方、出口易等。

☞ 新闻摘录

从跨境电商行业的发展轨迹来看，卖家转型服务、服务商加注增值服务的趋势愈加明显。在跨境物流领域，安全、时效、成本一直是卖家关注的要点，也是物流企业强化市场核心竞争力的一大表现，而接下来，什么样的增值服务能够更加讨得卖家欢心呢？

就此，大森林创始人 Forest 告诉雨果网，接下来的物流企业不仅仅要提供精细化的物流运作，更要能提供个性化的增值服务。

跨境电商的盛行趋势，使得许多传统物流服务商参与到跨境物流市场的瓜分中来。拥有 8 年物流行业深耕经验的 Forest 向雨果网坦言："跨境电商市场需求越来越多，但是行业竞争也越来越大，未来服务商真正提供给卖家的不仅仅是流于表面的、粗放式的基础运输服务，而是需要越来越精细化的增值服务。而这些需求点，可能会绝大多数集中在发货建议、咨询、物流跟踪、索赔等中间环节，侧重在卖家真正所关心的精细化运作受理及服务上。"

旺季物流痛点频出，一方面基于旺季运力的暴增，另一方面基于良莠不齐的物流服务商，在行业中也影响颇深。时效、安全是卖家对跨境物流基本的诉求。相较于部分主打价格战、拉低物流安全基准的服务商，运输周期短、安全便捷性高且附带额外增值服务的物流企业，越来越成为卖家热衷、追捧的合作对象。

（三）我国跨境物流发展现状

与国内物流相比，跨境物流除具备其共性外，还伴随国际性等特点，涉及范围更大、影响更深远，跨境物流不仅联系到多个国家的社会经济活动，更受多个国家间多方面、多因素的制约影响。物流硬件环境与软件环境存在国家差异，不同国家标准也不同，国内物流、国际物流与目的国物流在衔接上会存在障碍，导致顺畅的跨境物流系统难以构建。物流环境的差异，导致在跨境物流、运输与配送过程中，需要面对不同的法律、文化、习俗、观念、语言、技术、设施等，增大了跨境物流的运作难度和系统复杂性。此外，如关税、非关税壁垒、物流成本、空间距离等，都会直接或间接影响或制约着跨境物流。目前，我国跨境物流还停留在传统的商品运输、配送、货代等层面，物流高端服务与增值服务缺失，无法提供物流系统集成、供应链优化解决方案、大数据物流、云计算信息平台、跨境物流金融、海外即时送能力不足等，此外，国内物流、国际物流与目的国物流在衔接上、可视化、信息透明度等方面表现较差，影响并降低了顾客对跨境物流的满意度。

（四）跨境物流模式

1. 国际邮政包裹

国际邮政包裹指通过万国邮政体系实现商品的进出口，运用个人邮包形式进行发货，又多以国际邮政小包居多。国际邮政包裹在目前的跨境电子商务中使用较多，且占据较大的比例。据不完全统计，我国目前跨境电子商务有超过 60% 的商品是通过邮政体系运输的。在国际邮政包裹中，使用较多的有中国邮政、香港邮政、比利时邮政、俄罗斯邮政和德国邮政等。国际邮政包裹具有价格便宜和清关方便等优点，但递送时效慢、丢包率较高，非挂号件无法跟踪，且在商品体积、重量、形状等方面局限性较强。伴随各国清关政策收紧，国际邮政包裹的优势受到挑战。

2. 国际快递

跨境电子商务使用较多的另一种物流模式为国际快递。商品通过国际快递公司进行物流与配送，知名的国际快递公司主要有 UPS、FedEx、DHL 等。此外，我国本土快递公司也逐步涉入跨境物流业务，如顺丰、申通等。国际快递可以针对不同的顾客群体，如国家地域、商品种类、体积大小、商品重量等选取不同的渠道实现商品速递。国际快递具有时效性高、丢包率低等优点，但价格高，尤其在偏远地区的附加费更高，且含电、特殊类商品无法速递。

3. 海外仓

海外仓又称海外仓储，指在跨境电子商务目的国预先租赁或建设仓库，通过国际物流预先把商品送达仓库，然后通过互联网销售商品，当接到顾客订单后从海外仓库进行发货与配送。近两年，诸多电商企业纷纷租赁或自建海外仓，如 eBay、亚马逊等跨境电子商务推出官方合作的海外仓，大龙网、FocalPrice 等投入巨资自建海外仓，顺丰与韵达等快递也纷纷涉足海外仓业务。海外仓是跨境电子商务与跨境物流的一大突破，能够解决国际邮政小包和国际快递的短板，如物流时效、物流成本、海关与商检、本土化、退换货等问题。但是海外仓的租赁、建设与运营也需要专业的人员与资金，在商品预运前要求较高，需要准确的销售预期，否则会产生商品运送后因滞销而造成库存与积压。

4. 国际物流专线

国际物流专线是针对某一特点国家或地区的跨境专线递送方式。物流起点、物流终点、运输工具、运输线路、运输时间基本固定。物流时效较国际邮政小包快，物流成本较国际快递低，且保证清关。针对固定路线的跨境电子商务而言是一种较好的物流解决方案。由于国际物流专线具有区域局限性，这也是突出的弊端。国际物流专线主要包括航空专线、港口专线、铁路专线、大陆桥专线以及固定多式联运专线。如郑欧班列、中俄专线、渝新欧专线、中欧（武汉）冠捷班列、国际传统亚欧航线、顺丰深圳-台北全货机航线等。

5. 边境仓

边境仓指在跨境电子商务目的国的邻国边境内租赁或建设仓库，通过物流将商品预先运达仓库，通过互联网接受顾客订单后，从该仓库进行发货。根据所处地域的不同，边境仓可分为绝对边境仓和相对边境仓。绝对边境仓指当跨境电子商务的交易双方所在国家相邻，将仓库设在卖方所在国家与买方所在国家相邻近的城市，如我国对俄罗斯的跨境电子商务交易，在哈尔滨或中俄边境的中方城市设立仓库。相对边境仓指当跨境电子商务的交易双方不相邻，将仓库设在买方所在国家的相邻国家的边境城市，如我国对巴西的跨境电子商务交易，在与之相邻的阿根廷、巴拉圭、秘鲁等接壤国家的临近边境城市设立仓库。相对边境仓对买方所在国而言属于边境仓，对卖方所在国而言属于海外仓。海外仓的运营需要成本，商品存在积压风险，送达后的商品很难再退回国内，这些因素推动着边境仓的出现，如对俄罗斯跨境电子商务中，我国在哈尔滨设立了边境仓和临沂（中俄）云仓。一些国家税收政策、政局不稳定、货币贬值与严重通货膨胀等，也会刺激边境仓的出现，如对巴西跨境电子商务，巴西税收政策十分严格，海外仓成本很高，那么可以在其接壤国家的边境设立边境仓，利用南美自由贸易协定，推动对巴西的跨境电子商务业务。

6. 保税区、自贸区物流

保税区或自贸区物流指先将商品运送到保税区或自贸区仓库，通过互联网获得顾客订单时，通过保税区或自贸区仓库进行分拣、打包等，通过集中运输，并进行物流配送。这种方式具有集货物流和规模化物流的特点，有利于缩短物流时间和降低物流成本。如亚马逊以上海自贸区为入口，引入全球商品线，跨境电子商务企业可以先把商品放在自贸区，当顾客下单后，商品从自贸区发出，有效地缩短配送时间。通过自贸区或保税区进行仓储，可以有效利用自贸区与保税区的各类政策、综合优势与优惠措施，尤其各保税区和自贸区在物流、通关、商检、收付汇、退税的便利，简化跨境电子商务的业务操作，实现促进跨境电子商务交易的目的。

7. 集货物流

集货物流指先将商品运输到本地或当地的仓储中心，达到一定数量或形成一定规模后，通过与国际物流公司合作，将商品运到境外买家手中，或者将各地发来的商品先进行聚集，然后再批量配送，或者一些商品类似的跨境电子商务企业进行战略联盟，成立共同的跨境物流运营中心，利用规模优势和优势互补的理念，实现降低跨境物流费用的目的。如米兰网在广州与成都自建了仓储中心，商品在仓储中心聚集后，通过与国际快递合作将商品发到国外买家。

8. 第三方物流

第三方物流指由买方、卖方以外的第三方专业物流企业，以合同委托的模式，承担企业的物流服务。在国内电商中，自建物流已成为一种趋势。但在跨境电子商务中，由于其复杂性，且对物流投入要求很高，虽然个别跨境电子商务在自建物流体系，如洋码头，但是基于资金、跨境物流的复杂性和各种物流障碍，大多数跨境电子商务选择第三方物流模式，如与邮政合作、国际快递公司合作等。即便是邮政或者国际快递公司，在一些国家与地区也会选择与当地的第三方物流公司合作。在跨境物流链条中，会存在多种或多个第三方物流企业通力合作的现象。包括我国在内的大批海运企业、国际货代企业，拥有丰富的进出口贸易、海外运作经验和海外业务网点布局及国际化操作能力，这些都是跨境电子商务或跨境物流企业可以合作的对象。在巴西，FedEx 和 UPS 等国际快递公司的业务量只能局限于城市，在偏远地区则依托于巴西邮政及其下属的 Sedex。

9. 第四方物流

第四方物流指专为交易双方、第三方提供物流规划、咨询、物流信息系统、供应链管理等活动，通过调配与管理自身的及具有互补性的服务提供商的资源、能力和技术，提供综合的、全面的供应链解决方案。第四方物流通过整个供应链的影响力，在解决企业物流的基础上，整合各类社会资源，实现物流信息共享与社会物流资源充分利用。基于跨境电子商务与跨境物流的复杂性，涌现出一批第四方物流模式，为跨境物流注入新鲜因素。如 2015 年 1 月 26 日兰亭集势宣布正式启动"兰亭智通"全球跨境物流开放平台，可以整合全球各地物流配送服务资源，能够提供开放比价竞价、全球智能路径优化、多物流商协同配送、自动打单跟单、大数据智能分析等服务。

三、电商物流新变化

电商物流会伴随电子商务发展而变化，历经十多年的发展，电子商务日趋成熟，也随之出现一些新的特征与需求，而电商物流则需要紧跟电子商务发展。对于电商物流运作特点和变化，总体上出现了一些新的变化，主要有：（1）市场细分和专业化更加明显，从大家电、小件、冷链运输到快递、快运、零担干线等；

（2）顺应用户需求，末端配送更加柔性，服务内容更加全面；（3）业务形态的复杂化使得操作更加智能化、自动化；（4）供应链上下游联系更加顺畅，彼此反应更加敏捷，这有赖于数据的维护和支持；（5）服务网络向广、深甚至国外发展，原来比较分散的服务节点已经迅速变成了闭环式的服务网。

☞ 新闻摘录

电子商务时代的来临，给全球物流业带来了新的发展，使物流具备了一系列新特点。

1. 信息化

电子商务时代，物流信息化是电子商务的必然要求。物流信息化表现为物流信息的商品化、物流信息收集的数据库化和代码化、物流信息处理的电子化和计算机化、物流信息传递的标准化和实时化、物流信息存储的数字化等。信息化是一切的基础，没有物流的信息化，任何先进的技术设备都不可能应用于物流领域，信息技术及计算机技术在物流中的应用将会彻底改变世界物流的面貌。

2. 自动化

自动化的基础是信息化，自动化的核心是机电一体化，自动化的外在表现是无人化，自动化的效果是省力化，另外还可以扩大物流作业能力，提高劳动生产率，减少物流作业的差错等。物流自动化的设施非常多，如条码/语音/射频自动识别系统、自动分拣系统、自动存取系统、自动导向车、货物自动跟踪系统等。

3. 网络化

物流领域网络化的基础也是信息化，这里指的网络化有两层含义：一是物流配送系统的计算机通信网络，包括物流配送中心与供应商或制造商的联系要通过计算机网络，另外与下游顾客之间的联系也要通过计算机网络通信，物流配送中心通过计算机网络收集下游客户订货的过程也可以自动完成。二是组织的网络化，即所谓的组织内部网（Intranet）。

4. 智能化

这是物流自动化、信息化的一种高层次应用，物流作业过程大量的运筹和决策，如库存水平的确定、运输（搬运）路径的选择、自动导向车的运行轨迹和作业控制、自动分拣机的运行、物流配送中心经营管理的决策支持等问题，都需要借助于大量的知识才能解决。在物流自动化的进程中，物流智能化是不可回避的技术难题。好在专家系统、机器人等相关技术在国际上已经有比较成熟的研究成果。为了提高物流现代化的水平，物流的智能化已成为电子商务环境下物流发展的一个新趋势。

5. 柔性化

柔性化本来是为实现"以顾客为中心"理念而在生产领域提出的，但需要真正做到柔性化，即真正地能根据消费者需求的变化来灵活调节生产工艺，没有配套的柔性化的物流系统是不可能达到目的的。这些概念和技术的实质是要将生产、流通进行集成，根据需求端的需求组织生产，安排物流活动。因此，柔性化的物流正是适应生产、流通与消费的需求而发展起来的一种新型物流模式。这就要求物流配送中心要根据消费需求"多品种、小批量、多批次、短周期"的特色，灵活组织和实施物流作业。

另外，物流设施、商品包装的标准化，物流的社会化、共同化也都是电子商务环境下物流模式的新特点。

第六节 电商支付

一、支付体系的历史沿革

在很久以前的实物支付时代，买卖双方必须同时把要交换的物品运输到同一地点，才能完成支付。一般等价物出现以后，使物流和资金流在空间上可以分离，但一般等价物的便携性和标准化程度低，且普及性不足。私营和国营的信用中介的出现解决了上述问题，纸币和票据使得支付可以脱离真正的实物，而由信用的方式所表达，支付逐渐变成了一种信息的表达。但由于信息不对称，买卖双方之间的时间、空间等不一致等原因，经常会导致交易缺乏通畅，效率低下。电子支付的出现，使得支付方式的信息流动更为通畅，从而大大增加了支付的效率，使得货物流动和资金流动能同时运转起来。整体上看，支付体系经历过三个演变过程，即（1）实物支付时代：资金流与物流逐渐分离，但便携性、普及性不足；（2）信用支付时代：资金流以纸质工具替代，支付逐渐变成信用的一种表达方式；（3）电子支付时代：资金流动与支付行为分离，信息流动使支付效率更加提高。具体演变历程见图 3-16 所示。

二、电商支付方式简介

（一）汇款

银行汇款或邮局汇款是一种传统支付方式，属于网下支付，避免了诸如黑客攻击、账号泄露、密码被盗等问题。但无法防止卖方收到货款之后否认、抵赖。同时，消费者需亲自到银行或邮局办理相关手续并支付一定费用，无法实现电子商务低成本、高效率的优势。因此，并不适应电子商务的长期发展。

（二）货到付款

货到付款又称送货上门，指买方在网上订货后由卖方送货至买方处，经买方确认后付款的支付方式。目前，很多购物网站都提供这种支付方式。但由于我国地区

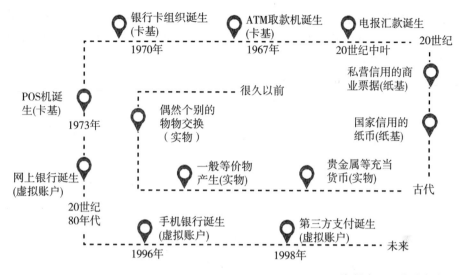

资料来源：艾瑞咨询

图 3-16 世界支付体系演变轨迹

发展的不平衡性，很多地区很难实现。货到付款既解决了中国网上零售行业的支付和物流两大难题，又培养了客户对网络购物的信任。货到付款包括货到后现金支付、POS 机支付等方式。对于这种支付方式，虽然消费者无须支付额外的交易佣金，但是将支付与物流结合在一起存在很多问题，比如太过依赖于物流，若物流方面出现问题，支付也将受到影响。因此同样不能真正发挥电子商务的优势，不能适应电子商务的长期发展需要。

（三）银行卡收单

银行卡是我国个人使用最广泛的非现金支付工具，银行卡收单业务是收单机构与特约商户签订银行卡受理协议，在特约商户按约定受理银行卡并与持卡人达成交易后，为特约商户提供交易资金结算服务的行为。银行卡收单包括线上收单和线下收单两种，线上收单即网络收单，而线下收单根据受理终端的不同分为 POS 收单、便利支付收单等，其中 POS 收单占据的市场份额最大，超过 95%。

在线下支付市场，中国银联深耕收单市场十余年，在 POS 机收单市场占据了绝对的垄断地位。一方面，其作为清算机构收取刷卡跨行交易手续费的 10%；另一方面通过控股公司银联商务开展收单业务，收取刷卡交易手续费中的 20%。除商业银行外的第三方收单机构中，银联旗下的银联商务市场份额最大。

（四）互联网支付

1. 网上银行

网上银行是银行的主要电子支付方式，也是几种主流支付方式中交易规模最大的一个，2015 年网上银行支付规模超过 1800 万亿元，占互联网支付规模的 99%。中国金融认证中心最新发布的《2015 中国电子银行调查报告》显示，2015 年全国企业网银用户比例为 73%，个人网银的用户比例超过 40%（见图 3-17）。

资料来源：中国金融认证中心

图 3-17　网上银行市场规模

2. 第三方互联网支付

第三方互联网支付是指以第三方支付机构为运营主体，通过在电脑端以网关支付、认证支付等途径以银行账户或第三方账户进行支付的方式。在第三方互联网支付市场份额占比中，支付宝排名遥遥领先，占 47.6%；财付通随居第二，占 20.1%；银联商务占 11.1%，排名第三（见图 3-18）。

（五）移动支付

移动支付是指通过移动运营商提供的网络发送支付指令进行支付的方式，主要网络发送的支付指令包括（1）手机银行：用户通过发送短信或通过移动终端登录网络使用银行等的支付服务；（2）近场支付：指用户利用近距离无线通信技术（NFC 技术）或蓝牙红外技术，从而在移动专用 POS 机的商家（如便利店、商场、公交）进行现场刷卡消费，包括二维码支付、NFC 支付等。

2015 年，在移动支付市场中，手机银行约占有 85% 的市场份额，第三方移动支付占有 15% 的市场份额。近年来，随着移动通信技术高速发展，智能终端不断普及以及金融 IC 卡的广泛应用，移动支付逐渐成为电子支付发展的新方向。

1. 手机银行

随着近年来智能手机的广泛应用，手机银行交易量迅速增加，2014 年手机银行交易规模高达 32.8 万亿元，同比增长 157%，增速远高于网上银行。伴随商业银

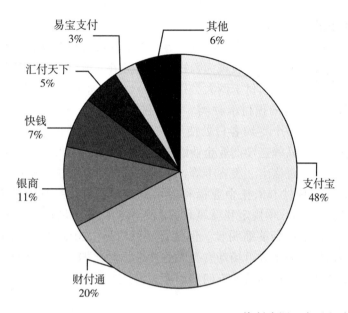

资料来源：中国金融认证中心

图 3-18　2015 年第三方互联网支付市场份额

行对于移动端布局的加快，推广力度持续增强，各项免费、优惠政策不断推出，进一步促进了手机银行交易规模的快速攀升。

2. 第三方移动支付

第三方移动支付正处于快速爆发期，2015 年第三方移动支付市场规模已达到 10 万亿。目前市场份额占比中，支付宝排名第一，占比 68%，财付通占比 21%，两者联合份额占比近 90%，极大瓜分了市场。目前以二维码、NFC 支付等新生支付模式为代表的移动支付正以全新升级的状态挑战着传统支付方式（见表 3-1）。

表 3-1　　　　　　　　　　二维码支付与 NFC 支付特点比较

项目	二维码支付	NFC 支付
支付方式	商户扫描消费者手机 APP 生成的二维码付款	手机触碰商户 POS 机付款
安全性	自动生成二维码	自动成为虚拟账户
硬件要求	低	高
网络环境要求	需要移动互联网	可在无网络环境使用
产业链	较短	较长
利益端	格局基本清晰	格局较为复杂

（六）预付卡

预付卡又叫储值卡、消费卡、积分卡等，指由发行机构发行的，可在商业服务业领域使用的债权凭证，具体表现为购物券或消费卡。预付卡按发卡人不同可划分为多用途预付卡和单用途预付卡两大类别：（1）多用途预付卡是指由专营发卡机构发行，可跨法人使用的预付卡种类。如资和信商通卡、联华 OK 卡等，可在商场、便利店、餐馆等多个签约客户处使用；（2）单用途预付卡由商业企业发行，只能在本企业或同一品牌连锁商业企业购买商品、服务，不得跨法人使用的预付卡种类。如家乐福卡、百盛卡、美容卡等，只能在单个商家或法人机构范围内使用。

2011 年之前，预付卡依托企业福利与礼品的发展模式一直保持着高速发展。但到 2012 年后，受到八项规定和反腐政策的影响，公职人员过节发卡等隐性福利被取消，使得预付卡市场萎缩明显。但值得注意的是，2015 年传统团购市场规模还在下滑，但预付卡的个人市场却有亮眼的业绩，同比增长超过 100%，预付卡消费面向个人市场转型已成为新的方向和趋势。

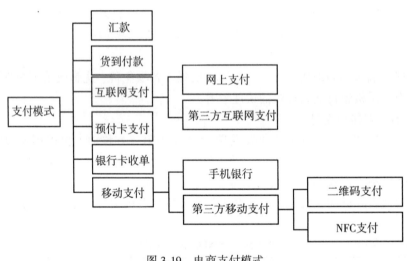

图 3-19　电商支付模式

三、中国电子支付产业链框架

电子支付服务主体不断丰富，形成较完善的电子支付格局。在中国电子支付核心参与方中，由银联和央行支付系统所组成的支付清算处于电子支付体系最核心的位置，其为整个电子支付产业的枢纽。商业银行、线上线下的第三方支付机构、通信运营商是电子支付体系主要的参与主体，其参与者数量和交易规模都在电子支付行业中领先。支付软硬件提供商和收单代理商是电子支付产业中起到辅助作用的主体，整个体系由中国人民银行等监管方进行监督管理，为中国的用户和商户进行服务。

中国电子支付核心参与方中有，中国银联等卡组织；有由四大行、股份制银行和城商行等商业银行；有银联商务、杉德、汇付天下等第三方线下收单机构；有支付宝、财付通为代表的互联网支付和移动支付第三方支付机构；有资和信、市政交通卡等预付卡发行第三方支付机构；有中国移动、中国联通、中国电信等运营商及其下属的第三方支付机构。还有电子支付的软硬件及设备技术提供商如苹果、三星、华为等（见图3-20）。

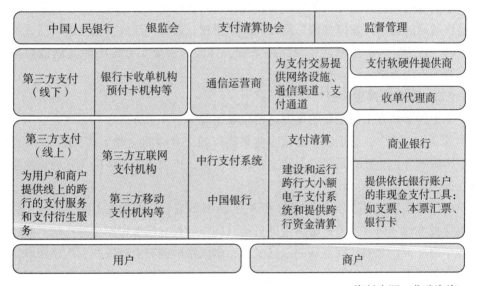

资料来源：艾瑞咨询

图 3-20　中国电子支付产业核心参与方

四、中国第三方支付核心企业介绍

在电子商务发展日趋成熟的背景下，中国第三方支付机构不断出现，一并推动电商生态系统的发展与完善。在中国第三方支付企业中，又以集团运行企业、独立运营企业与电信运营商为代表的核心企业最具典型。

（一）企业类型

1. 集团运营企业型

以中国银联、支付宝、微信支付为代表的集团运营支付企业占据了第三方支付市场交易规模的最主要部分，其背靠的集团企业经过多年的积累形成了庞大的商户资源和用户资源，以及稳定的系统资源、较强的市场影响力，为其开展支付业务提供了强大的支持，保证其支付业务交易量的稳定增长。

2. 独立运营企业型

以快钱、汇付天下、易宝支付和环迅支付等为代表的独立第三方支付企业，相较于非独立运营企业 C 端优势薄弱，因此，经过多年的尝试，其业务形式更多地采取整合平台优势资源为客户提供涵盖支付结算、资金效率管理、市场营销和增值服务的行业综合解决方案。

3. 电信运营商型

中国电信运营商在支付领域起步较晚，但其在移动支付领域的独特优势：控制着远程通信的通道，掌握终端厂商方面的话语权，拥有广泛的营销渠道、巨大的用户基础，较为完善的小额计费与结算系统，强大的资金实力等将为其创造后发优势，避免沦为通道。

（二）集团运营企业型

在中国第三方支付企业的集团运营企业类型里，又可分为独立运营企业与非独立运营企业。其中，所谓独立运营企业是指以独立存续的企业形式从事支付业务，如中国银联等；非独立是指以非独立存续的形式，作为集团企业的关联机构从事支付业务，如支付宝等。

中国银联股份有限公司于 2002 年 3 月 26 日成立，总部设在上海，是经中国人民银行批准的、由八十多家国内金融机构共同发起设立的股份制金融机构。除了搭建各个商业银行之间联网互通的信息平台，中国银联拥有上海银联、广州银联以及银联商务等第三方支付企业，分别运营网上支付和线下银行收单等业务，已经积累了巨大的商户资源和一定的第三方支付运营管理经验。

支付宝（中国）网络技术有限公司成立于 2004 年，是阿里巴巴集团的关联公司。2011 年 5 月获得央行颁发的第三方支付牌照，准许经营内容包括：互联网支付、移动电话支付、预付卡发行与受理（仅限于线上实名支付账户充值）、银行卡收单。2010 年推出信用卡支付业务，中国第三方支付进入快捷时代；2011 年首批获得第三方支付牌照，同期，支付宝私有化，支付宝将在上市时向阿里巴巴集团一次性支付 37.5% 的市值（以 IPO 价为准）现金回报。

（三）独立运营企业型

所谓独立运营企业型，是指以独立的支付业务为企业经营形式的第三方支付企业，属于单一企业形式，不存在于某集团企业中。代表企业有快钱、汇付天下等。

快钱是独立第三方支付公司，成立于 2005 年，总部在上海。2011 年 5 月获得央行颁发的第三方支付牌照，准许经营内容包括：互联网支付、移动电话支付、固定电话支付，预付卡受理、银行卡收单，并获得基金牌照。主要发展方向是为企业打造流动资金管理解决方案，核心特点为线上线下业务结合紧密，保险、零售连锁、直销为其优势领域。

汇付天下成立于2006年7月，总部设在上海，在金融支付领域中，汇付天下是首家获得中国证监会批准开展网上基金销售支付服务。汇付天下定位于金融级电子支付专家，与国内商业银行及国际银行卡组织均建立了合作关系，聚焦金融支付和产业链支付两大方向。

（四）电信运营商型

所谓电信运营商型，是指电信运营商开展第三方支付业务。代表企业有中国移动、中国电信等。

中移电子商务。2006年3月，中国移动通信集团公司选择前期在电子商务领域积累了丰富经验的湖南公司设立中国移动电子商务产品创新基地；2011年6月，中移电子商务有限公司成立，由中国移动通信集团湖南有限公司全资设立，注册资本5亿元，负责中国移动全网手机支付业务的运营和发展，并于2011年12月31日获牌：移动电话支付、银行卡收单。中国移动是我国最大的移动运营商，在过去两年频频发力，不断进行支付业务试点的同时和其他公司广泛合作。

中电信翼支付。天翼电子商务有限公司是中国电信集团公司深化企业战略转型投资组建的全资子公司，2012年获得《支付业务许可证》，业务涵盖移动电话支付、固定电话支付和银行卡收单领域。公司面向个人用户提供安全、便捷、时尚的电子商务服务；面向商户提供专业化的电子支付平台及解决方案。

☞ **本章回顾**

国内外学者及企业界对于电子商务概念进行多个角度的诠释，简要的概念可以描述为利用互联网从事商务活动。纵观中国电子商务发展历程，已经历过一个完整的生命周期，现已进入变革与创新周期。电子商务的分类根据不同标准会有不同结果，常用的分类包括交易主体属性及交易主体所处位置。电商平台类型方面，常见的有垂直型电商与综合型电商、平台型电商与自营型电商。供应商与消费者是电子商务活动中非常重要的两个参与主体，也需要对其进行关注。物流与支付对于电子商务交易影响重大，是两个关键的活动环节。电商物流模式主要有自营物流运作模式、第三方物流运作模式及物流联盟模式。在跨境电商发展推动下，跨境物流备受关注，且新兴跨境物流模式业已出现，如海外仓、边境仓、集货物流等。除了传统的汇款、货到付款外，电商支付方式又以互联网支付与移动支付较为普遍。

☞ **关键术语**

　　电子商务　垂直型电商　综合型电商　平台型电商　自营型电商　战略型供应商　影响型供应商　竞争型供应商　自营物流　第三方物流　物流联盟　跨境物流　海外仓　电子商务平台经营者　移动支付

☞ **思考题**

　　1. 简述电子商务的概念及特征。

　　2. 常见的电子商务分类都有哪些?

　　3. 简要描述中国电子商务发展历程。

　　4. 电商平台常见类型都有哪些，各类代表企业有哪些?

　　5. 简述电子商务的法律特征。

　　6. 分别论述买方及卖方为主体的电子商务交易流程，以及 B2C 电子商务流程。

　　7. 供应商类型是如何划分的，并论述优质供应商应具有的特质。

　　8. 论述中国个人互联网应用的具体表征。

　　9. 常见的电商物流类型有哪些，以及相应的优劣势及运行流程。

　　10. 论述跨境物流的几种类型。

　　11. 简述电商支付的常见类型。

　　12. 举例介绍中国第三方支付企业类型。

第四章　电商主体行为分析

【学习目标】

掌握平台型电商与自营型电商业务内容

掌握网络营销的概念与主要内容

掌握电商客服的主要内容

了解客户管理的相关内容

了解供应商开发流程

掌握几种常见的电商采购类型

了解电子订货系统相关知识

了解中国消费者画像

掌握电商物流运作流程

掌握几种常见的物流运输方式

了解几种常见的支付路径

【章节纲要】

本章主要分五节来分析电商主体行为问题。第一节主要对电商平台行为进行分析；第二节主要对供应商行为进行分析；第三节主要对消费者行为进行分析；第四节主要对电商物流行为进行分析；第五节主要对电商支付行为进行分析。

第一节　电商平台行为分析

一、平台型电商业务内容

平台型电商的优势在于其是开发与运营的电子商务平台，由于不从事商品的采购、销售等工作，其运营重点更聚焦于网站流量的挖掘、前期招商、关键辅助服务环节等。平台型电商业务流程与特征如图 4-1 所示。平台型电商的关键业务流程在于前期的平台网站建立、吸引浏览、开发商家入驻；日常业务重点在于平台管理，包括对商家、商品、消费者与平台自身的管理，确保平台的正常运行、商家与商品的质量与形象、举行各类市场活动推动商品销售、保持与消费者的沟通，进而提升商家、消费者的满意度；此外，还需要提供一些关联服务，旨在弥补入驻平台的商家的服务短板与劣势，如支付、客服、物流、监管等工作环节，这些都成为吸引平台流量、商家入驻数量、商品销售、消费者满意的重要服务内容。

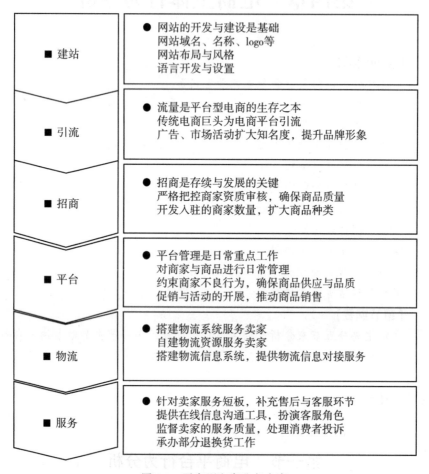

图 4-1　平台型电商业务内容

再结合交易主体类型，分析平台型电商业务流程。由于 B2B 电商模式虽然单笔交易规模较大，但使用频率不高，与人们日常消费关联度不大，此处不再对其进行详细探究，由此将平台型电商细分为 B2C 平台型电商与 C2C 平台型电商。B2C平台型电商业务流程如图 4-2 所示。B2C 平台型电商在网站流量、商品品类方面具有显著的优势，但是在品牌招商方面存在一定的难度，需要在规模与质量之间进行平衡。这主要是因为，现在的规模较大的 B 型商家数量较少，加上平台型电商企业之间的竞争与资源争夺，导致较大规模的 B 型商家引入难度较高；小型规模的 B 型商家虽然数量较多，但是平台又面临着商家与商品质量把控的难度。

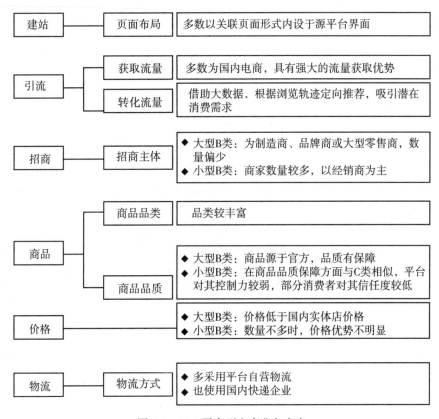

图 4-2　B2C 平台型电商业务内容

C2C 平台型电商最大的优势在于商品种类的丰富性，但是由于入驻商家为个人，且数量庞大，导致 C2C 平台型电商对卖家与商品的控制能力偏弱，容易引发商品质量等方面的风险，这也是目前消费者对 C2C 类电商平台信任度偏低的主要原因。C2C 平台型电商业务流程如图 4-3 所示。

二、自营型电商业务内容

自营型电商企业不同于平台型电商企业，其更类似于传统的零售企业，只是将商品交易场所从线下转移到线上。如图 4-4 所示，自营型电商企业需要全面参与到商品的整个供应链，包括所销售商品的选择、供应商开发与谈判、电商平台的运营等，并深度介入物流、客服与售后等服务环节。

由于自营型电商从交易主体属性分类上，归属于 B2C 模式，所以此处不再采

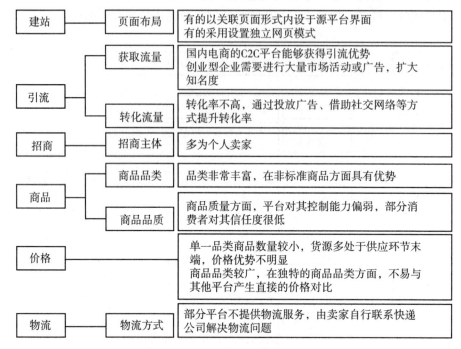

图 4-3　C2C 平台型电商业务内容

用交易主体属性模式对其进行细分，而结合商品种类的多寡细分为综合自营型电商与垂直自营型电商。综合自营型电商的商品来源多与品牌商较接近，其业务流程如图 4-5 所示，对商品质量的包装能力较强，加上省去了中间环节的诸多成本，其商品在价格上优势显著。但是，商品数量要远少于综合类平台型电商，在进行商品品类扩展时难度较高，成本增加比较显著。

垂直自营型电商的最大优势在于对利基市场的定位与深挖，对目标群体的了解与服务的深入，在商品选取能力与销售转化率方面均表现优秀。由于其市场定位是利基市场，决定了商品品类的单一，并受到政策性因素的影响较大。垂直自营型电商企业在规模、实力、流量与管理水平等方面均表现较弱。垂直自营型电商在所聚焦的产品品类方面具有一定的价格优势，但单一的产品品类又会制约其进一步发展与规模的增长。垂直自营型电商的业务内容如图 4-6 所示。

三、电商营销活动

（一）网络营销概述

1. 网络营销的概念

电商营销属于网络营销范畴，是网络营销中与电商平台这个主体相关的在线营

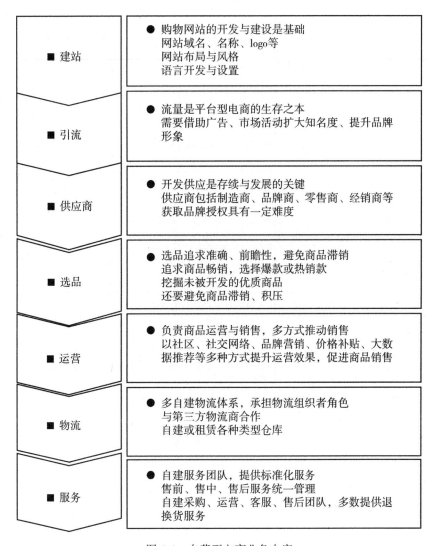

図 4-4　自营型电商业务内容

销模式。在互联网技术发展与应用推广下，互联网已经渗透在社会的方方面面，各类传统商务活动也与互联网交织一起。市场营销学的发展也注入了网络特征，由此网络营销理论呼之欲出，在实践发展推动下，网络营销相关理论逐渐成形。在讨论电商平台网营销活动时，本书采用网络营销理论来探讨电商平台营销活动。

　　网络营销是以互联网络为基础，利用多种营销工具，以互联网的思维方式开展现代的市场营销活动，是市场营销在网络商务时代的延伸与发展。网络营销改变了生产者与消费者之间的沟通方式，从以往生产者宣传、消费者被动接受的单向传

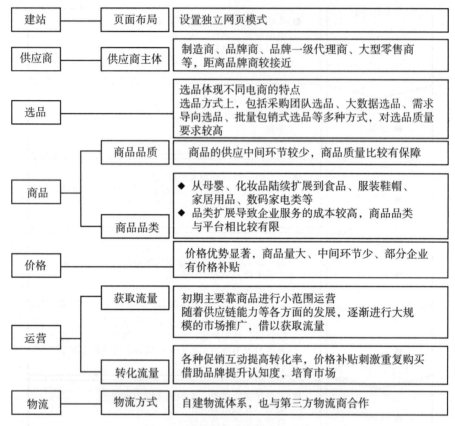

图 4-5　综合自营型电商业务内容

播，变为生产者与消费者的双向沟通。

☞ **新闻摘录**

电商平台促销活动多种多样，从促销活动的范围来看，分为单品促销活动、多商品促销活动、店铺促销活动、平台促销活动。

单品活动包括：买送（买单品送原品）、买降（多买降价）、特价（单品降价）、秒杀（降价幅度大，限时）；店铺活动包括：满减、满赠、店铺券；平台活动包括：平台券。

特价/秒杀活动：特价/秒杀活动都是基于单品的价格做活动，通常情况为一些热门产品设置特价/秒杀，达到为订单引流的作用，尤其是我国所在的医药电商领域，通常卖家会设置一个较高的起配金额，未达到起配金额的订单将不会发货，所

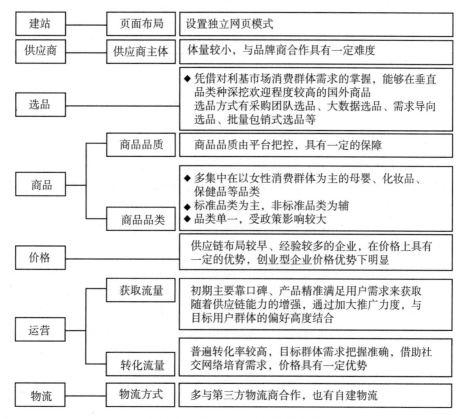

图 4-6　垂直自营型电商业务内容

以为了购买这个引流款，买家必须购买更多的商品。

买降活动：主要应用于批发的场景，对于批发行业来说，一次性购买的更多的客户更有可能享受到更低的价格。从这方面来说，客户为了节约成本，需要一次性购买更多的这个商品。

买送活动：买送即买原品送原品，这个在正常情况下比较少见，主要是应用于小单价的批发中，因为对于 B2B 来说，采购的客户基本不需要其他类型的赠品，反而送原品对他们来说肯定是有用的，而且送的原品也会纳入他们成本考虑的范畴。

满减活动：满减活动应用场景比较广泛，对于大单价商品来说可以做单品满减促进该商品的转化率，对于小单价的商品来说，主要是促进店铺的整体转化率并提升客单价。

满赠活动：满赠活动和满减一样，可以设置单品满赠或店铺满赠，玩法与各自的业务场景有关。

店铺券：店铺发送优惠券，折扣的方式分为满减或满折，更多的是起到提升店铺转化率和客单价的作用，满折更多适用于B2B，因为B端用户更多的会去衡量各个商品的毛利有多少。

平台券：平台发送的平台券，主要是起到为平台引流，提升平台下单成功率的作用，最好的效果是客户最后在使用平台券的时候带动多个店铺的销量。

2. 网络营销的主要内容

（1）在线信息搜索

企业在开展网络营销时，利用多种搜索方法，积极主动地搜索有价值的信息、商业机会和情报，了解对手的竞争状态等市场情况。企业通过登录搜索引擎、大型综合性门户网站、第三方电商网站、政府网站等网络节点获取相关信息。

（2）网络市场调研

网络市场调研主要是利用互联网交互式的信息沟通渠道来实施市场调研活动，包括直接在线的问卷调研，还包括通过网络来收集市场调研中所需的一些二手资料。利用网络在线调研工具，可以提高调研效率和调研效果。在利用互联网进行市场调研时，重点是如何利用有效的工具及手段实施调查与收集整体资料，获取信息不再是难事，关键是如何在信息海洋中获取想要的资料信息和分析出有用的信息。

（3）网络信息发布

互联网作为一种双向实时的沟通渠道，最大优势在于使沟通双方突破时空限制直接进行交流，而且简单、便捷、高效、成本低。在线发布促销活动信息是有效的沟通渠道，但是在线开展促销活动一定要遵循网上的一些信息交流和沟通规则，特别是遵循一些虚拟社区的礼仪。网络广告作为最重要的一种促销工具，主要依靠互联网的媒体功能，具有传统媒体无法比拟的优势，网络广告具有交互性与直接性。

（4）在线咨询

企业可以在网站设置即时社交界面或客服界面等，接受客户的在线咨询，详细解答客户的疑问，与客户进行充分的沟通。

（5）网络销售

企业可以通过自建网站，或通过第三方电商平台，或与其他电商平台合作，实现在线销售。

（6）建立网络品牌

随着电子商务发展，客户已不再单纯关注低价格，逐渐向商品品质、口碑、形象、品牌等因素转移，品牌溢价的作用越发显著。企业可以通过一些宣传推广、品牌策划等活动，树立良好的企业与品牌形象，实现网络公众对企业品牌的认可，从而使企业品牌在网络渠道得到延伸与拓展。

（7）网站推广

企业利用网络进行网站信息推广，使网站或商铺获得较大的访问量，是企业网络营销的主要功能之一，也是网络营销的目标之一。通过获得较大流量的网络访问，企业可以好好宣传自己的产品与品牌，加深客户对产品与服务的理解，赢得客户好感，进而实现销售。企业可以通过搜索引擎、网络社区、网络广告等实现网络推广。

（8）管理客户关系

企业可以通过 FAQ（Frequently Asked Questions）、论坛、邮件列表、各种即时通信软件等网络营销工具，为顾客提供各种在线服务，增强与客户之间的联系，解决客户的各种问题，提高客户的满意度，对客户进行有效的管理。

（二）网络信息的收集

1. 网络信息的特点

近两年，网络信息大爆炸，尤其在大数据技术推动下，互联网随时随刻都在提供给我们海量的信息与资讯。这些通过网络传播、储存的信息，都可以成为网络信息。其信息量巨大，传播速度快，每时每刻都在影响着人们的生活，网络信息具有如下一些特点，即：

（1）数量庞大，增长迅速。

互联网是一个集各种信息资源为一体的信息网，网络上的个体或组织，如政府、机构、企业、个人等随时随地都可以在网上发布信息，网络资源增长迅速，成为无处不在、无时不有的繁杂信息源，并具有跨区域、分布广、多语种、高度共享等特点。

（2）内容丰富，覆盖面广。

网络信息资源几乎是无所不包，类型丰富多样，覆盖了不同学科、不同领域、不同行业、不同地域、不同语言，在形式上包括文本、图片、声音、视频、软件、数据库等，还是多媒体、多语种、多类型的混合体。

（3）信息共享程度高，使用成本低。

信息存储形式及数据结构具有通用性、开放性与标准化的特点，因此信息在网络环境中，时间与空间范围都得到最大程度的延伸和扩展。

（4）信息质量参差不齐。

由于互联网的开放性和自由性，网络信息的发布缺少质量控制与管理机制，网络中很多资源并没有经过审核，使得网络信息繁杂、混乱，质量参差不齐，给用户选择带来很多困难。

2. 网络信息的分级

（1）免费信息。这类信息占据网络信息的绝大部分，但是其效用却非常有限，一般为公益性信息、服务性信息、广告及个人发布的各类信息。

（2）收取较低费用的信息。该类信息需要人工收集、整理，但在整理过程中，自动化程度较高，产生的成本不高，所以会收取少量费用。

（3）收费高额费用的信息。该类信息一般由人工进行收集、分类和整理，并进行一定的分析、判断，是商业运营、决策的依据，收费较高。

（三）电子邮件营销

电子邮件营销是指通过电子邮件的方式向目标用户传递有价值信息的一种网络营销方式。电子邮件营销方式伴随着电子邮件的出现与应用而出现，是借助于电子邮件实现营销推广的一种手段，以电子邮件为信息传递载体，旨在实现其营销目的。

1. 电子邮件营销的特点

（1）范围广。伴随互联网用户规模的迅猛发展，电子邮件用户群体规模也日趋庞大，电子邮件营销逐渐备受关注。只要拥有足够多的电子邮件地址，就可以在很短时间内向大量目标用户群体发布信息，营销范围可以覆盖全球。

（2）操作简单、效率高。使用专业邮件群发软件，单机可实现每天数百万封的发信速度。操作不需要懂很高深的计算机知识，也不需要烦琐的制作及发送过程，发送上亿封的邮件一般只需几个工作日。

（3）成本低。电子邮件营销的成本较低，其成本支出包括设备费、网络费、人工费，与传统营销方式相比成本较低。

2. 电子邮件营销的优势

（1）连续推销的机会。获得潜在客户的电子邮件信息后，即可进行后续的沟通活动。客户通过接收到的相关产品资料、行业资讯、节日问候等，能够增进企业与客户的关系，由于这些重复的提醒，潜在客户会记住企业的网站、产品等。当客户决定选购该产品时，会有一定概率首选本企业的网站。

（2）强大的营销渠道。电子邮件营销之所以效果出众，甚至造成垃圾邮件横行，最重要的原因之一是成本十分低廉。相比其他网络营销手法，电子邮件营销也十分迅速。许可式电子邮件营销的对象是最精准、最有可能转化为付费客户的一群人。电子邮件营销还使网站营销人员能长期与订户保持联系。

3. 电子邮件营销的劣势

（1）用户一般称为"垃圾邮件"，即是用户对提供的邮件内容不感兴趣。

（2）不尊重用户权力的情况下强制用户接收邮件。

（3）反感邮件发送方，从而降低企业品牌美誉度，如果本企业产品或服务是在用户心中留有较好印象的话，则通过垃圾邮件营销会起到反效果。

（四）论坛营销

论坛营销就是企业利用论坛这种网络交流的平台，通过文字、图片、视频等方式发布企业的产品和服务的信息，从而让目标客户更加深刻地了解企业的产品和服务。最终达到宣传企业品牌、加深市场认知度的网络营销活动。

1. 论坛营销的特点

（1）成本低，见效快。论坛营销多数是属于论坛灌水，其操作成本比较低，主要要求的是操作者对于话题的把握能力与创意能力，而不是资金的投入量。但这是最简单的、粗糙的论坛营销，真正的要做好论坛营销，有诸多的细节需要注意，随之对于成本的要求也会适当提升。

（2）传播广，可信度高。论坛营销一般是企业以自己的身份或者是伪身份发布的信息，所以对于我们来说，其发布信息要比单纯的网络广告更加可信。迎合网络的需求，不同类型的站点都架构了论坛系统，操作者发布论坛的广度也很明显。

（3）互动、交流信息精准度高。企业做营销的时候一般都会提出关于论坛营销的需求，其中会有特别的主题和板块内容的要求，操作者多从相关性的角度思考问题，所操作的内容就更有针对性，用户在搜索自己所需要内容的时候，精准度就更高；

（4）针对性。论坛营销的针对性非常强，企业可以针对自己的产品在相应的论坛中发帖，也可以为了引起更大的反响而无差别地在各大门户网站的论坛中广泛发帖。论坛营销还可以通过这个平台与网友进行互动，引发更大的回响。

2. 论坛营销运作要点

（1）推广论坛。这是开始论坛营销的必要条件，首先，站长们要有自己的论坛推广团队，那么，团队成员要去一些大型的、人气比较高的论坛下去推广论坛，增加曝光度。也可以按照论坛营销的产品不同，去相关的论坛建立"马甲"，从而更能针对性地去推广，这是必要条件。

（2）吸引人气。如果把第一步做好，吸引到人气。那么，接下来该怎么去维护人气。

（3）话题营销。对于论坛营销来说，话题营销是一个非常好的方法，每天找到一个大家比较热衷的话题，再让管理们都参加，像一个论坛管理至少二三十个人，那么，这二三十个人再去互动，每个人互动二三十次，那么，今天的话题营销回复至少达到几百，天长日久，还愁没有人气吗？这样的话题营销不仅仅是在增加论坛曝光度，同时也是一种很好的营销论坛的方式，很多论坛采用这样的方式在做，效果的确是明显的。

（4）正确引导回帖。如果之前采用了话题来营销一个论坛，那么，一定会遇到争论，其实，对于你来说，争议是一件好事情，因为，可以通过争论增强你的论坛互动性与曝光率，特别是不知名企业，通过论坛途径演变成大范围病毒式营销，但是，如果适得其反，反而会给论坛带来不好的影响。

（5）多增加新内容。如果一个论坛管理者没有去很好的管理，那么，凭什么去要求网友们廉价的为你服务呢？如果你是一个论坛的管理者与论坛版主，请你点击自己发布的帖子，看看有几条信息呢？有的版主是特别少的，所以说，对于论坛的管理，应积极鼓励版主去管理好，这样才能带来更多的新鲜血液，从而对于论坛的营销意义可以做到极致。

（6）钟爱所选论坛。这是一个论坛最重要的，很喜欢一个论坛，会时常打开他，会记得他的域名，打开以后，会看看有多少人回复，如果没有回复，久而久之，自然不会再去了。那么，作为一个论坛的管理者，你一天会打开网址几次呢？如果你不去钟爱这个论坛，又何必要求别人深爱呢？

四、电商客户服务

（一）电商客户服务概述

1. 电商客户服务概念

客户服务是指一种以客户为导向的价值观，从广义上看，任何能提高客户满意度的活动都属于客户服务的范畴。随着中国电子商务发展及成熟，电商企业在数量与规模上不断扩张，经营日趋规范化、品牌化、体系化，对客户服务的要求不断提升。在电子商务活动中，所有围绕提升客户满意度的活动都属于电商客户服务，简称电商客服。

2. 电商客服的特点

（1）偏重导购销售功能。国内的电商企业根据自身运营特点和发展阶段，一般将企业活动的重点集中在商品销售、促进关联销售与反复销售、精简稳定系统平台、降低实施成本与周期等方面。其中，电商客服在前两个方面的作用斐然。

（2）强调信息化技能。电子商务建立在互联网与信息技术广泛应用的基础之上，需要计算机硬件与软件、通信设备、通信技术、网络技术的配合应用。因此，从事电商客服的人员需要具备较高的信息化技能，以适应工作环境的要求。

（3）要求服务规范化。电子商务活动具有虚拟性，消费者与商家不直接面对面交易，只能通过文字、图片、视频、语音等数字化手段获得信息。与电商平台、商品描述等固态信息相比，客服与顾客间的有效互动，对于解答商品属性、传递品牌价值、树立企业形象具有更为积极有效的作用。

（4）注重在岗时间。电子商务活动打破了商品交易的时间与空间限制，尤其在碎片化的网络社会生活中，随时随地都会有消费者上网，并进行购物行为，随之产生了随时随地的客服需求。所以，这就要求电商客服人员确保在线、在岗的时间，避免出现消费者沟通需求无法满足的情况。

3. 电商客服的分类

电商客服的分类多种多样，内容也比较丰富。按照不同的划分依据或标准，电商客服可以分为不同的类别。

（1）按照服务的流程，分为售前客服、售中客服和售后客服。售前客服包括针对顾客各类咨询的解答，商品推荐与关联销售等；售中服务包括订单处理、物流配送、其他服务提供等；售后服务包括退换货、商品使用培训与咨询、客户跟踪服务、客户管理等。

（2）按照服务采用的工具，可分为在线客服与电话客服两类。专门的电话客服一般依托呼叫中心开展服务活动，具有快捷性、双向性等特点，且自动化程度和规范化程度较高，是展示企业服务水平与品牌形象的良好途径，但建设呼叫中心的前期投入巨大，小微企业难以承受，典型代表有银泰网电话客服、京东电话客服等。在线客服充分利用互联网低费率、高线率的优点，通过QQ、微信、E-mail、电商自建软件（阿里旺旺、京东叮咚）、在线留言板等工具为客户提供及时有效的服务。

（3）按照服务依托的平台，分为B2C纯电商自有平台客服、B2C传统零售企业自有平台客服、B2C第三方平台客服三大类。B2C纯电商自有平台客服主要通过在线留言方式协助商品导购、通过电话开展售后服务，典型代表如麦考林M18客服。B2C传统零售企业平台具有线上线下双重渠道的优势，消费者在网上渠道更关心商品价格、促销活动及退换货政策，因此客服主要针对这类问题进行解答和处理，典型代表如银泰网客服中心。B2C第三方平台客服主要通过第三方平台专有IM（即时通信）工具，开展客服工作，典型代表如天猫旗舰店铺客服。

（二）电商客服的岗位划分

电商客服的特点决定了其内容丰富、形式多样，单一的岗位类型无法满足电商客服的功能需求。为了强调专业性、提高服务效率、优化购物体验，企业通常会根据自身的运营模式、发展模式、业务规模等因素将电商客服岗位再进行细分，将电商客服岗位进行分权管理。

中小型电商企业结构比较简单，客服岗位划分较粗，岗位职责较模糊，相同岗位在不同企业的职责也不相同。以天猫商城家具类目电商企业"优倍斯特家具旗舰店"为例，该企业的组织架构设置有运营部、客服部、仓储部、美工部、财务部五个部门。其中，客服部负责为顾客提供商业信息、促销信息、使用说明、包装说明、物流查询、退换货服务、维修保养、返利回款等服务，配合运营部下达、开展促销活动，实施客服调度管理、投诉处理、顾客信息维护等工作。客服已成为集销售、促销与顾客服务一体化的综合性岗位。

以"优倍斯特家具旗舰店"为例，介绍小微电商企业客服定位，表现如下：

（1）售前客服：提供商品信息、使用说明、包装说明、活动告知等。

（2）售后客服：负责查单查件、退换货、投诉处理和返利回款等。

（3）客服组长：管理客户信息、传达上级信息、指导客服工作等。

再以银泰网为例，介绍大中型电商企业客服定位，表现如下：

（1）售前客服：开展商品导购，解答购买流程、活动规则等咨询。

（2）售中客服：处理奢侈品订单、特殊订单、未付款订单的审核。

（3）售后客服：负责物流状态查询、退换货服务及纠纷投诉处理。

（4）客服组长：负责管理客服人员，传达上级信息，协助客服情绪管理。

（5）现场监督：回听通话记录，从规范性、有效性等方面评分。

（6）客服主管：制定考核方案，实施月度考核，开展客服培训。

（三）电商客服功能

电商客服的核心功能包括服务功能、销售功能、形象功能三个方面，与之对应，电商客服的重要性体现在全面满足客户需求、扩大商品销售、塑造企业形象三个方面。

1. 全面满足客户需求

服务能够为客户带来有形的和无形的利益。从本质上看，客户购买商品并非为了商品本身，而是为了商品的使用价值，即商品的效用。服务是效用的重要组成部分。随着生活水平的提高，消费者对服务的要求也越来越高，这使服务内容越发多样化。消费者要求服务全面、便利、高效、长久。因此，全面地满足客户的需求是电商企业得以持续发展的动力，体现了客户服务的重要性。

2. 扩大商品的销售

企业与客服人员通过提供各种服务来使买卖双方的联系更加紧密，更好地实现销售目标。企业与客服人员提供优质的全方位服务，可以使客户获得更多的便利，满足客户的需求。这不但可以吸引客户，还有利于树立良好的企业形象，是客户增强购买企业产品的信心，从而扩大销售。另外，企业和客服人员还可以在销售过程中为客户及时提供各种信息，使客户增长消费知识，了解市场信息和商品信息，掌握商品知识，以便客户重复购买。

3. 塑造企业形象

电商企业通过互联网技术解决了"信息流"的难题，但客户看到的商品仅仅是图片文字，既摸不到实体，也无法了解企业对待消费者的态度，往往会产生距离感与不信任感。通过与客服在网上交流，客户可以切实感受到商家的服务理念和待客态度，客服人员的笑脸图或亲切的话语，都会让客户感觉他不是在与冷冰冰的电脑或网络打交道，而是与一个专业知识丰富、善解人意、热情好客的人在沟通。所以，客服会帮助客户打消顾虑，拉近客户与商家的关系，提升客户对商家的评价。

☞ **新闻摘录**

如何成为一名优秀的电商售后客服人员？

最重要的是在任何情况下都要做到热情的服务客户，这是所有行业的客服最基本的素养！

（1）心态很重要。电商毕竟不是实体店铺，不用面对面的交流，电商客服只是通过电脑屏幕上的文字、图片信息来服务的。

难免遇上不好说话的客户，这样的情况下客服自己心平气和、诚心诚意的为客户解决问题，客户也会感受到我们的服务态度，自然不会一直为难客服！

（2）抓住问题关键。找到客户不满意的真正原因非常重要，讲理的客户毕竟占大多数。

如果客户是因为我们的产品不适合自己，而不是因为质量问题，在给客户处理好原来问题的基础上，还是需要积极的推荐给客户店铺其他产品，这样就不会流失客户。

（3）善于总结。其实客服所遇到的无非就是几大类问题，总结出针对性的解决方案，每次按固定流程处理能提高客户满意度，接受过售后服务的客户并让其满意，其更容易成为忠实客户！

（四）售前客服工作

1. 售前接洽流程

转化率是电商企业考核客服的重要指标，其重要性不亚于传统零售企业的销售额指标。转化率是指咨询的客户中实际下单付款购买者的比例。对于电商客服而言，售前接洽是销售的前一步骤，大多数客户与客服人员沟通时，已经发出对商品感兴趣的信号，具备了潜在的购买想法。为了凸显服务规范化、提高转化率、促进交易达成、开展关联销售，电商客服人员可以采用以下步骤实施售前接洽流程。

（1）问好。问好是客户初次联系客服人员回复的第一句话。及时地回复有利于形成良好的印象；标准化的礼貌用语有利于塑造专业形象；过于简单生硬的用语将影响服务体验，建议配合恰当的图片表情，从而达到更佳的效果。

（2）提问。提问是为了摸清客户真实意图，所以需要七分听三分问；提问应以封闭式的问题为引导，语气切记生硬；提问应为下一步分析客户做准备；如果能够利用提问激发客户的潜在需求，穿插推荐，开展关联销售，则更易于促成交易达成。

（3）分析。分析是以客服人员掌握的客户信息为出发点，挖掘客户潜在需求，为进一步引导客户、开展商品推荐与关联销售做好准备。客服人员用于分析客户的信息可以来源于交谈记录、店铺历史购买记录、全网历史购买记录等渠道。

（4）推荐。推荐是客服人员通过对客户进行需求分析而做出的主观引导。客服人员应通过提问和分析，筛选出最适合推荐的商品，不可盲目推荐以免错失商机。推荐时可参看销售走势、库存情况、货源情况、质量口碑等因素，实现交易双方共赢。

（5）谈判。谈判通常围绕商品价格、运费、售后服务等要素展开，议价往往是在线谈判的中心内容。谈判的目的是促成交易，应该做到能以退为进，切忌生硬、强势；提前设定优惠标准和条款，这将有利于解决问题。

（6）帮助。当客户达成购买意向后，客服人员可根据需要继续帮助客户挑选适合的配套商品、帮助客户修改运费，确认订单、帮助客户完成在线支付。

（7）核实。确认客户付款后，可以与客户核实购物清单与收货地址，如果客户有特殊要求或需要修改地址，要及时标注在备忘录里。

（8）告别。对于有意向的客户可以加为好友，适时回访；对于未购物的客户，应给客户留出考虑空间，紧迫盯人促销反而会适得其反；告别时，应用礼貌语、亲切大度，给客户留下良好印象；在告别前适度努力，可为下次交易埋下伏笔。

2. 售前服务技巧

售前服务技巧包括深挖需求、肯定赞美、关联销售、客服管理等。

（1）深挖需求：掌握客户的潜在需求。

（2）肯定赞美：认同客户观点，提高愉悦感。

（3）关联销售：挖掘潜在需求，结合商品知识，积极开展关联商品推荐工作。

（4）客户管理：采用分级管理，维系优质客户。

（五）售中客服工作

1. 订单确认

订单确认是发货前的一个重要环节，易被忽略或遗忘。订单确认需要对订单内容、发货地址、双方达成的其他内容等信息进行核对。养成订单确认的习惯可以降低工作失误，起到提醒客户的作用。客服人员可以在确认订单的同时，做一些店铺其他商品或活动的推荐，从而追加订单，提高销售业绩。

2. 下单发货

下单发货可以作为一个工作流程的交接，即将已付款的有效订单录入 ERP 系统，由物流部的工作人员完成后续流程；也可以作为独立的售中客服任务。一般交易的物流订单状态可以分为 5 个阶段，即：等待发货的订单、等待物流公司确认、等待物流公司揽件、等待对方签收的订单、对方已签收的订单。

（六）售后客服工作

有销售行为必然会产生售后的问题。电商活动的售后服务通常包括物流查询、评价解释、退换货、商品使用指导、客户跟踪服务、客户管理等内容。与传统零售活动相比，电商销售的每条交易记录都伴随着用户评价。售后服务水平对客户评价、口碑与企业形象都至关重要。

1. 售后客服的主要内容

在电商活动中，售后服务大致分为正常交易、纠纷交易与客户维护三种情况，如表4-1所示。

表4-1 售后服务类型

正常交易	纠纷交易	客户维护
订单查询	产品纠纷	信息维护
评价解释	物流纠纷	回访调研
	态度纠纷	活动告知

正常交易的售后服务不存在太复杂的售后问题，不涉及退换货或消费者补偿，一般只是查单查件、评价解释之类的小问题需要跟进。纠纷交易的售后服务根据纠纷产生的原因，可以分为产品纠纷、物流纠纷、态度纠纷，这类交易可能会带来负面口碑，影响客户购物体验，需要根据所处企业的规章制度以及所处电商平台的规则处理。客户维护的售后服务通常包括客户信息维护、回访调研、活动通知等内容，这些服务有利于提高买家黏性，为下一步客户关系管理奠定基础。

2. 正常交易的售后服务

（1）查单查件

查单查件一般分为两种情况：一种是客户主动呼入的查单，另外一种是因为一些特殊原因（如物流原因）造成的物流异常情况。无论是哪种原因导致的，客服都应该做到"快、热、诚"。快，指快速反应，安抚客户的焦虑情绪；如果客户等待时间过久，容易导致情绪激动，不利于后续工作开展。热，指热情回复，体现出对客户的尊重和重视，从而化解客户的抵触情绪。诚，指以诚相待，主动、诚恳、耐心地解答客户的问题。

（2）评价解释

在许多电商平台中，几乎每条交易记录都可能伴随用户评价，其中既有正面评价，也有负面评价。对于客户的正面评价，客服可以有的放矢的挑选一些特别好的做回复，以提醒后来的客户注意到该条正面评价；针对负面评价，客服更应该有针对性地给出合理解释、展现服务态度，从而树立良好形象。

评价解释并非是与客户的私密对话，而是公开的信息展示，展现给后来的客户，一定要注意商铺形象。对于负面评价要写详细，有针对性地进行解释，措辞要诚恳，内容要翔实，这样才能引起客户的注意。

3. 纠纷交易的售后客服

纠纷交易是指在交易完成后，客户因种种原因产生不满，要求退换货，容易形成不良口碑的那部分交易。

（1）纠纷类型

①产品纠纷。这是由于产品的质量、操作方式、理解的不同等引起的纠纷。当

遇到产品纠纷时，客服应先分析导致纠纷的具体原因，若是因产品质量不过关导致的，需要客户提供证明的图片或文字报告后，企业予以退换；若是因客户使用不当造成的，应引导客户了解正确的使用方法，根据企业的相关政策予以安抚；若是因客户对产品的误解造成的，应积极向客户解释产品的特性，避免夸大宣传，根据企业相关政策处理。②物流纠纷。这是由于物流的方式、物流的费用、物流的时效、物流公司服务态度等引起的纠纷。对于此类由于第三方服务失误导致的纠纷，客服需要耐心解释，积极处理。③态度纠纷。这是由于客服服务态度引起的纠纷。客服管理人员应确定责任人，积极教育，诚恳道歉，给予客户赔偿。

（2）纠纷处理的基本步骤

便捷是网络的优势，一旦产生纠纷，不但丧失了便捷的优势，反而会因为电子商务的虚拟性、异域性等特征，无法第一时间面对面解决纠纷。所以，从客服的角度，应该理解并体谅纠纷产生后客户的焦虑、暴躁、自我防卫等心理特点。在安抚客户情绪的基础上，认真倾听，分析纠纷原因，肯定对方立场，提出合理的解决方案，说服客户接纳方案，是解决纠纷的基本步骤。

五、客户关系管理

（一）客户关系管理概念

客户关系管理的聚焦点在于"以客户为中心"，企业为提高核心竞争力，利用相应的信息技术以及互联网技术来协调企业与顾客间在销售、营销和服务上的交互，从而提升其管理效率，向客户提供创新式的个性化的客户交互和服务的过程。客户关系管理的目的在于满足不同价值客户的需求，提高客户的满意度，改善客户关系，其最终目标是吸引新客户、保留老客户以及将已有客户转为忠实客户，增加市场份额，从而提高企业的盈利能力。

（二）新客户与老客户对比分析

随着电子商务市场竞争的白热化，企业在电商平台上获得一名新客户都会耗费大量的营销成本与人力成本，电商平台获得一个好的供应商也需要耗费大量的招商成本与时间成本。但吸引到新客户后，新客户通过自然搜索或网络广告进入，首次购买的顾虑较多，除了查看商品信息外，还要查看商家信誉、商品历史评价、商品历史销量、对比商品价格，然后再与客服人员咨询、谈判，最后才成为实际消费客户。如果其中一个环节出现问题，都会导致客户的流失或交易纠纷。

与新客户相比，老客户一般直接通过收藏夹进入，或者通过历史订单进入，从而节省一笔营销费用。老客户以前有购买经历，对商家的信誉、产品质量、交易流程等较为熟悉，因此，经过简单咨询后即可做出购买决策，购买流程相对简单，商家投入的人力成本也较低。老客户基于自身成功的购买经历，还会将商家推荐给熟人或其他潜在客户，这也是一种额外的贡献。

综合分析，老客户不仅营销成本低，而且对商家的品牌与商品认可度高，客户黏性好；老客户客单价要高于新客户；老客户与商家沟通更顺畅，即便商家存在服务失误，老客户更容易理解与接受，保持较高的评价与忠诚度；老客户还乐于分享购买经历与心得，会带来较好地市场口碑。所以，商家应该重视老客户的维护与挖掘。但是，商业在重视老客户的同时，也不能忽略开发新客户，对新客户进行培育，从而使新客户演变成老客户，实现一个持续的良性循环。

（三）客户关系管理的实施

1. 客户关系管理工具

客户关系管理的实施离不开软件的支持，按其核心功能可以分为运营型 CRM 系统、分析型 CRM 系统和混合型 CRM 系统三大类。

运营型 CRM 系统将企业所有业务流程流线化和自动化，包括由多渠道的客户"接触点"的整合、前台和后台运营之间的平滑的互相连接和整合，如银泰网的 CRM 系统。

分析型 CRM 系统利用先进的数据管理和数据分析工具，如数据仓库、数据挖掘等，为商铺的经营、决策提供可靠的量化依据，如 Siebel CRM。

混合型 CRM 系统既能实现运营型 CRM 的功能，又包含一些基本的分析功能，如 Shop EXCRM 系统，在实现客户管理的同时还提供购物篮分析和商品关联分析。

2. 客户关系管理流程

电商企业要做好客户关系管理，必须要完成资料积累、等级分化、客户分类、客户关怀四个步骤，如图 4-7 所示。

资料积累是指通过自身积累或第三方购买的方式，积累客户资料、消费记录、人口社会学特征等。等级划分是指根据客户使用内容、使用频率、使用周期性客单价等因素，分析规划客户类型。客户分类是指通过软件功能项的设置，确定好客户等级，对客户进行分组。客户关怀是指针对不同组别的客户，开发相应的产品套餐，提供需要的服务内容和恰当的关怀信息，以提高客户的满意度。

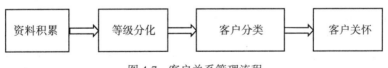

图 4-7 客户关系管理流程

根据客户细分采取不同的关怀措施，如客户生日关怀，购买 7 天后关怀，会员到期提醒等；还可以根据人员数量及预算情况采取不同的客户关怀手段，如旺旺群、帮派、社区、微博、短信、邮件等。

第二节 供应商行为分析

一、供应商开发流程

(一) 商品分类

明确商品类别:按照商品的不同属性进行分类,在电子商务活动中,常根据商品用途进行划分,如以京东商城为例,主要分为家用电器、手机/数码、电脑、家具、服装、母婴、食品、生鲜产品、医药、图书等。

明确供应商资料:根据商品的分类,搜集生产及供应这些门类商品的厂家信息,确定几家供应商备选。

(二) 供应商考察

选定一些潜在的供应商后,需要对其进行考察,以了解供应商是否符合要求,并为后续的评估提供资料与依据。供应商的考察主要包括以下内容,即:

(1) 管理人员水平;

(2) 专业技术能力;

(3) 机器设备情况;

(4) 材料供应状况;

(5) 质量控制能力;

(6) 管理规范制度。

(三) 成立供应商评估小组

评估小组成员的构成要综合考虑相关性、专业性与代表性,由企业高级管理层,以及采购岗位、质量岗位、技术岗位等关联部门人员构成。

(四) 调查评估

根据所调查的内容,按照规模、产能、质量、服务等指标进行分类,并由评估小组成员按照评分指标,采用实地考评、供应商自评、关联客户评价等方式综合考评。根据考评得分,对潜在的几家供应商进行排序。

(五) 送样或小批量试验

调查合格的供应商可通知其送样或小批量采购,送样检验合格的供应商可以正式列入合格供应商名单。未合格的供应商再试具体情况处理。

企业采购只可从合格供应商名单中进行选择,付款时也应审核名单,若从非合格供应商处采购,则需报批。

(六) 比价议价

对送样或小批量合格的商品评定质量等级,然后进行比价与议价,确定一个合适的价格区间。

（七）供应商辅导

列入合格名单的供应商，企业应给予技术、质量、管理等方面的指导与沟通。

（八）跟踪考核

定期对供应商的交期、数量、质量、服务等项目进行统计，并根据考核标准进行分项考评。

根据评分等级进行划分，确定出优秀、良好、一般、较差等级的供应商名单。

（九）供应商筛选

对于较差的供应商，应给予淘汰，或列入重新评估范畴。

对于一般的供应商，视具体情况，应减少采购量，或给予重点指导与沟通。

对于优秀供应商，视具体情况，给予一定的采购倾斜。

二、电商采购管理

（一）采购计划

1. 制定采购计划的目的

企业制定采购计划是采购工作的第一步，制定采购计划的目的。

（1）预计采购商品所需的时间和数量，防止供应中断，影响正常销售。

（2）避免商品储存过多，占用资金与仓库。

（3）配合企业经营活动与资金计划。

（4）使采购部门事前有准备，以便选择合适的时机购入商品。

（5）确定商品耗用标准，以便控制商品采购数量与成本。

做好采购计划，可以有效地规避风险、减少损失，为企业组织采购提供依据，有利于资源的合理配置，以便取得最佳的经济效益。

2. 采购计划的内容

采购计划主要包括 3 个部分，即：商品采购计划、资金需求计划、采购工作计划，其他内容如供应商开发计划、品质改善计划等，也可以视为采购工作计划的内容。

（1）商品采购计划。商品采购计划是采购人员依据企业的经营所需拟定的，有年度采购计划、季度采购计划、月度采购计划、单项采购计划等。

（2）资金需求计划。采购方根据与供应商约定的条款统计到期应付的款项和采购人员预计临时需要的资金计划。一般采用周计划来进行调控，使商品采购计划更为合理。

（3）采购工作计划。采购工作计划分年度计划、月度计划、周计划；还有的企业设置了季度计划与日计划。这些具体的采购工作计划，要体现出采购人员在工作中做了哪些事情，如新供应商的开发、不良货品处理、订单下达、付款申请等。

3. 确认采购需求

　　确认采购需求的过程实际上就是采购部门在收到采购需求后制定采购计划的过程。通常采购请求包括的信息有：申请人、审批意见、费用科目、数量、品类、交货时间与地点、付款方式等。

　　采购员在接到采购任务后，首先要对采购需求进行描述，即对所需的商品或服务的细节，如品质、数量、单位、售后、运输及检验标准等准确说明。然后在采购需求明确的前提下制定具体的采购计划，如资源市场的调查安排、供应商分析、采购方式确认、货款支付方式等内容。

　　4. 编制采购计划

　　确认采购需求后，即可按照企业的具体要求与格式制定采购计划。

　　（二）电商采购方式

　　采购方式是各类主体在采购中运用的方法和形式。电商采购方式是电商企业在采购中运用的策略或具体方法。

　　1. 集中采购

　　（1）集中采购的概念

　　集中采购是指在专门机构统一领导下将各级各部门列入集中采购范围的采购项目交由专业采购机构统一组织采购。一个部门统一组织本部门、本系统的采购活动也成为集中采购。

　　集中采购有两重含义，一是指为了降低分散采购的选择风险和时间成本，采用集中采购形式；二是指集中时间、集中人力集中采购。

　　（2）集中采购的优势

　　①控制采购成本。②减少重复工作。③降低运输成本。④减少企业内部冲突。⑤建立稳定可靠的供应网络。⑥提高商品的标准化水平。

　　（3）集中采购的劣势

　　①缺乏分散采购的灵活、快速和简便等特点。②集中采购的量大、过程长、手续多，容易造成库存成本增加从而减少了流动资金。③采购与需求易脱节，尤其在采购时间上，集中采购需要的时间比较久，手续比较繁杂，在商品需求紧急的情况下，需要往往得不到满足。④保管损失增加，保管水平要求提高。

　　2. 分散采购

　　（1）分散采购的概念

　　分散采购是指由各预算单位自行开展采购活动的一种采购组织实施形式。对于分散采购，采购人可以执行采购，也可以委托集中采购机构或经过资格认证的机构进行采购。分散采购是对集中采购的完善和补充，有利于采购环节与存货、供货等环节的协调与配合。

　　（2）分散采购的优势

　　①能适应不同地区市场环境变化，商品采购具有一定的单行。②对市场反应灵

敏，补货及时，购销迅速。③部门具有采购权，易于调动部门工作积极性。

（3）分散采购的劣势

①部门易各自为政，易出现交叉采购、重复采购等现象，导致费用开支较大。②由于采购权下发，使得采购控制难以实施，采购过程易出现腐败现象。③计划不连贯，形象不统一，难以实施统一促销活动，企业整体利益控制较难。④分散采购数量有限，难以获得大量采购的一些优惠。

3. 联合采购

（1）联合采购的概念

联合采购是指对同一商品或服务有需求的许多买家在相互合作的条件下合并各自需求以一个购买方的形式向供应商统一订货，用以扩大采购数量，以达到降低采购成本的目的。

（2）联合采购的优势

①降低采购成本。②减少中间环节。③促进同业合作。

（3）联合采购的劣势

①采购作业手续复杂。②采购时机与条件未必能配合个别需求。③易造成联合垄断。

4. 电子化采购

（1）电子化采购的概念

电子化采购是指应用电子商务技术开展的企业间采购行为。电子化采购是一种无须面对面的网上交易，如网上招投标、网上谈判等。电子化采购比一般意义上的电子商务或一般性的采购在本质上有更多的概念延伸，它不仅仅完成采购行为，而且利用信息和网络技术对采购全程的各个环节进行管理，有效地整合了企业的资源，帮助供求双方降低了成本，提高了企业的核心竞争力。企业采购电子化是企业运营信息化不可或缺的重要组成部分。

（2）电子化采购的优势

①提高采购效率，缩短采购周期。②节约大量的采购成本。③优化采购流程。④减少过量的安全库存。⑤增加交易的透明度。

（3）电子化采购的劣势

①存在敏感的或私有的信息被盗或被泄露的风险。②电子采购缺乏情感，因为人际的相互交流被机器的交易替代。

5. 招标性采购

（1）招标性采购的概念

招标性采购是指通过招标方式，邀请所有潜在的供应商参加招标，采购单位通过某种事先确定并公布的标准从所有投标中选评出中标的供应商，并与之签订采购合同的一种采购形式。招标性采购的条件一般包括商品品名、规格、数量、标准、交货期、运输方式、付款方式、罚则、投标押金、投标商资格、公证、开标日期等内容。

（2）招标性采购方式

一般情形下，招标性采购方式包括公开招标采购、邀请招标采购、竞争性谈判采购、询价采购、单一来源采购等。

公开招标采购。公开招标指招标人在媒体上公布需求信息，吸引所有有兴趣的供应商参加招标，并按照程序选定中标人的一种采购方式。公开招标采购有一套完整的、统一的程序，这套程序不会因国家、地区或组织的不同而存在较大的差异。一个完整的公开招标过程由招标、投标、开标、评标、合同授予等阶段组成。

邀请招标采购。邀请招标又称有限竞争性招标或选择性招标，是指招标单位通过公开程序选择一定数目的企业，向其发布投标邀请书，邀请他们参加投标竞争的采购方式。被邀请的供应商必须提供资格文件，只有通过资格审查的供应商才能参加后续的招标。

竞争性谈判采购。竞争性谈判又称为议标或限制性招标，是指通过谈判来确定中标者的一种采购方式。竞争性谈判作为一种独立的采购方式，已被广泛应用在各类采购项目中，尤其在政府采购项目中。

询价采购。询价采购是指采购者向选定的若干家供应商发出询价函，让供应商报价，然后根据各个供应商的报价来选定供应商的方法。询价采购的过程首先是采购方根据采购需求，从符合相应资格条件的供应商名单中确定不少于 3 家的供应商，并向其发出询价单让其报价，由供应商一次报出不得更改的报价，然后采购方在报价的基础上进行比较，并确定最优供应商，也就是我们常说的货比三家。这是一种相对简单而又快捷的采购方式。

单一来源采购。单一来源采购是指采购方直接向供应商购买商品的一种采购方式，也成为直接采购。单一来源采购是一种没有竞争的采购方式。采购方在适当的条件下向单一的供应商征求意见或报价来采购商品。当采购方案已达到限额标准和公开招标数额标准的情况下，却因所购商品的来源渠道单一，或属专利、首次创造、合同追加、原有采购项目的后续扩充和发生了不可预见紧急情况、不能从其他供应商处采购时采用的一种采购方式。

（三）电商采购流程

电商采购流程主要包括：采购前的准备工作、采购中供需双方的洽谈、合同的制定与执行、交付与清算等环节，如图4-8所示。

1. 采购前的准备工作

采购前的准备过程就是向供应商进行宣传和获取有效信息的过程。在网络环境下，将演变成供应商积极将自己的产品及企业信息（如产品规格、质量、企业资料、技术支持等）在网络上发布，企业则随时上网查询并掌握自己所需要的商品

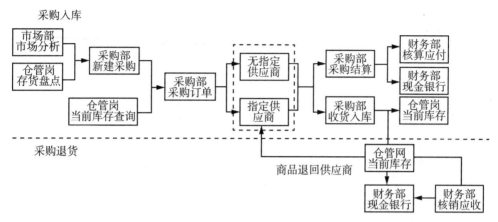

图 4-8　电商采购流程

信息资源。供需双方互动，共同完成商品信息的供需实现过程。在网络环境下，信息的交流通常是通过登录和浏览对方的网站和主页完成，其速度和效率是传统方式所无法比拟的。采购前的信息交流主要是企业对供应商的产品价格和质量进行了解。因为，价格在很大程度上决定着采购决策。

2. 供需双方的洽谈

在网络环境下，传统采购洽谈的单据交换可以演变成记录、文件或报文在网络中的传输过程。各种网络工具和专用数据交换协议自动地确保了网络传递的准确性和安全可靠性。企业一旦选择了合适的能保证最佳产品质量、最合理价格、最优质服务的供应商，就可以在网上与其进行磋商、谈判。各种商贸单据、文件及在网络交易中报文形式标准化，减少纰漏与失误，规范了整个采购过程。

3. 合同的制定与执行

洽谈过程完成后，需要以法律文书的形式将磋商的结果确定下来，以监督合同的履行，因为双方必须签订采购合同。这样，一方面可以杜绝采购过程中的不规范行为，另一方面也可以避免因无效合同引起的经济纠纷。网络协议和网络商务信息工具能够保证所有采购磋商文件的准确性和安全可靠性，所以双方都可以通过磋商文件来约束采购行为和执行磋商的结果。

4. 支付与清算过程

采购完成以后，货物入库，企业要与供应商进行支付和结算活动。企业支付供应商采购价款的方式目前主要有两大类：一类是电子货币类，包括电子现金、电子钱包和电子信用卡等；另一类是电子支票类，如电子支票、电子汇款、电子划款等。前者主要用于企业与供应商之间的小额支付，比较简单；后者主要用于企业与供应商之间的大额资金结算，比较复杂。

☞ **新闻摘录**

　　2019 年 1 月 24 日消息，昨日，国网商城与企业购正式达成战略合作。双方将围绕国网商城打造全产业链电子化采购，在智能采购、全流程电子化、区块链防伪溯源等方面开展深度合作，围绕产业链上下游，为企业提供智能采购服务。

　　通过此次合作，京东将发挥自身在智能采购和供应链方面的核心优势，协助国网商城优化完善采购专区，实现包含商用、MRO 在内的办公集采、员工福利、市场活动、销售激励、积分兑换等实物场景以及虚拟商品的互联网化采购，特别是在大规模履约、配送方面补充国网商城的技术能力、商品能力与服务能力。

　　在商品采购之外，京东还将助力国网商城实现从前端采购和后端财务结算的全流程数据，简化结算、发票等财务流程和执行效率，实现全流程电子化。

　　区块链方面，京东将依托自身优势，为国网商城构建基于区块链技术的防伪溯源体系，实现特定品类商品从供应商、物流、收货方的信息智能化管理，借助区块链技术的不可篡改性，做到商品的来源可知、去向可查、责任可究。

　　行业专家表示，在当前的经济环境下，降本增效、深化改革是央企持续成长的必经之路。国网商城与京东合作，基于其核心业务展开的物资管理及企业运营管理的智能化、数字化升级，将为能源企业的供给侧结构性改革和能源互联网构建提供参考范本。

　　双方还透露，未来京东与国网商城的合作还将拓展到金融、物流等多个领域，打造数字化的业务生态体系。在供应链金融领域，京东将完善针对供应商的征信数据体系，进而支撑账期及额度分析，帮助国网商城建立更加科学合理的供应商管理机制。在智能物流领域，双方将探索搭建国网商城供应商配送体系，实现统一精准配送及物流全流程监控。

（四）电商采购策略

　　电商采购本身是一项很复杂、很难的工作，因为采购对象、供应商规模、采购内容都不尽相同，采购人员需要灵活运用一些方法，争取在采购过程中寻求自身利益最大化。

　　1. 质量

　　对于电商采购人员，质量的界定应是符合买卖双方约定的要求或规格，便是好的质量。采购人员应想方设法了解供应商对商品质量的认识和控制流程，以及质量管理体系认证。质量管理制度较为健全的供应商一般具有以下有关质量的文件，即：

　　（1）质量合格证；

（2）商检合格证。

采购人员应向供应商取得质量合格证及商检合格证等质量。在我国，商品的产品标准有国家标准、专业（部）标准及企业标准，其中又分为强制性标准和推荐性标准。通常在买卖的合同或订单上，质量可以通过以下方法的其中一种或组合来呈现，即：

①品牌；

②市场上商品的等级；

③商品常用的标准；

④物理或化学的规格；

⑤性能的规格；

⑥工程图；

⑦样品。

采购人员在采购时应首先与供应商对商品的质量达成互相同意的质量标准，对一些商品，应尽可能要求供应商提供样品封存，以便日后产生纠纷甚至法律诉讼。对于瑕疵商品或仓储运输过程损坏的商品，采购人员在采购时应要求退换货。

2. 包装

包装可以分为两种，即内包装与外包装。内包装是用来保护、陈列或说明商品之用，外包装则仅用于仓储及运输过程的保护。

外包装若不够坚固，仓储运输的损坏太大，会降低作业效率，并影响利润。外包装如果太坚固，则增加供应商成本，采购价格势必偏高，导致商品的价格缺乏竞争力。设计良好的内包装往往能提高客户的购买意愿，加速商品的回转，采购人员应说服供应商重视内包装工作，以利于双方的销售。采购人员在采购包装时，应先了解客户对产品的包装要求，进而与供应商协商如何实现双赢的包装方案。

3. 价格

除质量与包装外，价格是所有采购事项中最重要的内容。在采购之前，采购人员应事先调查市场价格，不可仅相信供应商片面之词。如果没有相同的商品可以查询，那么应该参考类似商品的市场价格。

在确定采购价格时，应尽力追求公平而合理的价格。采购人员也不应单独以低价格为选择标准，还应综合考虑供应商的送货、售后、技术支持等方面。

4. 订购量

对于小型电商企业，在订购量方面往往很难令供应商满意，所以在采购时，应尽量笼统处理，不必透漏明确的采购数量，如果因此导致采购谈判工作陷入僵局时，应转到其他项目上。

在没有把握决定订购数量时，采购人员不应订购供应商希望的数量，否则一旦造成存货滞销，必须降价处理，从而影响利润，并造成资金的积压及时间的损失。

采购人员应与供应商协商一个合理的最小订货金额或数量，最好以金额表示。如果没有最小订货金额或数量限制，日后企业下单订货的每次下单订货量太小，会导致供应商频繁送货，增加供应商成本，降低供应商参与热情，并会导致商品价格优势降低。如果最小订货数量或金额太高，又会导致商品库存过高，导致积压、滞销、降价处理等风险。

5. 折扣

折扣通常有新产品引进折扣、数量折扣、促销折扣、无退货折扣、季节性折扣等种类。有些供应商可能会以全无折扣作为采购的起点，有经验的采购人员会引述各种形式折扣，要求供应商让步。在价格谈判时，也会充分利用各种折扣策略，实现采购过程中供应商的价格让步。

6. 账期

企业的付款方式与商品的采购方式紧密相关，通常经销的商品采取货到的××天的方式结款，代销、联营的商品要求月结××天的方式付款。

采购人员应计算对企业最有利的付款天数（账期），对于市场占有率大的供应商，一般要求的付款期限比较短，有的甚至要求现金或预付款。在正常情况下，企业的付款作业是在交易完成时，按交易双方约定的账期进行交付。对于新开发供应商，采购人员还应让供应商详细的了解企业采购的付款方式，并对企业的付款流程予以详细说明，以免出现付款纠纷。

7. 交货期

交货期越短越好，因为交货期短，订单频率增加，订购的数量会相对减少，存货压力也会降低，仓储空间的需求也会相对减少。对于有长期承诺的订购数量，采购人员应要求供应商分批送货，减少库存压力。如果不切实际的压短交货期，则会降低供应商品的质量，同时也会增加供应商的成本，反而最终影响采购商品的价格优势与服务水平。所以，采购人员应随时了解供应商的生产情况，确立合理及可行的交货期。

8. 送货条件

如果供应商无法在送货作业上与企业密切配合，将严重影响企业的正常运作。送货条件包括按指定日期及时间送货、免费送货到指定地点、负责装卸并理货等。这些内容看似简单，但如果采购时没有对供应商提出要求，有些供应商会忽略这些内容，这势必影响企业的成本与经营。

9. 售后服务保证

对于需要售后服务保证的商品，采购人员应除了要求供应商按照法定条款提供售后服务外，还应尽力争取额外的售后服务条款。

10. 退换货

在实际运作中，由于供应商产品质量的原因会造成退换货，采购人员应提前与供应商约定好退换货条款，当出现退换货时，也应及时与供应商沟通，协商处理好退换货问题。

三、电子订货系统

(一) 电子订货系统的概念

电子订货系统 (Electronic ordering system，EOS)，是指将销售终端所发生的订货数据输入计算机，即通过计算机通信网络连接的方式将资料传送至总公司、批发商、供应商或制造商处。EOS 能够处理从新商品资料的说明直接会计结算等所有商品交易过程中的作业活动，可以说 EOS 涵盖了整个商品流。

EOS 采用电子手段完成供应商从零售商到供应商的商品交易过程，因为一个 EOS 必须有供应商 (商品的制造者或供应者)、零售商 (商品的销售者或需求者)、网络 (用于传输订货信息，如订单、发货单、收货单、发票等)、计算机系统 (用于产生和处理订货信息)。

(二) 电子订货系统的结构

1. 电子订货系统的构成

电子订货系统的构成内容包括订货系统、通信网络系统和接单电脑系统。就网店而言，只要配备了订货终端机和货价卡，再配上电话和数据机，就可以说是一套完整的电子订货配置。就供应商而言，凡能接收网点通过数据机的订单信息，并可利用终端机设备系统直接做订单处理，打印出货单和验货单，就可以说已具备了电子订货系统的功能。但就整个社会而言，标准的电子订货系统并非"一对一"的格局，即并非单个的零售店与单个的供应商组成的系统，而是"多对多"的整体运作，即许多零售店和许多供货商组成的大系统的整体运作方式。

2. 电子订货系统的类型

根据电子订货系统的整体运作流程来分类，可以分为以下三种，即：

(1) 连锁体系内部的网络型，即网店有电子订货配置，连锁总部有接单电脑系统，并用即时、批次或电子信箱等方式传输订货信息。这是"多对一"与"一对多"相结合的初级形式的电子订货系统。

(2) 供应商对网店的网络型，其具体形式有两种：一种是直接的"多对多"，即众多的不同连锁体系下属的网店对供应商，由供应商直接接单发货至网店；另一种是以各连锁体系内部的配送中心为中介的"多对多"，即网店直接向供应商订货，并告知配送中心有关订货信息，供货商按商品类别向配送中心发货，并由配送中心按网店组配向网店送货，这可以说是中级形式的电子订货系统。

(3) 众多零售系统共同利用的标准型网络，其特征是利用标准化的传票和社会配套的信息管理系统完成订货作业。具体形式有两种：一种是地区性社会配套的信息管理系统网络，即成立众多的中小型零售商、批发商构成的区域性社会配套的信息管理系统运营公司或地区性的咨询处理公司，为本地区的零售业服务，支持本地区 EOS 的运行；另一种是专业性社会配套信息管理系统网络，即按商品的性质划分专业，从而形成各个不同专业的信息网络。这是高级形式的电子订货系统，必须以统一的商品代码、统一的企业代码、统一的传票和订货的规范标准的建立为前提条件。

（三）电子订货系统的配置

无论采用何种形式的电子订货系统，均以网店订货系统的配置为基础。网店订货系统配置包括硬件设备配置与电子订货方式确立两个方面。

1. 硬件设备配置

（1）电子订货终端机。其功能是将所需订货的商品、条码机数量以扫描或键盘输入的方式，暂时存储在记忆体中，当订货作业完毕时，再将终端机和后台计算机连接，取出存储在记忆体的订货资料，存入计算机主机。电子订货终端机和手持式扫描器的外形较相似，但功能却有很大差异，其主要区别是：电子订货终端机具有存储和运算等计算机基本功能，扫描器只有阅读及解码功能。

（2）数据机。它是传递订货主计算机信息资料和接单主计算机信息资料的主要通信装置，其功能是将计算机内的数据转换成现行脉冲资料，通过专有数据线路，将订货信息从网店传递给商品供应方的数据机，供应方以此为依据来发出商品。

（3）其他设备。如个人计算机、价格标签及店内码的印制设备等。

2. 电子订货方式。

EOS 的运作除了硬件设备外，还必须有记录订货情报的货价卡和订货簿，并确立电子订货方式。常见的电子订货方式有 3 种，即：

（1）电子订货簿。电子订货簿是记录包括商品代码/名称、供应商代码/名称、进价、售价等商品资料的书面表达。利用电子订货簿订货就是由订货者携带订货簿及电子订货终端机直接地现场巡视缺货状况，再由订货簿寻找商品，对条码进行扫描并输入订货数量，然后直接连上数据机，通过电话线传输订货信息。

（2）电子订货簿与货价卡并用。货价卡就是装在货架槽上的一张商品信息记录卡，显示内容包括中文名称、商品代码、条码、售价、最高定量、最低定量、厂家名称等。

（3）利用货价卡订货。不需要携带订货簿，只要手持电子订货终端机，一边查货一边订货，订货手续完成后再直接连上数据机，将订货信息传输出去。

第三节　消费者行为分析

一、中国电商消费者购物行为

随着中国电子商务的发展，消费者也日趋成熟。在技术应用演变的推动下，消费者行为也在发生着一些变化。消费者行为特征与市场发展、自身发展、技术发展等方方面面都存在着较深的关联，近两年的中国电商消费者的消费行为越发显著，主要表现为以下几点。

(一) 消费者使用 App 更加集中

与前几年相比，消费者使用的移动电商 App 数量减少，越发集中在几个常用的电商 App。在移动电商 App 兴起的时间段，消费者习惯性地主动或被动地下载、关注及使用移动电商 App。伴随着移动电商 App 自身发展与市场竞争，消费者逐渐向常用的几个移动电商 App 集中，且使用黏性更高。同时，消费者常用的移动电商 App 数量越多，其客单价也会越高。

(二) 消费者跨境购物行为增加

在跨境电商发展刺激下，中国消费者已经习惯了跨境购物，尤其针对一些特色商品品类，消费者更热衷于通过跨境电商渠道购买。消费者跨境网购增长速度逐年剧增，地区与商品品类的覆盖率也剧增。不仅如此，App 购物的入口效应也在增强。在跨境网购中，消费者直接打开 App 和社交网页链接进入 App 的用户增多，这也与中国电子商务移动化大趋势相关，通过其他方式进入跨境网购平台的用户规模减少，如导购网站查找、浏览器导航页、搜索引擎搜索等。

(三) 购物频次集中在每月 1~4 次，且多倾向于移动端

据艾瑞咨询的《2016 年中国网购用户行为及偏好》报告披露，在被调查样本中，以每月购物 3 次、2 次、1 次与 4 次的频率居多，占比分别为 15.8%、15.7%、14.4%、14.0%，合计为 59.9%；每周都会网购的消费者群体超过 1/3，购物频率较高。消费者网购时更倾向于移动端，来自移动端的购物比例已经超过了 PC 端。

(四) 家里是最主要的网购场景，但工作地点是移动端的主入口

由于移动端口超越了时间与地域的限制，更利于消费者打发碎片化的时间，所以在上下班路上、休闲娱乐场所使用的 App 数量更多，且更分散。整体上看，购物场景由 PC 端更多的转移到移动端。然后，家里依旧是消费者的最主要网购场景，移动端口的购物场景则发生了变化，其主要发生地是消费者的工作地点。

二、中国电商消费者画像

(一) 性别对比分析

女性注重质量且网购频繁，男性注重价格并单月均网购金额高。比较而言，男性更爱在家里、休闲娱乐场所这样放松的地方进行网购；女性更爱购买服装鞋帽、化妆品、个人护理品等时尚装扮类商品，男性更爱购买 3C 产品、彩票、游戏道具等休闲娱乐类产品。

1. 网购行为

女性网民的网购更频繁，移动端差异更明显；男性网民的月均网购金额更高，

移动端差异也更明显。

2. 网购场景

女性网民在工作地点更爱通过 PC 端购物，更爱在路上与家里通过移动端网购；男性网民在家里更爱通过 PC 端网购，在休闲娱乐场所更爱通过移动端购物。

3. 看重因素

女性网民更看重商品质量、支付安全性、商品种类丰富程度和退换货的便捷性；男性网民更看重商品价格、支付便捷性、网站信誉口碑和送货速度。

4. 进入方式

女性网民更喜欢收藏夹、导航网站、社交媒体链接、时尚媒体、频道推荐等；男性网民更喜欢浏览器导航、打开 App、输入网址、搜索关键词、其他网站广告、促销邮件等。

5. 购买品类

女性网民更偏好服装鞋帽、化妆品、个人护理品、图书音像、时尚产品、母婴用品、家具百货和蛋糕玩具等；男性网民更偏好大小家电、通信产品、IT 产品、数码产品、手机彩票、游戏道具和虚拟币充值等。

（二）年龄对比分析

年轻群体更愿意在网购上花费更多金钱，将 40 岁以下视为年轻群体，40 岁以上视为年长群体。随着年龄增长，月均网购金额千元以上及百元以下的用户有所减少；单笔订单金额千元以上明显减少，百元以下稍有增加；移动端差异更明显。

1. 购物行为

年轻群体无论是 PC 端还是移动端，31～40 岁网购频率相对较高；年长群体中，60 岁以上移动端网购频率明显高于其他人群。

2. 购物场景

年轻群体更偏好移动端购物，且 26～45 岁的群体更爱在家里网购；年长群体更偏好 PC 端购物，且 40 岁以上的群体更爱在家里网购。

3. 进入方式

年轻群体更爱通过搜索关键词、社交媒体链接进入；年长群体更爱浏览器导航、收藏夹、输入网址进入，使用的购物 App 数量更少更集中。

4. 看重因素

年轻群体更看重商品更新速度、库存充足、支付多样；年长群体更看重商品质量、种类丰富程度、支付安全性、价格和促销活动频率。

5. 网购品类

年轻群体更爱网购化妆个护、母婴用品、珠宝配饰、蛋糕玩具和游戏道具、虚拟币充值；年长群体更爱网购服装鞋帽、小家电和通信产品。

三、中国跨境网购中消费者画像

（一）中国跨境网购消费者特征

1. "三高"特征显著

同中国整体网购用户群体相比，跨境网购消费者呈现出"三高"特征，即高年龄、高学历、高收入，这显然不同于中国整体网购消费者特征，也不同于中国网络用户群体特征。据艾瑞咨询报告显示，2015年中国跨境网购消费者群体在26～40岁区间的占比为74.7%，接近3/4，与中国整体网购消费群体相比，跨境网购消费者年龄偏大，尤其31～40岁消费者要高于整体网购群体。此外，本科及以上消费群体占比达74.6%，高中及以下仅不到5%，也高于整体网购消费者的学历。消费者月收入在万元以上的最多，占比超过1/4，也显著高于整体网购消费群体。跨境网购消费群体的三高特征也代表他们具有更高的消费能力。

2. 工作与生活状况稳定，购买意愿较强

在跨境网购消费群体中，企事业单位员工占比超过一半，且以一般职员较多，工作与收入比较稳定，工作压力与强度尚未很大，时间较空余，能够有精力与时间选择网络渠道进行跨境购买商品。多数消费者处于已婚已育状态，逾半数的消费者有一个孩子，他们生活状态比较稳定，多数通过跨境网络渠道购买母婴商品，这部分消费群体的购买意愿比较强，也是跨境网购的主力消费群体。

3. 男性消费者为主，且比重高于中国整体网购

在中国跨境网购消费群体中，以男性为主，其占比为64.80%；女性偏少，占比为35.2%。这一特征也与中国整体网购群体以及中国网络用户的性别比重不同，中国整体网购群体中，男性占比为55.2%，显著低于中国跨境网购消费群体中男性的占比；在中国网络用户中，男性占比为53.6%，也显著低于中国跨境网购消费群体中男性的占比。这说明，在中国跨境网购群体中，表现出以男性为主的特征，这也是与中国整体网购群体及网络用户群体的显著不同之处。

4. 消费者多分布在东部沿海地区，二三线城市群体规模也在剧增

跨境网购消费群体以东部沿海地区最密集，广东与上海两省的消费群体约占总跨境网购消费群体的1/4，除此之外，江苏、北京、山东的跨境网购消费群体也较多。这与东部沿海省份的经济发展、收入水平、消费理念、新事物接触等方面均有关系，这些因素综合刺激了东部沿海地区的消费群体选择网络渠道跨境购买商品。伴随着跨境电子商务市场的发展与成熟，对比2015年上半年与2016年上半年数据发现，中国跨境网购群体呈现出一些新趋势：消费群体正从大城市向中型城市延伸，特别二三线城市的群体规模增速显著；消费群体也从东部沿海地区向中西部地区扩展。

5. 三四线市场消费容量巨大

三四线城市消费者的跨境网购消费能力明显高于一二线城市，主要因为这些城市的跨境网购市场发展相对偏弱，国外商品的实体店数据要远少于一二线城市，大量跨境网购消费需求通过跨境电商来满足，还因为这些城市中的中高端消费能力也不容忽视。据洋码头数据显示，2015 年前 30 名跨境网购市场交易额城市排名中，三四线城市占据一半以上，按照排序顺序依次为：贵阳、南宁、昆明、乌鲁木齐、通辽、重庆、沧州、哈尔滨、茂名、兰州、保定、长春、柳州、成都、遵义、太原、吉林、呼和浩特、廊坊、德州、宜昌、西安、邯郸、大庆、聊城、郑州、榆林、郴州、鄂尔多斯、大连。此外，农村跨境网购消费群体也不容忽视，据京东全球购数据显示，农村消费者主要选择跨境电子商务平台购买国外商品，而母婴、钟表、小家电、保健品则是该消费群体的首选商品品类。

（二）中国跨境网购消费者购物行为分析

1. 跨境网购消费者规模剧增，但使用率仍偏低

2015 年，中国跨境网购消费者规模达 4091 万人，增长率为 135.8%，这说明中国跨境网购消费者群里增长较快。同年，中国整体网购群体规模为41325万人，用户使用率为 60%，而跨境网购消费者使用率仅为 9.9%，这说明中国跨境网购消费群体使用率偏低，仍有很大市场空间。

2. 跨境网购消费与日常上网时间相似

以洋码头为例，跨境网购时间分布与网络用户的日常上网时间走势基本趋同，但也存在一些差别。整体上看，跨境网购时间随着网络用户的上网时间习惯发展，白天上班时间使用频率较多，从上午 9:00 到下午 6:00，时间分布趋势相似，均比较高。但是跨境网购时间的时间分布曲线比网民上网时间要略陡峭，并于 10:00、14:00 与 22:00 出现了三次峰值，且深夜时间段也是跨境网购的频繁发生时间段，而且表现得更加活跃。这些是跨境网购与网民日常上网习惯的显著差异之处。

3. 引导与熟人推荐对跨境网购平台的选择影响较大

费孝通先生《乡土中国》在曾提出"熟人社会"概念，用于描述传统社会人际交往与关系。人们在消费或购物时深受身边邻居、朋友、亲戚、熟人意见与行为的影响，也是比较容易咨询或参考身边的熟人群体的意见与观点。在跨境电子商务初期，以及海淘与代购市场中，中国跨境网购消费者多通过亲戚、朋友、同学等在国外居住或留学的群体网购国外商品。在接触、了解、访问跨境电子商务网站时，中国跨境网购消费者需要一定的引导，这主要是基于消费者对新兴事物了解不多，跨境电子商务的普及率还有待开发的现状有关系。中国跨境网购消费者了解跨境电子商务网站的导购网站与亲友推荐，而社交媒体也是一种重要的途径。此外，中国跨境网购消费者在访问跨境电子商务网站方面也存在一定的针对性，通过自主搜索、直接输入网址、个人收藏夹等方式访问跨境电子商务网站的比例也较高。

4. 跨境购物消费群体的需求特色分明且显著

跨境网购消费者的品牌意愿、品质要求更高，这也是该类群体追求品质生活的体现，也是热衷于跨境网购的直接诉求。差异化、多样化、个性化需求是消费者选择跨境网购的主要原因。尤其对跨境网购群体进行细分后，发现不同细分群体的需求特色明显，并且差异显著。伴随着跨境网购逐渐普及，越来越多的消费者的购买需求也逐渐从标准商品转向个性化、差异化。除了母婴、化妆品、数码商品等标准爆款商品外，一些限量、小众款甚至全球首发的芯片等标榜个性的商品同样受到消费者热捧。31~35 岁的群体是城市人口的生育高峰，这个年龄段群体对母婴类商品的需求非常旺盛。男性消费群体更偏好母婴用品及 3C 数码类商品，女性更愿意购买化妆品及母婴用品，年轻群体对化妆品的购买意愿强烈，年长群体则对食品保健类商品需求显著。

5. 跨境网购呈现出频率低、单价高的特征

中国跨境电子商务市场尚处于发展阶段，尚未如国内电子商务市场发展的那么成熟，消费者的消费频率要低于中国整体网购的频率。2015 年中国跨境网购消费频率每月不足一次的用户约占 3/4，要远低于中国整体网购的月平均次数。中国跨境网购消费的单笔金额要远高于中国整体网购市场的表现，中国跨境网购客单价集中在 100~500 元，而且 500~2000 元的区间也占一定比例。这表明中国跨境网购呈现低频高价的特点。

第四节 电商物流行为分析

一、电商物流运作流程

物流是电子商务活动的基础，但是电商物流不同于一般意义上的物流，因电子商务特征的影响，对配送的时效性、服务质量和物品的信息追溯性要求都比较高，配送体积较小且数量巨大。针对这些特点，各大电商和物流公司进行了许多尝试，目前，基本形成了以电商自建或电商与物流公司相配合的电商物流模式。无论哪种电商物流模式，其基本流程一般都由仓储系统、运输主干网和"最后一公里"配送三个阶段组成，如图 4-9 所示。

（1）配货。

对于电商的仓储系统，主要工作是根据客户在订购货物时选择的配送要求和商家或生产商的仓库分布情况，选择合适的仓库进行货物的提取、包装和编码并发送至所在地的分拨中心。

（2）主干网运输。

不是所有的货物都需要经过这一阶段。目的地与电商货物在同一城市的货物就

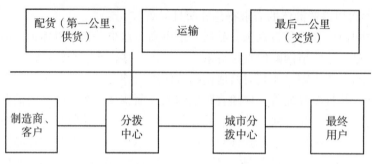

图 4-9　电商物流运作原理

不需要，可以直接进入第三阶段进行"最后一公里"配送。对于目的地不在所在城市的货物在该阶段离开源分拨中心进入主干运输网，按照设计的路线进行运输、分拨、再运输（或转运）直接到达目的地分拨中心。

（3）配送。

又称为电商物流"最后一公里"，指将货物交付给最终用户。

二、电商物流与传统物流对比

电商物流不同于传统零售行业的物流体系。其中一个最突出的表现就是，相对于消费者来说，传统零售业的物流基本上是不被消费者感知的。人们进入商场购物，多数情况下小件商品消费者自提，个别情况下大件商品由商场负责送货上门。如果缺货，消费者要么放弃购买，形成商场的销售损失；要么同意延迟交货，商场需付出延迟交货成本（如降价、送货上门等），借以挽回销售损失。消费者对于其所购商品以何种管理手段和方法，以及通过何种流转途径出现在商场货架上并无太多了解，实际上，消费者对此大多也是持以漠不关心的态度，虽然知道其所付货款中包含了若干商品的物流成本，也仅此而已。而电商物流则不同，消费者对其网上下单后电商企业的一切订单处理过程，有着不容置疑的知情权。而且，在物权并未真正实现转移前，消费者对其所购商品的流转过程无疑也有着相当高的关注度。

目前这些物流信息的流动并无技术上的难题，通常可以通过电子邮件或手机短信的形式快速反馈至消费者，此外，消费者还能够通过腾讯 QQ 或阿里旺旺等网络即时通信软件，和电商客服或网店店主线上交流，随时询问和跟踪商品包裹的处理情况。由于商品实际所有权的转移地点不再是集中的商场，而是分散的消费者居所，商品送递的速度和准确率已经成为消费者购物体验中不可分割的一部分。事实上，在网购商品的定价体系中，任何一个电商都不能不把这部分送货上门的物流服务价值考虑进去。

也就是说，站在消费者角度，物流运作过程和信息在传统零售行业中一直以来是隐性存在的，但在电子商务背景下，有一部分物流运作过程必须成为买卖双方之间的共有信息。这种情形非常类似于普通的电脑软件使用者只能感受到或只关注软件的前台操作界面的运行，忽视或不关心软件后台深层次的程序命令调度及响应运行情况。有鉴于此，如图4-10所示，物流运作流程可分为订货、仓储、拣货、配送、运达五个环节，我们可以将消费者关心的终端商品配送和运达环节称为前台物流，而将前端的商品订货、仓储、拣货等三个环节称为后台物流。

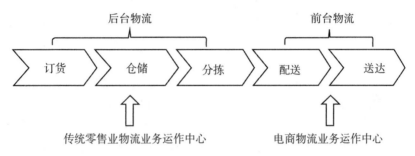

图4-10　物流业务运作流程图

围绕后台物流与前台物流这两个概念，加之与传统零售业物流相比较，深入分析和认识电商物流的若干特点。

（1）电商物流的业务运作重心后移，愈加关注前台物流。

无论传统零售企业，还是现代电商企业，物流运作无外乎就是订货、仓储、分拣、配送、送达五个环节。但两者的物流管理侧重点有所不同，前者的业务重心是后台物流，尤其是以仓储及库存控制为关注重点，而后者的业务重心则是前台物流，主要关注商品运达至最终消费者手中的准确性和及时性。

对于传统零售商而言，几乎不存在前台物流，其商品配送和运达的目的地是各个实体卖场，也即零售商和顾客之间完成交易的终结点，个别的送货上门服务显然不是传统零售商的日常管理内容，其物流业务的重心必然是库存控制问题（如确定订货量，设置再订货点，制定安全库存策略等），以应对随时到来的顾客需求；而电子商务则不同，线上产生需求，达成交易，线下送货上门，终结交易（货款部分线上支付，部分货到支付）。商品送达消费者手中是电商与消费者之间网购交易合同的履行终止点，商品送达效率成为消费者购物体验的重要组成部分，因此也是影响顾客满意度和忠诚度的重要因素，而电子商务也有相当部分的货款是通过商品送达后上门收取的，送达效率也直接影响电商资金回笼和周转的速率。因此前台物流对于电商而言更重要，这也即是通常我们所说的"最后一公里"问题。

（2）电商的前台物流重管理，后台物流重控制。

站在消费者角度，电商物流被划分出前台和后台物流以后，作为电商可以比较清楚地了解到两者之间的管理手段及内容是有所区别的。毫无疑问，前台物流要想运转顺畅必须要投入大量人力。电子商务如果要"自建物流"，彻底解决前台物流的"最后一公里"瓶颈问题，其结果就几乎是要重新组建一个覆盖全国的快递公司。劳动力密集型的前台物流必须要建立有效的管理机制和体系，同时配合灵活柔性的管理手段和方法，从员工培训、组织架构、考核体系、奖惩制度等方面入手鼓舞员工士气，打造优秀作业团队，才能真正提高电商企业的服务水平和质量。反观后台物流，以传统零售商的管理经验来看，更多的是对商品的管理，可以依靠先进的技术、设备、软件等对其实施规划性很强的控制作业，例如可以通过跟踪库存信息在既定的订货点上发布订单，可以依靠先进的商品编码技术和信息读取技术，高效准确地找到顾客订单上的商品等。

相比前台物流，后台物流在土地、设备、技术、软件以及人才上的资金投入更高，属于资本密集型。以目前国内电商的经营情况来看，大部分资金投入到了后台物流的建设当中，并且短时间内可以达到和国外同行同等的运营水平，原因就在于后台物流是以针对库存商品的作业性工作为主的，只要软硬件条件具备，围绕库存控制的作业水平必然可以达到世界先进水平。而针对人的管理的前台物流显然不是这样的，在短期内无法见效，必须要有一个较长期的成长过程。

（3）电商物流各环节的内容和本质与传统零售业相比有着显著差异，尤其是前台物流和传统零售业不同。

前台物流的配送和运达环节是直接面向消费者的，高效准确是其价值核心，并且已然构成消费者购物体验的一部分，每个电商都尤其重视前台物流的服务质量，所谓电商"自建物流"，其实质是"自建前台物流"，希望以此解决电商"最后一公里"瓶颈问题。而后台物流各环节和高效准确的前台物流相配合，其内容和本质更趋向快速反应，需求信息直接传递至后台物流，且其传递速度在电子商务背景下大幅提升无疑是主要原因。例如，拣货人员不再面对每隔一段时间由传统零售商提供的补货单来进行拣货作业，而是随时都按照实际发生的需求，把消费者网络订单中的商品拣选出来装配发运。而仓储作业中的库存控制方面，其库存所应对的不仅是当地或本区域的需求，可能还要兼顾其他非当地非本区域产生的需求，库存管理的难度和复杂性变得更高了。从本质上讲，虽然电商的后台物流不被消费者所关注，但和传统零售商相比，其对消费者需求的反应更迅速也更直接。

三、电商物流运输

（一）物流运输方式

目前，最基础的运输方式分为五种，即：公路运输、铁路运输、航空运输、水路运输和管道运输。不同运输方式有各自的优缺点，适合于不同的运输情况。正确且合理的选择运输方式不仅能够提高运输效率，降低运输成本，而且还会使整个物流系统更趋于合理化运营。掌握各种运输方式及其特点，对优化物流运行系统和合理组织物流活动具有非常重要的意义。

1. 公路运输

公路因素是指主要使用汽车在公路上进行货物位置转移的一种方式。其灵活性强，运输速度快，物品消耗少，易于因地制宜，且与铁路和水路运输相比，其运输能力较高。但其劳动生产率低，能耗与运输能本较高，长距离运输费用高，不适于运输大宗货物。因此，公路运输主要承担近距离、小批量的货运以及水运、铁路运输等难以到达地区的长途、大批量货运及铁路、水路等其优势难以发挥的短途运输。

2. 铁路运输

铁路运输是指使用铁路列车运送货物的一种运输方式。其主要优点是速度快，运输受自然条件限制少，承载量大，运输成本较低。主要缺点是缺乏灵活性，只限于在固定线路上实现运输，因此需要与其他运输方式进行组合。铁路运输主要承担高数量、长距离的货运，尤其是在没有水运的地区，几乎所有大批量货物都是依靠铁路。

3. 航空运输

航空运输是指使用飞机或其他航空器运送货物的一种方式。航空运输的单位成本很高，因此主要适合运载的货物有两种，一种是运费承担能力强、价值高的货物，另一种是紧急需要的物资。其主要优点是速度快，不受地形的限制。其主要缺点是易受到天气的影响，而且运输成本较高，运输能力有限。

4. 水路运输

水路运输是指使用船舶运送货物的一种运输方式。其主要优点是运输成本低，能进行大批量、低成本、远距离的运输。但其有显而易见的缺点，主要是运输速度较慢，受季节、航道、港口、天气等因素影响较大。因此，水路运输主要承担大批量、长距离的运输。

5. 管道运输

管道运输是指使用管道设备运输液体、气体和粉状固体货物的一种运输方式。其运输方式是顺着压力方向使物体在管道内循序移动。管道运输与其他运输方式的重要区别在于，物体是移动的，管道设备是静止的。其主要优点是，在运输过程中可避免货物的遗漏、丢失等，也不存在其他运输方式本身在运输过程中由于消耗动力所形成的无效运输问题；由于管道运输的运输量大，适合于量大且连续不断运送的物资，但管道运输的专用性很强，运送的货物有很大的限制。

（二）多式联运

1. 多式联运的概念

多式联运是由两种及其以上的交通工具相互衔接、转运而共同完成的运输过程，统称为复合运输，我国习惯上称为多式联运。《联合国国际货物多式联运公约》对国际多式联运所下的定义是：按照国际多式联运合同，以至少两种不同的运输方式，由多式联运经营人把货物从一国境内接管地点运至另一国境内指定交付地点的货物运输。而中国海商法对于国内多式联运的规定是，必须有种方式是海运。

2. 多式联运特点

（1）根据多式联运的合同进行操作，运输全程中至少使用两种运输方式，而且是不同方式的连续运输。

（2）多式联运的货物主要集装箱货物，具有集装箱运输的特点。

（3）多式联运是一票到底，实行单一运费率的运输。发货人只要订立一份合同一次付费，一次保险，通过一张单证即可完成全程运输。

（4）多式联运是不同方式的综合组织，全程运输均是由多式联运经营人组织完成的。无论涉及几种运输方式，分为几个运输区段，都由多式联运经营人对货运全程负责。

（三）运输决策

运输决策是根据运输时间及条件的具体要求，选择适当的运输工具，使企业用最少的时间与费用通过最合理的运输路线，把货物安全无损地从供方所在地送到需方所在地。运输决策涉及多个方面，包括运输方式的选择、运输路线的优化、运输服务的选择等。

1. 运输方式的选择决策

合理的运输方式决策就是能结合运输物品及运输要求，选取最优的运输方式，保证运输质量、实现运输的合理化。运输实践中，企业可选择某一种运输方式，也可以选择多式联运方式。由于选用不同的运输方式会直接影响到企业的经营活动、运输成本、运输时间与经济效益，因此运用多种方法进行科学的决策，选择合理的运输方式是非常重要的。

运输方式的选择收到货物种类、运输量、运输距离、运输时间、运输成本、运输工具的可得性、运输的安全性等多种因素的影响。

（1）货物种类。货物的价值、体积、重量、形状、危险性、变质性等都是影响运输方式选择的重要因素。一般情况下，低价格、体积大的货物，尤其是散装货物较适合铁路或水路运输；石油、天然气等适合管道运输。

（2）运输数量。运输数量对于运输工具的选择影响程度也较大。一般情况下，不超过15吨的货物适合采用公路运输，较大数量的货物有适合铁路运输或水路运输。

（3）运输距离。运输距离的远近决定了运输时间长短，运输时间的长短对能否及时满足客户需求、资金占用等具有重要的影响。运输距离是选择运输工具时应考虑的一个重要因素。一般来说，不超过300公里的运距适宜采用公路运输；300公里以上可采用铁路运输。

（4）运输时间。运输时间与客户要求的交货日期、运输企业的服务水平相关。根据客户要求的运输期限，或运输企业为客户承诺的运输期限，需选择不同的运输方式。对于时间敏感的货物，多选择速度快、路程短的高额运输工具，如航空运输或公路运输；反之，可选择成本低、速度慢的运输工具。

（5）运输成本。运输成本因货物的重量、体积、种类、运输工具等的不同而不同。运输成本的高低直接受到不同经济实力的运输企业承受能力的限制，从而影响企业经济效益。企业进行运输决策时，企业经济实力与运输成本的高低是运输方式选择的重要影响因素。在考虑运输成本时，必须要关注运输费用与其他物流系统之间存在的关系，不能单独通过运输费用决定运输方式，还要从运输总成本的角度来选择适当的运输方式。

（6）运输工具的可得性。由于时间、地点条件的限制，不是所有运输工具都可以满足承运人的选择需求。应根据所能够获得的运输工具，再综合前面几个影响因素来选择具体的运输工具。比如，有的地方没有航班，有的地方没有水路，抑或铁路或公路尚未覆盖。

（7）运输的安全性。运输的安全性包括所有运输货物的安全性、运输人员的安全以及公共安全。货物的特性及其对安全性的要求也直接影响到运输工具的选择。

（8）其他因素。除了上述的影响因素外，运输方式的选择还受到法律环境、社会环境、经济环境的变化等因素的影响。例如，随着物流运输业的发展状态，噪声、震动、交通事故、大气污染等问题日益严重，政府为解决这些问题制定了法律与法规，这势必会影响运输方式选择；对于公路运输货物超载超限以及对于航空、水路、铁路、公路运输中特种物质的运输，都会有相应的规定，这些同样会影响到承运人对运输方式的选择。

2. 运输线路的优化决策

运输线路的选择影响到运输设备和人员的安排，确定合理的运输线路可以降低运输成本，提高运输效率，因此运输路线的选择是继运输方式选择之后另一个重要的运输决策。线路的选择主要包括几个基本类型，即：起讫点相同、起讫点不同、多个起讫点直达和多个起讫点中转。

（1）起讫点相同的运输线路。起讫点相同是指车辆从设备点出发访问一定数量客户后又回到原来的出发点的线路，其主要问题就是确定各访问点的次序，确保运行时间或运输距离最小化。现实生活中存在很多类似的问题，如快递员送货、配送车辆送货等。

（2）起讫点不同的运输线路。起讫点不同的运输是指其中间点相同，但具有不同的始点或终点。在其线路选择优化决策中，在不考虑其他运输因素的情况下，最简单和直观的解决方案是最短路法。最短路的度量单位可以是时间、费用或距离等。

（3）多个起讫点直达的运输线路。多个起讫点直达运输主要是将多个供应点分配到多个客户需求点，常用在货物从工厂配送到仓库，再从仓库运送到客户等情况。这类经典的运筹学问题称为物资调运。

（4）多个起讫点中转的运输线路。上面讨论的直达运输问题，是假定任意产地与销地之间都有直达线路，并且货物的输入地与输出地不同，但在实际的运输工作中可能存在着更复杂的情况。比如，产地与销地之间没有直达线路，货物从产地到销地必须通过某个中间站转运；某些产地既要输出货物，又要输入一部分货物；产地与销地之间虽有直达线路，但是直达运输的费用或运输距离分别比经过某些中转站还要高或远。这些情况统称为多个起讫点中转运输问题或转运问题。

3. 运输承运商的选择决策

在一个不存在垄断的运输市场中，不同的运输方式及同一运输方式中都会有众多运输承运商，而且它们可能各有特点，能力差异较大，所以托运人为了有效地实现货物运输的目的，需要对选择运输承运商认真地做出决策。运输承运商选择常用以下几种方法，即：

（1）服务质量比较法。即在同等费用情况下选择服务最好的。运输能力通常是客户在选择运输承运商时考虑的一个重要的因素。客户通常从以下几个方面来评价：该运输公司使用的运输工具的完好程度，该公司所雇用的装卸公司的服务水平，该公司从业人员的工作经验及责任险；该公司的货物运输控制流程等。运输质量也是客户在选择不同的运输承运商时考虑的重点。比如，运输的准班率；船舶的发班密度、航班的时间间隔、铁路运输的发车间隔等；信息查询的方便程度；单证的准确率；货运纠纷的处理等。

（2）运输价格比较法。由于运输承运商为了稳定自己的市场份额，增加自己所提供的服务内容，提高服务质量，所以运价会成为各承运商的主要竞争手段。在选择时，若面对类似的服务质量，运输价格则成为一个重要的决策依据。

（3）综合评价选择法。在实际选择运输承运商时，客户会综合考虑许多对运输业有影响的因素，如承运商的品牌、运输价格、承运商的服务质量、承运商的运输网点数量及承运商的经济实力等。

四、电商配送业务

配送业务流程包括进货、储存、配载等诸多环节。在电子商务环境下，配送中心的作业流程根据商品种类、物流特性、运营特点等，具有不同的作业流程。一般情况下，配送中心的作业流程包括进货、分拣、补货、配送、盘点和流通加工。

（一）进货管理

根据进货单接货，从火车上将货物卸下，并核对该货品的数量及状态（数量检查、品质检查、开箱等），然后记录必要信息或录入计算机。

在进货过程中，采用射频技术方式实现信息系统全程管理，实时数据交换和无纸化操作，具体步骤包括：①进货信息下达；②车辆及站台管理；③验收；④入库。

（二）分拣管理

物流中心每天接到不同供应商或货主通过各种运输工具送来的不同货物，并需要按要求在最短的时间内将这些商品按品种、货主、储位或发送地点进行快速准确的分类，再运送到指定地点（如货架、加工区域、出货站台等）。分拣作业是指为进行输送、配送，将物品按品种、出入库先后顺序进行分类堆放的作业。根据配送中心以整箱、整托盘出货为主的特点，利用射频技术来选拣货物至指定出货缓冲区做法可分为摘取式和播种式。

（1）摘取式。使用射频技术按顺序启动某一客户的选拣工作，根据区域及所需商品的货架位置，提示选取路线，至指定货架位，扫描货架条形码，选取指定数量至空托盘上，并确认，至下一商品选取，完成后放至该客户的出货缓冲区，所有区域完成后，打印该客户送货清单，准备配送。在保管的商品不易移动、分店或客户数量较少且需货量比较分散的情况下，常采用此种方法。

（2）播种式。仓库管理系统对某一时段的配送需求，根据浮点批处理原则及取货线路进行优化，将货架区设为若干个工作区域，来优化平衡操作，根据射频技术提示至指定选货位，扫描货架条形码、商品条形码，选取指定数量的商品至空托盘上，然后进行下一个产品的选取，空托盘堆满后，送至出货缓冲区，在出货缓冲区，使用射频技术的分拣功能扫描商品条形码，根据提示送至指定客户区域并确认，继续下一品种的操作。如某客户所需配送商品已全部分拣完毕，控制中心将自动打印送货清单。该客户配送后，系统将此出货缓冲区域分配给下一客户。在保管的货物较易移动，分店或客户数量多且需要量较大时，可采用此种方法。

（三）补货管理

根据市场需求状况及客户需求情况、商品到货周期等因素，采购部对每一商品设置最高、最低库存量。当商品数量低于最低库存量时，系统自动提示补货，从而启动一个新的进货计划。

配送中心内，当某一选货位的商品数量小于所需选取数量时，射频技术将提前得到一个补货指令。由于订单排序策略，可以提前获悉选货位数量是否可以满足下一选取操作的需要。扫描补充托盘所在货架条形码，确认取出，补入选货货位，扫描选货货位条形码确认，并将数量合并，完成补货作业。

（四）配送管理

运输管理系统中记录有货车的车型、吨位、车龄、行驶里程、车辆长宽高、可运输体积、载重、通行证等综合信息。在订单优化后，制订运输计划（含配送计划）。根据配送计划及出货站台作业情况，仓库管理系统分配每辆车一个站台位置，操作员核对特定订单的运输线路，将货物装上车。

（五）盘点

操作员扫描货架条形码，清点并输入货物数量，系统自动核对。如为指定客户盘点货物，输入客户代码，系统会显示该客户的系列产品的货位，通过以上步骤盘点，打印盘点报表。损溢可通过仓库管理系统调整对话框进行，输入货位号码，调整数量，库存自动更正。

（六）流通加工管理

根据订单要求，选取批量货物，在加工区按照客户要求进行增值服务，并通过系统将加工好的货物放入指定货架区，仓库管理系统通过进出货或调整功能来进行产品、数量、货位、批号的改变。

第五节　电商支付行为分析

一、中国电子支付参与主体行为

（一）支付终端

在电子商务交易中，支付环节的实现需要依托一定的设施、设备，尤其是连同互联网络的终端设备，如 PC、手机、平板等。中国网民在不同时段可能接触的电子支付终端中，如图 4-11 所示，手机/平板的普及度最高，几乎涵盖了用户生活中的各个时段；其次是电脑，涵盖了用户的上班时间、平日闲暇时间、节假日；线下POS 和电视的普及度与前两者相比较低，用户只有在平日闲暇和节假日时间里可能会接触到。

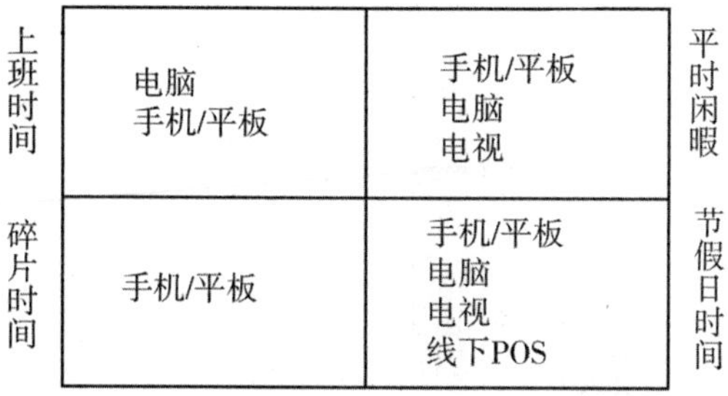

图 4-11　中国网民在不同时间段可能接触的主要电子终端

对于用户来说，能够接触到手机/平板的机会最多，主要的支付类型是第三方移动支付和手机银行支付，未来该如何提高用户的黏性将成为第三方移动支付和手机银行的战略重点；而用户能够接触到电脑的机会较多，主要支付类型是第三方互联网支付和网银支付；用户能够接触到线下 POS 的机会较少，主要支付类型是现金、刷卡机移动支付；用户能够接触到电视的机会最少，主要支付类型是电视支付（见表 4-2）。

表 4-2　　　　中国网民在不同时间段可能接触的主要电子支付终端

	上班时间	平日闲暇	碎片时间	节假日	支付类型	普及程度
手机/平板	√	√	√	√	第三方移动支付，手机银行	最高
电脑	√	√		√	网银，第三方互联网支付	高
线下 POS				√	现金，刷卡，移动支付	较高
电视		√		√	电视支付	较低

资料来源：艾瑞咨询

（二）用户

据艾瑞咨询数据显示，在中国电子支付用户中，男性偏多，超过半数，且比例略高于整体网民中男性网民的占比。从中国电子支付用户年龄分布看，与整体网民的年龄段分布比重基本一致，用户占比最高的年龄段为 26~35 岁，占比达 50.0%。这一状态与该年龄段特质相关，该年龄段接触互联网频率较高，消费群体的消费习惯业已成熟，且具有稳定的经济收入及消费习惯（如图 4-12）。

109

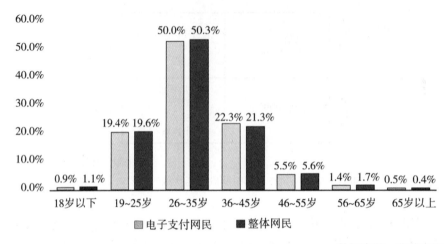

数据来源：艾瑞咨询

图 4-12　中国电子支付和整体网民年龄分布

男性网民更愿意使用银行电子渠道的支付工具（网银、手机银行和微信银行），中国女性网民则更爱使用第三方支付所提供的支付服务。

（三）支付场景

据艾瑞咨询数据，中国网民使用过的电子支付场景在 41.0%～94.3%，其中网民覆盖率最高的三项为网购支付、话费充值和转账，未使用过的人数占比分别为 5.7%、6.8% 和 8.3%，有九成以上的网民分别用过该三项功能，有 80.6% 的网民至少同时使用过这三种功能。使用率最低的三项电子支付功能分别为跨境转账（41.0%）、购保险（48.1%）和财务分析（48.9%）（见图 4-13）。

按照用户覆盖的比例，支付场景可分为三类，即：

A 类：较成熟且广泛使用的支付场景，该类有 10%～30% 用户尚未覆盖到，这些支付场景发展较为成熟，用户使用习惯和产品忠诚度基本养成，具有较高的使用黏性。

B 类：发展中期的或用户适用率有限的支付场景，该类有 30%～40% 的用户尚未覆盖到，这些支付场景仍有发展空间，但要注意潜在市场空间是否有足够的发展潜力。

C 类：新兴的或用户使用率低的支付场景，该类有 40%～60% 用户尚未覆盖到，这些支付场景蕴含着较大的发展机会，但同时市场拓展与用户培育难度较大。

（四）支付路径

中国电子支付行业的支付路径涵盖了远程网络支付、二维码支付、手刷支付、声波支付、NFC 支付、地理围栏支付、条码支付、光子支付等在内的多种支付路

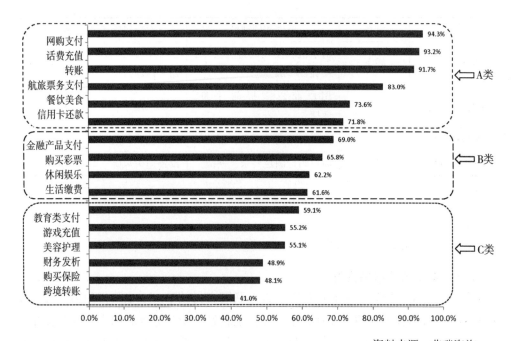

资料来源：艾瑞咨询

图 4-13 中国网民使用各支付功能及其占比

径。从适宜场景、使用条件及便捷性、安全风险等角度对比不同的支付路径，如表4-3 所示，可看出在现有的支付路径中，远程网络支付、二维码支付较容易普及，手刷支付、声波支付较难普及，NFC 支付、地理围栏支付难普及；条码支付易普及，光子支付较难普及。未来，各支付路径必将面临优胜劣汰的局面。

表 4-3   支付路径对比分析表

路径	适宜场景	条件和便捷性	安全风险	推广难度
远程网络支付	线上	只需终端加网络，便捷	网络完全	★★
二维码支付	线上/线下	手机扫描二维码支付，便捷	恶意二维码	★★
手刷支付	线上	外接设备，便捷性差	盗刷风险，套现风险	★★★
声波支付	线下	设备之间的传递，应用场景较少，对外界环境有要求，便捷性一般	技术风险，设备遗失风险	★★★

111

续表

路径	适宜场景	条件和便捷性	安全风险	推广难度
NFC 支付	线下	对手机和接收设备有要求，便捷性一般	盗刷风险，设备遗失风险	★★★★
地理围栏支付	线下	用户商户需提前注册，便捷	盗刷风险	★★★★
条形码支付	线下	商户码枪满足要求，便捷	设备遗失风险	★★
光子支付	线下	商户码枪满足要求，便捷	设备遗失风险	★★★

资料来源：艾瑞咨询

二、电子支付运行流程

（一）第三方互联网支付

账户、路径、场景的限制使得第三方互联网支付较单一。电脑作为第三方互联网支付的终端具有较好的普及性，用户黏性也较好。第三方互联网支付的路径相对较少，主要包括网关支付、快捷支付及认证支付。运营主体为第三方支付机构，在支付中既可以选择银行账户直接支付也能选择第三方支付账户支付。其服务客户主要以企业客户为主，包含电商平台、航旅商户、P2P 商户等，同时也为个人客户提供服务。第三方互联网支付主要在线上场景中使用，使用场景较单一（见图 4-14）。

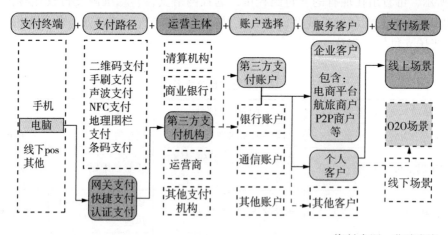

资料来源：艾瑞咨询

图 4-14　第三方互联网支付运行流程

（二） 第三方移动支付

账户、路径、场景的组合使得第三方移动支付更多元。电子支付中的第三方移动支付发展兼具很高的增长速度和增长潜力。智能手机作为第三方移动支付的终端具有很高的普及性和用户黏性。第三方移动支付的路径也比较多样，其中包括纯远程支付的网关、快捷、认证支付等，也包括NFC、地理围栏、条码支付等纯近场支付，还有二维码支付、手刷支付等线上线下的支付。运营主体为第三方支付机构，在支付中既可以选择银行账户直接支付也能选择第三方支付账户、通信账户支付。依据用户的使用习惯，其服务客户主要以个人客户为主，兼有电商平台等企业客户。第三方移动支付跨越了线上线下的限制，使得支付场景多元（见图4-15）。

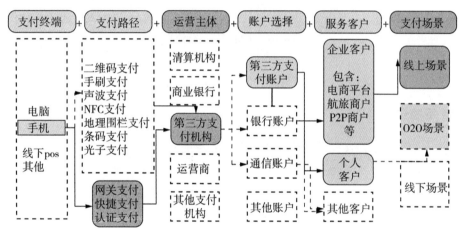

资料来源：艾瑞咨询

图4-15　第三方移动支付运行流程

（三） 手机银行

手机银行是商业银行未来主要发展的支付渠道。手机银行是相对较为新兴的银行电子支付渠道，其是以手机作为支付终端进行的银行支付服务。其支付路径主要是手机银行远程互联网支付，个别手机银行兼有二维码支付、NFC支付和光子支付这三个支付路径。其服务客户有企业客户、个人客户和政府公共事业等其他客户，主要的支付场景是线上场景和较少的O2O场景。手机银行支付是银行应大力发展以应对移动互联网浪潮的支付方式（见图4-16）。

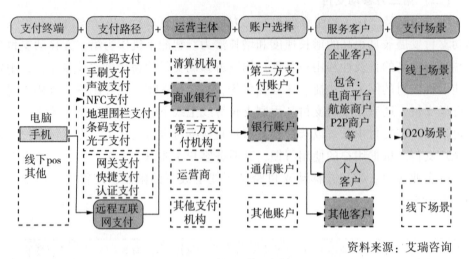

资料来源：艾瑞咨询

图 4-16　手机银行运行流程

☞ **新闻摘录**

作为电商卖家，你知道一笔网上支付是如何完成的吗？

虽然我们经常把支付平台称为一个单一实体，但当建立网上商店向国际客户销售时，实际上有三个部分在起作用，包括了一个卖家账户、支付处理器（支付服务提供商）和支付网关。你的最终目标是要把客户的钱存入你自己的账户，同时卖出一个高质量的商品。

在传统的零售店中，支付网关是收银机；在智能商店，支付网关是你离店前要通过的自动支付器。在电商店铺中，支付网关是一个实体，它允许你在客户在线支付时向其信用卡、借记卡或银行账户收费。支付网关是网站上交易与支付处理器之间的中介。出于安全考虑，卖家不能直接从电商卖家网站向支付处理器发送付款信息。

支付处理器（Payment Processor），就是与支付网关和卖家账户一起提供支付处理服务的金融机构（即支付服务提供商）。许多支付服务提供商的名字你都不认识，这是因为他们是与支付网关相关联的，而且有时会在后台操作。支付处理器连接了卖家账户和支付网关，并使用加密方法在两者之间快速传递信息。

卖家账户是一个银行账户，它已经经过特别授权，可以接受来自电商卖家客户的信用卡和借记卡付款。这些账户通常被称为 MID（Merchant Identification

Number），大多数都由支付处理和支付网关公司提供。大型银行也可以向卖家提供这类账户。独立销售组织（ISO）和成员服务提供商（MSP）也可向卖家提供 MID。

付款的三个组成部分各司其职，为客户和卖家提供完美的支付体验。首先，客户在卖家网站上看到商品，输入付款信息；其次，他的信息通过安全的技术经由支付网关到达支付处理器；最后，支付处理器使用附加的卖家 ID 号码将详细信息发送给卖家账户。

这三个部分协同运行之后，客户的交易将会得到批准或拒绝。支付处理器将结果发送回支付网关，后者会存储这些数据以便卖方的网站能够顺利完成交易。

（四）网上银行

网上银行是交易规模最大的电子支付渠道。网上银行是银行的主要电子支付方式，也是几种主流支付方式中交易规模最大的一个。PC 端的支付终端是目前银行电子支付用户比较惯常使用的，其支付路径就是银行互联网支付，其服务的客户主要是企业客户、个人客户和其他事业单位等法人客户，其主要场景是线上场景和兼有 O2O 类的场景。网上银行是目前商业银行客户使用量最为庞大的电子支付渠道，在移动互联网时代，银行应该思考如何利用网上银行培养个人用户的手机支付习惯并将其向手机银行转移（见图 4-17）。

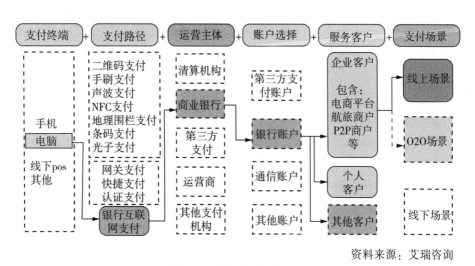

资料来源：艾瑞咨询

图 4-17 网上银行运行流程

（五）线下收单

手机与 POS 机叠加是电子支付最热的新玩法。线下收单的支付终端主要是线下 POS 机，其支付路径现有的主要是银行卡刷卡支付，然而，随着手机电子支付的发展，其将产生越来越多的新玩儿法，比如 NFC 支付、条码支付和光子支付。线下收单的运营主体包括商业银行和第三方支付机构，其收单的主体还是银行卡、兼有预付卡和第三方支付账户资金，POS 主要铺设在大中小微企业客户的店铺中，其支付场景主要为线下场景，兼有反向 O2O 场景（见图 4-18）。

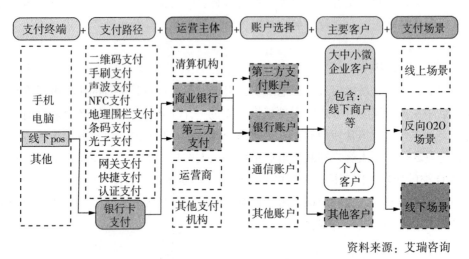

资料来源：艾瑞咨询

图 4-18　网线下收单运行流程

☞ **本章回顾**

平台型电商的关键业务流程在于前期的平台网站建立、吸引浏览、开发商家入驻；日常业务重点在于平台管理；自营型电商企业不同于平台型电商企业，更类似于传统的零售企业，需要全面参与到商品的整个供应链，包括所销售商品的选择、供应商开发与谈判、电商平台的运营等，并深度介入物流、客服与售后等服务环节。电商活动离不开营销，日常表现为网络营销活动，还与关注客服工作与客户关系管理工作。客服工作又细分为售前客服、售中客服与售后客服，各自工作内容各有差异。供应商开发与采购管理同样意义重大，是电商活动实现的基础工作。中国网购消费群体在性别与年龄维度上存在较大差异，需要引起关注。电商物流基本流程由仓储系统、运输主干网和"最后一公里"配送构成。电商物流又具有一些显著的不同于传统物流的特征。电商物流也无法脱离基础的五种运输方式，即公路运输、铁路运输、航空运输、水路运输和管道运输；在实际运作中，常会用到多式联运方式。配送中心的作业流程都包括进货、分拣、补货、配送、盘点和流通加工。消费者接触到手机/平板的机会最多，主要的支付类型是第三方移动支付和手机银行支付。

☞ 关键术语

网络营销　电子邮件营销　电商客服　客户关系管理　集中采购　分散采购
联合采购　电子化采购　招标性采购　电子订货系统　电商物流运作原理　多式
联运

☞ 思考题

1. 分别论述平台型电商及自营型电商业务内容。
2. 何为网络营销，网络营销具体包括哪些内容？
3. 解读电子邮件营销与论坛营销。
4. 论述电商客服的概念、特点、分类及功能。
5. 如何理解售前客服、售中客服与售后客服？
6. 如何具体落实客户管理工作？
7. 举例论述，如何实施供应商开发工作？
8. 比较分析几种常见的电商采购方式。
9. 简述近期中国网购消费者表征。
10. 从性别与年龄方面分别分析中国网购消费群体特征。
11. 论述电商物流运作流程。
12. 比较分析电商物流与传统物流的差异。
13. 简述电商配送业务的具体内容。
14. 简要分析几种常见的支付路径。
15. 论述几种常见的支付业务运行流程。

第五章　电子商务法概况

【学习目标】

掌握电子商务法的概念、性质、特征、地位

掌握电子商务法调整的对象与法律关系

了解电子商务法的基本原则

了解国际电子商务法发展进程

了解中国电子商务法发展概况

【章节纲要】

本章主要分三节来阐述电子商务法问题。第一节主要介绍电子商务法概况问题；第二节主要介绍国际电子商务法概况问题；第三节主要介绍我国电子商务立法概况。

第一节　电子商务法概论

一、电子商务法的概念

法律是调整特定社会关系或社会行为的行为规范。随着电子商务发展与成熟，电子商务法随之而生。电子商务法是调整电子商务活动或行为，以及引发的相关问题的法律规范总和。

电子商务法的基础是电子商务活动。电子商务作为一种商业活动，属于商事行为范畴，应遵循传统商法的一般规则。之所以会产生一个新的法律调整电子商务，是因为这些商业活动通过网络实现，其传导介质、交易环境、交易手段都发生了重大变化，导致传统的商法难以解决因采用电子商务方式而引发的相关问题。电子商务法实质上是解决电子商务交易形式和流程问题的规范。联合国《电子商务示范法》采纳了这种思路与观点，这一做法也被很多国家所效仿制定类似的电子商务法或电子交易法，旨在解决电子商务形式问题。所以，大多数学者认为，电子商务法即以调整数据电信为交易手段而形成的因交易形式所引起的商事关系的规范体系。电子商务法不仅调整交易形式，还调整交易本身和交易引起的特殊法律问题，如在线货物买卖、在线信息产品交易、在线服务等，以及由此引发的法律问题。

电子商务法不是试图涉及所有的商业领域并重新构建一套新的商业运作规则，而是重点探讨因交易手段、交易方式、交易环境的改变而产生的特殊商事法律问题。由此可见，电子商务法研究的对象与范围：电子商务法主要研究商业行为在互联网环境下出现的特殊法律问题。

二、电子商务法的性质与特征

电子商务法是一个非常繁杂的法律体系，涉及众多领域，既包括传统的民法领域，如合同法、著作权法、商标法等，也包括新的领域，如数字签名法、数字认证法等，这些法律规范从总体上属于商法范畴。商法是公法干预下的私法，它以任意性规范为基础，同时有许多强制性规范，甚至在有些规范中更多的是强制性规范而不是任意性规范。

传统商法的主要特点是习惯性和无国界性。商法一开始只是商人在商业交往中自然形成的行业惯例，并随商业的扩展而扩散各地。现代大陆法国家的商法均走向制定法或成文法，而且表现出强烈的强制色彩。制定法使现代商法呈现出一定地域色彩，但在商事行为法或交易法领域均呈现出世界性趋同趋势。

电子商务法是在 21 世纪占主导地位的商事交易法，互联网技术的发展驱使着交易活动无国界化，也为电子商务法注入了新的特征。电子商务法的特征主要表现如下：

（1）全球性。国际贸易的发展，使得商事法具有较高程度的超地域性，这种全球化特征在电子商务法中表现得更为突出。在电子商务立法过程中，国际社会特别是联合国起到了非常重要的作用。它较早制定了供世界各国参考模仿及补充适用的示范法，起到了统一观点与原则的作用，为世界电子商务立法的协调一致奠定了基础。因此，电子商务法首要特征是全球性。

（2）商业性。电子商务从本质上看，仍是商业交易活动，电子商务法的基础也是电子商务活动。电子商务作为一种商业活动，具有显著的商业性，属于商事行为范畴，所以应当遵循传统商法的规则。这就决定了电子商务法同样表现出商业性特征。这也是电子商务法的基本特征。

（3）技术性。在电子商务法中，许多法律规范都是直接或间接地由技术规范演变而成的，特别是在数字签名和数字认证中使用的秘钥技术、公钥技术、数字证书等都是一定技术规则的应用。网络本身的运用也需要一定的技术标准，各国或当事人若不遵守，就不可能在开放环境下进行电子商务交易。

（4）程式性。电子商务法一般不直接涉及交易的具体内容，即当事人享有的权利和义务，主要调整当事人之间因交易方式的使用而引起的权力义务关系，即有关数据电信是否有效，是否归属于某人，电子签名是否有效，是否与交易的性质相适应，认证机构的资格如何，认证机构在颁发证书与管理中应承担哪些责任等问题。

（5）开放性。电子商务法是关于以数据电讯进行意思表达的法律制度，而数据电讯在形式上是多样化的，并且随着技术发展与市场需求的变化而不断发生变化。因此，必须以开放的态度对待任何技术手段与媒介，设立开放性的规范，让各种有利于电子商务发展的设想与技术都能发挥作用。

（6）复合性。电子商务交易关系的复合性源于其技术手段上的复杂性与依赖性。它通常表现为当事人必须在第三方的协助下完成交易活动。比如，在合同订立中，需要有网络服务商提供接入服务，需要有认证机构提供数字证书等；在电子支付中需要有银行或第三方支付机构提供网络化服务。

三、电子商务法的作用

（一）为电子商务发展提供法律环境

随着信息技术与网络技术的发展与应用，这些技术在电子商务中使用频率剧增，以非书面的电子形式传统具有法律意义的信息，可能会因使用这种电子文本所遇到的法律障碍或这种电文法律效力或有效性的不确定性而受到影响；制定电子商务法的目的，在于要向电子商务的各类参与主体提供一套网络环境下进行交易的规则，说明如何去消除这些法律障碍，如何为电子商务创造一种可靠的法律环境，克服电子商务所面临的法律障碍，促进电子商务健康、持续发展。

（二）保障网络交易安全

合同的执行、个人隐私、资金安全、知识产权保护、税收及其他可能出现的问题，使得电子商务活动中的商家与消费者应接不暇。在这种情况下，相应的法律保障措施必不可少。

由于犯罪分子的攻击手段在不断发展，安全技术与管理又落后于攻击手段的发展。因此，网络交易系统存在一定的安全隐患是不可避免的。对于已经发生的违法行为，只能依靠法律进行惩罚。这是保护网络交易安全的最终手段。

电子商务的法律保障涉及两个基本方面，即：

（1）电子商务首先是一种商品交易，其安全问题应当通过民商法来保护；

（2）电子商务交易是通过计算机及其网络实现的，其安全与否依赖于计算机及其网络自身的安全程度。在我国电子商务法尚未完全出台的背景下，应抓紧已经公布的有关交易安全与计算机安全的法律法规的落实，保护电子商务交易的正常进行。

（三）鼓励利用现代信息技术促进交易活动

电子商务法的目标包括促进电子商务的普及或为此创造方便条件，平等对待基于书面文件的用户和基于数据电文的用户，充分发挥高科技手段在商务活动中的作用等。这些目标都是促进经济增长和提高国际、国内贸易效率的关键所在。从这一点上讲，电子商务法不是要从技术角度来处理电子商务关系，而是创立尽可能安全的法律环境，以便有助于电子商务参与主体高效地开展商务交易活动。

四、电子商务法的地位

所谓一部法律的地位，是指这部法律在一国法律体系中所处的位置。电子商务法的法律地位即电子商务法在我国法律体系中的位置，是从属于某个法律部门，还是作为一个单独的法律部门存在；在对电子商务进行规制时，其内容上是通过修改传统法律部门的规定还是制定单独的电子商务法。前已述及，电子商务法包含的内容广泛，涉及多个部门法的交叉，但整体上，电子商务法的主要内容还是民商法，尤其是商法，是对民商事主体以电子方式实施活动的立法调整，故其属于民商法的特别法，在内容上应当符合民商法的理念与规则，同时，电子商务法调整对象的广泛性和特殊性又使得其难以依据传统的法律框架运行，故有单独制定专门的电子商务法的必要性，包括我国在内的许多国家都有单独的电子商务立法。在我国法律体系中，电子商务法属于民商法尤其是商法的特别法，是一个独立的部门法。

五、电子商务法的调整对象与法律关系

（一）电子商务法的调整对象

电子商务法的调整对象是电子商务法立法得以展开的基础，也就是特殊问题的存在确实需要单独的立法加以调整和规范时，才有单独电子商务法存在的必要。由于电子信息和网络技术的创新与发展已经使得传统的交易方式产生了质的变化，电子商务领域的问题已难以被传统法律所容纳与解决，故电子商务关系的特殊性使得电子商务法有自己的调整对象，其结合传统民商法的理念针对电子商务关系中的特殊问题进行规范，主要调整利用互联网等信息技术与网络从事商品经营与服务提供的经营活动，在与传统法律规则衔接的基础上，重点调整虽未改变商事交易的法律性质但因技术的运用使得交易方式从线下转移到线上产生的新的社会关系。

（二）电子商务法律关系

电子商务法对电子商务关系进行调整的后果是产生了电子商务法律关系，即电子商务参与主体之间的权利义务关系。依据法理，法律对一定的社会关系进行调整的后果就是产生了相应法律关系，法律关系由主体、内容和客体三大要素构成。

1. 电子商务法律关系的主体

电子商务法律关系的主体是参加电子商务法律关系、享有权利并承担义务的自然人、法人或非法人组织、特定情况下的国家。具体表现为自然人与组织用户、非平台电子商务经营者、电子商务平台经营者以及包括网络接入服务提供者、网络内容服务提供者与网络交易服务提供者等电子商务服务提供者。上述电子商务服务提

供者的功能在于提供确保电子商务得以实现的设备与服务。此外，电子认证、电子支付、现代物流、信用、标准等电子商务的支撑主体也属于广义上的电子商务经营主体，是电子商务辅助服务提供者，虽然不属于严格意义上的电子商务范畴，但是与电子商务的发展紧密相关，属于电子商务经营的辅助主体，是电子商务应用与不断推进的支撑性主体。

2. 电子商务法律关系的客体

法律关系客体即法律关系主体权利义务指向的对象，前已述及，电子商务法属于民商事法律部门的一部特别法，传统民商事法律关系的客体主要有物、行为、智力成果以及人身利益，电子商务法律关系当然也会以上述客体作为客体，同时，信息或者数据是电子商务法律关系的特有客体，在电子商务法律关系中，如何发挥信息与数据的功能，并规范电子商务经营主体在数据交易与保护中应承担的义务是电子商务法的重要内容。

3. 电子商务法律关系的内容

即电子商务法律关系主体之间的权利与义务，主体之间权利义务的科学配置决定了电子商务法制度功能的实现。

六、电子商务法的基本原则

(一) 基本原则概述

法的基本原则是指效力贯穿于整个法律制度和规范之中的根本规则，是指导立法、司法及相关活动的具有普遍指导意义的基本行为准则。电子商务法的基本原则是效力贯穿于整个电子商务法律制度和规范之中，指导电子商务立法、司法及活动的基本行为准则，是电子商务立法与司法的基本指导思想。

电子商务法是传统民商法尤其是商法的特别法，传统民商法的自愿、公平、诚信、效率等原则依然发挥效力，当然是电子商务法的基本原则，同时基于电子商务的特殊性，也有电子商务法的特有原则。

(二) 基本原则

具体而言，电子商务法的基本原则表现为以下几个。

1. 自愿、公平、诚实信用原则

所谓自愿、公平、诚实信用原则是指从事电子商务活动，应当遵循自愿、公平、诚实信用的原则，尊重商业道德。自愿、公平和诚实信用原则是传统民商法的基本原则，是一切民商事活动都应当遵守的行为准则。在电子商务法中明确这一原则的基本原则属性与地位，有助于实现法律制度的系统性和完整性，这是电子商务作为民商事活动应遵守的最重要的一般原则。其内涵在于电子商务法应尊重电子商务参与主体的意思自治，电子商务交易应遵循公平的原则，主体地位平等，相互间负有保密、如实告知、合理使用信息等诚实信用的义务。从该原则在我国《民法总则》中作为一般原则的法律地位看，不仅电子商务经营者，而且其他电子商务参与者如消费者、相关服务提供者等也均应遵守上述原则。电子商务法明确规定了电子商务经营者从事经营活动，应当遵循自愿、平等、公平、诚信的原则。

2. 效率与安全保障原则

所谓效率与安全保障原则是指调整和规范电子商务活动的法律、行政法规与其他规范性法律文件，应当充分保障电子商务的效率与安全。作为传统民商法的特别法，电子商务法的商法属性更加突出，商法的基本价值之一便是追求效率，故电子商务法应坚持效率这一基本原则，电子商务交易尤其是完全电子商务交易的全过程均在网上进行，快速迅捷，电子商务交易对效率的要求更为迫切，也是电子商务与传统经营竞争所具有的优势。为发挥和保证这种电子商务的竞争优势，激发电子商务的市场活力，电子商务法应该以提高效率作为制度设计的出发点与落脚点。

并且追求效率的同时应注重安全保障，电子商务虚拟化的交易方式增加了交易风险，对交易安全的保障提出了挑战，为维护消费者与经营者等主体对电子商务的信心与信赖，让电子商务获得更加持久稳定的发展，注重效率的同时应当坚持保障安全的基本原则。

3. 线上线下平等原则

所谓线上线下平等原则是指电子商务活动与线下一般商务活动均应遵守民商事法律法规和相关交易规则，实行公平竞争。无论是电子商务活动还是一般的线下商务经营活动，虽然存在着具体经营方式等方面的较大差异，但两者均属于市场基本经营活动的范畴，在对营利的追求上无任何实质差别。故应当遵守市场经营的一般规范，遵守民商事法律法规和相关交易规则。

在互联网和新兴技术的推动下，电子商务与线下一般商务活动又是相互依存、相互促进的关系，对市场的运行与发展都发挥着重要作用，不可或缺与偏废。故应当对二者平等保护，若给予一方税收、劳动、行政许可上的歧视或优待，使得其中一方获得竞争上的劣势或优势，会导致实体经济与电子商务经济发展的不均衡甚至畸形，不利于整个市场持续稳定运行与发展。因此，国家应该为电子商务活动与线下一般商业经营活动的公平竞争创造环境和条件，提供坚实的制度保障。据浙江省商务厅网站 2017 年 10 月 16 日的消息，在电子商务快速发展的背景下，其积极推动传统企业运用互联网技术的高效转型。

我国《电子商务法》第 4 条规定，国家平等对待线上线下商务活动，促进线上线下融合发展，各级人民政府和有关部门不得采取歧视性的政策措施，不得滥用行政权力排除、限制市场竞争。其内容主要包括：国家应当在法律和具体政策上保障线上线下主体地位平等，平等参与市场竞争，公平进行商事活动；国家在法律和政策上支持建立适应融合发展的标准规范、竞争规则，促进线上线下商务活动优势互补，促进线上线下商务活动共同发展；平等对待线上线下活动，不得采取歧视性政策；禁止各级政府和各有关部门滥用行政权力破坏市场竞争机制。

4. 自律与社会共治原则

所谓自律与社会共治原则是指电子商务经营者与电子商务行业协会应当加强从业者自律和行业自律，建立健全行业规范，引导本行业经营者依法竞争，推动行业诚信建设。《电子商务法》第 8 条规定，电子商务行业组织按照本组织章程开展行业自律，建立健全行业规范，推动行业诚信建设，监督、引导本行业经营者公平参与市场竞争。同时，国家应当为行业协会、电子商务平台经营者和消费者、网络服务提供者等主体共同参与电子商务市场的监管与治理进行引导与支持。《电子商务法》明确规定，国家建立符合电子商务特点的协同管理体系，推动形成政府有关部门、电子商务行业组织、电子商务经营者、消费者等共同参与的电子商务市场治理体系。

相对于传统线下市场，电子商务市场具有较大的虚拟性、复杂性和不确定性，这极大地增加了对电子商务市场监管和治理的难度。如果完全依靠行政管理部门实行监管和治理，则需要极高的行政管理和执法成本，且效率难以保障。而通过经营者和行业自律以及社会他律形成合力，让市场机制和利益导向共同生效，进而形成行业协会、经营者和消费者的社会共治体系，可以更加有效地引导经营者依法竞争，提高对电子商务市场的监管和治理效率，降低行政管理成本。

此外，我国电子商务发展的实践经验表明，电子商务平台经营者的监管在整个电子商务市场监管中具有关键作用。首先，电子商务平台经营者的实力一般较强，对交易者的信息掌握得最为充分和全面，由其进行监管具备充分的条件和便利，且能够达到较好的监管效果。其次，电子商务平台经营者的监管在一定程度上分担了行政管理机关的监管压力和负担。最后，我国电子商务交易的一大特色即是平台的核心地位，故鼓励和强化电子商务平台经营者的监管是我国电子商务市场管理中的特色。应当在立法中明确和肯定电子商务平台经营者的监管行为，强化其在电子商务市场监管中的特殊地位。

5. 鼓励创新与促进发展原则

鼓励创新原则即国家应当为电子商务领域的创新提供制度保障和政策支持。电子商务作为全新的商业领域，正处于不断发展的过程中。根据我国电子商务快速发展以及参考国外电子商务的发展历程可知，电子商务的发展创新在经济发展、产业转型、扩大就业等方面发挥着越来越重要的作用，尤其是在我国对外开放水平不断提高的背景下，其跨地域的特点对于推动高质量发展、构建开放型经济具有重要意义。电子商务领域的创新，有利于增强电子商务的活力和市场吸引力，是电子商务持续健康发展的源泉和动力。《电子商务法》第 3 条规定，国家鼓励发展电子商务新业态，创新商业模式，促进电子商务技术研发和推广应用，推进电子商务诚信体系建设，营造有利于电子商务创新发展的市场环境，充分发挥电子商务在推动高质量发展、满足人民日益增长的美好生活需要、构建开放型经济方面的重要作用。

所谓促进发展原则是指国家鼓励和支持电子商务技术、经营内容、经营方式以及监管创新，实行合理适度监管，促进电子商务发展。促进发展原则必须与鼓励创新相结合，应当以适度监管为前提。

作为全新的商业领域，电子商务正处于不断发展与创新的进程中，参考境外电子商务的发展历程，并结合我国电子商务快速发展的经验，电子商务领域的创新因能够为电子商务提供源源不断的活力与市场吸引力而具有特别重大的意义，故应当特别注重鼓励电子商务领域的创新，其不仅包括技术创新，也包括经营内容与经营方式的创新以及监管创新，发挥创新对电子商务持续健康发展的作用。

同时，电子商务作为正处于发展阶段的新兴产业，需要为其提供较为自由的发展空间，故应该注重发挥市场机制的作用以解决电子商务存在的问题。即便确实需要行政监管介入的，也应遵循最小干预原则，尊重市场本身的规律，进行合理、必要且适度的监管。此外，由于电子商务本身所具有的虚拟性与跨地域性等不同于传统商业经营活动的特点，冲破了传统地域与空间的限制，模糊了传统监管中可控与不可控因素的边界，需要对传统的商业监管机制进行调整以适应电子商务的发展，完善管理体制、调整管理思路，实现管理到服务的理念转变，推进电子商务服务体系建设。

第二节　国际电子商务法概况

随着电子商务的飞速发展，电子商务需要相应的法律规范，也需要相应的立法。不论国际组织还是各国政府，都非常重视这方面的工作，其也在积极制定与促进电子商务发展的规范体系。本节将简要介绍国际组织与主要国家电子商务法律概括。

一、电子商务早期立法

电子商务的国际立法随着信息技术发展而出现。20世纪80年代初，由于计算机技术的发展，一些国家和企业开始大量使用计算机处理数据，由此引发了一系列计算机数据的法律问题，如，计算技数据的"无纸化"特点与商业文件的"纸面"要求的冲突。早期的国际电子商务立法主要围绕着电子数据交换（EDI）规则的制定而展开。1979年，美国标准化委员会制定了 ANSI/ASC/X12 标准。1981年，欧洲国家推出第一套网络贸易数据标准，即《贸易数据交换指导原则》（GTDI）。1984年，联合国国际贸易法委员会（UNCITRAL）提交了《自动数据处理的法律问题》的报告，建议审视有关计算机记录和系统的法律要求，从而揭开了电子商务国际立法的序幕。

1990 年 3 月，联合国正式推出了 UN/EDIFACT 标准，并被国际标准化组织正式接受为国际标准 ISO9735。UN/EDIFACT 标准的推出同意了世界贸易数据交换中的标准，使得利用电子技术在全球范围内开展商务活动有了可能。此后，联合国先后制定了《联合国行政商业运输电子数据交换规则》《电子数据交换处理统一规则（UNCID）》等文件。1993 年 10 月，联合国国际贸易法委员会电子交换工作组第 26 届会议全面审议了《电子数据交换及贸易数据通信有关手段法律方面的统一规则草案》，形成了国际 EDI 法律基础。

二、电子商务法律框架形成时期

（一）联合国

20 世纪 90 年代初，随着互联网商业化进程，电子商务快速发展起来，大力冲击了传统产业结构与商业模式。国际组织和一些发达国家开始积极地探索规范这种新的经济业态的法律体系。这方面的努力一直是由联合国先导的。

1996 年 12 月，联合国第 51 次会议通过《电子商务示范法》。该法意在为各国制定本国电子商务法规提供示范文本。该法颁布后，对各国、各地区电子商务的规范起到了很好的示范作用。截至 2015 年底，已有 64 个国家和地区通过了以《电子商务示范法》为依据的法律法规。

2001 年 12 月，联合国第 56 届会议通过了《联合国国际贸易法委员会电子签字示范法》。这是联合国继《电子商务示范法》后通过的又一部涉及电子商务的重要法律。该法试图通过规范电子商务活动中的签名行为，建立一种安全机制，促进电子商务在世界贸易活动中的全面推广。截至 2015 年底，已有 32 个国家和地区通过了以《电子签字示范法》为依据的法律法规。

2005 年 11 月，联合国第 60 届会议通过了《联合国国际合同使用电子通信公约》。这个公约旨在消除国际合同使用电子通信的障碍，消除现有国际贸易法律文件在执行中可能产生的障碍，加强国际贸易合同的法律确定性和商业上的可预见性，有助于促进国际贸易的稳定发展。这个公约提出了在国际合同中使用电子通信的基本要求。截至 2015 年底，已有 20 个国家签署了这个公约。

（二）其他国际组织

除了联合国以外，其他国际组织或地区性组织也积极参与电子商务立法和国家之间电子商务共同原则的探索与制定。这些组织主要有国际商会、经济合作与发展组织（OECD）、欧盟、世界贸易组织等。

国际商会于 1997 年 11 月 6 日通过了《国际数字保证商务通则（GUIDEC）》，试图平衡不同的法律体系，为电子商务提供指导性政策，并同意有关术语。国际商会又正在制定《电子贸易和结算规则》等交易规则。

经济合作与发展组织于 1998 年 10 月公布了三个重要文件，作为 OECD 发展电子商务的指导性文件。分别是《OECD 电子商务行动计划》《有关国际组织和地区组织的报告：电子商务的活动和计划》《工商界全球商务行动计划》。1999 年，OECD 制定了《电子商务环境下的消费者保护准则》，呼吁从事电子商务的企业要积极做到以下几点，即：公平地进行贸易、广告和市场营销等商业活动；向消费者提供关于企业、产品或服务、交易条款和条件的准确无误的信息；交易的确认过程应做到透明化；要建立安全的支付机制；及时地、公正地、力所能及地解决纠纷和给予赔偿；保护消费者的个人隐私；向消费者和其他企业进行电子商务宣传。

欧盟于 1997 年提出《关于电子商务的欧盟建议》，1998 年又发布了《欧盟电子签字法律框架指南》和《欧盟关于处理个人数据及自由流动中保护个人的指令》（或成为《欧盟隐私保护指令》）。欧盟通过制定电子商务政策，努力协调内部关系，积极将其影响扩大到全球。2014 年 7 月，欧盟通过了第 910/2014 号条例，涉及内部市场电子交易的电子身份识别与信赖服务，废除了欧盟委员会 1999/93 号指令，进一步规定电子身份识别必须互认。欧盟委员会正在探讨这一解决办法能否用于欧盟和其他国家之间的跨境贸易，条件包括尊重不歧视和技术中立。

2000 年，欧盟发布《电子商务指令》。该指令协调和统一了成员国有关信息社会服务的国内法规，包括内部市场、服务提供者的创建、商业通信、电子合同、中间服务提供者的责任、行为规则、庭外纠纷解决机制、法院诉讼以及成员国间的合作方面的相关规定。

世界贸易组织（WTO）于 1997 年达成三个协议，为电子商务和信息技术的稳定有序发展奠定了基础。这三个协议是：《全球基础电信协议》《信息技术协议》《开放全球金融服务市场协议》。另外，WTO 对于贸易领域的电子商务提出了需要立法规范的 11 个要点：①跨境交易的税收和关税问题；②电子支付问题；③网上加以规范问题；④知识产权保护问题；⑤个人隐私；⑥安全保密；⑦电信基础设施问题；⑧技术标准问题；⑨普遍服务问题；⑩劳动力问题；⑪政府引导作用问题。

（三）主要国家的立法

美国是电子商务的主导国家。1994 年 1 月，美国宣布国家信息技术设施计划，1997 年 7 月 1 日，美国克林顿政府颁布《全球电子商务纲要》，正式形成美国政府系统化电子商务发展政策和立法规划。

全国统一州法委员会于 1999 年 7 月通过了《统一电子交易法》，现在已经为大多数州批准生效。2000 年 9 月 29 日又发布了《统一计算机信息交易法》，并向各州推荐采纳。另外，美国还制定颁布了《国际与国内商务电子签字法》。

1999 年 12 月 14 日，美国公布了世界上第一个互联网商务标准（The Standard for Internet Commerce, Version 1.0, 1999）。这一标准是由 Ziff-Davis 杂志牵头，组织了 301 位世界著名的 Internet 和 IT 业巨头、相关记者、民间团体、学者等制定的。整个标准分 7 项、47 款；每一款项都标注了"最低要求"和"最佳选择"。

如果一个销售商宣称自己的网上商店符合这一标准，那它必须达到所有的最低标准。虽然这并不是一个法律文本，但有理由相信它在相当程度上规范了利用互联网从事零售业的网上商店需要遵从的标准。

许多国家在立法上对电子商务及时做出了反应，一方面对原有法律进行修订与补充，另一方面针对电子商务产生的新问题，制定新的法律。后一方面的工作最初是从电子签字开始的，即通过立法确认数字签字的法律效力。自美国犹他州 1995年制定了世界上第一部《数字签字法》后，英国、新加坡、泰国、德国等国也开展了这方面的立法。此后，各国针对电子商务的有关问题，如公司注册、税收、交易安全等都制定了相当一批单项法律和政策规则。

据联合国国际贸易法委员会统计，截至 2013 年底，已经有 30 多个国家和地区通过了综合性的电子商务立法。具有代表性的国家和地区是：新加坡《电子商务法》（1998）、美国伊利诺伊州《电子商务安全法》（1998）、美国《统一电子商务法》（1999）、加拿大《统一电子商务法》（1999）、韩国《电子商务基本法》（1999）、哥伦比亚《电子商务法》（1999）、澳大利亚《电子交易法》（1999）、中国香港特别行政区《电子交易法令》（1999）、法国《信息技术法》（2000）、菲律宾《电子商务法》（2000）、爱尔兰《电子商务法》（2000）、斯洛文尼亚《电子商务和电子签字法》（2000）。

三、联合国电子商务立法的最新进展

2010 年，联合国国际贸易法委员会第 43 届会议商定，应当在与价值低、数量大的跨境电子商务交易有关的网上争议解决领域开展工作，起草《跨境电子商务交易网上争议解决：程序规则草案》。但经过 5 年，仍未取得突破。其缘由在于不同法域的国家对于跨境交易纠纷的解决存在不同见解。以美国为首的英美法系国家认为，争议前仲裁协议对所有当事方有约束力，争议可以通过有约束力的仲裁裁决（一轨道）。以欧盟为首的大陆法系国家认为，对于可能不拥有执行仲裁裁决的实用司法机制的国家而言，争议前仲裁协议对消费者没有约束力。如果当事人希望寻求以友好方式解决争议，该争议应诉诸谈判，如果谈判失败，应在中立人协助下解决（二轨道）。中国代表团提出了融合一轨道和二轨道优点的第三提案，即当事方未达成协助下和解的，网上解决管理人应当向当事方提出若干选择。这些选择包括：有约束力的仲裁或中立人的建议。

2015 年，联合国国际贸易法委员会第 48 届会议重申了对价值低、数量大跨境电子交易的有关立法任务。会议商定："今后任何文案都应利用在第三提案和其他提案上取得的进展。"

第四工作组在第 51 届会议商定，将着手拟定关于电子可转让记录的示范法草案，该草案提出"即应就纸质可转让单证或票据的电子等同件也应就只存在于电

子环境的可转让记录作出规定。"

下一阶段的立法工作，联合国国际贸易法委员会将重点关注"关于身份管理和信任服务相关法律问题""关于提供云计算服务的合同问题"以及"关于移动商务和利用移动设备付款问题"。

第三节　我国电子商务立法概况

我国政府高度重视电子商务的立法工作。早在 1998 年 11 月 18 日，我国在亚太经合组织领导人非正式会议上指出，电子商务代表着未来贸易方式的发展方向，其应用推广将给各成员带来更多的贸易机会。在发展电子商务方面，不仅要重视私营、工商部门的推动作用，更要加强政府部门对发展电子商务的宏观规划与顶层设计，为电子商务发展提供良好的法律法规环境。由于在电子商务立法条件和立法形式上存在分歧，在 2004 年之前，国家和地方立法主要集中在计算机和网络管制方面，除合同法中有几条关于数据电文的条款外，几乎没有涉及电子商务规制的内容。2004 年以后，我国开始了具有实质意义上的电子商务立法，由此进入了一个新的立法阶段。

一、国家层面的电子商务立法工作

2004 年 8 月，全国人大常委会通过了《中华人民共和国电子签名法》（简称《电子签名法》），并于 2005 年 4 月 1 日开始实施。该法首次赋予可靠电子签名和手写签名或盖章具有同等的法律效力，解决了电子记录的证据规则问题，明确了电子认证服务的市场准入制度。《电子签名法》的出台是我国电子商务发展的里程碑，它的颁布和实施将有望扫除电子签名在电子商务、电子政务和其他领域中应用的法律障碍，极大地改善了我国电子签名应用的法律环境。

2012 年 12 月，全国人大常委会通过了《全国人大常委会关于加强网络信息保护的决定》，明确提出：国家保护能够识别公民个人身份和涉及公民个人隐私的电子信息，从而奠定了国家对公民隐私及个人电子信息的基本保护原则。网民如遇到骚扰、诈骗信息，可以要求电信运营商加以处理，甚至向其主管部门投诉。

2013 年 10 月，全国人大常委会修订了《中华人民共和国消费者权益保护法》（简称新消法）。新消法在第 25 条中增加了在网络购物中"消费者有权自收到商品之日起七日内退货，且无须说明理由"的表述。同时，新消法对于使用格式条款、消费者个人信息保护等也做出了明确的规定。

2015 年 4 月，新修订的《中华人民共和国广告法》颁布，规定：不得发布不利于未成年人身心健康的网络游戏广告；利用互联网发布、发送广告，不得影响用户正常使用网络；在互联网页面以弹出等形式发布的广告，应当显著标明关闭标识，确保一键关闭。

2015 年 8 月，全国人大常委会通过《中华人民共和国刑法修订案（九）》，规定："编造虚假的险情、疫情、灾情、警情，在信息网络或者其他媒体上传播，或者明知上述是虚假信息，故意在信息网络或其他媒体上传播，严重扰乱社会秩序的，处三年以下有期徒刑、拘役或管制；造成严重后果的，处三年以上七年以下有期徒刑。""明知他人利用信息网络设施犯罪，为其犯罪提供互联网介入、服务器托管、网络存储、通信传输等技术支持，或者提供广告推广、支付结算等帮助，情节严重的，处三年以下有期徒刑或拘役，并处或者单处罚金。"

2013 年 12 月，全国人大启动电子商务法立法工作。在这次立法中，全国人大采用了新的立法方法。第一步，将电子商务的核心问题分为 12 个子课题，分别委托国家部委和省市相关部门从两个不同的角度开展专题研究。第二步，2014 年 10 月，委托 6 个课题组起草电子商务立法大纲，吸取不同部门的立法思路。第三步，2015 年 4 月，形成北京和地方两个立法文本起草小组，提出立法草案。第四步，2015 年 11 月，融合两个起草小组的立法建议，提出电子商务法草案，并广泛征求意见。2016 年 12 月 19 日，十二届全国人大常委会第 25 次会议初次审议了全国人大财经委提请的《中华人民共和国电子商务法（草案）》，这是我国第一部电商领域的综合性法律。2017 年 10 月十二届全国人大常委会第 30 次会议对草案进行了再次审议。2018 年 6 月 19 日，《电子商务法（草案）》第三次提请全国人大常委会审议，针对二审稿中争议较大的问题进行了回应。2018 年 8 月 27 日，《电子商务法（草案）》第四次提请全国人大常委会审议，相较于三审征求意见稿，四审稿对平台经营者责任承担方式、电子商务绿色发展、跨境电商法律适用、商品和服务支付有关规定等内容进行了修改。2018 年 8 月 31 日，第十三届全国人民代表大会常委会第 5 次会议通过了《中华人民共和国电子商务法》，并已于 2019 年 1 月 1 日正式实施。此次电子商务法的立法是在借鉴世界相关立法的基础上，结合中国国情的有益尝试，旨在实现世界范围内电子商务立法的引领作用。

二、中央各部委的电子商务法规建设

2004 年以来，中央各部委着力推动电子商务法规建设工作，先后出台了多项部门法规与规章。各部委的立法可分为以下几类：为国家层面的立法进一步建立实施方面的配套规定，如电子认证等；对适用于整个电子商务产业的特定服务进行立法，如与支付或个人信息保护相关的规定；针对特定产品的电子商务进行的立法，如文化产品、药品、游戏产品等。

2009 年 3 月，工业和信息化部颁布《电子认证服务管理办法》。该办法是《中华人民共和国电子签名法》配套施行的部门规章，主要包括电子认证服务许可证的发放和管理、电子认证服务行为规范、暂停或终止电子认证服务的处置、电子签名认证证书的格式和安全保障措施、监督管理和对违法行为的处罚等内容。

2009 年 10 月，国家密码管理局重新修订了《电子认证服务密码管理办法》，明确了电子认证服务提供者申请"国家密码管理机构同意使用密码的证明文件"的条件和程序，同时也对电子认证服务系统的运行和技术改造等做出了相应规定。

2010 年 7 月，国家市场监督管理总局颁发《网络商品交易及有关服务行为管理暂行办法》，对网络商品经营者和网络服务经营者的义务、提供网络交易平台服务的经营者的义务、网络商品交易及有关服务行为的监督管理等进行了规定；规定了实名制度、消保制度、审查制度、数据安全、数据报送五项制度。

2011 年 4 月，商务部发布《第三方电子商务交易平台服务规范》，从平台设立、基本行为规范、平台经营者对站内经营者的管理与引导、平台经营者对站内经营者的管理与引导、平台经营者对消费者的保护等 5 个方面对第三方平台经营与管理作出规范。其中，设置"冷静期"、平台异地备份、平台先行赔付等制度引起社会广泛关注。

2010 年 6 月，中国人民银行发布《非金融机构支付服务管理办法》，规定：从事支付业务的非金融机构支付必须取得央行颁发的《支付业务许可证》，逾期未能取得许可证者将被禁止继续从事支付业务。2012 年 9 月，中国人民银行发布《支付机构预付卡业务管理办法》，规定了不记名预付卡的资金限额；强调购卡实名制度、非现金购卡制度以及限额发行制度；不允许预付卡广泛应用于网络支付渠道，防范套现与洗钱风险。

2011 年 3 月，国家外汇管理局发布《电子银行个人结售汇业务管理暂行办法》，对银行电子银行系统为个人办理电子银行结售汇业务做出了详细规定，鼓励境内外个人可以通过网上银行、自助终端、电话银行、手机银行等多种电子银行渠道办理购汇和结汇业务。

2005 年 9 月，国家食品药品监督管理总局发布互联网药品交易服务审批暂行规定，要求企业提供药品互联网交易服务，必须申请互联网药品交易服务资格证书后方可开展业务；按该证书服务范围仅可与其他企业和医疗机构进行药品交易的网站或提供药品互联网交易服务的网站，不得擅自超范围提供面向个人消费者的药品交易服务；零售单体药店不得开展网上售药业务。

2009 年 6 月，文化部和商务部联合印发了《关于加强网络游戏虚拟货币管理工作的通知》。该通知首次明确网络游戏虚拟货币的定义，强调严格市场准入，加强主体管理，明确企业责任，严厉打击利用虚拟货币从事赌博等违法犯罪行为。

2010 年 12 月，新闻出版总署发布《关于促进出版物网络发行健康发展的通知》，对从事出版物网络发行规定了准入标准。未办理出版物经营许可证而仍通过网络发行出版物的，新闻出版行政部门将依法取缔，并提交电信主管部门关闭违法网站。

2010 年 9 月，财政部发布《互联网销售彩票管理暂行办法》，规定网络首次合作单位、互联网代销者注册资本不低于 5000 万元人民币，且需要经过财政部批准。

2011 年 2 月，文化部颁发了《互联网文化管理暂行规定》，该规定提出了设立互联网文化单位的基本要求，开始实行《网络文化经营许可证》和年检制度，制定了进口互联网文化产品的条件，要求加强对互联网文化产品的内容监管。

2014 年 1 月，国家市场监督管理总局发布《网络交易管理办法》，规范了网络商品交易和有关服务行为，明确了对利用网络从事不正当竞争、传销、商标侵权、虚假广告等违法行为的处罚规定。

2015 年 4 月，国家版权局发布《关于规范网络转载版权秩序的通知》，明确了著作权法律法规中涉及网络版权转载中的重要问题，引导报刊单位和其他传统媒体进一步改进内部版权管理工作，鼓励报刊单位和互联网媒体积极开展版权合作，营造健康有序的网络转载环境，要求各级版权行政管理部门加大版权监管力度，规范网络转载版权秩序。

三、地方政府的立法实践

2002 年，为规范电子交易活动，维护电子交易政策秩序，广东省出台了《广东省电子交易条例》，这是我国第一部电子交易的地方性法规。该条例对电子签名与电子记录、电子合同、电子交易服务提供商等问题做出了明确的规定。

2007 年 9 月，北京市人大常委会发布《北京市信息化促进条例》，鼓励电子商务服务提供商的发展，并规范了电子商务服务提供商的行为。

2008 年 3 月，浙江省工商局发布《浙江省网上商品交易市场管理暂行办法》。该办法对网上商品交易市场的申请、注册、信息披露、交易行为做出了具体规定。

2008 年 11 月，上海市人大常委会通过《上海市促进电子商务发展规定》。该规定提出以促进发展为主线，以规范经营为补充作为立法的总体定位，着力在营造环境、推广应用、保护消费者权益等方面做出规定。

四、我国电子商务立法现状

（一）电子商务法立法进程

《电子商务法》已列入第十二届全国人大代表大会常务委员会的立法规划。

2013 年 12 月 7 日，全国人大常委会在人民大会堂召开了《电子商务法》第一次起草组的会议，正式启动了《电子商务法》的立法进程。12 月 27 日，全国人大财经委在人民大会堂召开电子商务法起草组成立暨第一次全体会议，正式启动电子商务法立法工作。根据十二届全国人大常委会立法规划，电子商务法被列入第二类立法项目，即需要抓紧工作，条件成熟时提请常委会审议的法律草案。

2013 年 12 月 27 日，全国人大财经委召开《电子商务法》起草组成立暨第一次全体会议，首次划定中国电子商务立法的"时间表"。

2014 年 11 月 25 日，中国全国人大常委会将于全国人大会议中心召开电子商务法起草组第二次全体会议，此次会议从起草组至成立，进行专题调研和课题研究并完成研究报告，形成立法大纲，就电子商务重大问题和立法大纲进行研讨。起草组已经明确提出，《电子商务法》要以促进发展、规范秩序、维护权益为立法的指导思想。

2015 年 1 月—2016 年 6 月开展并完成法律草案起草。

2016 年 3 月 10 日，"两会"期间，全国人大财政经济委员会副主任委员乌日图透露，电子商务立法已列入十二届全国人大常委会五年立法规划，目前法律草案稿已经形成，将尽早提请审议。

2016 年 12 月，十二届全国人大常委会第 25 次会议对电子商务立法进行常委会一审。

2016 年 12 月 27 日至 2017 年 1 月 26 日在中国人大网向全国公开电子商务立法征求意见。

2017 年 10 月十二届全国人大常委会第 30 次会议对草案进行了再次审议。

2018 年 6 月 19 日，《电子商务法（草案）》第三次提请全国人大常委会审议，针对二审稿中争议较大的问题进行了回应。

2018 年 8 月 27 日，《电子商务法（草案）》第四次提请全国人大常委会审议，相较于三审征求意见稿，四审稿对平台经营者责任承担方式、电子商务绿色发展、跨境电商法律适用、商品和服务支付有关规定等内容进行了修改。

2018 年 8 月 31 日，第十三届全国人民代表大会常委会第 5 次会议通过了《中华人民共和国电子商务法》。

2019 年 1 月 1 日，《电子商务法》正式实施。

（二）法律层面

1. 合同法

第九届全国人民代表大会第 2 次会议 1999 年通过的《合同法》第 11 条规定，"书面形式是指合同书、信件和数据电文（包括电报、电传、传真、电子数据交换和电子邮件）等可以有形地表现所载内容的形式"。我国为了保护电子商务的发展，将数据电文归于书面形式，具有书面形式的法律效力。尽管这种立法体例与全球普遍做法相违背，而且并未从根本上改变以书面形式进行重大交易的规范体系，但其明显的进步性是不能否认的，客观上推动了电子商务的发展。

2. 侵权责任法

第十一届全国人民代表大会常务委员会第 12 次会议 2009 年通过的《侵权责任法》第 36 条规定："网络用户、网络服务提供者利用网络侵害他人民事权益的，应当承担侵权责任。网络用户利用网络服务实施侵权行为的，被侵权人有权通过网络服务提供者采取删除、屏蔽、断开链接等必要措施。网络服务提供者接到通知后未及时采取必要措施的，对损害的扩大部分与该网络用户承担连带责任。网络服务提供者知道网络用户利用其网络服务侵害他人民事权益，未采取必要措施的，与该网络用户承担连带责任。"这对电子商务经营者的侵权责任做了规定，明确了电子商务经营者承担侵权责任的通知规则和知道规则。

3. 电子签名法

2005 年 4 月 1 日《电子签名法》正式实施。这是我国电子商务和信息化领域第一部专门的法律，通过确定电子商务签名法律效力、规范电子签名行为、维护有关各方合法权益，从而从法律制度上保障电子交易安全，促进电子商务和电子政务的发展，同时为电子认证服务业的发展创造了良好的法律环境，为我国电子商务安全认证体系和网络信任体系的建立奠定了重要基础。

（三）行政法规层面

1. 互联网信息服务管理办法

2000 年国务院发布实施的《互联网信息服务管理办法》将互联网信息服务区分为"经营性"与"非经营性"两类，并分别实施"许可"与"备案"制度。作为经营性互联网信息服务的电子商务经营者，应当面向省、自治区、直辖市电信管理机构或者国务院新兴产业主管部门申请办理互联网信息服务增值电信业务经营许可证。与此同时，从事新闻、出版、教育、医疗保健、药品和医疗器械等互联网信息服务，需要有关行政主管部门前置审批。这是电子商务经营者市场准入的基础门槛。

2. 信息网络传播权保护条例

2006 年国务院发布实施了《信息网络传播权保护条例》，对包括网络著作权的合理使用、法定许可、避风港原则、版权管理技术等一系列内容做了相应规定，区分了著作权人、电子商务服务商、用户的权益，较好地做到了产业发展与权利人利益、公众利益的平衡，为电子商务中的著作权法律保护奠定了基础。

（四）部门规章

随着电子商务的深入发展，各行业主管部门陆续制定规章，对一些特殊行业网络经营行为加以规范。如，2004 年 7 月 8 日，国家食品药品监督管理总局发布了《互联网药品信息服务管理办法》；2005 年 10 月 26 日，中国人民银行发布了《电子支付指引（第一号）》；2005 年 11 月 7 日，工业和信息化部发布了《互联网电子邮件服务管理办法》；2006 年 1 月 26 日，中国银行业监督委员会发布了《电子银行业务管理办法》；2010 年 6 月 14 日，中国人民银行颁布了《非金融机构支付服务管理办法》等。

（五）地方性法规

包括北京、上海、天津、湖北、湖南等我国绝大部分省、自治区、直辖市相继通过了信息化方面的法规，均对电子商务有所涉及。如，2007 年 12 月 1 日正式实施的《北京市信息化促进条例》第 26 条规定，"本市从事互联网信息服务活动的，应当按照国家规定办理相应许可或履行备案手续。利用互联网从事经营活动的单位或个人应当依法取得营业执照，并在网站主页面上公开经营主体信息、已取得相应许可或者备案的证明、服务规则和服务流程等相应信息"。

不仅如此，有些省市还通过了专门的电子商务地方性法规。如，广东省通过的《广东省电子交易条例》等。

（六）电子商务行业规范

在电子商务法律尚未健全的背景下，行业规范是一种重要的补充，能够规范和引导电子商务企业正常经营。在网络服务商责任、恶意软件等电子商务热点领域，在各行业协会的组织下出台了一些行业规范。2005 年，中国电子商务协会组织网络交易平台服务商共同指定的《网络交易平台服务规范》是电子商务领域的首个行业规范，其确定了网络交易平台提供商的责任和权限，对网络交易服务进行了全面的规范。

面对互联网恶意软件的传播，中国互联网协会采取行业自律的形式，组织对恶意软件的讨论并加以定义，于 2006 年 12 月 27 日组织会员单位签署了《抵制恶意软件自律公约》。

☞ 本章回顾

电子商务法主要研究商业行为在互联网环境下出现的特殊法律问题。电子商务法是在 21 世纪占主导地位的商事交易法，其特征鲜明，具体表现为：全球性、商业性、技术性、程式性、开放性与复合性。电子商务法的作用多表现为电子商务发展提供法律环境，保障网络交易安全，促进交易活动。电子商务法的主要内容还是民商法尤其是商法，是对民商事主体以电子方式实施活动的立法调整，故其属于民商法的特别法。基于电子商务的特殊性，也有电子商务法的特有原则。从全球及国内层面看，电子商务法律体系虽然已经过一段历程，但仍未成熟，还需要加快构建步伐。我国《电子商务法》则于 2018 年 8 月 31 日正式出台，并于 2019 年 1 月 1 日正式实施。电子商务的发展也驱动了电子合同、电子签名、侵权责任等相关法律法规的演变。

☞ 关键术语

电子商务法　电子商务法律关系的主体　电子商务法律关系的客体　法的基本原则

135

☞ **思考题**

1. 简述电子商务法的概念。
2. 简述电子商务法的性质。
3. 简述电子商务法的特征。
4. 简述电子商务法的作用。
5. 简述电子商务法的挑战对象。
6. 论述电子商务法的法律关系。
7. 论述电子商务法的基本原则。
8. 简述我国电子商务法的立法过程。

第六章　电子商务经营的一般经营规则

【学习目标】

了解电子商务经营者的税收现状、义务及优惠

掌握电子商务经营者的纳税登记与申报

了解电子商务经营的安全保障内涵、制度价值与义务

了解电子商务经营信息公示的内容与规则

掌握电子商务经营信息公示的主要类型

了解电子商务经营凭据的类型与作用

了解电子商务经营凭据出具的法律性质与意义

掌握搭售的具体认定及特点

了解电子商务经营中用户信息管理的一般规则

【章节纲要】

本章主要分六节来阐述电子商务经营的一般经营规则问题。第一节主要介绍电子商务经营的税务登记与纳税申报问题；第二节主要介绍电子商务经营的安全保障问题；第三节主要介绍电子商务经营信息的公示问题；第四节主要介绍电子商务经营凭据的出具问题；第五节主要介绍电子商务经营中的搭售问题；第六节主要介绍电子商务经营中的用户信息管理问题。

第一节　税务登记与纳税申报

一、电子商务经营者的税收现状

在《电子商务法》出台之前，由于工商登记并非经营电子商务的前置程序，缺少工商登记的资料支持，税收监管部门面对微店、个人网店、个人代购等 C2C 交易模式无法实现有效监管，依靠 C2C 交易模式中电子商务经营者主动履行交税义务也不可能，因此未经登记的自然人电子商务经营者成为逃税主流大军，这造成

137

了线下经营者的税负成本远高于线上经营者的税负成本，导致线上线下经营者经营环境的不公平，有违线上线下公平竞争的基本原则，不利于公平、有序、高效营商环境的打造。在《电子商务法》颁行后，明确规定了电子商务经营者除了符合依法不需登记的情形外均应当办理市场主体登记，税收管理部门得以依照市场主体的工商登记信息对 C2C 交易模式的电子商务交易进行税收监管，在很大程度上解决了自然人电子商务经营者的逃税问题，这也更加验证了电子商务经营者进行市场主体登记的重要性与必要性。

二、电子商务经营者的纳税义务

由于电子商务经营者在实践中可表现为与传统部门法主体对应的自然人、法人、非法人组织，在我国税收法律制度中，并未与上述主体形态——对应，而是以《企业所得税法》与《个人所得税法》为主体调控税款征收与缴纳法律关系，以《税收征收管理法》调整税款的征收管理工作。《企业所得税法》将其调整对象限定为企业和其他取得收入的组织，并将个人独资企业与合伙企业排除在外；《个人所得税法》规定了个人就收入所得缴纳所得税的相关事宜。按照上述法律的规定，个人独资企业、个体工商户、合伙企业、自然人等电子商务经营者由于不具有法人资格，由其设立者个人就其经营电子商务业务所得缴纳相应的个人所得税。《电子商务法》第 14 条明确规定了电子商务经营者的纳税义务，需依据电子商务经营者市场主体登记的具体形态而分别适用《企业所得税法》与《个人所得税法》。

无论是以自然人、法人还是非法人组织形态从事电子商务经营，均需依法履行纳税义务，在电子商务经营者为企业时，适用《企业所得税法》及相关法律法规；若电子商务经营者为自然人、个人独资企业、合伙企业或个体工商户时，则适用《个人所得税法》及相关法律法规。为了使税收工作能够得以进行，电子商务平台经营者有义务配合税务部门在需要的时候，向其提供平台内经营者在经营方面的真实完整信息，以确定相应的税收基础数据，平台内经营者也有如实申报和进行纳税的义务。

☞ 新闻摘录

2007 年，主营婴儿用品的网店店主张某，通过网上交易不开发票的方式，谋取非法利益，半年内偷税 11.1 万余元，被上海市普陀区法院判处有期徒刑两年，缓刑二年，并处罚人民币 6 万元。他成为全国首例利用网络交易偷税被追究刑事责任的第一人。

三、电子商务经营者的税收优惠

1. 行业与环节税收优惠

根据《企业所得税法》第 27 条第 1 项的规定，企业从事农、林、牧、渔业项目的所得可以免征、减征企业所得税。同时，财政部和国家税务总局也联合下达了大量的规范性文件规定农产品在生产、销售等各个环节的税收优惠。包括《关于免征蔬菜流通环节增值税有关问题的通知》《关于发布享受企业所得税优惠政策的农产品初加工范围（试行）的通知》《关于享受企业所得税优惠的农产品初加工有关范围的补充通知》等。由此，根据线上线下平等对待原则，电子商务经营者在销售各类农产品时应与线下的经营者享受到同等的税收优惠，从事相关的免征、减征企业所得税的行业时也应享受同样的税收减征或免征。

2. 特定类型企业的税收优惠

根据《企业所得税法》第 28 条的规定，符合条件的小型微利企业，减按 20% 的税率征收企业所得税；国家需要重点扶持的高新技术企业，减按 15% 的税率征收企业所得税。在电子商务经营者属于《企业所得税法》所规定的小微企业或是高新技术企业时，也可以依法享受税收优惠。2018 年 1 月 1 日起实施的《国家税务总局关于小微企业免征增值税有关问题的公告》规定，2018—2020 年免征月销售额不超过 3 万元的小规模纳税人的增值税。

3. 个人所得税的减征与免征

《个人所得税法》第 4 条规定了个人所得税的免征情形，第 5 条规定了个人所得税的减征情形，在电子商务经营者符合法律规定的减征或免征情形时，可依法享受税收优惠。

四、电子商务经营者的税务登记

（一）依法进行工商登记的电子商务经营者的税务登记

根据《电子商务法》第 10 条的规定，电子商务经营者除符合法律规定的特定情形外，都应当依法办理市场主体登记，市场主体登记也即工商登记是电子商务经营者办理税务登记的基础。根据《税收征收管理法》第 15 条的规定，企业，企业在外地设立的分支机构和从事生产、经营的场所，个体工商户和从事生产、经营的事业单位（以下统称从事生产、经营的纳税人）自领取营业执照之日起 30 日内，持有关证件向税务机关申报办理税务登记。税务机关应当自收到申报之日起 30 日内审核并发给税务登记证件。工商行政管理机关应当将办理登记注册、核发营业执照的情况，定期向税务机关通报。自然人个人无法经工商登记而成为线下经营的商主体，必须以个人独资企业或个体工商户的形式存在；而自然人却可以经工商登记而成为电子商务经营者，《电子商务法》的实施扩大了传统商主体的范围。

（二）依法无须市场主体登记之电子商务经营者的税务登记

《电子商务法》第 10 条同时规定了不需要进行市场主体登记的情形，即个人销售自产农副产品、销售家庭手工业产品、个人利用自己的技能从事依法无须取得许可的便民劳务活动和零星小额交易活动以及依照法律、行政法规不需要进行工商登记的。同时，该法第 11 条第 2 款规定了"依照前条规定不需要办理市场主体登记的电子商务经营者在首次纳税义务发生后，应当依照税收征管法律、行政法规的规定申请办理税务登记，并如实申报纳税"。即《电子商务法》规定豁免市场主体登记是为了实现民事行为与商事行为的区分，将偶发性的不具备商事行为基本特征的电子商务民事交易行为排除在外，以免将登记负担不合理地加到没有从事营利性活动的自然人身上或者实现对特定领域经营者利益的保护。同时区分了市场主体登记与税务登记，因为税收取决于利润、收益而非主体形态以及是否登记，有利润或收益并且无税收减免时应当依法纳税是所有主体的义务。在《电子商务法》之前，从事生产、经营的纳税人都是进行了工商登记的纳税人，故《税收征收管理法》规定了领取营业执照之日起 30 日内持有关证件向税务机关申报办理税务登记。《电子商务法》规定了市场主体的豁免登记，其从事生产、经营必然会产生收益或利润，依法应当纳税，而此时没有营业执照等法律文件，故在市场主体豁免登记的情况下应理解为电子商务经营者需要持合同等交易记录、收入证明与利润情况表等向税务机关申请办理税务登记。

五、电子商务经营者的纳税申报

《电子商务法》中并未规定电子商务经营者应当遵守的纳税申报程序与规则，在商事交易中，税收制度是构建良好营商环境的制度基础，也是整个市场与社会得以存续和健康发展的基础。结合《税收征收管理法》的规定，电子商务经营者进行纳税申报应遵循下列程序：

1. 如期、如实报送纳税资料

作为纳税人的电子商务经营者必须依照法律、行政法规规定或者税务机关依照法律、行政法规的规定确定的申报期限、申报内容如实办理纳税申报，报送纳税申报表、财务会计报表以及税务机关根据实际需要要求纳税人报送的其他纳税资料。

2. 税务报送形式的多元化

作为纳税人的电子商务经营者可以直接到税务机关办理纳税申报，也可以按照规定采取邮寄、数据电文或者其他方式办理上述申报事项。

3. 延期申报应经批准

作为纳税人的电子商务经营者不能按期办理纳税申报的，经税务机关核准，可以延期申报。经核准延期办理的纳税申报，应当在纳税期内按照上期实际缴纳的税额或者税务机关核定的税额预缴税款，并在核准的延期内办理税款结算。

需要注意的是，虽然《电子商务法》规定了电子商务经营者的依法纳税义务与特殊情形下的税务登记制度，一定程度上解决了电子商务经营者税收管理的难题。但是由于电子商务交易种类繁多、技术复杂、经营者的偷税漏税手段也更加隐蔽与技术化，单靠登记制度并不能解决电子商务经营者的逃税问题，税收征收管理法律制度也需要结合电子商务经营的特性进行相应的调整与回应，在税收登记、申报、税款缴纳、税务监管与逃税追踪等环节全面适应电子化的需求，加强税收的事中监管。

第二节　电子商务经营的安全保障

一、电子商务经营的安全保障内涵

所谓电子商务经营的安全保障，是指电子商务经营者依照合同约定或法律规定，采取直接或间接措施保障交易安全、避免或减少交易风险，保护交易者的人身、财产利益不受损害或者在损害发生后采取合理措施进行补救的义务。

交易安全保障义务的法定化经历了从作为行业标准的非法律义务，到公法义务，再到私法义务的发展过程。交易安全保障义务最早作为行业标准出现在中国电子商务协会 2005 年出台的《网络交易平台服务规范》中；然后在部门规章中出现，如商务部 2007 年《关于网上交易的指导意见［暂行］》以及 2010 年国家市场监督管理总局最终通过的《网络商品交易及有关服务行为管理暂行办法》。

在《电子商务法》之前，电子商务经营者私法上的安全保障义务主要表现为电子商务经营者的合同义务，但由于合同的格式性，交易安全保障义务的适用非常有限。同时，当时也有司法案例依据诚实信用原则将部分交易安全保障义务以合同附随义务的形式附加给了经营者。

《电子商务法》规定了包括电子商务平台经营者在内的所有电子商务经营者均应当承担安全保障义务，相比于其他非平台电子商务经营者，电子商务平台经营者提供的安全保障义务具有特殊性。本节主要讨论一般意义上电子商务经营者应承担的安全保障义务，电子商务平台经营者的具体安全保障义务在下一章阐述。

二、电子商务经营安全保障的制度价值

（一）电子商务经营安全保障制度是传统安全保障义务在电子商务领域的延伸

安全保障义务是指危险开启或持续者所负有的在合理限度内，根据具体情况采取必要的、具有现实可能性的措施以保障第三人免受财产及人身损害的义务。依据

传统的安全保障义务理论，安全保障义务通常仅适用于实体性经营场所以及"土地利益占有人或者土地占有者"。一个主体的行为能否受到安全保障义务的规制主要取决于该主体是否为交易风险的提高创造了条件，或者与受害人之间具备特殊关系。电子商务交易的虚拟性加大了交易风险，电子商务经营者的交易对方无法通过网络展示的内容判断其实际经营情况、履约能力及有无资质等，主体的虚拟化使得交易各个环节都可能产生交易安全问题；同时，电子商务通过互联网等信息网络进行交易，互联网等信息网络的复杂性也加大了消费者的交易风险，消费者与通过互联网等信息网络进行交易的电子商务经营者之间存在电子商务交易的特殊关系，且电子商务经营者的虚拟性加大了交易风险，因此，电子商务经营者应当承担交易安全保障义务。

（二）　电子商务经营安全保障制度是《电子商务法》基本原则的体现

《电子商务法》第5条规定了"电子商务经营者从事经营活动应当遵守法律、行政法规""履行消费者权益保护"的基本原则。不同于线下经营中的消费者有现场了解商品或服务质量的机会，电子商务线上经营的特点更加凸显了安全保障的重要性。电子商务交易具有虚拟性和不确定性，交易的技术风险、系统风险较一般交易更大，因而需要电子商务经营者采取必要的措施对上述风险进行防范，保障电子商务交易的安全，进而促进交易的达成，保障交易相对人的合法权益。

（三）　电子商务经营安全保障制度是强化《消费者权益保护法》《产品质量法》等经营者义务的基本要求

《消费者权益保护法》第7条、第11条规定了消费者有人身、财产安全不受损害的权利，第18条规定了经营者应当保证其提供的商品或者服务符合保障人身、财产安全的要求。电子商务经营者当然属于《消费者权益保护法》《产品质量法》规范之"经营者"的范畴，保障消费者人身、财产安全要求是最基本的交易安全保障义务的体现，决定着电子商务交易目的的实现，因此，电子商务经营者销售或者提供商品或服务时，必须保障消费者人身、财产安全的要求。

三、电子商务经营安全保障义务

（一）　安全商品与服务提供义务

电子商务经营者销售的商品或提供的服务应当符合保障人身、财产安全的要求，以保证消费者参与电子商务活动目的的实现。基于线上线下公平竞争的基本原则，法律、行政法规对线下经营内容的限制同样也适用于线上的电子商务经营活动，不得销售或者提供法律、行政法规禁止交易的商品或服务，不得销售法律、行政法规规定的如武器弹药、鸦片等禁止流通物以及如金银、文物、麻醉品等限制流通物，不得提供有悖于公序良俗的服务。自电子商务蓬勃发展以来，部分不法电子商务经营者借助电子商务活动从事非法销售枪支、文物、野生动物等行为，按照线上线下一致的原则，上述活动均已被有关机关依法予以查处并追究其相应的法律责任。《电子商务法》第 13 条进一步明确电子商务经营者经营活动的合法性要求，有利于对电子商务经营活动进行规范，也有利于引导电子商务活动有序发展，净化网络空间。

（二）危险防范义务

即安全交易环境的提供义务，是电子商务经营者提供安全的交易环境，防止发生危害交易安全的风险的义务，这属于事前防范义务的范畴。电子商务经营者的危险防范义务至少包括下列两方面内容：

第一，可靠交易系统的提供与维护义务。应采取技术和其他必要措施，保证提供稳定、可靠的交易系统，保障交易系统的正常运行，并有必要的记录与存储制度。

第二，信息安全保护义务。确保信息安全，防止产生信息错误、泄露信息等有害交易安全的事件发生。《消费者权益保护法》《网络安全法》《网络交易管理办法》等法律规范都明确规定经营者对收集的信息严格保密，不得泄露、出售或者非法向他人提供。

（三）危险排除义务

在接到交易对方遭受危险或损失的报告后，及时采取有效措施排除已知的、范围确定的危险，如发现某类信息错误或者虚假，应及时更正或暂时关掉相关页面，以避免损失扩大；如收到交易对方可能因支付链接不安全受损的报告，应及时查找是否存在危险并及时修补。对于可能存在的潜在危险，也应积极查找，进行警示，降低危险的致害程度。在已经或可能发生信息泄露、丢失的情况时，立即采取补救措施。

（四）止损协助义务

在已经或可能导致交易对方损失时，积极采取措施避免损失扩大；由于技术上的优势地位，尤其是对于平台经营者而言，有义务在消费者权益受损的情况下向其提供相关的交易信息、记录或资料等证据，为消费者权益维护、挽回损失提供合理的帮助。

需要注意的是，电子商务经营的安全保障规则对于电子商务平台经营者与非平台电子商务经营者均适用，但立法并未明确规定具体的标准是由于电子商务经营者的经营模式、经营规模、技术水平与经济实力等有别，所以平台经营者或其他非平台电子商务经营者应基于其自身的情况采取相应的措施，对采取的措施是否符合安全保障的要求产生争议时，交由司法进行判断。

第三节　电子商务经营信息的公示

一、电子商务经营信息公示的概念

根据我国《企业信息公示暂行条例》的规定，我国企业信息公示制度是指依托于企业信用信息公示系统，企业报送年度报告、工商行政管理部门及其他政府部门公示其各自履行职责过程中产生的企业信息，上述信息通过企业信用信息公示系统向社会公示，任何单位和个人均可查询。可见，我国企业信息公示是企业、工商行政管理部门与其他政府部门共同参与的行为。电子商务经营公示是电子商务经营者依据《电子商务法》的规定在其首页显著位置进行的公示，是对有关主体资格、豁免登记、经营许可等信息以及上述信息链接标识的公示。

电子商务经营者的信息公示是企业信息公示制度在电子商务领域的具体化要求，是对企业信息公示制度的丰富与完善。对以企业形态经营的电子商务经营者而言，其不仅需要按照企业信息公示制度的要求通过企业信用信息公示系统在规定的期限内报送年度报告，在依法需要公示的信息形成之日起的一定时间内进行公示，还应当按照《电子商务法》第15、16条的规定在首页显著位置持续进行公示，体现了电子商务领域信息公示的必要性与迫切性。

二、电子商务经营信息公示的意义

电子商务经营信息公示作为商事公示制度的重要组成部分，具有如下法律意义：

1. 节约交易成本，维护交易安全

通过对经营信息进行公示，可以为交易相对人与潜在客户提供资质、履约能力、经营情况等有关电子商务经营者的基本信息，供其进行交易的选择与判断，有助于减少交易双方信息不对称导致的失衡，降低交易风险，保障交易安全与交易秩序的稳定，维护公共利益。与线下经营相比，电子商务线上经营的虚拟性和不确定性决定了更应当加强信息公示制度的适用，因为线下经营还有实体经营场所的营业执照与行政许可等信息依法应当在经营场所公示，对交易安全维护及消费者权益保护都因为"实体"的存在而有一定的保障。而电子商务经营信息的公示能解决交易双方信息不对称的问题，缓解电子商务领域的欺诈等违法行为，促进交易安全。

2. 有助于政府更好地履行经济职能

保障社会的经济秩序与交易安全是政府应当承担的经济职能，通过信息公示制度，政府部门可以知晓电子商务经营者的运营情况，为相关经济政策的制定提供参考；同时，与电子商务经营者进行交易的对方当事人通过信息公示获知其相关情况，降低了交易风险，保障了交易安全，一定程度上也有助于整个社会经济秩序与交易安全的实现，而保障社会的经济秩序与交易安全恰是政府经济职能的集中体现。

3. 促进电子商务经营者的诚信自律，强化对电子商务经营者的信用约束

作为典型商事行为的电子商务经营，应当遵守民商事主体都应遵循的诚实信用原则。在我国信用社会构建的过程中，电子商务经营者的商业诚信是重要组成部分，如实、诚信地对相关经营信息进行公示，有助于提高消费者对电子商务的信心，也会进一步促进电子商务的诚信经营，形成良性、健康的经营环境。积极主动进行公示及情况变动后的及时更新是电子商务经营者信用良好的表现。

三、电子商务经营信息公示的主要内容

根据《企业信息公示暂行条例》对企业应公示信息的规定，企业定期通过年度报告应当向社会公示的信息有：①企业通信地址、邮政编码、联系电话、电子邮箱等信息；②企业开业、歇业、清算等存续状态信息；③企业投资设立企业、购买股权信息；④企业为有限责任公司或者股份有限公司的，其股东或者发起人认缴和实缴的出资额、出资时间、出资方式等信息；⑤有限责任公司股东股权转让等股权变更信息；⑥企业网站以及从事网络经营的网店的名称、网址等信息；⑦企业从业人数、资产总额、负债总额、对外提供保证担保、所有者权益合计、营业总收入、主营业务收入、利润总额、净利润、纳税总额信息。其中①～⑥项是必须公示的信息，第⑦项由企业自主选择是否向社会公示。同时，企业行政许可取得、变更、延续，知识产权出质登记，受到行政处罚，有限公司股权转让等股权变更以及有限公司股东或股份公司发起人认缴和实缴的出资额、出资时间、出资方式等依法应当公示的信息，在上述信息形成之日起20个工作日内通过企业信用信息公示系统向社会公示。可见，企业应当公示的信息内容广泛，电子商务经营者也应当依照上述规定向企业信用信息公示系统提交年度报告。

相比较而言，电子商务经营者应当在首页显著位置公示的信息较少，根据《电子商务法》第15条的规定，其内容包括：①营业执照信息；②与经营业务有关的行政许可信息；③依法属于不需办理市场主体登记的信息；或者上述三类信息的链接标识。《企业信息公示暂行条例》并未明确企业对营业执照信息的公示义务，而是规定注册登记、备案等营业执照相关的信息由工商行政管理部门公示，企业行政许可准予、变更、延续信息由工商行政管理部门之外的其他政府部门公示，《电子商务法》的规定进一步明晰了企业对营业执照、行政许可、豁免登记等关键信息的公示义务，形成了电子商务经营者与政府相关部门合力公示的格局，对交易安全提供了更为充分的保障。尤其是对于豁免登记的信息，若不规定电子商务经营者的信息公示，因豁免登记工商行政管理部门也没有信息可以公示，则交易风险极

大增加，消费者权益也无法得到充分保障。

《电子商务法》的规定弥补了《企业信息公示暂行条例》的不足，改善了电子商务交易中信息不对称的现状，提高了交易安全。需要注意的是，电子商务经营者中有一类特殊的自然人电子商务经营者，其不属于企业，由于我国不存在独立的自然人信用信息公示系统，因此自然人电子商务经营者的主动信息公示就更加必要。

四、电子商务经营信息公示的规则要求

根据《电子商务法》的规定，电子商务经营者进行信息公示应该符合下列法定要求：

1. 公示的位置

必须在首页显著位置。为了实现公示的制度功能，公示应当便于与电子商务经营者进行交易的对方当事人第一时间了解和知悉其营业和许可的相关情况，即能让一般的交易相对人无须繁杂程序而能比较容易地知悉其营业执照和行政许可以及是否豁免登记等信息。实践中，有的网页需要多次点击不同层级的链接才能看到营业执照等信息，即不符合信息公示显著位置的基本要求。

2. 公示的方式

可以公示需公示的具体信息，也可以公示具体信息的链接标识。这体现电子商务领域追求效率的基本要求，因为并非所有的交易相对人都必须要求第一眼即看到营业执照或行政许可的电子版本；同时，电子商务经营网站的首页承载着吸引客户、宣传经营、塑造形象等诸多功能，营业执照、行政许可的电子版本需要一定的空间。《电子商务法》规定可以公示链接标识体现了其维护交易安全与促进电子商务发展并重的理念。

3. 公示的期限

持续进行公示。为保证潜在交易相对人对电子商务经营者相关情况的随时了解，《电子商务法》明确规定无论是信息的初始公示、信息变化后的更新公示还是终止经营前的公示，都应该持续进行。电子商务交易随时都可能发生，只有保证公示的持续性，才能实现其便于交易对方了解、维护交易安全的目的。

五、电子商务经营信息公示的主要类型

电子商务经营者对经营信息的公示伴随经营的全过程，包括经营初始、经营变更以及经营终止的公示。

（一）初始经营信息的持续公示

电子商务经营者的初始经营信息包括营业执照信息、与经营业务有关的行政许可信息、属于依法不需办理市场主体登记情形的信息，上述信息与电子商务经营者的主体资格或经营资格相关。"五证合一"制度将营业执照、组织机构代码证、税

务登记证、社会保险登记证与统计登记证合一，即在营业执照中就已经涵盖了工商、质监、国税、地税、社保、统计等经营的关键信息；行政许可意味着电子商务经营者具有进入特定行业的市场准入条件；豁免市场主体登记情形的信息一定意义上属于立法对电子商务"无证经营"的宽容，目的是将偶发、小额、自用农产品交易等非经营性或特殊领域的行为排除在管控和规制之外。

☞ 新闻摘录

2018 年 4 月 1 日，《新京报》记者报道，在网络购物平台上，一些店铺出售医疗器械并教人在家补牙，但并未挂出经营许可与相关产品注册证。当打开淘宝购物平台，在搜索栏中输入"补牙"时，会显示出大量店铺，一页 48 家店铺，搜索出的结果足有 100 页。这些店铺中，有的售卖实体店消费卡，更多的则贩卖各类补牙用的材料工具，如牙科黏结剂、LED 光固化机、树脂材料等。记者发现，在出售产品的同时，不少店铺打出"牙洞自己补"的广告，做起了教人补牙的生意。记者发现，在出售的商品中，很多属于医疗器械。然而，记者查看了多家相关店铺，除一家天猫店挂出营业执照信息（经营范围包括医疗器械）外，大多店铺没有公示营业执照信息，也没有经营医疗器械的相应许可。很多淘宝店铺虽然出售一类管理医疗器械，但在商品详情中，器械的品牌、型号、生产日期等均无描述，更没有医疗器械注册证或者备案凭证。有消费者反馈，产品缺少包装与说明书，操作之后出现了牙痛、发炎等症状。

（二）变更经营信息的更新公示

电子商务经营者的营业执照或是行政许可信息发生变更，或经营条件变化不再符合豁免登记条件而进行了市场主体登记，则意味着公示的初始信息发生了变化，若不及时进行更新，就属于错误信息的公示，会对交易相对人产生误导，有悖信息公示制度的初衷，故应当在相关信息变更时及时进行公示的更新。经营情况变动下的信息更新公示的要求与初始公示一样，也应当在主页的显著位置持续性地进行公示，因为经营信息变动后，电子商务经营者需要依据变动后的相关资质、文件、证照展开经营。我国《电子商务法》只规定了公示信息发生变更时电子商务经营者应当及时更新公示信息的义务，对于何为"及时"应理解为在电子商务经营者相关信息变更完成后的第一时间，这是电子商务交易的迅捷性和随时性决定的。

（三）自行终止经营的提前公示

电子商务经营者自行终止从事电子商务属于电子商务经营者自愿退出电子商务市场的情形，商事经营自由的原则也决定了主体具有进入与退出市场的自由。电子商务经营者自行终止电子商务经营、退出市场不仅对其自身产生影响，也会影响债权人与其他相关当事人的利益，故要求信息提前公示具有重要意义，有助于清理现有电子商务交易当事人之间的权利义务关系，也有助于提醒潜在交易者谨慎参与交易、避免产生不必要的纠纷。实践中，电子商务经营者自行终止电子商务业务可能同时结束主体资格，也可能是结束电子商务业务但保留主体资格。根据《电子商务法》第16条的规定，电子商务经营者自愿退出市场前的公示内容应当是有关即将终止电子商务业务及是否保留主体资格等情况的说明，因为在此情形下按照公示持续性的要求，营业执照、行政许可等信息仍在公示状态。除了依照《电子商务法》的规定进行公示外，电子商务经营者还应该遵照《企业信息公示暂行条例》的规定进行公示。我国《电子商务法》对电子商务经营者强制退出市场的法定事由、自行退出市场的清算程序及监管等内容均未规定，需结合其他相关法律规范适用，加之自然人电子商务经营者的特殊性，亟须未来修订电子商务法时补充系统化的电子商务经营者市场退出机制。

需要说明的是，经市场主体登记的以企业形态从事电子商务经营的电子商务经营者的信息公示，除了由电子商务经营者自身在其首页显著位置进行公示外，进行市场主体登记的工商行政管理部门与准予行政许可的其他政府部门有义务依照《企业信息公示暂行条例》的规定进行公示。

第四节　电子商务经营凭据的出具

一、电子商务经营凭据的类型与作用

根据《电子商务法》第14条的规定，电子商务经营者应当依法出具购货凭证或者服务单据。本质上，电子商务经营者与交易相对人之间是合同法律关系，购货凭证或服务单据等经营凭据是经营者在履行合同义务后向消费者出具的证明合同履行的书面凭证。

电子商务经营凭据除了纸质与电子发票外，其表现形式还有收据、机打小票等。

（一）发票

1. 发票的法律意义

根据《发票管理办法》第3条的规定，所谓发票，是指在购销商品、提供或者接受服务以及从事其他经营活动中，开具、收取的收付款凭证。发票在电子商务经营活动中具有以下法律意义：

（1）合同存在、履行的证明作用。电子商务经营者向消费者开具发票，可以作为经营者已经提供服务或交付商品、消费者已经支付价款的证明，可以证明合同已经存在和履行。

（2）税务管理中的基础核心作用。我国《税收征收管理法》明确规定了发票是税务管理机关征税的主要凭证，除了核定征收不考虑收入的实际情况外，税款的计征均需要以收入为依据，税务机关对收入的把控也以发票的开具情况为基础。对电子商务经营者的税款征收也以其开的发票为基础，除非其主动对非发票收入纳税。

（3）企业财务管理的记账依据作用。根据我国《会计法》的规定，各单位都有义务根据实际发生的经济业务事项进行会计核算，填制会计凭证，登记会计账簿，编制财务会计报告。发票作为原始凭证对上述会计资料的形成发挥着支撑性作用，电子商务经营者依据其开具发票的情况进行会计资料的编制。

2. 发票的形式与效力

我国《发票管理办法》对发票的印制、领购、开具和保管等事项都进行了详细的规定，但更多是对纸质发票所做的规定。随着信息技术与电子商务的发展，电子发票也得到了广泛运用。电子发票对于税务部门的监管与消费者的维权均具有重要意义，得到普及使用是不可逆转的趋势。尤其对于线上经营的电子商务经营而言，电子商务经营者与消费者的交易借助互联网等信息网络进行，无须面对面进行，若提供纸质发票则需要另外寄送，这无形中增加了电子商务经营者的运营成本。

电子商务领域更应追求效率，对不规范的电子商务经营行为进行规制与预防的同时，更应当促进电子商务的发展。我国《电子商务法》第 14 条明确规定电子发票与纸质发票具有同等的法律效力，这是降低电子商务经营成本、促进电子商务健康发展、提高电子商务效率的表现。电子发票与纸质发票具有内在的同质性，只是基于载体不同导致在具体格式与表现样式上有细微差别。需要注意的是，电子发票都是以电子数据的形式存放和移转的，如果电子发票需要被打印出来，则打印出来的发票即为电子发票的打印件，与纸质发票的复印件相似，但并不是纸质版的电子发票或纸质发票。

☞ **新闻摘录**

《深圳晚报》讯报道，2018 年 11 月 8 日，一位顾客在沃尔玛深圳宝安金海路店购物后，开具出区块链电子发票，这是区块链电子发票在全国大型零售行业的首次落地，沃尔玛（中国）成为通过系统接入深圳市区块链电子发票平台的第一家大型零售企业。顾客无论是在沃尔玛门店购物，还是在沃尔玛线上电商平台购物，都可以通过小程序或是扫描店内二维码进入沃尔玛公众号开具发票。

（二）收据、机打小票等凭据

与发票的作用类似，收据、机打小票等也具有证明电子商务经营者与交易相对人之间发生电子商务交易的作用。消费者持有的收据与机打小票等购物或交货凭证是合同关系的证明，在消费者维权中可以发挥证据的作用。原则上，电子商务经营者提供机打小票等业务流水的同时，也应当向消费者开具发票。但电子商务实践中，规范经营的电子商务经营者会同时提供购物流水小票与发票，很多电子商务经营者在消费者没有要求时通常不会开具发票，甚至有为了不开发票而给消费者打折的情况，这种不规范的经营行为违反了其应当承担的依法开具发票和依法纳税义务，应当得到法律的规制。收据一般为手写，随着机打小票的普及使用已不常见，且机打小票具有与收据相同的作用。

二、电子商务经营凭据出具的法律性质

电子商务经营者与其交易相对人之间是合同法律关系，作为合同一方当事人的电子商务经营者，在电子商务交易中提供经营凭据义务的法律性质界定对电子商务合同法律关系的履行及违约责任的承担产生影响。

根据合同法的基本理论，合同法律关系当事人的义务是由主给付义务、从给付义务、附随义务和不真正义务构成的义务集束。所谓主给付义务是指合同关系中所固有、必备、自始确定的，并能够决定合同类型的基本义务。如汽车买卖合同中卖方交付标的物汽车、买方支付价款的义务即属于主给付义务。所谓从给付义务是指本身不具有独立意义，仅具有辅助主给付义务的功能，其存在的目的并非决定合同关系的类型，而是确保债权人的利益能够获得最大限度的满足，如汽车买卖合同中交付相关保险单证的义务。所谓附随义务是指当事人应当遵循诚实信用原则，根据合同的性质、目的和交易习惯履行的通知、协助、保密等义务，如汽车买卖合同中告知汽车经济时速的义务。所谓不真正义务即减轻损害的义务，对该种义务的违反不会导致义务人向对方当事人承担赔偿损失的责任，但是需要自己承担违反义务造成的损失，如违约一方违约后采取适当措施防止损失扩大的义务。鉴于上述义务内涵的界定，提供或出具经营凭据的义务不属于主给付义务，也不属于不真正义务。那么其属于从给付义务还是附随义务？

按照学界所说，区分从给付义务和附随义务最重要的标准为能否独立以诉请求履行行为。能够独立以诉请求的为从给付义务，不能以诉请求的为附随义务。即从给付义务可以请求履行，而附随义务通常只发生请求损害赔偿的问题而不得单独诉请履行。鉴于经营凭据在电子商务交易中的重要地位，在电子商务经营者拒不提供时，消费者有权向法院诉请要求其履行经营凭据出具义务，且司法实践中也有法院判决经营者向消费者提供购货或服务单据。因此，将电子商务经营者经营凭据出具义务的性质界定为从给付义务为宜。

三、电子商务经营凭据出具的法律意义

我国《消费者权益保护法》第 22 条明确规定，经营者提供商品或者服务，应

当按照国家有关规定或者商业惯例向消费者出具发票等购货凭证或者服务单据；消费者索要发票等购货凭证或者服务单据的，经营者必须出具。电子商务经营者只是经营方式特殊即线上经营，但还是属于经营者，当然也应当承担《消费者权益保护法》规定的经营者的法定义务，即《消费者权益保护法》规定的经营者的法定义务是电子商务经营者应遵守的一般性法定义务，这也是《电子商务法》没有重复规定在消费者索要购货凭证或服务单据时，电子商务经营者必须出具的原因。《电子商务法》第14条明确规定了电子商务经营者销售商品或者提供服务应当依法出具纸质发票或者电子发票等购货凭证或者服务单据，明确了电子发票与纸质发票同等的法律效力。这一规定具有如下法律意义：

1. 有利于对电子商务经营者的税收监管

明确规定提供纸质发票或电子发票这两种主要的购货凭证、服务单据，可促使电子商务经营者履行发票开具义务。而发票又是我国税法体系设计与税收征收管理的主要依据。因此，发票开具的规范化有助于优化我国税收管理秩序。

2. 有利于电子商务争议纠纷的解决

发票、机打小票、收据等不仅是电子商务经营者的经营凭据，也是其与消费者之间电子商务合同关系的证明，消费者可以依据电子商务经营者出具的经营凭据在权益受损时作为证据进行维权。

3. 有利于促进电子商务经营的规范化，实现公平竞争

《电子商务法》规定了电子商务经营者需进行市场主体登记与豁免主体登记两种情形。对于豁免登记的，其没有工商登记也就无法依据工商登记进行税务登记，发票又是由税务部门统一管理，因此，在首次纳税义务发生之前无法申请发票，不能开具发票。而电子商务经营者往往以此为由拒开经营凭据，消费者无法维权，经营者也可以据此逃税。因此，立法规定开具发票等购货凭证或服务单据，意味着不能开具发票的电子商务经营者也应开具相应的凭证，有助于公平竞争。同时，发票管理规则也应该进行顺应电子商务发展需要的变革，规定豁免登记电子商务经营者的发票申领、冲抵等规则。

第五节　电子商务经营中的搭售

一、搭售的法律含义与认定

(一) 搭售的含义

通常认为，搭售（tie-in）也称搭配销售、捆绑销售，是指交易一方在销售主卖商品或服务时，要求交易对方购买其他商品或服务作为交易成立条件的行为。其中主卖商品或服务称为"结卖品"（tying product），被搭配出售的产品或服务称为

"搭卖品"（tied product）。

（二）搭售的具体认定

很少国家和地区在法律条文中直接规定违法搭售的构成要件，而是借助于司法实践对搭售的构成要件进行认定与发展。对搭售的规制，从反垄断法视角进行的较多，较具代表性的是搭售构成的四要件说，即：第一，有两个或两个以上独立的产品；第二，消费者不能单独购买搭卖品；第三，相关企业在结卖品市场上具有市场支配地位；第四，搭售协议对于市场有实质性影响。在上述要件中，有两个或两个以上独立的产品是核心要件，也最难认定。在实际案件处理中，判断争议产品是一个还是多个单一产品所构成的组合并不容易。

就我国的司法实践而言，借鉴美国、欧盟等国家的先进经验，法院与行政执法机构对搭售构成进行了较为详细的分析，虽然都将单一产品作为搭售的构成要件，但又形成了一系列在单一产品问题上适用的判断方法，主要有需求标准、交易习惯标准与功能标准等，但即便是同一竞争执法机构处理的案件，采用的标准也并不一致，对于各行业不同产品的不同特点考虑得也不充分。并且上述标准也各有优劣：第一，消费者需求标准即消费者如果对主卖商品或者服务有独立的需求，那么就可以认定"结卖品"与"搭卖品"是互相独立的两种产品或服务。其因为考虑消费者的单独需求而成为最有影响力的标准，但没有考虑消费者需求有限，也忽略了消费者需求因创新被创造出来的问题，忽略了生产者掌握有价值信息与通过产品整合实现效率的能力。第二，交易习惯标准即根据以往消费者与经营者之间的交易习惯或经验来判断"结卖品"与"搭卖品"两者的关系。其因为尊重过往的交易经验或者被广泛接受的交易方式，且隐含了消费需求，具有简易性和可观察性，也能避免对消费需求的实际证明，从而得出的结论比较有说服力；但其也受到只考虑过去而对未来变化缺乏评估的批评。如今，随着互联网兴起，集合了电子支付、线下物流等一系列条件的电子商务就属于新的交易模式，进行相关判断时无法找到"交易习惯"。第三，功能标准即从功能角度判断产品的独立性，其虽然具有比较直观的特点，但实际中大量的产品具有多个功能时就会导致适用的障碍，依此标准可能导致凡是具有一定市场支配地位的企业提供的任何产品都存在搭售问题的不公平结果。

也正是意识到搭售认定标准难以统一的问题，学理研究与司法实践关注到弱化单一产品标准的必要，因为单一产品标准在最初搭售案件依"当然违法"原则处理的背景下显得尤为重要，单一产品不仅是搭售成立的前提条件，也是行为者承担反垄断法责任的重要条件。然而随着经济学理论研究的深入，搭售本身的合理性越来越被认可，认定搭售时需要考虑到创新、效率等因素，注重对搭售在竞争上的效果进行全面分析，认定是否构成搭售时将单一产品标准与竞争效果结合考量。

二、我国搭售规制的立法沿革

我国《反垄断法》《反不正当竞争法》《消费者权益保护法》《电子商务法》等法律中都有对搭售行为的规定。《反垄断法》第 17 条规定没有正当理由搭售商品属于经营者滥用市场支配地位的行为，意味着有正当理由的搭售不属于该法的规制对象，表现出对搭售一定程度上的认可。第三次修订并于 2018 年 1 月 1 日施行的《反不正当竞争法》将原来的禁止搭售条款删除，进一步意味着法律不再全盘否定搭售行为的效力。在第 12 条从维护正常竞争秩序和其他经营者合法权益的视角对变相网络搭售行为进行了规制，经营者利用网络从事生产经营活动，不得利用技术手段，通过影响用户选择或者其他方式，实施误导、欺骗、强迫用户修改、关闭、卸载其他经营者合法提供的网络产品或者服务，妨碍、破坏其他经营者合法提供的网络产品或者服务正常运行的行为。《消费者权益保护法》第 9 条从消费者商品与服务自主选择权的视角进行规定，消费者有权自主选择提供商品或者服务的经营者，自主选择商品品种或者服务方式，自主决定购买或者不购买任何一种商品、接受或者不接受任何一项服务。《电子商务法》第 19 条从电子商务经营者的视角规定了其搭售商品或服务时应承担的义务，该条明确规定，电子商务经营者搭售商品或者服务，应当以显著方式提请消费者注意，不得将搭售商品或者服务作为默认同意的选项。这一规定符合国际上承认搭售合理性的趋势，尊重了电子商务经营者的自主经营权，同时不得侵害消费者的自主选择权，实现了电子商务经营者与消费者之间的利益平衡。

三、电子商务中搭售的现状

2017 年中国消费者协会发布了该年度的全国十大消费维权事件，在线旅游成为消费者投诉的"重灾区"。人民网旅游 3·15 投诉平台数据显示，8 月在线旅游企业投诉量达到高峰，占当月总投诉量的 65.6%，"捆绑销售"问题成为投诉热点。10 月，"演员韩雪微博炮轰携程捆绑销售"和"携程时隔半年回复百亿级坑骗消费者"事件引起巨大反响，消费者协会要求携程网其就搭售事件启动调查，并要求有其他类似问题的企业自行整改，工商、保监部门也发挥监管职能对平台上的网络经营主体评价信息开展监测，12 月保监部门的两份行政处罚对违规试探的网络经营主体起到了震慑作用。

此外，在市场中占据份额很大的其他互联网企业也有实施网络搭售的行为，将其主要经营产品或服务的影响力扩展到"搭卖品"行业中去。这不仅对其原本"结卖品"的同业竞争者造成影响，也会对从事"搭卖品"的其他企业造成冲击。依据古典的杠杆理论，企业可以通过搭售行为将其在结卖品市场的市场力量延伸到搭卖品市场，从而提升了搭卖品市场竞争对手的竞争成本，侵害了消费者的选择权，扰乱市场秩序，对竞争造成负面影响。

四、电子商务中搭售的特点

电子商务中搭售行为与传统的搭售行为具有不同之处。首先，网络搭售行为最为主要的表现形式是软件捆绑、链接捆绑、服务捆绑等方式。其次，电子商务搭售行为由于是在互联网等信息技术基础之上实施的，更加具有技术性与隐蔽性。再次，电子商务交易具有无形性、虚拟性的特点，消费者很难从客观上真实感知搭售的存在。最后，电子商务交易的达成通常通过点击成立，电子商务经营者往往提供很长的使用条件，消费者容易忽略条件的仔细阅读而直接点击同意，忽略搭售行为的存在导致自己的权益受到损害。鉴于电子商务中搭售的上述特点，即便承认搭售行为的合理性，也应该对其进行规制，以维护消费者的合法权益。

五、电子商务经营者搭售时应履行的义务

我国《电子商务法》的规定体现了对搭售合理性的认可，同时明确规定了电子商务经营者实施搭售行为时，应履行下列义务：

(一) 电子商务经营者显著方式提醒的积极义务

《电子商务法》在《消费者权益保护法》中消费者商品或服务自主选择权的基础上，进一步强调保护消费者的知情权，消费者知情权的充分保障是其进行自主选择的前提。电子商务经营者搭售商品或者服务时，应当以显著方式提醒消费者注意其正在实施搭售行为。至于何为"显著方式"，可以借鉴《合同法司法解释(二)》对格式合同条款订立中提供格式条款一方提请注意的规定，电子商务经营者应当采用足以引起注意的文字、符号、字体等特别标识提醒消费者。消费者知晓电子商务经营者实施搭售行为仍然自主选择交易的，尊重其意思自治。

(二) 电子商务经营者不得默认同意的消极义务

不能将搭售作为默认同意选项，这是针对电子商务交易的独有特点对电子商务经营者施加的义务。前已述及，点击同意是电子商务交易的典型形式，消费者往往不会认真阅读电子商务经营者提供的交易条件，如果立法允许经营者将搭售商品或服务作为默认同意的选项，则意味着大多数情况下即使消费者点击同意，也不是其真实的意思表示，违背商事交易自治的基本原则，也不利于消费者权益的保护，故电子商务经营者必须明示告知而不能默认同意。

遗憾的是，《电子商务法》中虽然规定了实施搭售的电子商务经营者应该履行的义务，但在法律责任部分没有就其违反义务应承担的责任进行规定，这就需要结合《反垄断法》《反不正当竞争法》规定的法律责任，而上述立法中承担搭售的责任还需考虑是否构成垄断与不正当竞争等因素，企业承担搭售的法律责任不容易。《电子商务法》的颁布实施并未改变搭售中法律责任规定原则性与强制性惩罚的缺

乏导致企业违规成本低、消费者维权成本高的现状。未来《电子商务法》在修改时应明确电子商务经营者违反搭售义务时应承担的责任。同时，为更好地规制电子商务经营者的不当搭售行为，应充分发挥消费者协会对消费者权益的保障作用以及行政管理部门的监督管理作用。

第六节　用户信息管理

一、用户信息的界定

（一）电子商务经营中的用户

《电子商务法》第 23 条规定了电子商务经营者负有依法收集、使用其用户个人信息的义务，这是《电子商务法》与其他相关法律做好衔接的体现。鉴于个人信息的特殊性及对其保护的必要性，我国统一的个人信息保护法已经列入立法规划，作为个人信息保护的基本法律规范。电子商务经营者作为个人信息的使用与管理者，应当在个人信息保护中发挥核心作用。电子商务经营者的用户在类型上包括个人用户和商业用户，《电子商务法》在尊重个人用户信息与商业用户信息同等保护的前提下特别强调对个人信息的保护，《网络安全法》中也明确规定了个人信息保护应遵循的基本规则，规定网络运营商收集、使用个人信息应当遵循合法、正当、必要的原则，收集、使用、向他人提供个人信息都需要经过个人同意，并公开收集、使用规则；明示收集、使用信息的目的、方式和范围，并规定公民对自己的个人信息在被使用过程中，享有知情权、删除权、更正权。另外，从促进产业发展的角度，该法明确了禁止向他人提供个人信息的例外情形，即如果是经过处理无法识别特定个人，并且不能复原的信息可以合理使用。无论是对作为用户的法人或其他组织信息的收集还是对自然人用户个人信息的收集，电子商务经营者都应该依据其公开的收集与使用规则来收集与使用信息，电子商务经营者对用户信息的收集与使用规则不得违反法律法规的规定与双方的约定。

（二）电子商务经营中的用户信息

1. 用户信息的构成

电子商务的主要交易模式有 B2B、B2C 和 C2C，电子商务交易的用户有经营性用户与消费性用户，用户信息也就包含经营性用户信息和消费性用户信息。消费性用户包括消费性自然人用户与消费性组织用户。《网络安全法》第 34 条规定了网络运营者应通过信息保护制度加强对用户个人信息、隐私和商业秘密的保护，个人信息与隐私以及商业秘密构成了两类主要的用户信息。

（1）自然人即消费者个人信息。我国《信息安全技术、公共及商用服务信息系统个人信息保护指南》中将个人信息界定为"可为信息系统所处理、与特定自然人相关、能够单独或通过与其他信息结合识别该特定自然人的计算机数据。个人信息可以分为个人敏感信息和个人一般信息"。包括姓名、性别、职业、出生日期、身份证号码、地址信息、个人特征信息、电话号码、账号、密码、电子邮件地址等。我国《个人信息安全规范》的附录中将个人财产信息、个人健康生理信息、个人生物识别信息、个人身份信息、网络身份标识信息均列入"个人敏感信息",这过于宽泛,不利于发挥数据的资源价值与创新功能,可以借鉴我国台湾地区《个人资料保护法》的规定,以相关信息是否与个人核心隐私相关为标准,将敏感隐私信息限定在"医疗、基因、性生活、健康检查、犯罪记录、宗教信仰、通信记录"之内。

（2）商业用户信息。无论是电子商务平台经营者,还是通过自建网站、其他网络服务经营的非平台电子商务经营者,与其发生电子商务关系的商业用户有注册为平台用户的平台内经营者和商业消费性用户。根据《电子商务法》的规定,自然人、法人与非法人组织均可以在符合法定条件的前提下成为平台内经营者,而商业消费性用户有的直接与非平台经营者进行电子商务交易,有的注册为电子商务平台经营者的用户与平台内经营者进行电子商务交易。不同于自然人消费性用户的个人信息需要法律的全方位保护,平台内经营者与商业消费性用户的信息由于有信息公示制度的存在更多是公开的内容,需要保护的只是不能公开的商业秘密。电子商务经营者对于其掌握的商业用户的商业秘密负有保密义务。

2. 个人信息与隐私的关系

通常认为,个人信息是指关于一个确定的或者可识别的自然人的信息,其有一个内涵不断变化的过程。我国《民法总则》第 110 条明确将隐私权作为人格权的一种加以规定,同时在第 111 条又规定了自然人的个人信息受法律保护,任何组织和个人需要获取他人个人信息的,应当依法取得并确保信息安全,不得非法收集、使用、加工、传输他人个人信息,不得非法买卖、提供或者公开他人个人信息。由此就有了学界将个人信息纳入隐私权保护还是将个人信息权作为一种单独人格权加以规范的争论,《网络安全法》的规范也表明了其对个人信息与隐私的区分,因此,有必要对个人信息与隐私的关系进行厘清。隐私权作为一项基本的人格权,是指自然人所享有的生活领域及私人信息不受侵扰的人格权,其在产生之初的实质是宪政意义上个人自由在法律上的表达,后发展为信息隐私权。美国学者艾伦·F.威斯汀认为隐私权是"个人、群体或机构自主决定在何时以何种方式在多大程度上将有关自身的信息披露给他人的权利"。通过考察世界范围内的立法例,个人信息包含的范围取决于个人信息保护法是属于某一具体领域的部门法还是综合性的个人信息保护法,后者的个人信息范围通常比较广泛,也有将个人信息范围扩展到与法人相关的信息以及特定的具有联结性的设备的立法例。并非所有的个人信息都属于隐私保护的范畴,一般认为自然人姓名、用户昵称等作为对外公示的信息不具有隐私性,可将与特定自然人相关联的具体、敏感信息作为隐私保护。个人信息保护规则与隐私保护规则各有其制度价值,可以协同发挥对自然人的保护作用。

产生于隐私自由与尊严保护理论基础上的个人信息使用形成了个人控制论,这是国际社会个人信息保护的基本理论,其目的是保护个人自治,但值得思考的是该理论是否必然导致建立起非经同意不得使用个人信息的规则、将个人信息客体化为个人绝对支配的对象。这在互联网尚未普遍应用的 20 世纪末也许有益,但在大数据时代个人信息的资源价值决定了个人信息范围的广泛性,有必要创设一般信息与敏感信息区分等多维度的个人信息保护规则,发挥个人信息的社会效用。

二、用户信息管理的意义

(一)保护用户合法权益

电子商务交易中,无论是对个人用户还是商业用户,电子商务经营者对相关信息的收集与使用均应有利于用户合法权益的维护。相较于电子商务经营者,用户处于相对弱者的地位,电子商务平台经营者与非平台电子商务经营者均具有技术上的优势,加上电子商务经营者作为用户信息的第一手掌握者,也应当在用户信息保护中发挥支柱性作用。曾有学者认为,大数据时代互联网企业是个人信息“最贪婪”的收集者与利用者,而且其所掌握的海量个人数据信息使其成为对个人信息最严重、最广泛侵害的“潜在源头”。《电子商务法》要求电子商务经营者承担用户信息管理的义务具有合理性,符合权利义务相一致的法理。

(二)便于国家监督管理

《电子商务法》明确规定了电子商务经营者依法律和行政法规的规定提供电子商务数据信息的义务,用户信息是电子商务数据的重要组成部分。在采取必要措施保障数据信息安全的前提下,有关主管部门可以基于电子商务经营者提供的用户信息等数据制定相关的宏观管理政策,规范电子商务发展。

(三)促进电子商务健康发展

用户信息管理程度的高低与制度是否健全直接影响着用户对电子商务经营者信心是否充足以及对电子商务交易的参与程度。没有用户的积极参与,再科学、再发达的电子商务平台和其他经营者也失去了存在的意义,用户对电子商务交易的高参与度会促进平台经营者和其他经营者的进一步规范发展,也有利于电子商务交易规模的扩大。

三、用户信息管理的一般规则

电子商务中的用户信息管理除了依照法律与行政法规提供对收集的信息,尤其是对个人信息进行保护以及提供查询、更正、删除及注销服务外,还包括对用户发布的信息的管理与监督。结合《电子商务法》与《网络安全法》的相关规定,电子商务经营者在用户信息管理中应承担下列义务。

（一）用户信息保护的义务

电子商务经营者对于收集、使用的用户信息，应采取必要的技术或其他措施保护信息的安全。对于个人信息的收集与使用，应当遵守法律、行政法规的相关规定。经营者应当采取技术措施或者其他必要措施保护在经营活动中收集的用户信息，确保信息安全，防止信息泄露、丢失；在发生泄露、丢失时，应当及时告知用户并采取补救措施。

☞ **新闻摘录**

驱动中国 2018 年 11 月 23 日消息 据央视财经《经济信息联播》栏目报道，有消费者因为电商客服打来的一个电话，竟一步步落入对方设好的圈套，最终被骗 4 万元。

据了解，今年 4 月份张女士接到了一个电话，对方自称是某电商平台的客服，并谎称张女士之前购买的童装被检测出甲醛超标，商家正在退款。随后又告诉张女士要想退款就需要先从这家电商平台的借款平台借钱，随后才能将这笔借款和衣服的退款一起返还。不过张女士此时并未意识到对方已设好陷阱，当天便先后 4 次借款，将借来的近 4 万元全部打入对方指定的账号，直到第二天才意识到自己被骗。

经过警方侦查，发现这起电信诈骗的背后实际隐藏着一个非法贩卖公民信息和银行卡的庞大网络，并锁定了 70 多个倒卖公民信息银行卡的 QQ 群，查获了银行卡 488 张，个人身份证信息 2 万多张，而这些卡和证件信息便成为犯罪团伙实施诈骗的主要途径。

（二）用户信息查询、更正、删除及注销服务的提供义务

作为与用户间进行电子商务交易的一方当事人，电子商务经营者基于交易而管理和使用用户的信息且具有技术上的优势，在用户根据需要对自己的信息进行查询、更正、删除、注销等处置行为时，其应当提供相应的服务。我国《电子商务法》第 24 条明确规定，电子商务经营者应当明示用户信息查询、更正、删除以及用户注销的方式、程序，不得对用户信息查询、更正、删除以及用户注销设置不合理条件。电子商务经营者收到用户信息查询或者更正、删除的申请的，应当在核实身份后及时提供查询或者更正、删除用户信息。用户要求注销的，电子商务经营者应当立即删除该用户的信息；依照法律、行政法规的规定或者双方约定保存的，依照其规定。具体而言：

1. 明示操作方式和程序的义务

电子商务经营者必须将用户信息查询、更正、删除以及用户注销的方式和程序予以公开，便于用户知悉。其虽然不需像公示营业执照、行政许可那样在首页显著位置，也应该以用户方便查看的位置和方式告知。

2. 对用户信息处理不设置不合理条件的义务

电子商务经营者须为用户在信息的查询、更正、删除以及注销方面提供最大的便利，不得通过设置条件的方式加以阻拦或为自身牟利。通常而言，电子商务经营者应当在自己的网站、应用程序等用户能直接操作的网络平台上设定用户信息查询、更正、删除以及用户注销的相关程序，方便用户随时查阅与操作，不得以任何形式为用户的操作附加条件。

3. 用户信息处置时的身份核实义务

实践中，电子商务经营者与用户间的交易通过用户协议、用户守则、使用条件或管理细则等实现，用户点击同意即意味着与电子商务经营者发生了电子商务交易关系，因此，电子商务经营者应当设计便利的用户信息处置程序，在用户操作查询、更正、删除、注销等行为时，应该有核实、验证程序，以防由于电子商务的虚拟性账号或信息被盗等使得处置信息者与信息主体不是同一人，故在电子商务经营者提供的用户信息处置程序中可以通过绑定手机验证码、身份证输入等核实方式，确保是用户本人进行的操作，这也是电子商务经营者交易安全维护义务的应有之意。也正是因为电子商务经营者无法与用户本人进行线下的直接接触，若其程序比较健全、已经尽到了基本审查义务仍无法发现操作不是账号所有者本人所为时，在用户信息被处置后，则电子商务经营者虽然有及时补救的义务，但不应当对此承担赔偿责任。

4. 用户信息删除时的及时操作义务

用户注销信息后，意味着其欲终止与电子商务经营者之间的法律关系，电子商务经营者有义务在用户信息管理程序中设计用户注销后的删除规则，这体现对用户意思自治的尊重。电子商务经营者不得以核实身份为由，不正当地拖延对用户信息和账户进行操作的时间。当然，考虑到不同行业、不同领域电子商务的实践状况，在法律有规定或双方事先有约定的情况下，电子商务经营者在用户注销信息后也有义务依规定或约定进行保存。

四、个人信息保护的规则

2012 年全国人大常委会制定了《关于加强网络信息保护的决定》，此后新修改的《消费者权益保护法》《电信和互联网用户个人信息保护规定》《网络交易管理办法》《网络安全法》等法律和规章都对个人信息的保护进行了规定。在电子商务中，个人信息的泄露风险加大，更应注重对消费者个人信息的保护。无论是电子商务经营者还是电子商务平台经营者，都应当承担对消费者个人信息的保护义务。

《网络安全法》规定了收集、使用个人信息应遵循的基本原则，规定了信息存储的规则及采取技术与其他必要措施确保安全以及获取信息的正当性。2013年2月1日起实施的《信息安全技术、公共及商用服务信息系统个人信息保护指南》作为指导性技术文件将个人信息做了一般信息与敏感信息的区分，明确收集敏感信息必须经个人数据主体的明示同意；适用主体包括除了政府机关等行使公共管理职能以外的各类组织和机构；信息处理分为收集、加工、转移和删除四个环节；明确规定了个人信息保护应遵循的目的明确、最少够用、公开告知、个人同意、质量保证、安全保障、诚信履行及责任明确八大原则，这为我国未来个人信息保护法的内容架构提供了立法参考。电子商务经营者进行个人信息保护时也可参照该规则，因为其指导性技术文件规范的定位决定了其并不具有强制适用效力。加强电子商务经营者对个人信息保护义务的同时，也应尊重个人信息的社会性，维护电子商务企业相应的数据权利。

☞ 本章回顾

《电子商务法》明确规定电子商务经营者除非符合依法不需登记的情形均应当办理市场主体登记，税收管理部门得以依照市场主体的工商登记信息对C2C交易模式的电子商务交易进行税收监管。无论是以自然人、法人还是非法人组织形态从事电子商务经营，均需依法履行纳税义务，同时也有税收优惠的规定。电子商务经营者要依法进行税务登记、纳税申报。电子商务法还规定了电子商务经营的安全保障、信息公示等内容。电子商务经营凭据除了纸质与电子发票外，其表现形式还有收据、机打小票等。搭售是电子商务经营的重要话题，具有与传统的搭售行为不同的表现。用户信息管理也是电子商务法的重要内容之一。

☞ 关键术语

电子商务经营的安全保障　电子商务经营公示　电子商务经营凭据　搭售
用户　用户信息

☞ 思考题

1. 简述电子商务经营者的税收优惠内容。
2. 简述电子商务经营者的税务登记情况。
3. 简述电子商务经营者纳税申报程序。
4. 简述电子商务经营安全保障的制度价值。

5. 简述电子商务经营安全保障义务。

6. 论述电子商务经营信息公示的主要内容。

7. 简述电子商务经营信息公示的规则要求。

8. 论述电子商务经营信息公示的主要类型。

9. 论述电子商务经营凭据的类型及其作用。

10. 简述电子商务经营者搭售时应履行的义务。

11. 简述电子商务经营中的用户信息的构成。

12. 简述电子商务经营中用户信息管理的一般规则。

第七章　电子商务平台经营者法律地位与义务

【学习目标】

了解平台经营者法律地位的不同学说

了解平台经营者法律地位学说的评价与法律地位的界定

掌握电子商务平台经营者不同类型的法律地位

掌握电子商务平台经营者的相关义务

【章节纲要】

本章主要分两节来阐述电子商务平台经营者的法律地位与义务问题。第一节主要介绍电子商务平台经营者的法律地位问题；第二节主要介绍电子商务平台经营者的义务问题。

第一节　电子商务平台经营者的法律地位

一、电子商务平台经营者法律地位的评论

（一）平台经营者法律地位的不同学说

关于电子商务平台经营者的法律地位，有不同的学说，择其要点分析如下：

1. 卖方或合营说

卖方说是将电子商务平台经营者视为交易活动的一方当事人，认为其应当承担买卖合同中卖方的义务与责任；合营说强调电子商务平台与平台内经营者共同的销售意思表示以及共担风险、共负盈亏的事实，实质上也是将电子商务平台经营者置于与平台内经营者相同的产品或服务销售者的地位，将电子商务平台经营者与平台内经营者之间的法律关系界定为合作经营关系。

2. 委托或代理关系说

委托说认为平台内经营者是委托人，电子商务平台经营者是平台内经营者的受托人，两者之间存在委托法律关系；代理关系说认为电子商务平台经营者是平台内经营者的代理人，两者之间存在代理关系。

3. 展位或柜台出租者说

该说认为电子商务平台经营者将自己虚拟空间的"展位"或"柜台"提供给平台内经营者并收取登录费的行为与传统实体店铺或市场将柜台出租给平台内经营者经营并收取租金的行为极为相似，可以适用相同的法律调整。

4. 居间人说

该说认为电子商务平台经营者为平台内经营者和买家之间搭建虚拟交易空间并提供相关技术服务促成交易的行为与居间人向委托人报告合同订立机会或者提供订立合同的媒介服务十分相似，故平台经营者在电子商务交易中属于居间人。

5. 技术服务合同提供者说

该说认为电子商务平台经营者与平台内经营者之间是技术服务合同关系，以自己的技术知识为平台内经营者解决特定技术问题。

（二）平台经营者法律地位学说的评价与法律地位的界定

卖方说混淆了虚拟市场与实体市场的区别，明显不符合实践中电子商务的一般商业模式，仅是学界非常个别性的学术观点；合营说虽未将平台经营者视为卖方，但实质上是将平台经营者视为与平台内经营者相同的法律地位，忽视了电子商务交易当事人是消费者与平台内经营者的客观事实。

委托说的问题在于委托法律关系必须有受托人的承诺才能成立，而在电子商务经营中，电子商务平台经营者并不会承诺替平台内经营者处理交易事宜，仅仅是提供一个交易的平台，交易的达成需要平台内经营者与买家的协商一致；代理关系说的问题在于代理关系的成立需要被代理人的授权而无须代理人的承诺，且代理关系通常需要三方当事人，而平台内经营者入驻平台经营不是其单方行为，需要通过与平台经营者签订服务协议或用户协议，平台经营者也不会参与具体的交易过程。

展位或柜台出租者说抓住了电子商务经营模式的实质，但在网络侵权严重、消费者权益保障艰难的背景下，保障消费者索赔权利的实现至关重要，虽然平台经营者提供网络空间的行为与柜台出租类似，但网络空间高度复杂的技术性与无边界性和现实中的柜台出租并非一回事，将平台经营者等同于实体市场中的柜台出租方进行法律适用会导致极大的不公平。

居间人说在从事推荐、竞价排序的 C2C 平台服务模式中非常具有合理性，通过对平台上的交易信息进行推介，将某些平台内经营者置于平台的显著位置，为平台内经营者与买家交易的达成提供了促进服务，符合居间合同的特征。但是对于一般只提供网络交易空间和交易服务的平台经营者而言，其不会与平台内经营者之间像居间合同一样对报告的事项或提供的服务内容进行明确的约定，而且促成交易不是电子商务平台经营者的基本功能，其一般不会主动为平台内经营者寻找交易机会，更不会为了买卖双方之间达成买卖合同而进行额外的努力，故将平台经营者定位为居间人也有失偏颇。

技术服务合同提供者说抓住了电子商务平台经营者提供技术服务的基本功能，

但因为技术合同一般只围绕技术展开当事人相关权利义务的内容，而平台经营者除了提供交易应有的技术支撑外，还在交易规则制定、平台管理及纠纷处理上提供服务，这些内容难以被技术合同法律关系所涵盖。

上述学说均是比照传统市场和线下交易的基本规则分析电子商务平台经营者的法律地位，对于电子商务特点的考虑不够，虽然有一定的合理性，但也明显存在不足，需要考虑网络的虚拟性、技术性等特征赋予电子商务平台经营者独立的法律地位。由于实践中，电子商务平台经营者往往身兼信息提供者、交易场所提供者、广告发布者、信息收集者等多重身份，由此导致其法律地位具有多样性与层次性。电子商务平台本身是一种集多种功能于一体的综合性服务平台，因而其经营者与相关主体之间的法律关系并非单一且固定，应当视其提供的服务不同而进行具体情形下的具体认定，而不应该以单一法律关系中电子商务平台经营者的权利与义务来界定其法律地位，电子商务平台经营者享有网络服务提供者、交易场所提供者、广告发布者以及个人信息收集者等多种身份，应依据其参与的具体法律关系确定其应享有的权利和应负担的义务。

二、电子商务平台经营者法律地位的类型化

由于电子商务平台经营者存在不同的类型，故依据其参与的不同法律关系，存在不同的法律地位。

对于纯粹型电子商务平台经营者，其仅提供平台，并不参与交易主体之间的交易，既非卖方也非买方。故不需就主体间的交易享有权利与承担义务，但是应该制定用户守则、经营规约和交易规则等自律规范，并建立交易安全保障、不良信息处理以及纠纷解决机制等自我管理规范，发挥平台作为电子商务交易市场的基本功能。

对于居间型电子商务平台经营者，其除了具备纯粹型平台经营者的地位外，还担任居间人的角色，平台经营者与其平台内电子商务经营者用户和消费者用户之间的关系不同于平台内电子商务经营者与消费者用户之间的关系，电子商务平台经营者基于平台提供者和居间人的身份享有相应的权利与承担相应的义务，平台内电子商务经营者对其利用平台服务从事的经营行为承担法律责任。依据《合同法》的规定，居间型平台服务提供者作为居间人应履行提供媒介服务、如实告知、忠实勤勉与保密等义务。

对于混合型电子商务平台经营者，其不仅有平台经营者的权利与义务，也有非平台电子商务经营者的权利与义务。作为经营平台同时自身也参与电子商务交易的平台经营者而言，在平台内清晰标识"自营"是其首先应当负担的义务，以避免消费者的误解。

对于单一型电子商务平台经营者，依法享有平台经营者的权利，负担平台经营

者的义务，同时结合其所参与的法律关系的性质确定具体的权利与义务。

对于复合型电子商务平台经营者，应注意标示辅助服务是自己提供还是他方借助平台提供，明晰权利与义务的归属主体，从而正确地确定责任主体。

针对电子商务交易纠纷所产生的责任承担，应首先区分法律关系：如果是因电子商务平台经营者与其用户之间的服务关系产生的纠纷，则应当按照双方所签订的用户服务协议等自治规则以及相关立法对责任进行承担；如果是平台内电子商务经营者与其用户之间因交易产生的纠纷，则电子商务平台经营者原则上不应承担责任。只有在两种法律关系存在牵连或电子商务平台经营者对于其用户之间的交易有影响或没有履行相应的义务时，平台经营者才有可能承担相应的或者连带的责任，要特别注意法律关系相对性原理的运用。

第二节 电子商务平台经营者的义务

电子商务平台经营者是一个市场主体，有权追求其自身利益最大化，同时其也是一个网络资源的整合者，搭建网络信息平台，提供信息服务，也可能同时提供其他相关服务，具有一定的管理性职能。平台经营者的多重身份决定了其既应承担市场主体应负担的公平交易、公示规则等义务，也应承担具有一定准公共性的承担管理职能的市场主体应该负担的管理性义务。

一、平台经营者核验登记与信息报送、提示义务

进入平台销售商品或提供服务的主体除了电子商务经营者即平台内经营者外，还有通过平台进行交易的非经营用户，如二手商品买卖用户在接受平台经营者提供的服务的同时，也需要接受作为平台治理主要责任主体的平台经营者的管理。因此，《电子商务法》第27条明确规定了电子商务平台经营者为进入平台的非经营用户提供服务时，应当遵守其对平台内经营者应负义务及实施治理的相关规则。

（一）平台经营者的核验登记义务

1. 平台经营者核验登记义务的内涵与意义

（1）平台经营者核验登记义务的内涵

根据《电子商务法》的规定，平台经营者的核验登记义务是指电子商务平台经营者对进入其平台销售商品或提供服务的经营者或非经营用户提供服务时，应当要求其提交身份、地址、联系方式、行政许可等真实信息，进行核验、登记，建立登记档案，并定期核验更新。核验登记义务是平台经营者应承担的义务的重要表现，具体而言，平台经营者的核验登记义务由下列三个方面构成：一是平台内经营者或非经营用户进入平台时的核验义务；二是对核验信息建立登记档案的义务；三是定期核验更新义务。

第一，进入平台时的核验义务。平台经营者应当核验进入平台的经营者与非经营用户的主体信息与经营信息。第二，建立登记档案的义务。平台经营者应当对进入平台主体的信息与相关经营信息进行登记，并建立登记档案。第三，定期核验更新义务。进入平台的经营者与非经营用户相关信息有发生变动的可能，鉴于核验登记的重要性，该义务是平台的持续性义务，平台经营者应定期进行核验，以保证平台内经营者与非经营用户信息的准确性，维护交易安全。

（2）平台经营者核验登记义务的意义

立法中明确规定平台经营者的核验义务，具有下列法律意义：

第一，促进电子商务平台治理。平台治理是社会治理体系的重要组成部分，电子商务经营者数量众多、交易频繁、交易量巨大，电子商务市场治理对传统社会治理模式构成巨大挑战，通过确定电子商务平台在电子商务治理中的主体责任，对平台内经营者进行身份与相关信息的核验，促进平台积极开展自我管理，同时也大大促进国家开展的网络社会治理。

第二，维护交易安全，保护交易相对人的合法权益。主体信息与经营信息的准确有助于电子商务交易安全。核验登记义务也能确保在平台上参与交易的消费者或者交易相对人与平台内经营者或非经营用户产生纠纷时，能够及时快速地确定平台内经营者或非经营用户的相关情况，有助于纠纷的解决，这是对交易相对人的重要保障措施。

第三，便于国家对电子商务的监督管理。电子商务平台经营者对平台内经营者的身份信息的核验和登记义务的履行，是国家建立对电子商务有效监管的前提条件。因为平台内经营者与电子商务平台经营者之间具有直接的法律关系，平台经营者具有管理平台内经营者的便利与技术条件，且该运作也具有很好的实践基础。平台经营者对平台内经营者信息的核验与登记有助于从源头上把控经营的实际状况，对于相关政府部门公共管理职能的发挥及监管措施的有效性具有基础性意义，为国家相关监管机构的管理减轻了负担，提供了便利。

2. 平台经营者核验登记义务的法律性质

（1）核验义务的法律性质

"核验"，顾名思义，是审核检验的合称。对于核验义务的法律性质，有形式审查说、实质审查说与折中说三种观点。形式审查说认为平台经营者只需承担形式上的核验义务，即只需审核平台内经营者或非经营用户的身份证明、登记证书、行政许可文件等主体信息与经营信息是否齐全。实质审查说认为平台经营者不仅应审查平台内经营者或非经营用户的主体信息与经营信息是否齐全，还应审查信息是否真实以及是否与实际经营者或非经营用户的实际情况相一致。折中说认为平台经营者应将形式审查与实质审查相结合，首先应确保主体信息与经营信息形式上的齐全与一致，同时对于不需花费过高成本、从公开途径如企业信用信息公示系统等可以查阅到的信息，平台经营者应当进行核对。

本书支持核验义务的折中说。理由在于：单纯的形式审查对于平台经营者很容易做到，但不做任何实质核对很容易让核验流于形式，则该制度设计的目的落空，甚至可能助长社会上资料文件造假制假的不良之风。反之，如果要求平台履行严格的实质审查义务，则首先，平台会因进行实质核验增加审核人员、完善审核技术而导致运营成本增加；其次，实际经营者与线上经营主体不一致的情况可能存在，这种情况也应允许，核验制度的功能之一就是在发生纠纷时能迅速找到法律关系的当事人与责任承担者，此时有责任承担者；最后，电子商务平台经营者的私主体本质决定了其无法完全做到实质审核，因为除了特殊的依法不需要进行主体登记的电子商务经营者外，电子商务经营者的市场主体登记与从事特定行业时的行政许可均需由工商行政管理部门及其他相关行政部门实施，平台经营者作为被管理者，没有权力要求政府部门提供相关数据以核实平台内经营者的相关情况。当然，为确保平台经营者核验制度功能的发挥，除了平台经营者完善自身的核验制度与丰富核验手段外，相关政府部门的数据公开系统的便利登录也是确保信息真实的重要支撑。

☞ 新闻摘录

2018 年 5 月 18 日央视新闻移动网报道称：最近，空姐李某在郑州被滴滴顺风车车主杀害一案，引发了社会的广泛关注。北京法院的法官对 2014 年至 2018 年间，发生在北京全区域内有关滴滴出行引发的刑事案件进行了梳理。法官对涉案的滴滴司机身份查询后发现，部分滴滴司机竟有犯罪前科，其中一些还是故意伤害、贩毒等重型犯罪释放人员。这直接暴露出，滴滴公司对顺风车和快车司机的审核注册存在把关不严的问题，没有为乘客提供更为安全的运营环境。很明显，滴滴平台由于审核不严，让一些具有相关犯罪记录的人员登记注册成为顺风车、快车司机，这明显是有问题的，其既没有履行企业应尽的审核把关职责，更是对广大网约车乘客安全的极端不负责任。

（2）登记义务的法律性质

通常认为，登记义务是平台经营者作为私主体的内部登记，并非公权力性质的登记，也不具有赋权的意义，其性质上是一种备案，便于平台管理、信息的查找及纠纷发生时责任主体的确定。由于登记而产生的登记档案，属于平台经营者的内部信息资料，在没有法定授权的情况下，任何机构或主体包括政府机构在内，均无权要求平台经营者提供其对平台内经营者与非经营用户进行登记产生的全部数据。

3. 平台经营者核验登记义务的具体履行

（1）要求平台内经营者与非经营用户提供真实信息。具体而言，平台内经营

167

者提供的真实信息有两类：一是主体信息，二是经营信息。《第三方电子商务交易平台服务规范》的规定对于确定平台内经营者提供信息的种类和内容具有参考意义。对于自然人经营者而言，需提交身份证明文件或营业执照、经营地址及联系方式等必要信息；对于法人或非法人组织经营者而言，需提交营业执照或其他获准经营的证明文件、经营地址及联系方式等必要信息，平台经营者应当核验平台内经营者的营业执照、税务登记证和各类经营许可证，以及自然人经营者的身份证明文件。对于非经营用户，核验自然人身份证、住址及联系方式等信息的准确性。

（2）对经过核验的信息进行登记，建立登记档案。平台经营者可以根据核验情况，依据不同主体的形态与性质建立分类档案，对于核验中的信息不一致等问题应给予平台内经营者与非经营用户补充提交的机会，并记录在档案中，尽力确保登记档案中的信息真实。

（3）对于平台内经营者与非经营用户的信息进行定期核验，对登记档案进行更新。平台内经营者的经营资质或行政许可通常有时间限制，法律并没有确定"定期"是首次核验后的多长时间，而是由平台经营者根据实际情况进行自治。最理想的状况是平台用科学的管理软件，在首次核验时根据资质有效期情况备注到期时间，同时给平台内经营者申请续期的时间。在到期后的合理时间内，平台经营者可以根据软件的提醒进行核验，否则不同经营者的资质状况不同、有效期不同、进入平台时间不同，规定平台在某一时间定期核验并不能确保信息及时和准确。核验后，平台经营者应及时更新登记档案。

（二）平台经营者的信息报送与提示义务

《电子商务法》第28条规定了电子商务平台经营者向相关政府主管部门报送身份信息及相关税务信息的信息报送义务，以及办理市场主体登记和税务登记的提示义务。电子商务平台经营者应当按照规定向市场监督管理部门报送平台内经营者的身份信息，提示未办理市场主体登记的经营者依法办理登记，并配合市场监督管理部门，针对电子商务的特点，为应当办理市场主体登记的经营者办理登记提供便利。电子商务平台经营者应当依照税收征收管理法律、行政法规的规定，向税务部门报送平台内经营者的身份信息和与纳税有关的信息，并应当提示依照《电子商务法》规定不需要办理市场主体登记的电子商务经营者依法办理税务登记。

1. 平台经营者的信息报送义务

（1）平台经营者信息报送义务的内涵与意义

平台经营者的信息报送义务是指电子商务平台经营者向市场监督管理部门和税务部门报送平台内经营者的身份及与纳税有关的信息的义务。平台经营者信息报送义务的履行必须全面、完整、真实，不得进行篡改和加工。

电子商务平台经营者掌握着大量的平台内经营者的数据信息。市场监督管理机构以及税收征管机构对于这些数据的掌握有助于其更好的履行职责。平台经营者具有提供的便利，也应当履行这样的信息报送义务，但需要注意防止给平台增加不必要的负担，甚至影响或侵犯平台经营者对数据尤其是经营数据的数据资产权利。因此，平台经营者向相关部门报送数据信息的义务需要协调好行政管理职责与私主体权利保护的平衡。

（2）平台经营者信息报送义务的履行

第一，信息报送的接收主体：有权接收平台经营者信息报送义务的主体有市场监督主体与税务征收管理部门，上述部门履行职责需要有准确的信息占有。

第二，信息报送的依据：电子商务平台经营者向市场监督管理部门承担报送义务的依据是"规定"，其不限于法律和行政法规，还可以包括市场监督管理部门制定的部门规章与发布的其他相关规定。电子商务平台经营者向税务部门承担报送义务的依据是"税收征收管理法律、行政法规的规定"。接收报送机构的不同区分报送依据的主要原因在于向市场监督管理部门报送的只是身份信息，这些信息几乎是可查的；而向税务部门报送的却包含与税务相关的信息，可能涉及平台内经营者的商业秘密。

第三，信息报送的内容：并非平台经营者掌握平台内经营者的所有信息均属于报送的范畴，无论是平台经营者还是平台内经营者，其享有的合法权利都神圣不可侵犯，平台经营者只是在为配合有关部门履行职责所必要的范围内才承担相应的信息报送义务，这也是网络协同治理要求的体现。

平台经营者向市场监督管理部门报送的信息只能是平台内经营者的身份信息，即自然人经营者的身份证明或营业执照及联系方式等信息以及企业经营者的营业执照等，不包括许可证等具体的经营信息，因为企业形态平台内经营者的经营信息可以通过企业信用信息公示系统等数据系统获知，另行要求报送会增加平台经营者的成本。另外，现行的"五证合一"制度使得身份信息与经营信息大部分实现了合一且可公开。当然，市场监督管理部门在执法过程中有权要求电子商务平台经营者提供平台内经营者身份信息以外的其他信息，电子商务平台经营者有义务提供，但这种配合执法的义务与信息报送义务具有不同的法律性质。此外，如果平台内经营者已经办理市场主体登记（工商登记），报送的身份信息也就是工商登记信息，此时的报送有助于市场监督管理部门与税务部门了解经营者线上线下的经营情况；如果平台内经营者未办理市场主体登记，则身份信息报送义务的价值更大，有助于规范市场秩序，督促平台内经营者及时履行登记义务。

平台经营者向税务部门报送的信息包括平台内经营者的身份信息和与纳税有关的信息。《税收征收管理法》第5条规定了各有关部门和单位支持、协助税务机关依法执行职务的义务，自动报送课税信息、基于税务机关请求报送课税信息和接受税务机关检查等构成该义务履行的基本方式。《税收征收管理法》规定了工商行政管理机关纳税人登记注册信息的自动报送义务，为纳税人开立账户的有关银行和其他金融机构对税务机关稽查的协助义务，以及如实反映情况、提供有关资料、接受税务机关的检查的义务。《电子商务法》规定电子商务平台经营者向税务部门报送相关信息是基于电子商务领域税收管理的特殊性，平台经营者具有掌握信息的便利与优势。但同时应该注意保护平台内经营者的合法权益，向税务部门报送的信息应遵循必要性原则，报送平台经营者掌握平台内经营者的相关有助于税务征管机构职责履行的信息，如经营收入等信息。

（3）有关主管部门应承担信息保护义务

《电子商务法》不仅强调对个人信息的保护，也注重对重要经营信息的保护。《电子商务法》第25条规定了有关主管部门应当采取必要措施保护电子商务经营者提供的数据信息的安全，并对其中的个人信息、隐私和商业秘密严格保密，不得泄露、出售或者非法向他人提供，即市场监督管理部门与税务部门等有关主管部门应当承担对平台经营者报送信息的保密义务。

2. 平台经营者的提示义务

（1）平台经营者提示义务的内涵与意义

所谓平台经营者的提示义务，是平台经营者依据《电子商务法》的规定，在平台内经营者具备法律规定的情形时，提示其办理市场主体登记并提供登记便利、以及提示其办理税务登记的义务。

基于平台经营者掌握平台内经营者全面信息，加之平台内经营者进入平台时平台经营者需依法履行核验义务，要求平台经营者根据平台内经营者的实际情况提示其办理市场主体登记或税务登记，有助于更好发挥平台在社会协同治理中的积极作用，平台与相关主管机构协同配合，维护经营秩序与有序竞争；有助于落实线上线下平等保护的基本原则，线下主体开展经营的前提是必须进行商事登记，线上主体未经登记开展经营已经表明对电子商务的鼓励，在相关手续欠缺时应当及时办理。

（2）平台经营者提示义务的履行

第一，对办理市场主体登记的提示：《电子商务法》颁布实施前，有的平台内经营者进入平台时已经办理了市场主体登记，则平台经营者无须再提示其办理市场主体登记。同时不可否认的是，有大量的未办理市场主体登记的平台内经营者存在，此时平台经营者对其履行办理市场主体登记的提示义务就非常有必要。在《电子商务法》颁布实施后，依该法第10条的规定，除非属于依法应当豁免的情形，电子商务经营者均应当依法办理市场主体登记，同时该法第27条规定了平台经营者在经营者进入平台时的核验义务。因此，在该法颁布实施后经营者进入平台时原则上都已经进行市场主体登记或者依法被豁免登记，故不需平台经营者提示。但是也不排除电子商务平台经营者对新进入平台的经营者履行定期核验义务的过程中发现登记存在问题时，有义务提示平台内经营者依法办理登记，并及时更新登记档案。

第二，对办理税务登记的提示：根据税务征收管理相关法律法规的规定，经营主体应当在办理工商登记后的一定时间内持相关材料办理税务登记，故市场主体登记与税务登记通常有一定时间间隔。《电子商务法》在第 28 条特别规定了针对不需要办理市场主体登记的电子商务经营者的税务登记提醒义务，同时，该法第 11 条规定了豁免市场主体登记的电子商务经营者在首次纳税义务发生后，应当申请办理税务登记并如实申报纳税。

3. 平台经营者为办理市场主体登记提供便利的义务

平台经营者提示办理市场登记后，还需要配合市场监督管理部门，为应当办理市场主体登记的经营者办理登记提供便利。为避免增加平台经营者的负担，《电子商务法》特别强调针对电子商务的特点，这种便利包括通过技术手段优化办理程序、实现与有关政府机构系统的对接、进行远程验证和操作等可能的模式。有观点认为平台经营者提供办理登记的便利时有义务代为办理登记，本书持保留观点，因为从本质上，平台经营者为经营者办理登记提供的便利属于配合义务，应当履行办理登记义务的主体是平台内经营者而非平台经营者。如前所述，平台经营者为经营者办理市场主体登记提供便利更多是针对《电子商务法》实施前已经进入平台经营的未办理市场主体登记的经营者。

二、服务协议和交易规则制定与公示义务

（一）服务协议与交易规则的内涵和法律性质

1. 服务协议与交易规则的内涵与特点

服务协议，即服务合同，是电子商务平台经营者制定的，调整平台经营者与平台内经营者和其他用户之间的服务合同法律关系的文件。两者之间存在服务合同关系，电子商务平台经营者为平台内经营者等用户提供经营场所、交易撮合、信息服务等基础性服务与技术支持、广告发布及支付等扩展性服务。交易规则有广义与狭义之分，狭义的交易规则是电子商务平台经营者制定的调整包括经营性用户与消费性用户在内的用户之间的交易关系，具有约束所有用户作用与功能的规范文件。广义的交易规则不仅对所有的用户有约束作用，而且对平台外特定权利人的利益产生影响。典型的狭义的交易规则有平台进入和退出规则、商品和服务质量保障规则、消费者权益保护规则、个人信息保护规则等，上述规则仅适用于平台内的用户；典型的广义上的交易规则为知识产权保护规则，其不仅影响平台内用户的权益，而且影响到平台外知识产权权利人的权益。参照商务部发布的《网络购物服务规范》以及《第三方电子商务交易平台服务规范》，平台交易规则应当包含以下内容：①用户注册制度；②平台交易相关规则；③信息公示制度；④个人信息保护制度；⑤商业秘密保护制度；⑥消费者权益保护制度；⑦广告发布审核制度；⑧交易安全保障制度；⑨数据备份制度；⑩交易争端解决制度；⑪违法信息举报处理制度；⑫法

律、法规规定的其他制度。

☞ **新闻摘录**

淘宝平台服务协议是淘宝平台经营者与入驻电商签订的补充协议，主要包括：①与淘宝平台有关的关键词定义②协议范围③淘宝账户注册与使用④淘宝平台服务及规范⑤用户信息的保护及授权⑥用户的违约及处罚⑦协议的变更⑧平台通知方式与内容⑨协议的终止情形⑩法律适用，管辖与其他。

2. 服务协议与交易规则的法律性质

根据服务协议与交易规则的产生方式、内容与承载的功能分析，服务协议与交易规则兼有自律规范与格式条款的属性。

（1）自律规范属性

本质上，服务协议与交易规则均属于电子商务平台经营者事先拟定的供用户遵守的自律规范。平台经营者提供的自律规范主要有用户守则、经营规约及交易规则三类，其中用户守则约束所有用户，经营规则约束经营性用户，交易规则约束用户之间的交易关系。实践中，平台经营者可以区分上述文件，也可以不做区分一并作为用户协议，在用户与平台之间建立服务关系时要求用户同意这些规则。但是交易规则具有特殊性，无论其规定在用户协议中，还是作为单独的规则，都超出了内部协议或管理规约所具有的内部属性，而具有明显的公共性，所有可能参与平台交易的未来潜在客户均需受其约束。法律允许并承认平台经营者上述自律规范的制定权是鼓励和尊重平台治理的体现。作为自律规范制定者的电子商务平台经营者，虽然其制定的某些自律规范具有一定的公共性，但并未改变其私主体的法律属性，因而服务协议、交易规则发生法律约束力的前提是用户的同意或知晓，平台经营者作为私主体无权强制要求与其发生法律关系的对方当事人接受其拟定的自律规范。平台经营者以服务协议、交易规则对其用户进行管理属于作为私主体的平台经营者的私人行为，不需要像行政机关实施行政管理一样遵守正当程序的要求，节约了证据调查与事实认定等与用户交涉过程中产生的一系列成本。

（2）格式条款属性

同时，服务协议、交易规则由具有优势地位的平台经营者单方制定，调整其与用户等私主体之间的法律关系，具有格式条款的基本特征，应该遵循民法与合同法上的格式条款规章制度。《合同法》规定的格式条款制定者的主动提示、被动说明义务，格式合同通常解释、非格式优先解释与不利解释的格式条款解释规则，格式条款撤销、无效的情形，《消费者权益保护法》第26条"经营者在经营活动中使用格式条款的，应当以显著方式提请消费者注意商品或者服务的数量和质量、价款或者费用、履行期限和方式、安全注意事项和风险警示、售后服务、民事责任等与消费者有重大利害关系的内容，并按照消费者的要求予以说明。经营者不得以格式条款、通知、声明、店堂告示等方式，作出排除或者限制消费者权利、减轻或者免除经营者责任、加重消费者责任等对消费者不公平、不合理的规定，不得利用格式条款并借助技术手段强制交易。格式条款、通知、声明、店堂告示等含有前款所列内容的，其内容无效的规定当然适用于服务协议与交易规则，但应当结合电子商务的特点理解与运用。由于平台类型与商业模式之间的区分很大，《电子商务法》并未提供具体的制度指引，而是明确规定服务协议与交易规则制定应遵循公开、公平、公正原则，并应在显著位置持续公示，以保障交易的相对公平，尊重交易当事人的知情及在规则修改中的参与。在电子商务中，除了运用相关法律提供的对格式合同的规制方法外，也应注重发挥行政规制作用与行业自治的指引作用。我国商务部等政府机构以及消协、网络交易行业协会等行业组织已经通过制定法规、发布指导意见等方式参与了电子商务的治理与监管。一方面，原国家工商行政管理总局根据电子商务领域的发展情况制定了《网络交易平台合同格式条款规范指引》，对格式条款进行了全面规定；另一方面，行业组织对消费者权益保护、促进电子商务良性健康发展负有一定的职责，鼓励行业协会在格式条款规制方面发挥积极的指引作用是实现互联网共同治理的重要途径。

（二）平台经营者履行服务协议、交易规则制定与公示义务的基本原则

服务协议、交易规则对电子商务交易的顺利开展、交易秩序的正常维护以及相关纠纷的迅速解决都发挥着重要作用。电子商务平台经营者在制定、公示服务协议与交易规则的过程中应遵循下列基本原则：

1. 合法性原则

服务协议与交易规则应当遵守质量保障、消费者权益保护、个人信息保护、知识产权保护等法律法规的规定，至少应维护现行法律法规规定的保护水平。若平台经营者制定的服务协议或交易规则高于现行法律法规规定的水平，则需要考虑高水平的保护标准是否侵害了平台内经营者等相关主体的合法权益，限制其经营自由，阻碍社会的技术进步与创新，立法应防止这种情况的出现。《电子商务法》并未规定对电子商务平台经营者制定的服务协议与交易规则有异议的处理规则，对于欲进入平台经营的经营者而言，其可以以拒绝进入此平台而选择其他平台作为对服务协议与交易规则抗议的手段。同时，根据网络协同治理的基本原理，社会公众及潜在的平台内经营者等主体均可以进行社会监督，对明显违法的平台服务协议与交易规则有权向市场监督管理部门举报。

2. 公开性原则

服务协议、交易规则制定与公示中的公开性表现在 4 个环节：即服务协议、交易规则制定中应坚持公开原则；制定完毕并实施后，服务协议、交易规则或链接标识在平台首页显著位置的持续公示；服务协议、交易规则修改前的公开征求意见以及实施前的公示；基于服务协议、交易规则对平台内经营者处置措施的及时公示。

3. 公共性原则

平台制定的交易规则是适用于所有同类用户的一般性与共通性的自律规范，除非违反法律、行政法规的强制性规定，应尊重平台制定的交易规则，进入平台进行交易的用户均应该遵守，这有利于平台治理功能的发挥。由于进入平台经营的经营者的性质与类型各异，平台经营者与其用户订立服务协议之时，也会根据每个用户的具体情况将规则转换为有约束力的合同条款，平台经营者基于相应的合同关系对用户加以约束。虽然大部分情况下服务协议具有合同属性，但由于点击订立的特点且实践中很多情况下平台并不区分服务协议与交易规则，而是一并称为用户守则或用户协议，这就使得服务协议与交易规则超越于一般合同关系的相对性而具有一定的公共性。

4. 强制性原则

平台内经营者违反服务协议与交易规则时，基于服务协议与交易规则的公共性，这种公共性和适用效力又为法律所保护和确认，其效果上类似于违反相关法律、行政法规的规定，平台经营者虽然没有执法权力，但是有权依照服务协议和交易规则的规定，对平台内经营者实施警示、暂停或者终止服务等措施。《电子商务法》并未规定平台内经营者有异议的救济，根据《合同法》《侵权责任法》《消费者权益保护法》等相关法律的规定，平台内经营者对平台经营者采取的措施不服时，有权向人民法院或仲裁机构请求侵权或违约救济，人民法院或仲裁机构应当对该规则的合法性进行审查，若服务协议与交易规则不违法，则应将其作为纠纷解决的依据。此外，对于符合《反垄断法》规定的具有市场支配地位的大型平台，还应遵守该法禁止"滥用市场支配地位"的规定。

（三）平台经营者服务协议、交易规则制定与公示义务的具体履行

1. 平台经营者服务协议、交易规则制定义务的履行

平台经营者制定服务协议与交易规则的义务包括初始制定时的义务与修改时的义务，上述义务的履行均需遵循公平、公开和公正的基本原则。

（1）制定服务协议与交易规则时的公平、公开和公正。电子商务平台经营者在制定服务协议与交易规则时，应遵循公平、公开、公正原则，明确其自身与其用户的权利和义务。为防止电子商务平台经营者因为自身在电子商务中的重要作用而滥用其优势地位，在制定服务协议与交易规则中，就应该依据公平、公正的原则确定其与平台内经营者的权利、义务关系，在与平台内经营者签订服务协议、告知交易规则时，就必须公开其协议和规则的内容，公平对待所有的经营者，在没有正当理由的情况下，不应该采取差别待遇。尤其是对于进入和退出平台的条件，不得设置不合理的限制。

（2）修改服务协议与交易规则时的公平、公开和公正。平台经营者依据情况变化对服务协议与交易规则进行修改是平台有效治理的基本要求，加之服务协议与交易规则的自律规范属性，故立法赋予了平台经营者修改服务协议与交易规则的自由。同时，该修改是在与平台内经营者签订服务协议与公示交易规则后，相当于平台治理基本规则的变更，是格式合同条款的变更，会影响平台内经营者与消费性用户等多方主体的利益，应当允许利害关系人在修改中的参与。依据合同变更的基本原理，当事人协商一致的情况下才可以变更合同。考虑到电子商务中用户众多、分布较广的现实情况，《电子商务法》采取了意见反馈为主、协商为辅的模式。平台经营者修改服务协议、交易规则，制定上述协议与规则应遵循相同的公开、公平、公正的原则。具体而言，公开、公平表现在修改时平台经营者应当在首页显著位置公开征求意见，意见收集应预留充分的时间，应当有技术措施保证意见收集的充分性，可以针对用户发放调查问卷、征求意见函、公示，其中包含修改主要内容、目的、法律依据及对当事人权利义务影响等内容的修改说明，平台经营者还应该建立意见收集与反馈机制，公示收集到的意见，并说明采纳与否的理由；公平、公正表现为电子商务平台经营者不得阻止平台内经营者不接受修改内容时退出平台的权利。

2. 平台经营者服务协议、交易规则公示义务的履行

平台经营者对服务协议与交易规则的公示义务反映了公平、公开、公正原则的基本要求，是落实电子商务经营者信息公示义务的具体体现。该公示义务包括制定完毕并实施后的持续公示、修改后实施前的公示以及执行中采取措施的公示。

（1）制定完毕并实施的服务协议与交易规则或其链接标识的公示义务。电子商务主要采用的是非当面的在线交易的模式，要求电子商务平台经营者将制订的平台服务协议和交易规则进行公示，不仅是作为私主体的电子商务平台经营者制订的平台服务协议和交易规则等自律规范获得完全法律效力的方式，也是保护平台内经营者和消费者权益、减少电子商务纠纷的重要途径。《电子商务法》明确规定应在平台首页显著位置持续公示，可以是服务协议与交易规则本身，也可以是其链接标识，并保证用户能够便利、完整地阅览和下载。实践中，平台经营者在用户注册时，通常会对相关的交易规则内容进行提示，并且要求相对人对其表示同意，才能够完成注册程序；若相对人不同意，则无法注册也就无法在平台进行交易。但由于交易规则的内容异常复杂，相对人通常会直接点击同意而不会认真去浏览长长的以"使用条件""使用规则""服务协议""隐私条款"呈现的交易规则与服务协议。基于这一事实和上述规则与协议的格式条款属性，平台经营者应履行显著提示的义务，针对交易规则和服务协议的核心关键内容，尤其是对相对人的权利和义务有重大影响的内容，如对合同成立条件与时间、平台退出事由与条件、纠纷解决方式与管辖等进行特别的提醒，可以采取特别勾选同意或者弹窗的方式，以引起用户足够

的注意与关注。

（2）修改后服务协议与交易规则实施前的公示义务。电子商务平台经营者在依法公开征求意见并采取合理措施确保各方及时充分表达意见基础上完成服务协议与交易规则的修改后，应该对修改的内容及时公示，至少应当公示7日后才能实施。这一规定有助于平台内用户全面知悉且理解修订的内容，作出留在还是离开平台的决策；有助于防止因规则变动导致对正常交易秩序的影响，实现交易的顺利过渡。

（3）依据交易规则与服务协议对平台内经营者实施处置措施的及时公示义务。电子商务平台经营者进行平台治理的主要依据是法律法规、服务协议与交易规则，且在服务协议与交易规则中通常会明确要求平台内经营者与其他消费性用户遵守法律、行政法规的规定。电子商务平台经营者之所以能够对违反法律、行政法规的平台内经营者实施处置措施，一方面是源自作为合同一方当事人基于合同约定所享有的权利，"暂停服务"相当于作为一方当事人的平台经营者行使履行抗辩权，"终止服务"相当于赋予作为一方当事人的平台经营者有合同的解除权。同时，其又与传统合同法中当事人的权利有别，电子商务平台治理具有一定的准公共性，赋予平台经营者一定的处置措施采取权有助于维护平台治理的秩序、促进其行使其管理职能。针对电子商务交易的特点，其不需依据合同法规定的向对方履行通知义务后才可实施，而是在发现平台内经营者违法行为时可以直接实施警示、暂停或终止服务的措施。当然，实践中通常是会在服务协议与交易规则中明确平台经营者采取相应处置措施的情形与事由。《电子商务法》明确规定平台经营者应当及时公示对违法的平台内经营者的处置措施，其有助于保护其他利益相关者的及时知情权，进行交易判断、保护交易安全，避免不必要的损失；同时也有助于警示其他平台内经营者，引导其合法经营。

三、搜索结果显示和竞价排名提示义务

（一）搜索结果显示和竞价排名提示义务的内涵与意义

1. 搜索结果显示和竞价排名提示义务的内涵

所谓平台经营者的搜索结果显示与竞价排名义务，根据《电子商务法》第40条的规定，是指电子商务平台经营者根据商品或者服务的价格、销量、信用等以多种方式向消费者显示商品或者服务的搜索结果的义务，以及对于竞价排名的商品或者服务显著标明"广告"的义务。

2. 搜索结果显示和竞价排名提示义务的意义

电子商务平台是典型的双边市场，同时聚集着大量的用户与大量的平台内经营者。在电子商务实践中，为帮助消费者节约时间成本，提高交易效率，平台经营者往往在其平台网站首页设置搜索引擎，消费者在输入关键词后即可浏览平台内提供

的与关键词相关的目标商品的搜索结果，搜索结果的排列顺序会对消费者的选择产生重要影响，搜索结果中顺序在先的商品被购买的可能性更高。平台经营者可以通过技术手段控制搜索结果的排序方式，从而间接影响消费者的选择。同时，因为依托平台进行交易，平台内经营者之间的竞争很大程度上也成为获取流量和关注度的竞争，故平台经营者相较于平台内经营者具有显著的话语权和控制优势，故明确规定平台经营者搜索结果显示义务有利于平衡其与平台内经营者之间的关系，限制平台经营者利用其干预搜索结果的方式来施加影响力。

实践中也出现了平台经营者采取竞价排名等方式与部分平台内经营者进行交易，通过技术手段将平台内经营者的商品"置顶"以帮助其提高销量与影响。这种行为已经具有广告性质，如不加以规范，会影响平台内的公平交易环境，侵犯消费者的知情权与公平交易的权利。平台经营者承担的搜索结果显示与竞价排名提示义务体现了电子信息技术对交易公平性的影响以及公平交易在电子商务领域的具体要求，这是电子商务领域极具特色的规定，有助于维护电子商务交易秩序，保护消费者的合法权益。

（二）平台经营者搜索结果显示义务的具体履行

1. 平台经营者保证搜索结果的显示

电子商务平台上存在数量巨大、种类繁多的商品与服务的现状决定了消费者选择自己欲购买商品或者服务的主要方式是选择关键词进行搜索，平台经营者提供的搜索结果是消费者在平台中查找商品、服务信息的主要途径。平台经营者应该运用技术手段承担提供搜索结果的显示义务，搜索结果应该是自然搜索的结果，即根据一定的策略、运用特定的计算机程序根据用户的需求在特定数据库内搜集信息，按照一定的标准整理信息，并最终将整理排列好的信息显示出来。

2. 平台经营者应该以多种方式显示搜索结果

电子商务平台经营者应当提供搜索服务，并且对搜索结果的显示方式提供多种选项。因为搜索结果一定程度上影响甚至决定着消费者的最终选择，而消费者的消费需求与选择各异，因此，《电子商务法》第40条对平台搜索引擎反馈给用户的排序方式进行了详细的规定，要求平台根据商品或者服务的价格、销量、信用高低等方式对搜索结果进行排序，并且可以由消费者根据选定的方式自由查询，平台不得任意篡改数据，影响排序结果。即平台经营者应该以技术手段保证搜索结果排序是根据客观算法进行的搜索排序，法律规定中列举了三种排序方法，即价格排序法、销量排序法与信用排序法，平台经营者必须向用户提供至少这三种搜索排序方法，这是平台应承担的最低义务。当然，经济和技术实力强的平台经营者还可以提供诸如综合排序法等其他搜索排序方法，这属于平台经营的自由，法律不加干涉。

（三）平台经营者竞价排名提示义务的具体履行

1. 实施竞价排名行为的电子商务平台经营者应具备相应的资质

电子商务平台除提供网络经营场所、交易撮合与信息提供等信息服务业务外，还可以在符合相关资质的条件下开展其他业务。对于竞价排名行为的法律性质，曾经有不同的认定，当今较为通行的观点是认为其属于互联网广告的一种，根据《广告法》第 44 条第 1 款的规定，利用互联网从事广告活动适用本法的各项规定。可知平台发布广告的资质条件、内容的要求与对其他媒体的要求相同，平台经营者对产品进行推荐、通过竞价排名等方法发布商品和服务广告时，应当取得相应资质，按照国家有关规定建立、健全广告业务的承接登记、审核、档案管理制度，依据法律、行政法规的规定查验有关证明文件，核对广告内容。

2. 平台经营者开展竞价排名时应显著标明"广告"字样

《电子商务法》规定平台经营者在显示竞价排名的商品或服务信息时，应当显著标明"广告"，其目的在于明确竞价排名的广告性质以及防止消费者混淆平台提供的商品基本信息与广告信息，进行错误交易。需要注意的是，这一规定表明立法认可"竞价排名"行为在电子商务领域存在的合法性，只要平台经营者履行了有效提示的义务，能够避免对消费者产生误导即可，这是《电子商务法》促进电子商务发展之立法目的的体现，考虑到了平台是具有网络交易服务提供者和广告服务提供者的双重身份，既对平台利用其身份特殊性误导消费者的行为进行规制，同时也维护了平台内经营者之间的公平竞争。从本质上讲，商品和服务的排名是平台内经营者商事信用的一种体现，如果平台内经营者可以仅凭竞价高低获得不实的搜索排名而对消费者进行欺诈、获得暴利，这本身就是一种不正当竞争的手段，立法应该对此加以规制，并需要在未来的立法中对竞价排名的方式、标准及相关主体权利义务的配置进行细化性规定，以增强其操作性。

☞ **新闻摘录**

大学生魏则西患滑膜肉瘤于 2016 年 4 月 12 日不幸去世。生前，2016 年 3 月 30 日，魏则西在知乎网上发布了自己求医的经历，披露他是通过百度"搜索推广"发现武警二院广告。当初魏则西在百度搜索查找时，武警北京总队第二医院排在搜索的第一条，且显示是公立三甲医院。魏则西因此选择武警二院进行治疗。但在花掉 20 多万元之后，武警二院的"生物免疫疗法"没能挽回他的生命。魏则西死前披露有关信息，引起社会广泛关注。

四、电子商务交易安全保障义务

从广义上讲，电子商务平台经营者的交易安全保障义务至少应该包括交易系统的安全维护义务，即网络安全保障义务与消费者人身、财产安全的保护义务，也即消费者安全保障义务。

（一）电子商务平台经营者对网络交易系统的安全保障义务

互联网安全是网络技术发展中需要面对的重要问题，与线下交易相比，由于网络空间的复杂性，致使网络空间内的安全保障需要投入更多人力物力。网络不安全对整个网络空间的高威胁性已经引起了各方的高度关注。应该说，解决好网络安全问题是维系网络空间良性有序发展的基础，也是电子商务能够真正进入公众生活的重要前提和保障。包括平台经营者在内的所有的电子商务经营者均需承担账户安全等系统安全的维护义务。尤其是对于作为典型双边市场的电子商务平台经营者而言，交易系统的安全保障义务更加重要。《电子商务法》第 30 条特别强调，电子商务平台经营者交易系统安全的保障义务，既具有合理性，也是出于效率的考量。一方面电子商务平台经营者具有保障其经营领域内信息网络安全的经济能力与技术能力，与电子商务领域的其他主体相比，能够实现以较少的投入获得更好的网络安全保障效果；另一方面，由电子商务平台经营者承担网络安全保障义务也具有合理性，在《消费者权益保护法》《侵权责任法》和相关行政法规中均规定传统线下交易场所在其空间范围内承担保障交易安全的责任，体现了线上线下平等保护的基本原则，规定作为网络经营场所提供者的平台经营者承担交易系统的安全保障义务具有合理性和充分的依据。

1. 平台经营者网络交易系统安全保障义务的内涵与意义

网络交易系统安全，根据《电子商务法》第 30 条的规定，是指系统符合网络安全的要求并运行稳定。"网络"一词涉及的范围很广泛，网络安全的定义具有高度的复杂性和跨学科性，包含网络空间、网络信息、网络主权、网络系统、网络秩序等多项内容。因此对网络安全的定义多是以某一方面作为切入点来具体表述。如上海社会科学院信息研究中心制定的《信息安全词典》中将网络安全定义为网络信息安全，指保障国家、机构、个人的信息空间、信息载体和信息资源不受来自内外各种形式的危险、威胁、侵害和误导的外在状态和方式及内在主体感受。有学者从保障利益种类的维度将网络安全划分为个人网络安全、社会网络安全以及国家网络安全，将网络安全与国家安全联系起来；也有学者将网络安全的内容具体分为网络系统安全、网络数据安全、网络主体秩序安全与网络信道安全；也有学者认为要用发展的眼光审视网络安全的范围，随着网络技术发展的日新月异，网络安全的定义也要与时俱进，根据网络安全对应的内容的不同将其划分为不同的阶段：第一阶段：包含系统安全、信息安全与应用安全，第二阶段：包含使用安全与内容安全，第三阶段：包含空间安全。根据我国 2017 年颁布的《网络安全法》第 76 条的规定，网络安全是指通过采取必要措施，防范对网络的攻击、侵入、干扰、破坏和非法使用以及意外事故，使网络处于稳定可靠运行的状态，以及保障网络数据的完整性、保密性、可用性的能力，可见该法是将稳定运行包括在网络安全之内。本质上，网络安全的内容具有多样性与动态性，是一个不断发展的概念。具体到电子商务领域，应当参照我国《网络安全法》的相关规定理解网络安全的范围，即包含交易过程中的网络运行安全与交易信息安全两部分。

"稳定运行"的界定可参考《网络安全法》第 10 条的表述，与网络安全内涵的高度复杂性不同，稳定运行的定义内涵较为明确，包含了系统正常运行和系统安全运行两重含义。具体到电子商务领域，所谓系统安全运行，是指通过平台进行的线上交易不会给参与交易的双方带来明显或潜在的包括交易账户安全、个人信息安全以及手机、电脑等交易终端的硬件安全和终端内部储存信息安全的风险；所谓系统正常运行，是指平台应保障交易页面、搜索引擎、服务器等与交易相关的技术支持的稳定无错误运行，在出现程序错误或硬件问题时平台有能力及时进行修复，同时保障相关交易信息不会因为系统或硬件故障而丧失。

立法中明确规定平台经营者对网络交易系统的安全保障义务，有助于发挥其在网络安全治理中的核心作用，随着互联网普及应用而不断出现的钓鱼网站、漏洞攻击、个人信息泄露等网络安全事件频发，凸显了加强网络安全治理的必要性。《网络安全法》第 7 条明确规定，国家积极开展网络空间治理、网络技术研发和标准制定、打击网络违法犯罪等方面的国际交流与合作，推动构建和平、安全、开放、合作的网络空间，建立多边、民主、透明的网络治理体系。在电子商务中，各方协同治理有利于高效地实现和维护网络空间安全，但不可否认电子商务平台经营者在其中的核心作用。同时，平台经营者履行网络交易系统的安全保障义务也利于其自身经营的持续与业务扩展，安全系数高、网络安全事件发生少的平台更容易得到用户的青睐。

2. 电子商务平台经营者交易系统安全保障义务的具体履行

（1）遵守《网络安全法》《刑法》等相关法律规定维护交易系统的安全。电子商务平台经营者作为网络运营者，需要遵守《网络安全法》《刑法》等法律和相关行政法规规定的保障网络安全的义务。以网络安全法为核心的网络安全规制法律规范体系，规定了网络运营者的一系列保障义务，具体包括：网络产品和服务安全保障义务、网络运行安全保障义务、网络数据安全保障义务和网络信息内容安全保障义务等。这些安全保障义务在理论上有区分的必要和可能，但实际上互相交织，比如，数据安全保障同时是产品服务安全和运行安全的组成部分。《网络安全法》关于网络运营者应当按照网络安全等级保护制度的要求，履行安全保护义务，保障网络免受干扰、破坏或者未经授权的访问，防止网络数据泄露或者被窃取、篡改，采取数据分类、重要数据备份和加密等措施；同时任何个人和组织不得从事窃取网络数据等危害网络安全的活动，不得提供相关的程序、工具；明知他人从事危害网络安全的活动的，不得为其提供技术支持、广告推广、支付结算等帮助的规定，以及关于关键信息基础设施运行安全与跨境数据流动安全等方面的规定，电子商务平台经营者应该继续遵守。《刑法》规定了一系列与网络和计算机犯罪相关的罪名，如非法侵入计算机信息系统罪等以网络系统、数据为对象的犯罪，以及利用计算机网络实施的金融诈骗罪等以计算机网络作为犯罪工具或手段的传统犯罪，电子商务平台经营者有义务承担上述犯罪的防范义务。

（2）依据《电子商务法》的规定采取技术与必要措施。在遵守《刑法》《网络安全法》规定的安全保障义务的基础上，《电子商务法》关于电子商务平台经营者应当承担网络安全保障义务的规定是对该义务重要性的进一步强调。基于平台的技术和管理优势，这一义务主要是对平台经营者采取相关措施的要求，要求平台经营者采取技术措施和其他相关的必要措施，一方面保证平台自身网络的安全、稳定运行，同时也需要防范他人借助平台展开网络违法犯罪活动，保障电子商务的交易能够在安全、稳定、可靠的技术环境下展开。电子商务领域涉及网络安全的违法犯罪活动，很大程度上是利用了交易系统的安全漏洞与交易规则的制度漏洞，电子商务平台经营者是上述漏洞防范的直接责任人，加上安全性也是用户选择是否进入平台时考虑的核心要素之一，因此，无论是从保证和扩大自身持续经营出发，还是其具有的技术优势和承担的职能，平台经营者都应该采取必要措施防范网络安全风险。

（3）依据《电子商务法》的规定制定预案、启动预案、进行补救和主动报告。《电子商务法》第30条第2款规定，电子商务平台经营者应当制定网络安全事件应急预案，发生网络安全事件时，应当立即启动应急预案，采取相应的补救措施，并向有关主管部门报告。明确了平台经营者针对网络安全事件从事前、事中、事后各环节应采取的措施，即事前制定网络安全事件应急预案，事中发生网络安全事件时应当立即启动应急预案，事后应当采取相应的补救措施并向有关主管部门报告，《网络安全法》第25条也有类似的规定。

依据《网络安全法》《GB/T24363—2009信息安全及信息安全应急响应计划规范》《GB/T20984—2007信息安全技术 信息安全风险评估规范》《GB/Z 20985—2007信息安全技术 信息网络攻击事件管理指南》《GB/Z 20986—2007信息安全技术—信息网络攻击事件分类分级指南》等多部文件，根据信息安全事件发生的原因、表现形式等，将信息安全事件分为网络攻击事件、有害程序事件、信息泄密事件和信息内容安全事件四大类。依照《GB/Z 20985—2007信息安全技术 信息网络攻击事件管理指南》《GB/Z 20986—2007信息安全技术—信息网络攻击事件分类分级指南》等文件，根据信息密级、声誉影响、业务影响、资产损失等因素，可以将安全事件划分为特别重大事件（Ⅰ级）、重大事件（Ⅱ级）、较大事件（Ⅲ级）和一般事件（Ⅳ级）四个级别。网络安全事件甚至比网络犯罪的影响范围还要广、危害程度还要大。

第一，事前紧急预案的制定。由于以计算机病毒、批量网络攻击、大规模网络入侵为主要形式的网络安全事件往往具有突发性，平台除了采取积极措施预防外，还应提前制定应急预案，以便于在安全事件出现时能及时有效应对。关于平台应当预先制定的紧急预案的内容，结合《网络安全法》的有关规定，应当包含如下五个方面的内容：①制定内部安全管理制度和操作规程，确定网络安全负责人，落实网络安全保护责任；②采取防范计算机病毒和网络攻击、网络侵入等危害网络安全行为的技术措施；③采取监测、记录网络运行状态、网络安全事件的技术措施，并按照规定留存相关的网络日志不少于 6 个月；④采取数据分类、重要数据备份和加密等措施；⑤法律、行政法规规定的其他义务。

第二，事中紧急预案的启动。在发生网络安全事件后，平台经营者应启动预先制定的紧急预案，通过落实事件处理所需的各类资源和管理支持，并与如供应链中的外部服务提供商等相关外部组织进行协调，能够在必要时获得外部组织的协助，及时处置系统漏洞、计算机病毒、网络攻击、网络侵入等安全风险。

第三，事后的及时救济与报告。网络安全事件发生后，平台经营者应及时恢复信息系统的业务功能，评估完全恢复的信息系统能力，重新建立连续的监测活动。对系统中可能的漏洞进行弥补，恢复数据库管理系统与事务处理系统等，以保证事件溯源能力。平台在采取措施自救的同时，也应及时向政府有关部门报告情况，必要时可以请求政府的援助，防止危害升级，最大限度地减少损失。事后，有关部门可以根据由平台提供的事件信息总结经验，制定更加完善的安全检测标准，提升全网安全保障力度。

☞ **新闻摘录**

据统计，2014 年至今，人民银行全系统金融消费权益保护部门受理的网络支付类投诉占互联网金融类投诉的 95.06%。据业内人士介绍，在第三方支付机构中，只有拿了互联网支付牌照才能开设支付账户。目前 269 家第三方支付机构中有互联网支付资格的不超过 100 家，但绝大多数开设了支付账户。所谓第三方支付就是一些产品所在国家以及国内外各大银行签约并举办一定实力和信誉保障的第三方独立机构提供的交易支持平台。如拉卡拉、支付宝、融宝等就属于第三方平台，央行报告指出，支付机构在迅速发展的过程中，相关问题和风险不断显现，消费者未能得到有效保护。报告列出四点问题：一是支付账户普遍未落实账户实名制。据公安部反映，不少机构为"黄赌毒"洗钱、恐怖融资及其他违法犯罪活动提供便利。二是挪用客户资金事件时有发生。三是疏于安全管理，部分支付机构风险意识薄弱，客户资金和信息安全机制缺失，安全控制措施不到位，对消费者的信息和财产安全构成严重威胁。四是缺乏消费者权益保护意识，夸大宣传、虚假承诺，普通消费者维权困难。

（二）平台经营者对平台内经营者提供的商品与服务的人身、财产安全保障义务

1. 平台经营者对平台内经营者提供的商品与服务承担人身、财产安全保障义务的内涵

近年来，基于食品安全与产品质量事故频发的现状，立法机关一是加大立法力度，出台了《食品安全法》等专项立法，以加强行业管控、提高质量标准；二是在食品安全、产品质量等重要领域内强化生产者、经营者的侵权责任，赋予具有公共安全保障职责主体的安全保障义务，以加强对消费者利益的切实维护。《电子商务法》第38条明确规定了电子商务平台经营者知道或者应当知道平台内经营者销售的商品或者提供的服务不符合保障人身、财产安全的要求，或者有其他侵害消费者合法权益行为时，有采取必要措施的义务。对于关系消费者生命健康的商品或者服务，电子商务平台经营者对平台内经营者的资质资格应当尽到审核义务，对消费者尽到安全保障义务。作为商品或服务提供者的平台内经营者应当确保商品或服务符合保障人身、财产安全的要求，有利于保护消费者权益，这是平台内经营者应承担的主要责任。但是，平台经营者作为具有技术优势与准公共管理职能的双边市场拥有者，有义务对平台内经营者的各种非法行为积极介入，对其进行管控，对平台内经营者的违法经营行为采取处置措施并及时公示。

2. 平台经营者对平台内经营者提供的商品与服务承担人身、财产安全保障义务的理论基础

基于安全保障义务的基本理论，包括电子商务平台经营者在内的电子商务经营者因为为交易风险的提高创造了条件，也与受害人之间具备特殊关系。具体到电子商务平台经营者而言，由于电子商务平台经营者提供网络经营场所、交易撮合、信息发布等服务的基本功能，虽然电子商务交易多数风险的直接来源是参与买卖的交易方或交易方与提供商之外的第三人，但电子商务平台经营者提供的平台服务为这种风险的提高创造了条件；此外，在平台型电子商务交易中，卖方需要向平台经营者缴纳一定费用；买方虽然通常不需要直接向平台经营者缴纳注册费用或交易费用，但卖方在平台发布商品信息以及与买方缔结买卖合同时，平台经营者都要收取一定费用，而这些费用卖方会通过买卖合同转嫁给买方，因此买方与平台经营者之间也具有商业利益的特殊关系。因此，平台经营者对交易方负担安全保障义务，符合从危险中获利的原则，是应当予以认可的，因而其不被认定为危险的原因。

3. 平台经营者对平台内经营者提供的商品与服务承担人身、财产安全保障义务的具体履行

（1）平台经营者在特定情形下应采取必要措施。《消费者权益保护法》第7条规定："消费者在购买、使用商品和接受服务时享有人身、财产安全不受损害的权

利。消费者有权要求经营者提供的商品和服务，符合保障人身、财产安全的要求"。该法第44条第2款规定："网络交易平台提供者明知或者应知销售者或者服务者利用其平台侵害消费者合法权益，未采取必要措施的，依法与该销售者或者服务者承担连带责任。"《侵权责任法》第37条规定了宾馆、商场、银行、车站、娱乐场所等公共场所的管理人或者群众性活动的组织者，应当承担安全保障义务。《电子商务法》第38条第1款规定了电子商务平台经营者对平台内经营者销售的商品或提供的服务未尽到相关义务时应承担连带责任，而责任是义务违反应承担的否定性法律后果，这意味着此时平台经营者负有相应的义务。平台经营者在知道或者应当知道平台内经营者销售的商品或提供的服务不符合保障人身、财产安全的要求，或者有任何包括未及时披露商品或者服务信息或者进行虚假宣传等侵害消费者权益的行为，平台经营者应采取必要措施，根据《电子商务法》第29条和第36条的规定，平台经营者在发现上述情形时，应当依法采取必要的处置措施，并向有关主管部门报告，依法可以采取的措施包括警示、暂停或者终止服务等，至于何种情况下采取何种措施由平台经营者根据具体的情况确定。

需要注意对"必要措施"的理解，因平台内经营者的违法行为表现不同，平台经营者可采取的具体措施也应该有所区别。通常认为，平台经营者依照法律法规的规定以及平台交易规则、服务协议确定的要求而采取的措施被认为是必要措施；在特殊情形下，虽然依照法律法规或平台服务协议、交易规则采取了措施，但如果能证明采取的措施明显未达到足以保护消费者合法权益的程度，且平台经营者存在过错时，也应被认定为未采取必要措施。

（2）对关系消费者生命健康的商品或服务，电子商务平台经营者应对平台内经营者的资质资格进行审核，对消费者的安全进行保障。平台经营者对平台内经营者资质资格的审查是指依据《电子商务法》第27条对平台内经营者销售关系到消费者生命健康的商品或者提供关系到消费者生命健康的服务的行政许可等资质资格信息进行核验的义务，进行核验、登记，建立登记档案，并定期核验更新；平台经营者对消费者的安全保障是指提供必要措施，对在其平台内进行交易的消费者的生命健康进行安全保障。

除了《电子商务法》外，《产品质量法》与《消费者权益保护法》也有"关系到消费者生命健康"相同或类似的表述，《产品质量法》第13条规定，可能危及人体健康和人身、财产安全的工业产品，必须符合保障人体健康和人身、财产安全的国家标准、行业标准；未制定国家标准、行业标准的，必须符合保障人体健康和人身、财产安全的要求。《消费者权益保护法》第45条规定，广告经营者、发布者设计、制作、发布关系消费者生命健康商品或者服务的虚假广告，造成消费者损害的，应当与提供该商品或者服务的经营者承担连带责任。《电子商务法》在上述规定基础上再次强调平台经营者对平台内经营者提供的商品与服务的人身、财产安全保障义务是考虑到了电子商务线上经营的虚拟性特点与平台的监管能力。平台经营者对消费者的安全保障义务不同于平台经营者的网络安全保障义务，两者虽均有保障电子商务交易安全的意义，且网络安全没得到保障时最终也会侵害消费者的人身、财产安全，但前者更多是从商品或服务质量把控、进行资质资格审核的角度维护消费者生命健康，后者则更多是从交易系统的安全、稳定运行角度，最终维护包括平台内经营者、消费者等在内诸多主体的合法权益。不应过分扩张平台经营者对消费者安全保障义务的内涵，《电子商务法》中许多对平台经营者义务的规定都涉及对消费者的保护，不应当将这些义务都认定为是对消费者的安全保障义务，避免对平台施加不合理的负担，让其承担过重的责任而影响其健康发展。相信，随着《电子商务法》的实施与电子商务实践的发展，会逐渐清晰诸如安全保障义务等相关概念的内涵与类型。

☞ **新闻摘录**

2016 年 11 月 30 日，北京海淀法院宣判了国内首起网约车交通案。本次案件事故发生于 2016 年 6 月 17 日，当日滴滴快车司机廖某驾驶小客车在拥堵停驶路段上，车内乘客颜某开启右后车门时不慎将刚好经过的自行车行驶人秦某撞伤，造成人身及财产伤害。此后，经公安机关交通管理部门认定，滴滴快车司机廖某应付全部责任。

以滴滴为代表的网约车平台辩称，自身仅是一个提供互联网信息服务的平台，平台方在网上将用户的用车需求提供给运营方，撮合两方的交易，故不应承担任何责任。

法院审理认为，根据我国《侵权责任法》第 34 条规定，以及《网络预约出租汽车经营服务管理暂行办法》第 16 条、第 18 条规定，滴滴公司等平台所承担的，不是简单的"信息撮合"，而是"承运服务"。由于未在安全停靠地点开车门下车导致事故，乘客颜某和司机廖某应对各自的过错承担相应的责任。考虑到廖某系接受滴滴出行平台指派，履行滴滴出行平台与乘客的客运合同，廖某属于提供劳务一方，滴滴出行平台作为接受廖某劳务的一方应承担相应的侵权责任。因此，在保险公司在交强险范围内承担先行赔付责任之后，乘客颜某与滴滴出行公司对超出交强险部分的路人损失，各承担 50% 的赔偿责任。

五、平台经营者信息记录、保存义务

（一）平台经营者信息记录与保存义务的内涵与意义

平台经营者的信息记录与保存义务，根据《电子商务法》第 31 条的规定，是指电子商务平台经营者应当记录、保存平台上发布的商品和服务信息、交易信息，并确保信息的完整性、保密性、可用性。《电子商务法》不仅规定了信息记录、保存的基本内容、要求，还规定了信息保存的时间。《网络交易管理办法》也规定了第三方交易平台经营者应当审查、记录、保存在其平台上发布的商品和服务信息内容及其发布时间。

商品和服务信息、交易信息是电子商务交易当事人从事交易活动的证明和重要凭证。在售后服务提供、保存与固定具体交易情况的证据，以及相关纠纷解决中对当事人合法权益的维护具有重要意义。在电子商务交易中，交易当事人通过网络媒介进行协商、邀约、承诺等交易流程，使得交易过程很难产生可以留存的纸质交易凭证，所有的交易环节均以数据的方式留存于平台经营者的服务器内。电子商务平台为电子商务交易的发生场所，具有获取交易信息的便利，具备妥善保存交易信息的技术手段和资金实力，因此，《电子商务法》第31条对电子商务平台经营者记录、保存信息的义务进行了规定。作为交易场所提供者的电子商务平台应当在后台对平台内进行的交易信息以第三人的身份进行真实、完整的保存，并确保数据安全。其他辅助类服务经营者作为电子商务交易的参与者也应当承担保存交易信息的义务，这样可以为交易信息与商品、服务信息的安全保存配置双保险，确保上述信息的完整性、保密性和可用性，发挥交易溯源以及定纷止争的作用。

（二）平台经营者信息记录、保存义务的具体履行

1. 记录、保存信息的类型与范围

根据《电子商务法》的规定，平台经营者记录、保存的信息有两类：一是在平台上发布的商品、服务的信息，二是通过平台进行的交易的信息。商品和服务信息除了包括静态的商品和服务的描述信息，还包括商品和服务发布的时间和发布人等信息。交易信息应当包括交易全过程的动态信息，包括交易双方、交易过程、物流运输、商品交付或者服务提供以及交易后的售后服务、评价等信息。前已述及，平台经营者应当建立登记档案记录平台内经营者的身份信息与经营信息，以及平台内非经营性用户的身份信息，注意区分上述信息的不同，对于用户的身份信息与经营信息，平台经营者需建立登记档案，并定期核验更新。而商品、服务信息与交易信息一经完成即不可以更改，更多是依靠平台系统的自动记录与保存，这要求平台具有足够大空间的存储系统。

2. 记录、保存信息的措施

《电子商务法》并未对平台经营者记录、保存相关交易信息的具体措施做出规定，这是互联网技术中立原则的具体体现。技术中立原则又称不偏重任何技术手段的原则，是目前世界各国和国际组织在电子商务立法中共同遵守的基本原则之一，是指法律应当对交易使用的技术手段一视同仁，不应依照技术之外的其他因素对技术进行区分对待。技术中立性原则在各国电子商务立法中均有所体现，其核心价值在于保障电子信息技术的自由良性发展，排除不必要的司法、政策干预。具体到电子商务法领域，不论电商经营者采用何种电子通信技术，其交易的法律效力都不应受到影响。电子形式的交易虽然离不开技术手段的支持，但是电子商务立法绝不能认定某种特定手段的权威性，否则便会限制同类型技术的发展与革新，制造电子商务市场交易障碍。不局限于数字签名，而将所有可确保资料在传输或储存过程中的完整性及鉴别使用者身份的技术皆纳入电子签名的范畴也是技术中立原则的体现。在实践中，平台经营者可以采用数据备份、数据迁移、电子签名等常用技术手段来保障数据信息的安全与完整。

3. 信息记录、保存的期限

通常情况下，对商品与服务信息和交易信息的记录由系统自动完成，对于记录后的保存期限，《电子商务法》采取一般规定与特殊例外相结合的方式。一般情况下，商品和服务信息、交易信息应当自交易完成之日起开始保存，期限不少于三年，平台经营者可以自愿保存更长的时间。不少于三年期限的规定是为了与《民法总则》中规定的三年普通诉讼时效相衔接，在保存期内，产生有关争议时，可以基于法律的规定或司法机关职权的行使，向平台经营者调取相关信息，解决争议。如果法律另有规定，应遵守法律的相关规定。

4. 信息记录、保存的基本要求

平台经营者对商品和服务信息、交易信息的记录与保存应确保符合信息安全的基本要求，达到国际标准化组织确认的信息安全的完整性、保密性、可用性的"三性"要求。完整性要求每一次交易信息与商品和服务信息都要实现完整记录，保证信息不被修改、破坏等，保持信息的完好无损。保密性要求平台经营者需采取有效措施建立信息数据库的安全防护机制，防止出现信息泄露的情况，相关信息不被无权访问的人获得。可用性要求平台能够实现相关数据的检索查询，信息可以被合法用户依法使用。如果平台擅自改变相关数据，或者提供虚假数据，或者因措施不当而导致数据泄露或被他人篡改，都需要承担相应的法律责任。

5. 信息记录、保存义务与其他平台经营者应承担义务的冲突与协调

电子商务平台经营者应承担的信息记录与保存义务可能与平台经营者应承担的其他义务存在冲突，需要进行协调。如根据《电子商务法》的规定，平台经营者应承担个人信息保护义务，个人用户有权要求平台经营者删除或注销其账户信息，平台经营者核实身份后应该立即删除或注销该用户信息。同时，个人用户与平台内经营者开展电子商务交易的，对于两者的交易信息，平台经营者依法负有记录和保存义务，此时就需要平衡两者的制度价值协调保存与删除的矛盾，个人要求平台经营者删除在平台内公开的、可以被第三方查阅和检索的、并因此可能会对个人信息安全产生影响的交易信息，是个人数据权利的应有之义，平台经营者依法记录和保存个人相关的交易信息是其法定义务，有助于相关交易纠纷的解决，因此，上述情

形下平台经营者依然应当负有记录与保存的义务，但可以进行技术处理，可以采用诸如在后台以加密方式留存有关交易原始信息的方式，这既尊重了个人信息主体的权利，保护其个人信息安全，也实现了信息记录与保存的完整性、保密性与可用性的基本要求。

六、违法经营处置义务

(一) 平台经营者违法经营处置义务的内涵与意义

平台经营者违法经营处置义务，依据《电子商务法》第 29 条和第 36 条的规定，是指电子商务平台经营者发现平台内经营者销售商品或提供服务的行为存在违法情形时依法采取必要的处置措施、及时公示并向有关主管部门报告的义务。平台经营者违法经营处置义务属于其对平台内经营活动的一般性监督检查义务，是基于平台的技术能力和条件应实施的具体监督管理义务，不同于场所运营者的安全保障义务，该义务的承担不应过分高于平台经营者现有的技术条件与能力。要求平台经营者对平台内违法经营承担处置义务有利于净化平台交易环境，维护平台交易秩序，打击平台内经营者的违法经营行为，发挥对其他平台内经营者的威慑与引导作用，保护消费者的合法权益。

(二) 平台经营者违法经营处置义务的理论基础

1. 发挥合力监管效用的需要

为实现对市场的有效监管，必须从宏观与微观两个层面合力进行监管。宏观层面的监管即政府监管，而微观层面的监管则是市场自身的监管。市场自身的监管比政府监管离交易者更近，具有实时反映市场动态、及时有效处理突发情况的优点，可以和政府监管相互补充，甚至比政府监管更高效。从经济学的角度看，市场监管应有三个环节：进入过程、生产过程、产品流通过程。而电子交易市场自身的监管，着力点在进入监管和流通监管。电子商务活动具有灵活性、效率性以及流动性的特点，这使得发现并及时处置违法违规行为变得更加困难，所以需要各类电子商务经营主体的主动参与，电子商务平台经营者的监管是电子商务市场监管的核心力量。

2. 电子商务平台经营者地位与职能特殊性的体现

电子商务平台经营者不同于普通的电子商务经营者，作为典型的双边市场它是大规模电子商务活动的组织者与协调控制者，这就决定了其有权对在平台内发生的电子商务交易活动承担与其角色相适应的管理性职能。平台经营者提供网络交易空间场所，要求其维护其所搭建的网络交易空间管理秩序是合理的，这与线下市场组织管理者对市场交易秩序的维护具有相同的效果。同时，电子商务平台经营者作为电子商务大规模开展而产生的新型的平台型组织机制，是平台经济时代的特殊经营模式，具有明显的准公共属性，在尊重其私主体定位的基础上，应突破传统观念的限制，承认平台经营者一般性的监督检查职责，具有合理性。平台经营者有权对发现的违法行为进行主动记录，同时对于平台内发生的违法行为有权采取有限度的必要措施，阻止危害结果扩大，这是电子商务领域市场自我监管的体现。当然，为防止平台经营者借用自己的优势地位侵害平台内经营者和其他用户的合法权益，其应在处置后及时公示并向有关主管部门报告，立法也应提供平台内经营者与其他用户不服平台处置措施的救济规则。

（三）平台经营者违法经营处置义务的具体履行

1. 平台经营者违法经营处置义务的适用范围

根据《电子商务法》的规定，平台经营者对平台内经营者违法经营履行处置义务的情形是违反该法第 12 和第 13 条规定的情形，分别是平台内经营者从事经营活动未能依法取得相关行政许可的情形，平台内经营者销售的商品或者提供的服务不符合保障人身、财产安全以及环境保护要求的情形，以及平台内经营者销售法律、行政法规禁止交易的商品或者服务的情形。上述情形属于对平台内经营者从事经营活动的一般规则的违反，电子商务平台经营者应当采取必要的技术手段以便于实现对平台内经营者经营活动的监控，根据法律规定的文义解释和基本精神，平台经营者的处置与报告义务应当限于其对平台内经营者从事违法经营活动明知或应知的情形，因为对平台内经营者违法经营行为进行排查难易有别，有些违法经营行为通过技术手段的完善与提升即可实现，比较容易发现，如缺少行政许可或销售与提供违禁的商品与服务；有些则非常困难，如销售的商品或提供的服务不符合保障人身、财产安全的要求和环境保护要求。因此，对于前种情形，要求平台经营者采取措施的主观状态是明知或应知；而对于后种情形，只有平台经营者通过排查发现或者接到消费者投诉等明知的情况下才有义务进行处置，其只需承担合理的注意义务。

2. 平台经营者对违法经营进行处置的依据

根据《电子商务法》的相关规定，平台经营者对平台内经营者的违法经营行为进行处置的依据主要有法律、行政法规以及平台服务协议与交易规则。通常情况下，平台服务协议与交易规则应当符合法律、行政法规的相关规定，且平台内经营者对平台经营者的处置措施有异议时，有权获得法律救济。

3. 平台经营者对违法经营可采取的处置与补救措施

平台经营者可以对具有三种违法违规情形的平台内经营者进行处置，但是《电子商务法》第 29 条并未列明平台可以采用的具体方式，考虑到平台经营者的私主体地位，法律不能赋予其行政或者刑事处罚的权力。因此，平台的处置措施应当以防止损失扩大、限制平台内经营者继续违法参与电子商务活动为目的。对于电子商务平台经营者可以采取的处置措施，依据《电子商务法》第 36 条的规定，其可以对平台内经营者违反法律、法规的行为采取的措施有警示、暂停服务与终止服务。警示是指平台经营者对平台内经营者程度较轻的违法经营行为进行口头或书面警告，接受警示的平台内经营者的其他合法交易不受影响，该种处置措施的程度较轻，只针对特定的具有违法行为的交易，且具有短期性。暂停服务则针对较为严重的平台内经营者的违法行为，给予平台内经营者的整改时间，待违法的情形或事由消失后再依据服务协议或交易规则恢复对平台内经营者的服务。终止服务是指平台经营者采取单方面措施，终止与违法违规平台内经营者之间的网络交易服务协议，不再为其提供交易场所、检索服务等协议约定的服务事项，这种处置措施最为严厉，直接取消了违规经营者在平台内部的交易资格，意味着双方之间网络交易服务合同的终止，类似平台经营者单方的合同解除权，尊重该种解除权的同时，需要防止平台经营者单方权力的滥用。

处置不是目的，在违法经营行为发生、采取相关措施后，平台经营者应针对具体的违法经营的发生原因采取针对性的补救措施。未能取得行政许可的情形涉及平台内经营者相关资质资格审核的问题，需要平台对于经营者开展特定经营业务依行政许可相关法律的规定设定准入门槛，并通过技术措施和管理规则加以落实完善。对于法律、行政法规禁止交易的商品或者服务，应当由平台经营者根据法律、行政法规确立的禁止、限制销售的商品或者提供的服务的目录，在法定依据的情况下，对于平台内经营者销售的商品和提供的服务展开一般性的排查和监控，一旦发现存在明显违禁的商品或服务，应当依法进行处置。而对于平台内经营者销售的商品或提供的服务不符合保障人身、财产安全的要求和环境保护要求的情形，相对来说较难监控和排查，平台经营者应当根据实际的需要发展出不同的技术模式来提高监控和排查的有效性。

4. 平台经营者对平台内经营者违法经营的公示与报告义务

在平台内经营者存在违法经营的行为发生后，平台经营者除采取相应的处置措施外，还需承担按照《电子商务法》第 36 条和第 29 条规定的要求及时公示并将有关信息报送相关主管部门的义务，这有助于消费者了解平台内经营者的经营状况，并作出消费决策，这也有助于有关部门了解情况，调查取证，并协助有关部门实现监管与执法职能。平台经营者掌握着平台内经营者的交易信息以及身份信息等相关信息，这些信息可以为监管部门和司法部门查处平台内经营者违法违规行为时发挥重要的证据作用。

☞ **新闻摘录**

2015 年 12 月 7 日晚，唯品会举行了 7 周年庆典，市场价 849 元/瓶的 53 度 500 毫升飞天茅台酒，活动价仅为 578 元/瓶。随后，多名购买者怀疑该茅台酒为假酒，后经鉴定，确为假酒。但唯品会在第一时间发表声明称，已经遵照国家法律建立了完整的供应商资质审核机制和流程，事前已尽到对相关供应商资质审查义务。其后，唯品会于 12 月 31 日发表声明证实平台销售假茅台，表示将对购买产品的 903 名消费者垫付商品价值十倍的赔偿。声明中称，唯品会已经永久停止与该供应商合作，并已经主动向警方报案，警方已经受理立案并对该供应商启动了刑事侦查程序，相关涉嫌人员已被刑拘，唯品会将全力配合相关部门展开调查。

七、与平台内经营者的公平交易义务

（一）保证平台内经营者不同意修改的服务协议与交易规则时退出平台的权利

相较于电子商务平台经营者，平台内经营者具有明显的弱势地位，平台内经营者修改服务协议与交易规则可能是为了更好地提供服务、保障交易，也可能是为了强化自己的优势地位，在平台内经营者认为修改的服务协议与交易规则不公平、不合理时，有权退出平台。《电子商务法》第 34 条第 2 款明确规定，平台内经营者不接受修改内容，要求退出平台的，电子商务平台经营者不得阻止，并按照修改前的服务协议和交易规则承担相关责任。

1. 平台经营者不得阻止平台内经营者退出的含义

在不接受平台服务协议和交易规则修改的情况下，退出权是平台内经营者保护自身合法权益的重要途径。电子商务平台经营者掌握着平台内经营者的资料、押金等，其可能借此阻碍平台经营者退出平台，为防止这种情况出现，《电子商务法》明确规定平台内经营者不接受修改内容、要求退出平台时，电子商务平台经营者不得阻止。从形式上而言，选择退出平台是平台内经营者的权利，平台内经营者在不接受电子商务平台经营者修改平台服务协议和交易规则时有权自行决定退出平台，平台经营者不得干预或施加影响；从实质上而言，电子商务平台经营者不得通过平台服务协议或交易规则等任何方式从实质上剥夺平台内经营者的自主退出权，包括设定退出违约金等障碍。

2. 平台内经营者退出平台经营的本质

平台内经营者退出平台的行为本质上是终止双方间的网络交易服务关系，是私主体之间行使法定或者约定解除权的结果，也是主体间意思自治的表现，法律尊重和保护这种自由。同时，为防止平台经营者强势地位的滥用，《电子商务法》明确规定了平台经营者应当按照修改前的服务协议和交易规则承担相关责任，这类似于合同一方当事人未经对方同意单方变更合同条款，基于电子商务平台规则化、格式化经营的特点，应允许平台经营者单方变更服务协议与交易规则，但应当遵循严格的意见征集与公示程序。如果平台内经营者认为修改的服务协议与交易规则对其不利要求退出平台并遭受损失的，平台经营者应该对平台内经营者的损失承担违约责任。由于选择退出的平台内经营者并不接受修订的平台服务协议和交易规则，针对选择退出的平台内经营者而言，平台服务协议和交易规则也就不发生效力，平台经营者与退出之平台内经营者之间的法律关系终结于修改之时，且平台内经营者加入平台经营的行为表明了其对修改前协议与规则的认可，因此，对于已经出现的纠纷等，应该按照修改前的服务协议、交易规则及有关法规确定责任的具体承担方式与数额。

同时，应该注意，平台内经营者退出某一平台也是退出的表现形式之一，但平台内经营者退出某一平台的经营并不意味着其退出电子商务市场，除非其彻底不再经营电子商务而退出电子商务市场，或者彻底结束经营而退出主体市场，否则换个平台继续经营则意味着其主体资格与电子商务经营资格的双重保留，平台内经营者自由退出平台是其经营自由的表现与保障。

3. 平台内经营者退出平台的准备期制度

《电子商务法》只是规定了平台内经营者在不接受服务协议与交易规则修改内容时的自由退出权，但是并未规定应当在多长时间内退出平台，即通常所称的"准备期"期限长短并未规定，对此，有两种观点：一是准备期具有固定期限，超过规定期限后平台内经营者不再享受自由退出交易平台的优惠条件，准备期限的长短应当交由平台经营者与平台内经营者自行协商，具体可以采用多种方式，如平台在最初制定服务协议时应当对准备期的时间长短作出规定，内部经营者在签订服务协议前就准备期条款与平台经营者协商进行变更，也可以不事先约定，由平台方在公示修改交易规则的公告中附上准备期期限的条款。二是准备期不具有固定的期限，只要内部经营者因为不同意平台规则修改内容，任何时候均可自由退出交易平台。本书认为，第一种观点更贴近立法本意，此种观点肯定了准备期的必要性与时效限制，同时赋予平台与用户约定的自由，实践中也较具有操作性。第二种观点更加侧重于保障平台内经营者的交易自由，却对平台经营者经营秩序维持与相关权利的考虑不足。

（二）不得对平台内经营者实施不合理交易行为的义务

1. 平台经营者不合理交易行为的界定

所谓对平台内经营者实施的不合理交易行为，根据《电子商务法》第 35 条的规定，是指电子商务平台经营者利用服务协议、交易规则以及技术等手段，对平台内经营者在平台内的交易、交易价格以及与其他经营者的交易等进行不合理限制或者附加不合理条件，或者向平台内经营者收取不合理费用。在实践中，平台经营者之间的竞争十分激烈，有的平台为了获取价格优势，往往采取强迫平台内经营者降低售价，在特定期限内强迫平台内经营者打折促销等限制交易自由的手段；有的平台为了增加自身的竞争能力，对平台内经营者入驻其他平台经营进行不合理限制；还有的平台则直接利用自己的优势地位，要求内部经营者对其缴纳不合理费用。上述行为严重侵犯了平台内经营者的交易自由，《电子商务法》明确规定了平台经营者不得实施不合理交易行为。

需要注意的是，应区分电子商务平台经营者实施的不合理交易行为与《电子商务法》第 22 条规定的平台经营者实施的滥用市场支配地位排除、限制竞争的行为，电子商务平台经营者实施的不合理交易行为针对的对象是平台内经营者，是法律对二者地位失衡的纠正；而平台经营者滥用市场支配地位排除、限制竞争的行为针对的对象通常是其他平台经营者，是《反垄断法》与《反不正当竞争法》在电子商务领域的具体适用，其适用的前提是滥用市场支配地位。滥用市场支配地位排除、限制竞争行为的实施者不仅包括电子商务平台经营者，还包括平台内经营者等非平台经营者；而不合理交易行为的实施者只是电子商务平台经营者。在平台经营者同时有自营业务时，其对平台内经营者所实施的不合理交易行为就可能同时违反《电子商务法》第 22 条与第 35 条的规定。此外，《网络商品和服务集中促销活动管理暂行规定》第 11 条也规定："网络集中促销组织者不得违反《反垄断法》《反不正当竞争法》等法律、法规、规章的规定，限制、排斥平台内的网络集中促销经营者参加其他第三方交易平台组织的促销活动。"该条规定是针对部分电子商务平台经营者要求平台内经营者进行"二选一"作出的，明确禁止电子商务平台经营者不合理地要求平台内经营者在特定时期内选择独家销售模式。网络集中促销组织者包括电子商务平台经营者在内，其与《电子商务法》第 35 条的规定相比主体范围更广，立法进行上述规制的目的在于消除包括平台经营者在内的相关主体实施的不合理行为。

2. 对平台经营者实施不合理交易行为进行禁止的法律意义

要求平台经营者承担不得实施不合理交易行为的法律义务，是基于平台身份的多重性防止平台经营者滥用权力的需要。由于规模经济产生的聚合效应，现有的电子商务模式多以平台化经营为主。整体上，平台经营者与平台内经营者之间是合同关系，即服务合同法律关系，《电子商务法》也主要依据合同规则构建了两者间的权利义务关系。同时，在电子商务实践中，由于电子商务平台经营者具有制订服务协议、交易规则的权利并且得到立法确认，创设电子商务交易平台的电子商务平台经营者往往具有更强的谈判优势，可能发生电子商务平台经营者利用服务协议、交易规则的制订权以及提供电子商务平台作为电子商务交易活动的发生空间的技术便利，不合理地对待平台内经营者的行为。立法明确禁止平台经营者对平台内经营者实施不合理交易行为，有利于防止平台经营者滥用权利，保护平台内经营者的自主经营权与交易自由，促进电子商务平台间的公平竞争，保护社会公共利益及消费者的合法权益。

3. 平台经营者不得实施不合理交易行为义务的具体履行

（1）平台经营者不得对平台内交易、交易价格进行不合理限制或者附加不合理条件，即电子商务平台经营者不得利用平台服务协议、交易规则就商品或服务的销售对象、销售价格、销售地区或就交易的达成等实施不合理的限制等有违公平、自愿原则的行为；也不得附加不合理的条件，即除了不得实施上述不合理的限制外，也不得以服务合同、设定交易规则或利用技术等手段，迫使平台内经营者签订独家销售协议、接受不合理的入驻条件等，或者增加特定的如削减活动资源、搜索降权、屏蔽等不利条件。

（2）平台经营者不得通过服务协议、交易规则以及技术等手段向平台内经营者收取不合理费用。平台经营者通过服务协议与交易规则收取不合理费用的行为比较容易认定和识别，平台提供服务主要是通过技术提供经营场所、信息发布与交易撮合等基本的服务，利用技术手段收取不合理费用比较隐蔽，应特别防范平台经营者上述行为的实施。禁止平台收取不合理费用，防止平台利用监管地位为自己谋取不正当利益，侵害平台内经营者的合法权益，体现了《电子商务法》维护了公开、公平、公正原则的基本要求。

（3）明晰"不合理"的判断标准。《电子商务法》的重要目标之一是促进电子商务的健康发展，电子商务平台经营者基于自身的商业模式对平台内经营者相关商品与服务的筛选，以及对销售对象、销售价格、销售地区等的限制或收取费用是其经营自由的基本要求，也有助于提升其竞争力。故并非所有的对平台内交易、交易价格进行限制、施加条件或者收取费用的行为都不合理，对于"不合理"的判断标准，本书支持有学者的观点，即应当是电子商务平台经营者的限制或者附加的条件构成了对平台内经营者已有利益的严重损害，而不能简单以平台经营者需要退出平台而可能承担的商业上的预期利益的损失加以判断；同时对"不合理"的判断更应当结合电子商务平台和市场秩序进行综合的判断。

对于服务协议和交易规则，立法明确规定了平台经营者对其修改时认为施加不合理限制、附加条件或不合理收费的平台内经营者有权退出平台，有些领域平台内经营者退出一个平台后还有其他平台可选，有些领域退出一个平台后无路可去，这虽然可以运用反垄断法市场支配地位的相关原理，但是平台内经营者的选择余地很小是个事实，因此，立法明确禁止在服务协议与交易规则中施加不合理的限制或条件对服务协议与交易规则的初始制定与修改中对平台内经营者合法权益的保护都具有重要的意义。

☞ **新闻摘录**

2017 年 8 月 1 日，《法治周末》报道：7 月 26 日，贝贝网的经营者反映，贝贝网违反约定突然宣布要收取年费。"年初贝贝网大面积招商，招商人员说入驻商家交 1 万元保证金就行，不收取平台使用年费，技术服务费在商品售出后按比例缴纳。"3 月底入驻的儿童服装商家张淼（化名）告诉记者，入驻时是招商人员专门给的入驻链接，填写相关信息缴纳保证金后，等待贝贝网审核，审核通过后就完成入驻，"当时的协议里没有平台使用年费的内容"。

公开资料显示，4 月 1 日，贝贝网发布《平台使用年费缴纳、返还优惠及结算标准通知》(以下简称"通知")，决定向入驻商家收取平台使用年费，国内商家的年费标准为 9600 元/年。通知显示，已入驻商家需在 2017 年 5 月 1 日前缴纳年费，新入驻商家需要在入驻审核通过的 15 天内，一次性缴纳年费。按照贝贝网"收费标准"，贝贝网将根据国家经济情况、市场状况及贝贝经营情况适时适当地调整年费制度，年费调整会提前 1 个月公布并通知所有商家。

"3 月底我准备入驻的时候说不收年费，协议里也没有写年费；入驻没几天就突然弹出个通知，说要收 9600 元年费，明显是把商家先圈进来再收钱的意思。"张淼对记者表示，贝贝网年初力推"千贝计划"开放招商，吸引了大批商家进驻。而多个通过"千贝计划"入驻贝贝网的商家也表示，当初入驻协议里并没有年费条款。

☞ 本章回顾

关于电子商务平台经营者的法律地位，有不同的学说，如卖方或合营说、委托或代理关系说、展位或柜台出租者说、居间人说、技术服务合同提供者说等。电子商务平台经营者是一个市场主体，也是一个网络资源的整合者，搭建网络信息平台，提供信息服务，也可能同时提供其他相关服务，具有一定的管理性职能。平台经营者的多重身份决定了其既应承担市场主体应负担的公平交易、公示规则等义务，也应承担具有一定准公共性的承担管理职能的市场主体应该负担的管理性义务。

☞ 关键术语

卖方说 合营说 委托说 代理说 展位出租者说 居间人说 纯粹型电子商务平台经营者 居间型电子商务平台经营 混合型电子商务平台经营者 核验登记义务 提示义务 服务协议 交易规则 搜索结果显示与竞价排名义务 交易安全保障义务 网络交易系统安全 信息记录与保存义务 违法经营处置义务 对平台内经营者实施的不合理交易行为

☞ **思考题**

1. 简述几种不同的电子商务平台经营者法律地位学说。
2. 简述平台经营者核验登记与信息报送、提示义务。
3. 简述服务协议和交易规则制定与公示义务。
4. 简述搜索结果显示和竞价排名提示义务。
5. 简述电子商务交易安全保障义务。
6. 简述平台经营者信息记录、保存义务。
7. 简述违法经营处置义务。
8. 简述与平台内经营者的公平交易义务。

第八章　电子合同法律制度

【学习目标】

掌握电子合同的概念、特征、分类

了解电子合同与传统合同的区别

掌握电子合同的法律关系

掌握电子合同中的要约与要约邀请

了解电子合同中的承诺

了解电子合同成立的时间与地点

掌握电子合同的有效要件

了解电子合同效力瑕疵的情形

了解几种特殊类型的电子合同

掌握电子合同违约责任的承担方式

【章节纲要】

本章主要分四节来阐述电子合同的法律制度问题。第一节主要介绍电子合同的概况；第二节主要介绍电子合同的成立问题；第三节主要介绍电子合同的效力问题；第四节主要介绍电子合同的履行与违约救济问题。

第一节　电子合同概论

一、电子合同的概念

合同起源于古罗马法。古罗马法将其称为契约，并将其作为调整民事法律关系的协议。最初，合同是民法的特有概念。随着社会的进步与法律制度的发展，法律体系变得更加细化，合同这一概念逐步应用到其他法律部门。

联合国《电子商业示范法》第 2 条第 1 款规定："'数据电文'系指经由电子手段、光学手段或类似手段生成、储存或传递的信息，数据电文包括但不限于电子数据交换、电子邮件、电报或传真所传递的信息。"第 6 条第 1 款规定："如果法律要求信息须采用书面形式，则假若一项数据电文所含信息能够调取以备日后查用，即满足了该项要求。"该法虽未对电子合同有明确的定义，但从这两条规定来看，《电子商业示范法》允许贸易双方通过电子手段传递信息、签订买卖合同和进行货物所有权的转让。这样，以往不具法律效力的数据电文将和书面文件一样得到法律的承认。该法的通过为实现国际贸易的"无纸操作"提供了法律保障。

我国《合同法》也引入了数据电文形式，第 11 条规定，书面形式是指合同书、信件和数据电文（包括电报、电传、传真、电子数据交换和电子邮件）等可以有形地表现所载内容的形式，从而在法律上确定了合同可以采用电子手段缔结。

这些资料都从不同角度反映了电子合同的特征，但又没有明确表述电子合同的概念。在电子合同逐渐推广的当下，提出电子合同的科学概念非常必要。

传统的商务合同成立有 4 个基本要素，即：

（1）合同内容：没有合同的内容，就不能反映交易双方的意思表达。

（2）合同载体：通常使用纸张作为合同的载体。

（3）合同签名或盖章：签名或盖章表示合同签署者对合同条款达成合意。

（4）合同文本的交换方法：经常使用当面传递或邮寄的方法交换合同文本。

上述 4 个基本要素是相互密切关联的，且缺一不可。例如，没有盖章的合同不具有法律效力；仅有盖章而没有内容的合同没有意义；没有交换的合同文本不能得到双方的承认。但同时，传统的商务合同的成立还需要有一个必要条件，即合同内容、合同载体、合同签名或盖章必须合为一体。在实际操作中，经常使用骑缝章或"本页无正文"等方法来保证合同的基本要素不可分割。

根据功能等同法，若要在交易活动中使用电子合同，必须同时具备传统合同的 4 个要素，这样电子合同才能够具有法律效力。只是在网络环境下，传统合同的 4 个要素的形式都发生了变化。

（1）合同内容：在合同内容上，电子合同与传统合同没有区别。

（2）合同载体：使用数据电文作为电子合同的载体，通过屏幕进行显示。

（3）合同签名或盖章：使用电子签名或电子盖章代替传统合同的签名或盖章。而且，电子签名或电子盖章也将合同的各个要素连接为一个整体，实现了传统合同成立的必要条件。

（4）合同文本的交换方法：使用电子通信交换电子合同。

由此，电子合同是平等主体的自然人、法人、其他组织之间以数据电文为载体，使用电子签名，并利用电子通信设立、变更、终止民事权利义务关系的协议。

二、电子合同特征

电子合同是一种合同的新形式，但仍具有合同的一般特征，同时也具有自身的特殊性。电子合同的特殊性主要表现如下：

1. 合同订立具体方式的特殊性

订立电子合同的双方或多方当事人不需要建模，在虚拟市场进行合同的订立，其主题信用的建立主要依靠密码的辨别或认证机构的认证。有些电子合同的订立是由事先设定好的自动信息系统代表当事人实施的，订立过程根本没有当事人的参与。

2. 合同订立具体过程的一次性

电子合同在订立过程中，要约与承诺的发出和收到的时间较复杂，通常不会有反复磋商的过程，一旦发出电子数据即产生要约或承诺的法律后果。

3. 合同成立和生效构成条件的功能等同性

电子合同既不是书面形式也不是口头形式，联合国《电子商务示范法》采用"功能等同"原则，规定电子合同满足法定条件时，即视为书面形式和可靠的签名。

"功能等同"原则不仅对合同的成立与生效具有意义，也适用于合同的形式、签名的方式和技术以及文件的完整性和认证性等。该原则因为解决了将传统基于纸质媒介的法律适用到网络环境的障碍，几乎被国际所有主要的电子商务立法所采纳，逐渐成为电子商务立法的一个核心规则。我国《电子签名法》也在第4条和第5条分别确立了数据电文符合书面形式和原件形式所应达到的标准。在理解和适用"功能等同"原则时，要注意以下三点：

（1）数据电文在满足特定标准时具有与书面文件相同的法律效力，但数据电文不等同于书面文件，数据电文有特殊的性质，不一定具备书面文件的全部功能。

（2）采用"功能等同"原则时应注意形式要求的现有等级，即要求书面文件提供不同程度的可靠性、可核查性和不可更改性，对数据电文也应根据不同的程度而要求功能等同，不应对数据电文采取更加严格的标准。

（3）书面文件的功能有很多方面，在适用"功能等同"原则时，不是要求数据电文的所有功能与书面文件相等，而是以书面形式的基本作用为标准，一旦数据电文达到这些标准，即应获得同等程度的法律认可。《电子商务法》规定，电子商务当事人适用自动信息系统订立或履行合同的行为时对适用该系统的当事人具有法律效力。

4. 合同表现形式的非纸面性

电子合同的表现形式是数据电文，不存在原件和复印件的区分，且数据电文本身具有易改动性。因此，在评估其证据效力时，会考虑到生成、存储或传递该数据电文办法的可靠性。这也是近年来区块链技术在合同管理中被看好的关键所在。区块链技术的不可篡改特性，能够有效规避数据电文被改动的风险。

5. 合同当事人权利与义务内容的复杂性

电子合同当事人除了享有与承担传统合同当事人之间的实体与程序上的权利义务外，还享有与承担由电子合同本身特性所决定的特殊形式上的权利与义务，如用户守则规定、注册条件设定、电子签名等。

6. 合同的履行与支付的多样性

基于不同的交易内容,有些电子合同的履行甚至与订立没有时间间隔,有的合同与传统书面合同相比,履行与订立出现较长的时间间隔。在支付方式上,电子合同通过电子支付是常态,而传统合同通过电子支付只是一种选择。

三、电子合同与传统合同的区别

在电子商务中,合同的意义和作用没有发生质的变化,但其形式却发生了极大的变化。

(1)合同订立的环境不同。传统合同发生在现实世界里,交易双方可以面对面地协商,而电子合同发生在虚拟空间中,交易双方一般互不见面,在电子自动交易中,甚至不能确定交易相对人,他们的身份依靠密码的辨认或认证机构的认证。

(2)合同签订的各环节发生了变化。要约与承诺的发出和接受较传统合同复杂,合同成立和生效的构成条件也有所不同。

(3)合同的形式发生了变化。电子合同所载信息是数据电文,不存在原件与复印件的区分,无法使用传统的方式进行签名和盖章。

(4)合同当事人的权利和义务有所不同。在电子合同中,既存在由合同内容所决定的实体权利义务关系,又存在由特殊合同形式产生的形式上的权利义务关系,如数字签名法律关系。在实体权利义务法律关系中,某些在传统合同中不很重视的权利义务在电子合同里显得十分重要,如信息披露义务、保护隐私义务等。

(5)电子合同的履行和价款支付较传统合同复杂。

(6)电子合同形式上的变化对与合同密切相关的法律产生了重大影响。如知识产权法、证据法等。

四、电子合同的分类

电子合同作为一种民商事合同可以按照传统合同的分类标准进行划分。它又是一种特殊形式的合同,具有自身的特殊性,可以按照自身特征进行划分。

(一)信息产品合同和非信息产品合同

根据标的的不同,合同可分为货物交易合同、服务交易合同及知识产权交易合同三大类。通过电子商务可以进行在线货物买卖或在线信息服务,这类电子合同的标的与传统合同的标的并无二致,但同时电子商务也产生了一类新的合同,即信息产品合同。信息产品是指可以被数字化并通过网络来传播的商品。因此,把电子合同的标的分为两类,一类是信息产品,另一类是非信息产品。所以,此标准下的电子合同可以分为信息产品合同与非信息产品合同。

（二）信息许可使用合同与信息服务合同

根据合同性质的不同区分为信息许可使用合同与信息服务合同。信息许可使用合同是指以转移信息产品的使用权为标的的合同，如音乐、软件的所有权人许可他人下载，在离线后仍可使用；信息服务合同是指以提供信息服务为标的的合同，如信息访问、认证服务、交易平台服务等。

五、电子合同的法律关系

（一）电子合同当事人

当事人订立合同须有法定的缔约能力。由于网络交易本身的虚拟性，是当事人无法获知对方的缔约能力状况，尤其是在 B2C 交易中，消费者不具有完全民事行为能力，其与商品订立的合同是否有效。因而这一问题的解决有利于交易的稳定和电子商务的正当开展。

基于电子合同种类的不同，分为两种情形，即：

（1）对于直接在网上开展交易活动的当事人，其缔约能力应适用《民法通则》的规定。电子商务的特殊性并没有改变民商事活动的本质，民事活动对交易当事人缔约能力的要求自然不应发生改变。

（2）对于接受公共信息服务的当事人，不论其年龄或精神状态如何均应视为完全民事行为人。从民法理论上说，民事权利能力和行为能力是基于平等原则而言，目的是保护个人的利益。然而为保护交易安全，则对缔约能力理论的应用应加以限制。所以，即使是无行为能力人或限制行为能力人的行为，有时也应认定其有效或使之不影响他人的行为。在电子商务中，当事人上网浏览、收发电子邮件等对公共信息的利用行为，其原理如同当事人接受公共设施服务行为一样，无须考虑其行为能力。因此，当事人接受服务商信息服务或进行身份认证的行为，无行为能力人或限制行为能力人应视为完全行为能力人。

（二）电子合同的标的

针对电子合同的标的的非信息产品类别理解较多，所以主要分析其另一个类别，即信息产品。信息产品的特点如下：

（1）不可破坏性。因为信息不可能被磨损，一经产生，就可以永久保存，无论使用多久或多频繁，其质量也不会降低。对信息产品而言，不存在新的或旧的之分；对购买人而言，其无须重复购买；对厂商而言，他们不得不与自己的产品竞争，除非不停地将其升级。因此，这一特性决定了信息产品许可使用的情形要远远多于所有权的销售。

（2）可变性。信息产品的内容很容易被修改，即使产品的卖方要求使用人未经同意不得修改信息产品的内容，但是用户仍然可以采用特定技术来改变。为了维护产品所有者的权益，应允许他们有维护产品完整的权利。

（3）可复制性。所有信息产品都可以无限次地复制、存储和传输。这意味着生产厂商只要开发出一种信息产品就可以无限次地许可使用，因而也不得不防止产品的盗版行为。

（4）顺应性。界定信息产品这一标的的意义在于：信息产品的特性改变了传统商品的履行方式，使传统有名合同的权利义务产生了新的变化。

（三）信息产品合同当事人的主要权利与义务

1. 信息产品许可人的电子控制权

电子控制是指信息产品的许可方采取某一电子措施和类似方法限制他人对信息的利用。由于信息产品的特性使得许可人难以在授权许可后控制信息产品不被滥用。因此，赋予信息许可方一定的信息控制权是必要的。

（1）信息许可人行使电子控制权的条件

第一，合同中有被许可方对信息许可方使用该权利的明确的同意。该种同意的条款可以在信息许可使用合同中规定，也可以有当事人的特殊约定。但此约定事关被许可人的重大利益，故应以被许可人的明确同意为标准。第二，电子控制权行使的目的是阻止被许可方与合同约定不一致的使用。其目的是许可方行使电子控制权是保障信息产品的合法使用和按合同约定使用，许可人可以在合同期满后或合同规定的使用次数达到后，采取措施限制被许可方继续使用；也可以在被许可人擅自改变信息产品的使用范围或源代码时阻止其继续使用。第三，许可方在行使电子控制权之前必须向被许可人发出通知。一般来说，由于许可人自己并不能知晓被许可人是否违反合同，因此该通知可通过电子程序自动发出警示，从警示通知发出到采用限制措施应有一个合理期限。如果被许可人在该期限内取消了违约做法，控制措施不应实施。

（2）电子控制权的限制

电子控制权的行使不得控制或破坏被许可人其他信息或其信息处理设备。信息许可人只能对属于自己许可的信息行使控制权，如果许可人行使控制权时阻止了被许可人对其他信息的利用，或锁定、破坏了被许可人的整个计算机系统或类似的设备，则超出了权利范围。从信息的使用上或依据合同的约定，信息的使用必然与其他信息混合或发生改变，许可方也不得行使电子控制权。

电子控制权的行使存在危害公共安全或损害公共利益或严重影响第三人合法利益的风险时，不得使用。如果被许可使用的信息其使用目的是为了公共利益或安全，许可人当然不能行使控制权；在信息使用的目的为其他时，如果许可人知道行使控制权会严重影响到公共利益或第三人利益时，也不得行使该权利。

（3）电子控制权的法律后果

信息产品的许可人依法行使电子控制权，使被许可人不能使用该信息，由此造成被许可人的损失，许可人不承担任何法律责任。但由于许可人不当使用电子控制权导致被许可人或他人利益损失的，应承担相应的赔偿责任。

许可人使用电子控制权即使正当，但因电子控制发生错误或变动导致被许可人或他人利益受到损失的，应承担损害赔偿责任。

2. 信息产品许可人的主要义务

信息产品的特殊性决定了合同许可人的义务与传统合同义务有所不同。传统合同对货物合同与服务合同的分类在这里不再泾渭分明。货物合同一般要求当事人提供的货物质量合格和符合合同指定的用途，服务合同要求当事人利用自己的知识和技能为相对人提供服务，侧重服务的过程。但是，信息产品合同较难归入货物类合同或服务类合同中。因此，信息产品许可人的义务具有混合性的特点。

（1）质量担保义务

信息产品许可人的质量担保义务包括产品质量的担保与服务质量的担保。产品质量担保主要有：第一，效用担保，指信息产品符合通常的效用和合同约定的用途；第二，品质担保，指信息产品具有约定和法定的品质，如与许可人约定的规格、版本、安全性等要求一致。

（2）权利担保义务

对信息产品而言，权利担保较其他合同的权利担保更为重要。我国《合同法》第150条对此有如下规定：

第一，保证在合同的有效期内，任何人无权基于许可人的行为对该信息提出权利要求。

第二，如果该信息是排他性的许可，要符合专利法和相关法律的规定。

第三，许可人不得以约定排除所担保的义务。

（3）信息披露义务

由于电子商务交易的虚拟性，交易双方彼此难以了解，因此信息披露显得格外重要。信息披露的内容至少应包括如下信息：

第一，许可方的真实身份情况。

第二，合同标的的品质、质量等说明。

第三，订约程序及履行方法。

《欧盟电子商务指令》第5条规定，成员国应保证服务提供者能够提供并使用服务接受者和有权机关能够容易地、直接地与永久地获取服务提供者的名称、设立地的地理位置、通信地址、注册机构及其注册号码等确认其身份的信息。第10条规定，成员国应确保服务提供者在服务接受者下单之前至少清楚地、明白无误地披露下列信息，除非其与非消费者当事人另有约定：

第一，订立合同采用的技术步骤。

第二，已订立的合同是否由服务提供者存档和是否可供查阅。

第三，识别和纠正订单前输入错误的技术手段。

第四，合同使用的语言。

同时规定，成员国应确保服务提供者指明其同意遵守的行为规范和如何电子查阅这些规范的信息，除非与其非消费者当事人另有约定。并要求提供给接受者的合同条款和条件应能为接受者所储存和复制。

3. 信息产品被许可人的正当使用义务

基于信息产品的易复制和易于改变的特点，被许可的违法使用会给权利人带来灾难性的后果，会损害信息产品交易的正常进行。信息产品的使用人的正当使用义务有：

第一，未经许可人同意，不得擅自复制信息和改变其用途、适用范围等。

第二，未经许可人同意，不得擅自改变信息的源代码并作商业性使用。

第三，不得违反合同约定进行使用。

第二节　电子合同的成立

根据我国合同法的相关规定，一般情形下合同成立即生效，除非是附条件、附期限或者需要履行相应的手续。合同的成立、生效不同于合同的有效，合同的成立、生效是当事人对自己利益与义务的衡量和肯定，完全是个人之间的事情；而合同的有效则是国家或法律对当事人之间已经成立的合同进行评价，以决定是否让其产生法律效力的过程。只有有效的合同才产生法律强制保护的效力。

一般而言，合同成立是指当事人意思表示一致而达成协议的状态。其要件有二：一是存在两个或两个以上的当事人；二是当事人意思表示一致，即合意。由于合同成立阶段并不考察当事人的缔约资格，所以合同成立的过程，关键是当事人意思表示达成一致的过程，也就是合同的订立过程。根据合同法的规定，合同的订立过程分为要约与承诺两个阶段。在电子合同订立的过程中，主体之间的意思表示通过数据电文传送和存储，因此，电子合同订立过程中要约与承诺的生效撤回和撤销以及合同成立的时间与地点均有一定的特殊性。

一、电子合同中的要约与要约邀请

（一）要约的一般原理

1. 要约的概念与要件

要约是希望和他人订立合同的意思表示，该意思表示应当符合两个要件：①内容具体明确；②表明经受要约人承诺，要约人即受该意思表示的约束。

所谓内容具体明确，是要求要约的内容应当具备合同成立所必需的条款，以确保该要约经受要约人承诺后是可以付诸实施的，通说认为，要约至少应包括标的、数量、要约人的姓名或名称三项，并根据交易的具体情况而增加。

所谓经受要约人承诺，要约人即受该意思表示的约束，是指要约人订立合同的意思是确定的，只要经相对人承诺，要约人即要遵守该意思表示内容，而无须再次做出订立合同的意思表示。要约人可以在要约中声明自己受要约的约束，但这不是必要条件。要约人只要表达出明确的缔约意图即可。一般而言，一份内容具体明确的要约就足以推定其存在的缔约意图。

2. 要约的约束力

要约一经生效，对要约人和受要约人均具有拘束力。要约对要约人的拘束力，表现在要约一经生效，要约人不得随意改变要约的内容，亦不得撤回要约；要约对受要约人的拘束力，主要是指要约生效后受要约人取得作出承诺以使合同成立的权利，但并不因此承担必须承诺的义务。

3. 要约的失效

根据我国合同法的规定，出现下列情形之一的，要约失效：① 拒绝要约的通知到达要约人；②要约人依法撤销要约；③承诺期限届满，受要约人未作出承诺；④受要约人对要约的内容作出实质性变更。

（二）电子合同中要约与要约邀请的区分

要约邀请，是希望他人向自己发出要约的意思表示，它不因相对人的承诺而成立合同，对要约邀请的发出人没有法律约束力。所以，在合同订立中，区分要约与要约邀请具有重要意义。

对于要约与要约邀请的区分标准存在多种学说，分歧也不小。理论上，可以根据要约的法律构成来区分要约与要约邀请，但在实践中进行区分相当困难。通常认为，根据交易的具体现象进行区分比较合理，也具有可操作性。合同法界定了要约与要约邀请的概念，同时也明确规定了寄送的价目表、拍卖公告、招标公告、招股说明书、商业广告等为要约邀请，但商业广告的内容符合要约规定的，视为要约。

在电子商务环境中区分要约和要约邀请使得这一问题变得更加复杂，但因为要约与要约邀请在合同成立中的意义不同，依然有必要对其加以区分。依据通说，在电子商务中应将电子商务广告和在线交易区别考察，在线交易又应当考虑标的物为实物还是计算机信息。

1. 电子商务广告

无论是线上还是线下，广告都可以分为普通商业广告和悬赏广告两大类型。对于商业广告，大陆法系和英美法系的规则相近，原则上将其视为要约邀请，如果普通商业广告中含有合同得以成立的确定内容和希望订立合同的愿望，则视为要约。

电子商务广告发布者通常在网站上发布广告或其他网页广告，或者通过电子邮件寄送商品信息。其发布广告时是否有特别声明就成为判定广告为要约或要约邀请的标准。如果在广告中有特别声明，就应根据特别声明的内容判断其为要约还是要约邀请。如果有类似"广告和信息仅供参考""此广告和信息的发布者不承担合同责任"的声明，则广告只能认定为要约邀请；如果公开声明"可就提议做出承诺""广告和信息的发布者承担合同责任"等，则表明广告发布人愿意接受广告约束，与承诺者缔结合同，此时的广告可视为要约。在没有特别声明的情况下，对要约和要约邀请的区分，应综合考虑具体交易惯例，原则上应将广告认定为要约邀请，除非其具备要约的基本要件。

悬赏广告是指广告人以广告形式声明对完成广告规定的特定行为的任何人，给付广告中约定报酬的意思表示行为。对于悬赏广告，各国《合同法》一般认为是一项要约，我国司法实践也多将其认定为要约，一旦某人完成悬赏广告指定的行为，即是对广告人的有效承诺，双方形成债权债务关系。在电子商务环境下，认定悬赏广告发布人身份时，由于通过电子交易方式，需要借助电子认证和电子签名等技术确认广告发布人的身份，但这并不改变悬赏广告本身的要约性质。

2. 在线交易中的商品展示

在线交易的模式主要有两种：普通的访问网页进行交易以及通过专门的电子商务交易平台交易，即通过垂直电商、微信、网络直播等交易以及与平台电商进行交易。电子商务经营者如产品制造商或大型商场等通常会在互联网上自建网站或页面，消费者通过访问其网站或页面购买其产品、商品或其提供的服务，其对应着电子商务中的 B2C 模式。而专门的电子商务交易平台有 B2B 平台如阿里巴巴和 C2C 平台如淘宝，分别为商家之间和个人之间的交易提供从商谈到付款的一整套的交易系统。在线交易的标的物主要为实物或信息产品。根据标的物属性及交易媒介的不同，认定要约与要约邀请时应遵从不同的规则。

(1) 通过访问自建网站或网页进行交易。第一，交易实物商品，在网页销售实物商品的交易模式中，明码标价的网页商品展示类似于商店标有价格的商品陈列。但应注意网页上展示的并非真实的商品而仅仅是商品图片，理论上存在多人同时点击同一商品购买的可能性，尤其是浏览访问量大的网站或网页这种可能性更大。若将网页上展示实物商品的行为认定为要约，则可能导致商品图片仍在但已无物可卖或者同一商品尤其是特定商品被卖数次从而导致一物多售，进而导致合同履行障碍及违约责任承担等结果，增加交易成本，故通说认为网页展示实物商品的行为，属于要约邀请。第二，交易计算机信息产品。由于计算机信息产品具有可以无限复制、随时下载的特殊性，不存在售罄以及一物多售的问题。所以在网页上展示计算机信息并标明数量和价格的行为，可以认定为要约。

虽然合同法规定，当事人订立合同，采取要约、承诺的方式，且承诺生效时合同成立。网站展示商品对商品的描述非常具体和明确时，虽然符合要约的构成要件，但上文原因已释明，其也应区分商品是实物还是信息而确定网站展示商品的性质。况且商事交易更应尊重当事人的意思自治，当事人在对展示属于要约或者要约邀请存在合意或者网站已经事先声明的情况下，应尊重交易主体在交易时的合意。

亚马逊网站在使用条件部分明确约定商品展示的性质为要约邀请，消费者下单为要约，只有网站发出送货确认才构成承诺。消费者同意该使用条件，视为双方就此达成了合意。依据网站的声明，消费者下单付款后，在网站确认发货前合同并未成立。然而，依据《电子商务法》第49条的规定，除非另有约定，电子商务经营者发布的商品或服务信息符合要约条件，用户选择该商品或服务并提交订单成功时，则合同成立。电子商务经营者不得以格式条款等方式约定消费者支付价款，则合同不成立；格式条款等含有该内容的，其内容无效。故依据上述规定，段某某下单付款后，其与亚马逊网站之间的买卖合同已经成立。

（2）通过电子商务交易平台进行交易。电子商务交易平台一般都建立有严谨的交易程序，具有科学成熟的技术保障，能为交易双方提供高效的交流机制。在卖方通过交易平台销售货物的初始，一般都应交易平台的要求而填写了准确的商品数量，平台会进行剩余件数的提醒，不存在售罄的问题；买卖双方交易的每个步骤都在交易平台程序确认后进行，也不存在一物多售的问题。所以，在电子商务交易平台上进行商品展示从而进行商品销售的行为，无论是展示实物商品还是计算机信息，都可以认定为要约。

（三）电子合同中要约的撤回与撤销

1. 电子合同中要约的撤回

根据我国《合同法》的规定，要约生效以前可以撤回。要约人撤回要约，应当向对方发出通知，撤回要约的通知先于要约或与要约同时到达受要约人，则撤回生效。

在电子商务活动中，数据电文在信息系统之间的传递几乎没有延迟，要约的撤回变得很难实现。因此，对于电子商务合同中是否存在讨论要约撤回的必要存在有两种观点：一种观点认为撤回要约在电子商务环境中是不可能的，在电子合同中谈论要约的撤回没有意义；另一种观点则认为电子要约的撤回虽然非常困难，但也存在可能，尤其是在网络拥挤或服务器发生故障的情况下，数据电文可能被存储到某一技术媒介而延迟到达受要约人，使得撤回要约的通知可能更早地到达受要约人。故从尊重契约自由原则和维护法律的一致性出发，法律应承认要约人撤回要约的权利。本书赞同后一种观点，不能因为一般情形下不会发生就剥夺当事人撤回要约的权利，应尊重和赋予要约人对其发出要约的撤回权，只要技术上可以实现即可。

2. 电子合同中要约的撤销

《合同法》明确规定要约生效后还可以撤销，但撤销通知应当在受要约人发出承诺通知以前到达受要约人。法律规定以下两种要约不得撤销：①要约人确定了承诺期限或以其他形式明示要约不可撤销；②受要约人有理由认为要约是不可撤销的，并已经为履行合同作了准备工作。

在电子商务交易中，同要约撤回一样，要约撤销也应该是要约人的一项重要权利。只要在要约生效与受要约人承诺之间存在时间间隔，就有撤销的可能，具体能否实现撤销的后果取决于电子商务交易中要约的具体发出方式。如果要约以电子邮件的方式发出，那么在受要约人回复之前当然可以撤销；如果当事人通过即时通信工具在网上协商，这与口头方式无异，要约人在受要约人作出承诺前可以撤销；如果当事人采用电子自动交易系统从事电子商务，承诺由交易系统自动回复，则要约人无法撤销要约。

二、电子合同中的承诺

（一）电子合同中承诺的一般原理

承诺，是受要约人同意要约的意思表示。承诺的法律意义在于，承诺生效则合同成立。根据我国《合同法》的规定，一项有效的承诺须具备以下构成要件：

1. 承诺必须由受要约人向要约人作出

一方面，作出承诺的人必须是受要约人。受要约人为特定时，承诺须由该特定人作出；受要约人为不特定人时，承诺可以由不特定人中的任何人作出。受要约人的承诺行为，可以由其本人或其授权的代理人作出。另一方面，承诺必须向要约人或要约人的代理人作出。

2. 承诺的内容必须与要约的内容保持实质性一致

根据我国《合同法》的规定，如果受要约人对要约的内容作出实质性变更的，则不是有效承诺而为新要约，所谓实质性变更是指对合同标的、数量、质量、价款、报酬、履行期限、履行地点、履行方式、违约责任和解决争议方法等的变更。对要约上述内容以外的非实质性内容进行变更的，除非要约人及时表示反对或者要约表明承诺不得对要约的内容作出任何变更的以外，承诺有效。

3. 承诺必须在要约的有效期间内作出

当要约中规定了承诺期限时，承诺必须于此期限内作出。要约没有规定承诺期限时，如果当事人以对话方式从事电子商务，则承诺应立即作出；如果当事人以非对话方式从事电子商务，则承诺应在合理的期间作出。承诺在要约的有效期届满之后到达要约人的，除要约人及时通知该承诺有效或有证据证明迟到是因客观原因造成的外，不发生承诺的效力，应视为新要约。

在电子商务交易活动中，承诺的意义在于促使电子合同成立，电子商务交易当事人的承诺与合同的成立与履行几乎没有时间间隔，尤其是对于点击合同，完成点击即意味着承诺生效，也意味着合同开始履行。

（二）电子合同中承诺的撤回与生效

承诺的撤回，是指受要约人在承诺生效之前将其取消的行为。不同于英美法系立法对要约、承诺生效采用投邮主义原则，要约、承诺一经发出即告生效，不存在撤回问题。我国《合同法》采纳大陆法系立法对要约、承诺生效采用到达主义原则，即要约、承诺只有到达要约人时才发生效力，因此允许要约人撤回要约、受要约人撤回承诺。我国《合同法》规定，承诺可以撤回。撤回承诺的通知应当在承诺通知到达要约人之前或者与承诺通知同时到达要约人。

在理论上及合同法立法上，要约、承诺的生效与撤回均遵从一致的规则，这在电子合同中也应该保持规则的一致性。关于要约撤回的规则当然也应该适用于承诺的撤回，以数据电文发出的承诺可以撤回。在电子商务活动中，数据电文的传输可能遇到网络故障、断电停网、信息系统感染病毒等情况，因此受要约人撤回以数据电文形式发出的承诺的情形是可能发生的。为实现对消费者权益的保护，我国《电子商务法》第50条第2款也规定了电子商务经营者应当保证用户在提交订单前可以更正输入错误。在电子合同订立的过程中，电子商务经营者的安全维护义务具体表现为应当清晰、全面、明确地告知用户订立合同的步骤、注意事项、下载方法等事项，并保证用户能够便利、完整地阅览和下载。

三、电子合同成立的时间与地点

(一) 电子合同成立的时间

合同成立的时间与承诺生效的时间紧密相关。我国《合同法》规定要约、承诺生效时间采用到达主义，这也是多数国家合同法采纳的规则，因为到达主义更有助于维护交易安全。美国《统一计算机信息交易法》对电子信息的生效时间采用了到达主义而放弃了其合同法采纳的投邮主义。作为该法律制定者的美国统一州法委员会对此的正式解释是："之所以放弃'邮箱规则'是为了避免收到与否的不确定性，采用到达主义是考虑到电子信息传输的迅捷性，而把没有收到的风险置于发送人。"可以说，电子商务交易本身就已经意味和代表着高效率，因而安全成了每个国家立法者考虑的第一要素，到达主义恰恰符合这一要求。

在电子合同订立过程中，因为数据电文的特殊性，意思表示的传输不再是直观的或"可见的"，所以何种情况视为法律上数据电文的"发出"或"收到"，成为立法必须澄清的问题。

《联合国电子商务示范法》是对全球电子商务立法都产生重要影响的法律文件，其关于数据电文发出与到达时间的规定具有参考意义。关于数据电文的发出时间，其规定如下："除非发件人与收件人另有协议，一项数据电文的发出时间以它进入发件人或者代表发件人发送数据电文的人的控制范围之外的某一信息系统的时间为准。"关于数据电文的到达时间，其规定如下："除非发件人与收件人另有协议，数据电文的收到时间按下述办法确定：(1) 如收件人为接收数据电文而指定了某一信息系统：①以数据电文进入该指定信息系统的时间为收到时间；②如数据电文发给了收件人的一个信息系统但不是指定的信息系统，则以收件人检索到该数据电文的时间为收到时间；(2) 如收件人并未指定某一信息系统，则以数据电文进入收件人的任一信息系统的时间为收到时间。"

我国《合同法》和《电子签名法》对数据电文形式的要约或承诺的到达时间做了明确规定："收件人指定特定系统接收数据电文的，该数据电文进入该特定系统的时间，视为到达时间；未指定特定系统的，该数据电文进入收件人的任何系统的首次时间，视为到达时间。"但是《民法总则》在规定以非对话方式作出的采用数据电文形式的意思表示的生效时间时，修改了合同法与电子签名法的规定，规定尊重当事人对采用数据电文形式的意思表示的生效时间的约定，在没有另外约定时，相对人指定特定系统接收数据电文的，该数据电文进入该特定系统时生效；未指定特定系统的，相对人知道或者应当知道该数据电文进入其系统时生效。该规定与《联合国电子商务示范法》规定的精神一致，兼顾了交易相对人的利益，更加科学。《电子商务法》第49条规定了电子商务合同的成立时间，除非当事人另有约定，在电子商务经营者发布的商品或服务信息符合要约条件时，用户选择该商品或者服务并提交订单成功时合同成立。

需要注意的是，由于数据电文的特殊属性，在考虑数据电文形式的要约、承诺的发出或到达时，还应考虑以下几个问题：

1. 不同信息系统间数据格式不兼容或不完全兼容时信息发送或接收的认定

在有些情况下，虽然发送者发送的是有意义的信息，但是由于接受者的信息系统与发送者的信息系统不兼容或不完全兼容，接收到的信息可能无法阅读或无法理解。对此，美国《统一电子交易法》"一项信息应该以接受者所指定的信息系统能够处理的方式发送或者接收，才认为这项信息已经被发送或者接收"的规定有借鉴意义。

2. 点击合同中承诺无法撤回时对消费者的保护

在点击合同中，承诺人一旦点击确认图标，承诺在瞬间即到达点击合同的提供者，承诺人很难有撤回的机会。为保护点击合同中处于相对弱势地位的消费者，欧盟《电子商务指令》规定：消费者通过点击合同完成承诺后，点击合同的提供者应当对该合同向消费者进行确认，该确认过程是合同成立的必需步骤。这有利于保护电子商务交易中的消费者。

3. 双方使用同一信息系统时信息发出与收到的确认

在电子合同订立过程中，发件人和收件人有时可能使用的是同一信息系统。针对这一情况，联合国国际贸易法委员会《国际合同中使用电子通信公约》规定："当发件人与收件人使用同一信息系统时，数据电文能够由收件人检索的时间，视为数据电文发出和收到的时间"以更好地保护收件人的利益。

（二）电子合同成立的地点

电子合同成立的地点对于确定合同纠纷的诉讼管辖以及解决纠纷的准据法具有重要意义。各国立法一般以承诺发出或到达的地点作为判断合同成立地点的依据。

例如我国《合同法》规定承诺生效的地点为合同成立的地点。在电子合同的订立过程中，数据电文的传输过程变得不直观而且技术性强，一项数据电文的发出和接收的地点具有相当的随意性或者难以在技术上确定，从而影响到法律的确定。

针对这种情况，《电子商务示范法》以"营业地""主要的营业地""惯常居住地"为基点，区分了推定收到地点与实际收到地点，规定："除非发件人和收件人另有协议，数据电文应以发件人设有营业地的地点视为其发出地点，而以收件人设有营业地的地点视为其收到地点。"另外，"如发件人或收件人有一个以上的营业地，应以对基础交易具有最密切关系的营业地为准；又如果并无任何基础交易，则以其主要的营业地为准；如发件人或收件人没有营业地，则以其惯常居住地为准"。上述"营业地""主要的营业地""惯常居住地"术语的含义与《联合国国际货物销售合同公约》保持一致。另外，依据联合国国际贸易法委员会在《电子商务示范法及其颁布指南》中的解释，区分推定的收到时间和实际的收到时间，是在法律事实上确立一种不容反驳的推定，当一项有关合同订立或者法律冲突的法律要求确定一项数据电文的收到地点时，即可使用这种推定。其目的并非是为了在发件人与收件人之间分摊风险。这一规则被许多国家的电子商务立法所采纳。

我国《合同法》直接规定了收件人的主营业地为数据电文形式合同的成立地点，没有主营业地时，收件人的经常居住地为合同成立的地点，除非当事人另有约定。相比而言，《电子签名法》对数据电文发送与接收时间的规定更加细化和具有合理性，其充分借鉴了联合国《电子商务示范法》的规定，尊重当事人对数据电文发送、接收时间的约定为数据电文的接收地点；没有主营业地的，其经常居住地为发送或者接收地点。我国《电子商务法》对电子商务合同的成立地点未做明确规定，按照后法优于前法的基本规则，应适用《电子签名法》的相关规定。

四、确认收讫规则

（一）确认收讫的概念与价值

在立法对要约和承诺的生效普遍采用到达主义的情形下，接收人法律风险较小。由于互联网的开放性和复杂性，发送人在发出要约或承诺后，被他人运用技术截获的可能性更大，无法确切知道接收人收到与否，自己是否处在受约束的状态。因此，为平衡双方当事人的利益、减少发送人的风险、实现交易安全，有些国家的电子商务立法建立了确认收讫规则。

确认收讫是指在接收人收到发送的信息时，由其本人或指定的代理人或通过自动交易系统向发送人发出表明其已收到的通知。利用确认收讫规则有利于解决信息发出后的不确定问题，以发回的信息来证实信息是否到达以及传递中有无错误和缺漏发生。联合国《电子商务示范法》颁布指南指出：确认收讫有时用来包括各种各样的程序，从简单的确认收到一项电文到具体表明同意某一数据电文的内容，联合国《电子商务示范法》对确认收讫的应用规定了以下 5 项主要原则：

（1）确认收讫可以用任何方式或行为进行。

（2）发送人要求以确认收讫为条件的，在收到确认之前，视信息为未发送。

（3）发送人未要求以确认收讫为条件，并在合理期限内未收到确认的，可通知接收人并指定期限，在上述期限内仍未收到的，视信息为未发送。

（4）发送人收到确认的，表明信息已由收件人收到，但不表明收到的内容与发出的内容一致。

（5）确认收讫的法律后果由当事人或各国自己决定。

从立法精神来看，确认收讫规则并不是订立合同的必经程序，而是旨在消除电子合同订立过程中的不确定性。确认收讫一方面能减少风险，但同时也增加了商业成本，与电子商务追求效率的精神相悖。电子商务活动中是否采用确认收讫，应充分尊重当事人的意思自治。我国《电子签名法》第 10 条规定："法律、行政法规规定或者当事人约定数据电文需要确认收讫的，应当确认收讫。发件人收到收件人的确认收讫时，数据电文视为已收到。"

（二）确认收讫的法律效力

在约定或依法律规定采用确认收讫规则的情况下，确定确认收讫的法律效力非常重要。确认收讫是否表明接收人同意所接受信息的具体内容？对收到的要约发出"确认收讫"回信是否意味着承诺？一般来说，除非当事人之间有特别约定或法律有明确规定，确认收讫仅仅表明接收人收到电子信息，具有接收回执的效果，并不意味着接收人同意电子信息的内容或愿意承担相应的法律后果。在合同法的理论与立法上，确认收讫通常不被作为承诺来对待。原因如下：第一，顾名思义，确认收讫的表达就已表明是确认收到，通常是接收人的接收电脑在收到要约方的信息时自动发出的，仅仅是告知收到信息的事实而没有任何意思表示的意义，不被用来确认相关电子信息的实质内容。第二，应尊重当事人之间的约定。当然，在当事人之间有特别约定，如信息发送者在发出信息时即已声明"本信息要求确认收讫，且确认收讫意味着承诺"时，接收人的确认收讫行为可能被认为是接受的意思表示。

第三节 电子合同的效力

根据我国《合同法》"依法成立的合同，自成立时生效"的规定，一般情况下合同成立即生效，但是已成立的合同不一定有效，有效的合同也不一定立即生效，这在电子合同中也不例外。与一般的合同是否有效取决于对已成立合同是否符合法律规定的判断一样，电子合同的有效与否也取决于法律的判断，只有得到法律的认可，才能发生效力。与合同是否有效是基于法律而进行的价值判断不同，合同是否生效更多取决于当事人的意思。

一、电子合同的有效要件

在我国《合同法》中未明确规定合同的有效要件，《民法总则》第 143 条规定了民事法律行为有效的要件，即行为人具有相应的民事行为能力，意思表示真实，不违反法律、行政法规的强制性规定，不违背公序良俗。作为典型法律行为的合同，其有效当然也应该符合上述条件。电子合同的有效也应符合一般合同的有效要件，但同时应兼顾电子合同的特殊性。

（一）当事人在订立电子合同时必须具有相应的行为能力

在电子商务环境下从事任何具有法律意义的行为，仍然应当坚持民商法有关当事人被确认无效的条件中。在立法上发挥立法的导向作用，应坚持传统合同法关于合同当事人应该具有行为能力的规定。不同于传统合同当事人身份确定的方式是通过当事人的证照、资料以及签名或盖章，在电子商务活动中无法借助这种有形感知，而只能借助于电子文件的方式确定当事人的身份。包括我国《电子签名法》在内的许多国家的立法均援用了"功能等同"原则规定可靠的电子签名与手写签名或盖章具有同等的法律效力。

在电子商务交易中，可通过当事人在数据电文中的电子签名，或者 B2C 中消费者填写的姓名、身份证号等自然信息判断行为人是否具有行为能力，或者在 B2B 中基于企业组织提供的营业执照、授权委托书等资料判断其为法人组织抑或法人的分支机构，实施电子商务交易行为者是否有充分的授权等。但是，由于电子商务交易的远程性和虚拟性，当事人基于对自身隐私的考虑，或者为了防止他人冒用自己的身份等原因，可能以化名或代码进入某商业网站，其所登录的身份与真实情况往往不符。此时，识别当事人的真实身份变得非常困难。即便在消费者提供的姓名与身份证号是真实的信息时，也只能知其年龄但不知其精神健康状况，依据《民法总则》的基本规定，判定自然人的行为能力状况需要结合年龄与精神状况。总之，在电子商务环境下确认主体的行为能力变得异常困难。

为了保护交易稳定、维护交易安全，当事人行为能力的真实情况需要考虑，但是也不应被绝对尊重，我国《电子商务法》第 48 条第 2 款规定了电子商务当事人民事行为能力的推定制度，除非有相反证据足以推翻，应推定电子商务中的当事人具有相应的民事行为能力，这是基于电子商务市场虚拟性的特点而进行的规定，有助于提高交易效率。在司法实践中以当事人行为能力状况认定合同是否有效时应区分无行为能力者或限制行为能力者是电子合同的主动订约方还是被动订约方，是仅仅接受信息服务还是购买了商品等而区别对待：主动要约订立电子合同者一般不得以其无行为能力或限制行为能力而撤销其合同；在浏览和接受信息服务的情形下，尤其是接受公共信息服务的人，一般不以无行为能力或限制行为能力而认为无效。若在电子合同中还是依据实际的行为能力状况判定合同的效力，则不利于当事人利益的保护，也不利于电子商务的发展。即便是实际行为人不具备相应的民事行为能力，根据商法的外观主义原则，仍应当由在网站上注册的用户名下的主体承担合同责任。在实践中，这种常发生在未成年人利用其父母的用户名实施电子商务交易的情形，被注册了用户名的父母仍应承担责任，因为这也是其未尽监管职责的表现。

（二）当事人订立电子合同时意思表示真实

意思自治是作为私法之合同法的基本原则，只有确保当事人意思的真实才能保证当事人的意思自治。理论上，要求电子合同当事人在缔结合同过程中的要约与承诺均为其本人真实且独立的意思表示，合同才有效。但是在电子商务环境中，人们一般采用用户名方式登录网络，且以用户名从事电子商务交易行为。在电子商务交易平台的信息系统中，人们往往建立一个电子账号代表自己，并利用这个电子账号从事网上交易。电子账号一般由用户名（即 user name）和密码（即 pin 或password）组成。将用户名公之于众，成为真实使用人或控制者的网络身份识别符号，而密码由真实使用人或控制者个人享有和掌握。电子账号就成为人们互相识别和信任的标志，能够将电子账号与实际使用人或控制者对应起来。在电子商务中，虽然有作为真实交易者的自然人、法人或其他组织的存在，除非他们是从事电子商务经营活动，才需要公示其真实的信息，否则完全可以凭借电子账号参与电子商务交易，账号成为替代现实身份识别的方法，仅凭账号即可确定当事人的网络身份。

基于账号发出的交易信息就应当被作为是账号所有人或控制者的真实意思，即便通过账号发出缔约意思的实际行为人与该用户的所有人或控制者不一致，那么也应当由电子账号的使用人或控制者承担责任。这也是电子账户情况下电子记录归属的基本规则。然而在现实生活中，为防止电子商务环境中可能发生的盗用或冒用他人用户名及密码的行为，必须平衡和保护相关当事人的利益。为此，理论界普遍以"来源推定"和"显而易见"规则来解决这一问题，以维护电子商务交易安全。

"来源推定"规则指对于一项信息，在没有相反的约定时，凡是以发送者的名义发送或来自发送者信息系统的信息或者是按照双方事先约定的方式发送的信息，就应该视为来自该发送者或是由该发送者所发送的。即使是他人未经其合法授权而利用其信息系统擅自发送信息的情形也不例外，只要接收者或者任何一个正常的诚实之人都可以做出类似的来源认定。"显而易见"规则意味着，虽然来自发送者信息系统的信息，或是按照双方事先约定的方式发送的信息，如果信息的接收者只要适当或稍微注意或按照双方事先约定的或惯用的检测、监测方法、程序等即可很容易地辨别出信息不是来自发送者，该信息的发送者就可以不受该有关信息内容的拘束。或者说，该信息即可被视为根本没有发送过。联合国《电子商务示范法》与我国《电子签名法》的相关规定均体现了上述原则的内涵。《电子商务法》对此未做特别规定，其应适用《电子签名法》的相关规则。在导入的案例中，上述来源推定规则也可以成为段某某七岁儿子擅自发送购买链接而成立之合同有效的依据。

（三）电子合同不违反法律、行政法规的强制性规定，不违背公序良俗

在理解与运用法律的过程中，任意性规范与强制性规范的识别与把握非常关键。在我国法律体系中，人们行为的直接参照依据是法律、行政法规的规定；在法律规范的分类中，强制性规范与任意性规范的分类直接决定着人们行为的效力。根据合同法司法解释二所做的限缩性解释，所谓违反法律、行政法规强制性规定的合同无效，是指违反法律、行政法规效力性强制性规定的合同无效。合同法律制度存在的价值在于鼓励和促进交易，电子合同法律制度也不例外，其在违反法律、行政法规的效力性强制性规定以及公共秩序与善良风俗时，当然无效。《电子商务法》第49条规定了电子商务合同格式条款无效的情形，即电子商务经营者提供的格式条款中含有"消费者支付价款后合同不成立"等内容的，视该内容无效。

二、电子合同效力瑕疵的情形

同一般合同一样，电子合同的瑕疵效力也包括无效、撤销、效力待定等状态，合同法中关于瑕疵合同效力的规定仍然适用，同时，在电子合同订立过程中使用了数据电文等现代通信手段且产生了新的问题，包括当事人行为能力的确认方法及标价错误、电脑故障、数据传输错误等对合同效力的影响。

（一）电子合同当事人缔约行为能力的认定及其对合同效力的影响

当事人具有完全民事行为能力是合同的有效要件之一，电子合同也不例外。电子合同的交易主体有自然人、法人与非法人组织多种形态，在电子商务活动中，无法像传统交易通过提供的文件、资料与现场确认来判断交易相对人的民事行为能力状况。电子商务活动参与者的行为能力状况只能通过用户名、密码、电子签名、文件加密、确认收讫等方式确认。具体而言有以下几点：

1. 自然人电子缔约行为能力的确认与合同效力

在电子商务中，当事人订立电子合同都是通过数据电文的形式进行身份认证，为解决身份认证问题，应通过推定或者借助认定的技术规则，规定自然人缔约行为能力的特殊认定规则。我国《电子商务法》规定了包括自然人在内的电子商务当事人相应民事行为能力的推定制度。采纳商法的外观主义原则，只要通过身份认证或其他形式表明自己具有行为能力，即认定发件人具有行为能力。相对方不承担审查义务；在注重便捷性与效率性的同时，也要兼顾民商事主体行为能力制度所蕴含的利益与价值，在电子合同的当事人通过实名身份认证或其他形式表明发件人不具备行为能力的，应当视为其不具备相应的行为能力。即自然人通过实名身份认证或者其他形式，表明其具有民事行为能力的，以其名义发出数据电文的发件人，视为具有相应的行为能力；若表明其为限制民事行为能力或无行为能力人的，以其名义发出数据电文的发件人，视为不具备相应的行为能力。完全行为能力者和限制行为

能力者在其能力范围内订立的内容合法的电子合同是有效合同，无行为能力者订立的电子合同无效，限制行为能力者未征得其法定代理人同意订立的合同效力待定。这解决了行为能力欠缺者的保护问题。行为能力欠缺者之所以能够参与到电子商务交易中，原因在于是监护人或法定代理人监管失责，同时由于能够借助实名身份认证或者其他相关技术，交易相对人也负有注意义务，在明知对方当事人欠缺相应行为能力的情形下仍然与对方订立合同，应当承担未尽注意义务而导致的相应的责任。因此，在合同被撤销或者被确认无效后，电子合同相对人遭受的损失，可以与行为能力欠缺者的法定代理人按照各自的过错承担责任。

对于没有通过相关技术手段表明行为能力状态的，则从公平的角度出发，不应该适用商法的外观主义原则，而应当适用一般的民事行为能力确认制度，并进而确定电子合同的效力。作为电子合同当事人的自然人未通过任何实名身份认证或其他形式表明其行为能力的，其行为能力的确定，应当依据民法总则关于行为能力的规定。在交易相对人对发件人具备行为能力有明确要求，而发件人不具备行为能力时，由发件人的监护人承担相应的责任。行为能力欠缺的发件人未经其法定代理人同意订立的电子合同时其效力待定。"对于接受公共信息服务的人，不论其年龄或精神状况如何均应视为完全民事行为能力人"的观点得到了学界的多数赞同。相信随着电子商务的深入发展与人工智能技术的不断应用，自然人对电子合同缔约行为能力的推定与拟制会越来越常态化，适用领域会越来越广泛。

2. 法人与非法人组织电子合同缔约行为能力的认定与合同效力

在电子合同订立过程中，对企业或非企业组织缔约行为能力的认定主要是依据相关的法律法规与电子商务交易平台的相关规则。通常，法人或非法人组织参与电子商务活动多是以经营者的身份，为保护交易秩序、维护消费者的合法权益，立法一向注重对经营者的行为规制。

（1）根据我国《电信条例》和《互联网信息服务管理办法》的规定，我国对经营性网站的设立实行许可制度，设立网上企业需要严格的审批程序。

（2）线下企业建立网站进行在线交易成为电子商务经营者的，根据我国商主体法规定的原则，只有经过工商登记才能获得商主体资格，即企业在设立时已经进行了注册登记，建立网站经营的企业应当承担公示与披露的义务，在其网站上显著的位置公示其营业执照、获得的行政许可等相关信息，当事人可以通过合法手段进行查询与认证。

（3）对于不建立网站而是依托电子商务交易平台进行交易的平台内电子商务经营者，交易平台作为交易磋商服务的提供者，同时附有监管之责，一般会有严格的认证手续。目前国内比较有影响的阿里巴巴、易趣、淘宝等电子商务交易平台，对在其平台上经营的企业或自然人均要求实名认证，平台作为掌握经营者一手资料的主体，严谨的认证制度在一定程度上弥补了工商行政监管的不足。

根据我国《合同法》相关司法解释的规定，即便企业超越经营范围订立的合同，除非违反限制经营、禁止经营或特许经营的规定，合同不因此而无效。

（二）效力待定的电子合同

根据《民法总则》与《合同法》的相关规定，行为人没有代理权、超越代理权或者代理权终止后以被代理人名义订立的合同，未经被代理人追认的，对被代理人不发生效力，由行为人承担责任。在电子商务的 B2B 交易方式下，由于交易双方不能如传统贸易中那样审查被代理人的授权情况，较容易产生代理权限纠纷，可能导致所签合同得不到被代理人的认可。在电子商务交易实践中通常有下列两种情形：一是双方或一方使用的是未经加密、认证的电子邮件系统。在这种情形下传输的数据电文有被他人截获、篡改的可能，发生超出被代理人授权范围的情况，此时被代理人可能拒绝承认代理行为的效力，从而否定自己的合同责任。二是双方均采用了数字认证等安全系统。在这种方式下，虽然数据电文的真实性和原始性得到了保障，但如果交易一方认为承认已经存在的合同于己不利而想毁约时，他可能会声称所做的意思表示系其工作人员或系统操作员未经授权的擅自作为。在上述情况下，否认合同效力的一方应该提供充足的证据证明事实对外发生效力，合同对方当事人完全可以援用表见代理的规则，要求交易对方承担合同责任。从广义上讲，表见代理虽然也属于无权代理的一种情形，但发生有权代理的法律后果。此外，根据我国《合同法》与《民法总则》的规定，效力待定的合同事由还有限制行为能力人超越其精神和智力状况订立的合同，相对人可以催告法定代理人自收到通知之日起一个月内予以追认，法定代理人未做表示的，视为拒绝追认。然而在电子合同中，无论是从必要性还是可行性上，限制行为能力人的交易相对人无法也没有必要催告限制行为能力人的法定代理人追认，若限制行为能力人的法定代理人不予追认，则应该主动向电子合同的对方当事人发出撤销通知。

（三）可撤销的电子合同

根据《民法总则》和《合同法》的规定，基于重大误解、受欺诈、被胁迫、乘人之危导致显失公平等情形订立的合同，受害方有权请求人民法院或仲裁机构予以撤销。

1. 电子错误下的合同撤销

（1）电子错误的概念与价值。在电子合同中，最常见的导致电子合同撤销的原因是发生电子错误，电子错误法律制度为《美国统一计算机信息交易法》（UCITA）首创，是指一个信息系统没有向自然人提供检测、避免或纠正电子行为错误的合理方法，自然人对使用此信息系统生成一个数据电文时发生错误的，可以进行抗辩以避免承担由该数据电文引起的法律后果的法律制度。随着电子商务的发展，电子错误的适用领域扩展到所有主体参与的电子合同，而非仅限于自然人为主体的合同。电子错误包含的内容非常广泛，不仅包括电子意思表示错误，而且包括利用电子方式进行通知时的错误、进行电子履行时的错误，以及自然人生成一个数据电文时所发生的错误。电子错误应当符合以下构成要件：第一，当事人的意思表示产生了错误；第二，该错误与使用信息系统存在直接的关系；第三，该信息系统的程序设置正当，即当事人未故意设置某一程序以改变原始信息的内容。电子错误法律制度的价值在于创造一个法定规则，在满足此规则的条件下当事人可以不因电子错误而承担责任。

（2）电子错误的法律后果。由于电子错误并非当事人真实的意思表示，所以原则上应允许当事人撤销。在联合国《国际合同中使用电子通信公约》与《美国统一计算机信息交易法》等电子商务立法中，规定了电子错误发生后双方当事人有约定与无约定情况下的法律后果。

在当事人双方有约定的情形下，若当事人双方约定使用某种安全程序检测电子错误，一方遵守而另一方未遵守时，在未遵守约定方如遵守约定就可以检测到错误的情形下，遵守方可以撤销错误电子信息所产生的效力，不论合同是否已经订立或履行。这也是过错原则的体现。在当事人双方没有约定的情形下，若信息发出者检测到己方发出的信息可能发生电子错误，应及时通知信息接收方，信息接收方应在合理的时间内确认，若确认的，则错误信息不发生效力，信息发出者可以撤销错误信息；信息接收方不确认的，则信息发出者应提供充分证据证明存在错误，否则其不能撤销其所发出的信息，这是由电子合同的效率要求所决定的。若信息接收方检测到信息发出方存在信息错误时，应及时通知对方，信息发出方确认的，则双方均有权撤销错误信息；信息发出未确认的，则信息接收方可以撤销错误信息。

基于电子错误导致合同或某一条款无效或被撤销的，当事人应当返还因此所带来的利益，不能返还的应给予补偿。因电子错误导致当事人一方受到损失的，若错误可以归责于一方，则由责任方赔偿损失；若是由于信息系统的故障，则由信息系统的服务提供者或者其他应承担系统安全保障义务的当事人承担赔偿责任；若因不可抗力导致的错误，损失则由自己承担。

2. 传统撤销事由在电子合同中的运用

在电子合同中，传统合同法规定的撤销事由依然适用，但需考虑交易效率维护的基本价值，以及相关证据提供的难度，是否允许当事人撤销错误的意思表示应考虑撤销是否会损害相对人的信赖利益。以最常见的网上标价错误为例，因为输入错误将高价的物品标得极为低，根据一般的商业实践，促销出售等情形商家会在显著位置标识并宣传，若没有则意味着一般的销售，在这种不合理低价的情况下，若再坚持表意人无过失才可以撤销意思表示的规则，对商家明显不公平，法律不应该保护利用对方错误而不当获利的消费者，应当允许商家撤销。作为消费者，也要注意留存证据，防止商家滥用撤销权逃避本该履行的义务。

三、特殊类型的电子合同

(一) 自动交易电子合同

1. 自动交易电子合同的常见情形

在传统合同订立的过程中，当事人的要约与承诺是必经的两个阶段，无论是要约的发出人还是承诺的发出人，都会参与协商的过程。在电子商务活动中，一些电子商务经营者会使用智能化的交易系统自动发送、接收、处理数据电文，甚至部分或全部地履行合同。基于自动交易系统订立的合同称为自动交易电子合同。自动交易电子合同通常存在以下几种情形：第一，电子数据交换 EDI 系统在企业间的应用，即企业运用 EDI 系统，以标准化的格式传输和处理商业文件；第二，作为电子商务经营者的一方当事人应使用自动交易系统销售产品或提供服务；第三，电子商务平台经营者运用自动竞价交易系统提供平台服务。

2. 自动交易电子合同中自动交易系统的法律属性

所谓自动交易系统是指不需要人的审查或操作，而能够独立地发出、接收、处理数据电文，以及部分或全部地履行合同的计算机程序、电子手段或其他自动化手段。从构成上看，自动交易系统是自动化功能的软件、硬件或其结合；从商业用途来看，它可用于搜索一商品或服务的价格，完成在线买卖或对交易发出授权，它执行的是商人的意思表示自动交易系统在美国《统一电子交易法》中被称为electronic agent，即电子代理人。说到底，自动交易系统是一系列电子设施的集合，其虽然具有一定的程序预设的、有限的智能，但不具有自然人那样综合判断行为后果的能力，并且也没有独立的利益以及承担义务的财产基础，不是人格化的主体，是融合了一定技术并能够为人提供服务的财产。为避免与"代理人"概念的混淆，本书不用电子代理人的概念。自动交易系统仅仅是当事人设立的一种智能化工具，其行为即是当事人的行为。因为自动交易系统执行的是设立人编制的程序，反映的是设立人的意志，是当事人意志的延伸。故自动交易系统所发出的数据电文的法律效力属于该系统的设立人，自动交易系统出现错误后的责任也应由设立人来承担，设立人不得以所发送的信息未经自己审查为由而否认。自动交易系统只是扩展了系统设立人参与的方式，或是设立人对电子商务的参与，一旦设定就意味着设立人愿意承受通过系统交易带来的后果。

3. 自动交易系统错误的法律后果

如果因自动交易系统发生不可归责于合同当事人的故障，导致系统设立人一方与另一方当事人往来的数据电文发生错误的，在通知对方当事人之后，发件人有充分证据证明的，有权撤销该项错误表示。由于技术实施中的风险与障碍不可避免，因此立法应该对当事人之间的利益平衡提供支持。

在一方当事人为消费者的自动交易电子合同中，如果消费者在知道出现电子错误时，应采取如下措施：第一，及时通知对方当事人因自己的原因造成该数据电文存在的错误，并表明本人不愿受该错误意思表示的约束；第二，采取合理措施避免相对人的损失，包括遵照对方指示退还因错误而可能收到的任何产品，或者根据指示销毁这种产品；第三，未使用因电子错误而收到的产品或服务，未从中获利或将其转让给他人，或者自动交易系统未能提供给消费者预防或纠正错误的机会，则消费者可以撤销在与卖方的自动交易系统交易过程中源自其本人的电子错误的效力。

（二）点击合同

1. 点击合同的概念与特征

标准化合同即格式合同，是 20 世纪合同法发展的主要标志，对电子合同的规范与调整是 21 世纪合同法发展的主要标志。电子商务的发展与效率的追求使得点击合同出现并大量应用。点击合同是格式合同与电子合同的结合，是指由商品或服务的提供人通过计算机程序预先设定合同条款的全部或一部分，以规定其与相对人之间的法律关系，相对人必须点击"同意"才能订立的合同。电子合同本身就具有格式化的特征，而点击合同可谓合同中的格式合同，其极大地提高了交易效率，促进了电子商务的繁荣与发展，同时也因为格式化的不公平条款可能会侵害对方当事人的合法权益。我们认为，只要有在互联网上购物或注册电子邮件的经历的就是点击合同的参与者，因为上述活动通常被要求点击；"我同意"才可继续进行。点击合同的出现适应了电子商务追求效率的特点，迅即得到了广泛应用，在产品销售、服务提供、信息产品使用许可、网络通信服务、网站会员注册等买卖关系与非买卖关系领域都可以见到点击合同的使用。点击合同是典型的格式合同，所以具有格式合同的一般特点，同时也有自己的特殊性。

（1）点击合同由一方当事人预先拟订，其条款是定型化的，相对人的意思具有附和性。同时，点击合同并非完全不能选择，其具有部分可选择性。某些点击合同的条款可供相对人选择，基于相对人选择的不同，权利义务关系也会有所不同。

（2）点击合同可以广泛、重复使用，其相对人可以是不确定的任何人。同时，在电子商务交易的过程中，根据法律、法规、政策及商业环境的变化，点击合同内容的提供者会不断更新和修订合同的具体内容，如物联网与区块链的发展使得电子商务交易的方式会发生质的变化，点击合同的内容会进行相应的调整。

（3）点击合同具有互动性。传统格式合同一般不具有可变性，不会因相对人的不同而改变其内容，而点击合同则往往通过事先设定的程序，根据订约人数、履行地点等因素自动改变合同的价格等条款。

2. 点击合同效力判定的考量因素

点击合同是格式合同的一种表现形式，因此它应符合合同有效的原理和格式合同有效的一般要件。根据我国合同法及其司法解释的规定，符合一般合同无效情形事由的格式合同也无效，造成对方人身伤害的免责条款无效，故意或重大过失造成对方财产损失的免责条款无效。此外，格式合同的提供者未尽主动提示、被动说明的义务，其中存在的格式条款提供者免除己方责任、加重对方责任、排除对方主要权利的条款无效。

意思自治原则要求合同的有效要件之一必须是当事人意思表示真实。为了达成点击合同成立、实现参与电子商务交易的目的，相对人只有点击"同意"才能继续下去，因为很多点击合同中都会有"若不同意则无法继续"的表述，因此，点击同意并不意味着一定是内心真实意思的表达，可能是形式上的意思表示一致。同时，探究每一位点击合同参与者的真实意思又难以做到。故应运用合同法所规定的格式合同提供者的提示与说明义务，只要点击合同的制定者在合同中进行了充分的主动提示，对相关必要术语进行了清晰的解释，相对人的点击"同意"就应该认定为是其真实意思表示。当然，在法律行政法规存在效力性强制性规定时，点击合同中对该规定违反的内容与条款无效。

具体而言，点击合同中认定合同提供者是否已经尽到主动提示的义务应考虑不同的合同类型。通常认为，在对方当事人为消费者的点击合同中，点击合同的提供者需提供更加清晰的规则与说明，应对相关的服务提供、商品性能及责任承担等关键性条款以明确、直接的方式在合同订立之前或者订立之时告知并提醒消费者注意，可以采取合同法司法解释规定的改变字体、加重、涂黑等足以引起消费者注意的方式。最重要的是，应当在点击合同中规定所有的条款，不得在合同之外另行规定其他条款。对方当事人是经营者的，则基于双方均为商主体且理性能力相当而无须加以特别的保护，只需要注意双方之间的交易惯例及行业惯例的适用。

（三）团购电子合同

1. 团购电子合同的内容

团购电子合同是一种以多数人参与某种商品或服务的交易而通过数据电文等电子方从鼓励创新的理念出发，应当允许电子商务经营者创造团购合同的具体方式与内容，团购电子合同的内容可以在合同法规定的合同应当具备之一般条款的基础上包括最低成团人数、折扣人数、付款方式等。需要注意的是，一旦确定了，上述决定团购合同能否成立之条款时，团购活动的电子商务经营者就不得再进行变更，同时应有稳定的技术手段保障交易对方当事人知悉团购的进展情况。

2. 团购电子合同的成立与解除

同其他合同的成立与生效一样，团购电子合同也是自双方意思表示一致时成立与生效的。但不同于一般的合同，团购电子合同的履行与参团人数密切相关，团购电子商务经营者多是通过团购实现薄利多销的效果。

为实现权利义务的平衡，要求团购活动电子商务经营者在成团后以团购价格履行合同的义务，也应该赋予其在团购人数未达到规定数量时解除合同的权利。在参团人数未达到规定数量导致合同被解除时，团购活动电子商务经营者应当及时通知参与团购的相对方。如果相对方已经支付价款的，除非双方另有约定，否则经营者应当返还其已支付的价款和银行同期存款利息。

3. 团购电子合同的质量保障义务

由于团购价格往往比较优惠，导致团购电子商务经营者为了节约交易成本在不加说明的情况下而提供与正价支付者不同的商品以及服务，这是违反诚实信用原则的行为，侵害了买方的利益。因此，应特别规定团购电子合同中的质量保障义务。团购电子商务经营者向团购交易相对方提供的商品或服务不得低于对非团购交易相对方提供的同种类商品或服务的质量，除非其在网页显著位置做了品质差别的清晰对比与说明买方仍然购买的，否则，经营者的行为构成瑕疵履行，买方有权要求其承担减价、重做、修补等违约责任。

（四）代购电子合同

1. 代购电子合同的概念与性质

代购电子合同是指买受人和电子商务经营者约定由电子商务经营者代其购买商品或服务的合同。在实践中，很多电子商务经营者借助其掌握的资源，不仅自营商品和服务，也会接受买受人的委托，在自有商品或服务不足时，代买受人购买其所需要的商品或服务。当然，也有专业从事代购业务的电子商务经营者。一旦接受委托，电子商务经营者就成为受托人而与作为委托人的买受人之间成立委托合同法律关系。

2. 代购经营者协助维权的义务

代购经营者与买受人之间的委托合同关系应遵守合同法关于委托合同当事人权利义务的规定，通常不需要承担因标的物质量问题导致的责任。同时，代购经营者是基于委托人买受人的指示以自己的名义与第三人签订合同。因此，应履行协助买受人维权的义务。也就是在代购商品出现质量瑕疵时，代购经营者能够证明其已经尽到谨慎选购、包装和寄送标的物的注意义务的，或者能够证明即使谨慎履行代购义务仍然不能避免出现该质量瑕疵的，代购经营者不承担责任，但应该按照买受人的要求或协助买受人向出卖人主张权利。

第四节　电子合同的履行与违约救济

一、电子合同的履行

合同的履行是指合同债务人按照合同约定或者法律规定，全面、适当地完成自己应承担的合同义务，使合同债权人的债权得以完全实现的过程。合同履行是合同订立的目的，是合同法律效力的集中体现。我国《合同法》明确规定了"当事人应当按照约定全面履行自己的义务"，这是法律对于合同履行的基本要求。在电子合同的履行中，应注意标的物是否为信息产品而规定有不同的履行规则。以非信息产品为标的物的合同由于有物理载体的存在，传统合同法就是以实物存在为基础构建的交易规则，依照传统合同法的规定履行即可。而以信息产品为标的物的合同中，虽然也适用传统合同的履行规则，但也存在一些基于其特性的特殊规则。

（一）电子合同履行的原则

我国《合同法》中虽然没有明确规定合同履行的原则，但是，通常认为，合同履行的原则主要有适当履行原则和协作履行原则，这两个原则仍然适用于电子合同的履行。

1. 适当履行原则

适当履行原则也称为全面履行、正确履行原则，是指当事人应依合同约定或者法律规定的标的、质量、数量，由适当主体在适当的期限、地点，以适当的方式全面完成合同义务的原则。对于电子合同而言，如果是线下交付，交付一方必须在合同约定或法律规定的期限内依约发货或者完成履行条件由买受人自提，买受人应当按照约定或法定的时间完成付款的义务；如果是在线交付，交付一方应给予对方合理检验的机会，保证交付的质量，买受人应按照约定的方式线上或线下完成付款。

2. 协作履行原则

协作履行原则是指在合同履行过程中，双方当事人不仅应全面适当履行自己的义务，还应基于诚实信用原则互助协作共同完成合同义务的原则。协作履行原则往往是对债权人所提出的要求，具体包括以下内容：第一，债务人履行合同债务时，债权人应适当受领给付；第二，债务人履行合同债务时，债权人应给予适当的便利条件；第三，债务人因故不能履行或不能完全履行合同义务时，债权人应积极采取措施，避免损失扩大。电子合同履行中的协作履行主要体现在：第一，为了便于债务人依约发货，债权人应及时告知其地址和身份信息，尤其是在有与合同约定不同的履行地址时；第二，债权人不得无正当理由拒绝接受债务人履行债务；第三，在线交付信息产品的，债权人应使其信息系统处于开放、适于接受的状态。此外，协作履行还包括当事人双方均应负担通知、协助、保密义务的内容，不得非法利用其所掌握或收集的对方当事人的相关资料。

（二）电子合同的履行方式与地点

1. 电子合同的履行方式

根据现有电子商务开展的实践中，电子合同主要有三种履行方式：第一种是在线付款、在线交货。此类合同的标的一般是信息产品，例如计算机软件、音像产品、电子图书等的付费下载等。第二种是在线付款、离线交货，如网上付款后再送货。第三种是离线付款、离线交货，如网上购买商品货到时付款的模式。第一种履行方式只适用于无附着载体的信息产品，后两种电子合同的标的可以是附着载体的信息产品也可以是非信息产品。

2. 电子合同的履行地点及交付完成的标志

对于以非信息产品及附着载体的信息产品为标的物的电子合同，由于有有形载体的存在，其与传统动产买卖的履行规则区别不大，应当按照合同的约定履行；约定不明确的，依当事人之间达成的补充协议履行；不能达成补充协议的，按照交易习惯确定；仍不能确定的，按照合同法的规定履行，即履行地点不明确时，给付货币的在接受货币一方所在地履行，交付不动产的在不动产所在地履行，其他标的在履行义务一方所在地履行。根据电子商务经营者关于"存在表明瑕疵应当拒绝签收或者让快递员签字"的经营惯例，电子商务经营者尤其是平台内电子商务经营者通常要求买方在签收之前验货，加之主流电子商务平台目前通行的纠纷解决规则也将货物经卖方签收才视为经营者完成交付，故在经营者委托承运人交付标的物的情形下，不应该再直接适用合同法中出卖人在货交第一承运人时完成交付义务的规则，而应当以承运人将货物运送到指定收货地点并经收货人或者其授权的人签字确认收货的时间为交付的时间。我国《电子商务法》第 51 条也明确规定了："合同标的为交付商品并采用快递物流方式交付的，收货人签收时间为交付时间。"

对于无附着载体的信息产品的交付，再依据传统合同法无法确定时以义务人一方所在地为合同履行地的显然不科学，也不符合数据传输的规律。理论与实务界通常以信息系统为参照标准确定合同的履行地。如美国《统一计算机信息交易法》第 606 条规定，以电子方式交付拷贝的地点为许可方指定或使用的信息处理系统，所有权凭证可以通过惯用的银行渠道交付。至于交付完成的标准，则是使对方当事人能够有效地支配该信息产品。具体而言，在无技术保护措施阻止访问的情况下，信息产品的买受人将信息下载到自己的终端服务器或者以随时访问、浏览、检索或储存等方式获得信息，即应当认为提供信息产品的电子商务经营者履行了交付义务；在有技术保护措施的情况下，提供信息产品的电子商务经营者将破解该信息上所附加的技术保护措施的有效信息如用户账号与密码等发送给买受人，即为履行了交付义务。《电子商务法》第 51 条第 2 款规定了在线传输方式交付的交付时间，即除非当事人另有约定，合同标的为采用在线传输方式交付的，合同标的进入对方当事人指定的特定系统并且能够检索识别的时间为交付时间。对于提供服务的交付，由于《电子商务法》对此未做明确规定，从合同目的出发，应以服务接受者所在地作为合同的履行地。对于提供服务的交付时间，《电子商务法》第 51 条规定如下：除非当事人另有约定，合同标的为提供服务的，生成的电子凭证或者实物凭证中载明的时间为交付时间；前述凭证没有载明时间或者载明时间与实际提供服务时间不一致的，则以实际提供服务的时间为交付时间。

（三）信息产品合同履行中当事人的权利与义务

1. 提供信息产品的电子商务经营者的权利与义务

（1）交付相关使用资料的义务。信息产品提供方应当交付如何控制、访问信息产品的资料给买方，以实现有效交付，让买方能够真正有效地支配所接受的信息，实现合同目的。

（2）合同履行抗辩权。不同于一般合同中履行的抗辩权，无载体信息产品履行中当事人的抗辩权具有特殊性。接受信息产品的一方不履行义务时，信息产品提供方有权以中止访问等措施进行抗辩。信息产品提供者有权在对方有严重违约行为时中止对方获取信息。作为一种抗辩，其并非免除己方义务的履行而只是暂时停止履行；作为电子合同中履行抗辩权的一种特殊形式，中止访问必须符合以下条件：第一，信息产品电子合同必须是双务合同，当事人双方具有对待给付义务。第二，合同约定的义务已到履行期。第三，信息产品接受者未按照合同的约定履行，存在违约行为。第四，信息产品提供者采取中止措施之前，应通知信息产品接受者。如果信息接受者在通知规定的合理时间内消除了违约行为，则中止访问的抗辩权也相应被消灭。

（3）依合同的约定行使的信息控制权。为防止信息产品被滥用，在合同明确约定的情况下，信息产品提供方可以依照合同条款对交付后的信息保留诸如用户认证程序、软件使用次数限制，信息访问范围与时间限制等情形的控制权。为防止该权利的行使对信息产品接收方的不当影响，提供方应当在控制权利行使前运用技术条件向接受方发出通知。

2. 信息产品接受方对信息产品检验的权利与义务

作为信息产品的接受方，也即信息产品的买受人，根据合同法的规定，当事人约定检验期间的，买受人应当在检验期间内将标的物的数量或者质量不符合约定的情形通知出卖人。当事人没有约定检验期间的，买受人应当在发现或者应当发现标的物的数量或者质量不符合约定的合理期间内通知出卖人。对于以信息产品为标的物的买卖合同而言，信息产品的买受人也应当有权进行检验，但是由于信息产品消费具有的一次性以及非损耗性的特征，信息产品的买受人是否已经使用信息产品以及是否从信息产品中受益很难判断。此外，信息产品的可复制性使得复制信息产品的成本几乎为零，为防止买受人收到信息加以利用或复制后又否认收到信息产品，信息产品买受人应承担比传统实体产品消费者更加严苛的验收义务，其应当保证其信息系统处于可接受交付的状态，并在接受信息产品后立即安装、适用或浏览该信息，以确定信息产品是否符合合同约定的质量与数量。若有异议，应当在接受之时起的很短时间如一个工作日内提出异议，否则视为买受人收到了信息产品，信息产品经营者完成了交付义务，且信息产品符合合同约定。

二、电子合同违约责任的承担方式

(一) 违约责任的归责原则与构成要件

归责原则,是指当归责事由出现时基于一定考量而由法律确定责任由谁承担的原则与严格责任。不同的归责原则对当事人会产生较大的影响,明确违约责任的归责原则具有重要意义,其决定着违约责任的构成要件,决定着举证责任的内容,决定着违约责任的赔偿范围。

用比较法来看,英美法系的违约责任主要采用的是严格责任,大陆法系则以过错责任为原则。通过合同自由原则可允许当事人特别约定的运用,以及两大法系之间相互借鉴的努力均使两者之间趋于接近。我国《合同法》总则中将严格责任确定为违约责任的一般归责原则,在分则有名合同部分也规定了过错责任的适用情形,与合同法理论和国际立法趋势相一致。通常认为,违约责任的一般构成要件是有违约行为,无免责事由。

电子合同具有不同于传统合同的特殊之处,但其合同属性并未改变。因此,电子合同违约责任的一般归责原则与构成要件也应遵循《合同法》关于严格责任的规定。

(二) 免责事由

理论上,合同违约的免责事由包括法定免责事由与约定免责事由。

1. 法定免责事由

法定的免责事由通常是指不可抗力与债权人的过错。在电子商务环境中,不可避免地会出现网络故障、病毒感染、黑客攻击等问题,上述问题的出现是否构成合同当事人可以据以免责的不可抗力要依具体情况来考察。

根据我国《民法总则》的规定,不可抗力是指不能预见、不能避免并不能克服的客观情况。即对不可抗力的认定采取主客观结合说。从性质上,不可抗力应具备客观性,即其发生是不以人的意志为转移的客观事件;但在具体认定一个事件是否可以成为违约方的免责事由时,还必须考虑违约方的主观过错。当不可抗力致使物品灭失或给付不能时,债务人可以免责;当不可抗力致使合同部分不能履行或迟延履行时,则免除债务人部分责任或迟延履行责任。

在认定是否构成电子合同的不可抗力时,也应以主客观结合说作为判断标准。只有债务人一方采取了合理且必要的措施,尽到了足够注意的前提下仍然发生了网络故障、病毒感染、黑客攻击等问题时,才可以基于不可抗力免除自己的违约责任。也就是说,要求依不可抗力免责的一方自身对所谓不可抗力的发生必须不存在过错,如己方不存在过错情形下的病毒感染、黑客攻击、网络传输与电子错误等。需要注意的是,发生不可抗力后,只是免除电子合同义务人一方相应的违约责任,其他主体的侵权或违约责任不能免除。

债权人过错是另一种法定免责事由，根据我国《合同法》的规定，双方都存在过错的，应承担各自的责任，并不承担因对方过错所导致的损失的责任。当事人没有及时采取措施导致损失扩大的，无权就扩大部分的损失要求赔偿，债权人应承担因自己过错而致使损失扩大部分的责任。在电子合同中，若因为债权人自身提供的信息系统不适导致了损失，则无权要求按时履行交付义务的义务人承担责任。

2. 约定免责事由

约定免责，指当事人在合同中事先约定的，旨在排除或限制其未来可能发生的违约商务服务提供者降低法律风险的最有效手段。当然，存在约定免责条款，并不意味着一定免责。免责条款的约定不得违反法律、行政法规的效力性强制性规定和社会公共利益，不得排除当事人的基本义务，不得不合理免除己方责任，排除对方主要权利或免除故意或重大过失导致的财产损失责任及免除人身损害责任。

（三）违约责任承担方式

按照我国《合同法》的规定，合同违约责任的承担方式主要包括支付违约金、采取补救措施、赔偿损失和实际履行。上述责任形式皆可适用于电子合同的违约救济。当合同的标的为信息产品时，除了上述违约责任的承担方式外，还有继续使用、停止使用等。

传统合同法规定的违约责任承担方式的适用条件与情形在电子合同中应继续适用，但考虑到无载体信息产品为标的物合同的特点，信息产品具有易复制性适于实际履行，具有高技术性因替代成本很高，信息产品合同目的就是获得有关信息，信息产品销售、许可与服务一体连接的特点使得法律关系比较复杂，实际履行有利于减少信息产品接受者的损失，从平衡双方当事人利益，实现利益最大化的角度，应优选实际履行这种违约责任承担方式。当然，实际履行也只是守约方可以选择的违约方承担责任的方式之一，具体由守约方在权衡利弊的基础上选择接受实际履行还是其他补救措施。

此外，信息产品电子合同履行中的违约还有下列几种责任承担方式：

1. 继续使用

继续使用是实际履行在信息产品电子合同中的具体体现，是在信息产品提供方违反合同时，合同未被撤销的情况下，作为守约方的信息产品接受方可以继续使用合同项下的信息和信息权。当然，如果守约方选择继续使用这种承担方式，则该方仍应继续受合同条款的约束，依合同履行自己应承担的义务。

2. 停止使用

停止使用是指在信息产品接受者违约时，信息产品提供者可以在撤销或解除合同时，请求对方停止使用并交回有关信息。这是为了克服信息产品易于被复制的特点而保护信息产品提供者利益的有效手段，信息产品接受者交回信息载体或拷贝的意义并不大，唯有停止使用才能保护许可方的利益。在导入的案例中，若相对人交付的扫地机因质量问题导致段某某人身或财产受损，应适用侵权与违约竞合时由守约人与受害者选择有利于自己的救济方式，若选择违约救济，则依据合同法规定的相关责任承担方式。

☞ 本章回顾

虽然电子合同订立的手段或形式实现了电子化，但其仍然属于一种特殊形式的合同，合同法所规定的有关合同的订立、效力、履行与违约救济的基本规则对电子合同仍然适用，但需结合电子合同订立过程、方式、成立生效条件、表现形式、内容上及履行与支付上的特殊性而关注电子合同制度的特殊规则。依据不同标准，电子合同有不同的分类。与传统合同法有自己的适用范围一样，电子合同也有涉及人身关系、涉及不动产权益转让、涉及公用事业服务等排除适用的领域。电子合同的成立也需像传统合同一样经过要约与承诺两个阶段，但区分要约与要约邀请变得复杂，应当考虑是电子商务广告还是在线交易，是实物在线交易还是计算机信息在线交易来认定。要约撤回与撤销、承诺、合同成立时间与地点制度在传统合同法规则的基础上再结合电子合同特殊性来具体认定。确认收讫规则是为了减少发送人风险而设立的制度，电子合同也会产生有效、效力待定、撤销、无效等法律效力状态。自动交易合同、点击合同、团购合同及代购合同的特殊权利与义务应予注意。电子合同履行与违约救济的规则主要受电子合同标的物属性的影响。

☞ 关键术语

电子合同概念与特征 信息产品合同 电子商务交易合同 要约撤回与撤销 承诺撤回与生效 电子合同成立时间与地点 确认收讫 电子合同有效 效力瑕疵 电子错误 自动交易合同 点击合同 团购电子合同 代购电子合同 电子合同履行原则 免责事由 停止使用 继续使用 中止访问

☞ 思考题

1. 简述电子合同的概念与特征。
2. 简述电子合同法律制度的调整对象与适用范围。
3. 论述电子合同要约与要约邀请的区分标准。
4. 评价电子合同中要约可以撤回的观点。
5. 简述电子合同中承诺的生效要件。
6. 简述确定电子要约、承诺发出或达到时应考虑的基本要素。

7. 简述确认收讫规则的价值与法律效力。

8. 简述电子合同的有效要件。

9. 简述电子合同效力待定的情形。

10. 简述可撤销电子合同的事由。

11. 论述特殊类型电子合同的特殊性。

12. 论述电子合同履行方式与地点的基本规则。

第九章　电子支付法律制度

【学习目标】
掌握电子支付法的概念与特征
了解国内外电子支付立法的概况
掌握我国电子支付法律制度体系的构成与特征
掌握电子支付法律关系的概念、性质及构成
掌握电子支付法律关系及当事人自建的权利与义务
了解电子支付的法律责任承担机制

【章节纲要】
本章主要分三节来介绍电子支付的法律制度问题。第一节主要介绍电子支付法律体系问题；第二节主要介绍电子支付当事人的权利与义务问题；第三节主要介绍电子支付的法律责任承担问题。

第一节　电子支付法律体系

电子支付法律制度是一个涉及电子银行组织和业务管理法律制度、电子资金划拨和转移法律制度、电子清算和结算法律制度、电子签名法律制度、电子证据法律制度、电子合同法律制度、消费者权益保护法律制度及反洗钱法律制度等内容在内的一个复杂的系统体系。

一、电子支付法概况

(一) 电子支付法概念

广义的电子支付法是调整中央银行、商业银行和其他非银行支付机构以电子方式进行的清算和资金转账结算过程中发生的各种社会关系的法律规范的总称。狭义的电子支付法指电子支付基本法。

我国目前没有统一的电子支付基本法。2005 年 10 月 26 日，中国人民银行发布的《电子支付指引（第一号）》（以下简称《指引》），可以视为目前我国规范电子支付最全面的指导性行政法规。此外，中国银行保险监督管理委员会发布的

《电子银行业务管理办法》和《电子银行安全评估指引》，对规范电子支付组织，防范金融风险，维护银行和客户在电子支付中的合法权益也起着重要作用。2010年9月1日，中国人民银行施行的《非金融机构支付服务管理办法》，对规范非金融机构支付服务行为，防范支付风险，保护当事人合法权益起着主要作用。《电子商务法》）第53~57条用五个条文规定了电子商务支付服务提供者与用户应享有的权利与承担的义务。

（二）电子支付法律制度的特征

电子支付法以调整银行和客户之间的关系为主线，引导和规范互联网上发生的、银行为客户提供的电子支付业务。相对于调整传统的支付方式法律，电子支付法具有以下法律特征：

1. 法律规范的技术性

跟诸多商法规范体现技术性要求的特征类似，在支付系统立法中，许多电子支付相关的法律规范也都是直接或间接地由技术规范演变而来的。电子支付法对数据电文的有效性、电子签名的应用、电子认证的推广等都提出了明确要求。法律中技术的应用对当事人之间的支付形式、权利的行使和义务的履行，有着极其重要的影响。

2. 法律关系的复杂性

电子支付参与主体众多，包括银行、付款人、收款人、第三方支付平台、认证服务提供机构等，各个参与者之间都会发生各种各样复杂的支付关系。在这些复杂的关系中，银行与客户之间的关系是这类电子支付赖以存在的基础和前提。另外，电子支付本身具有高技术性，在电子支付活动中支付工具和支付方式复杂，主体在经济交往中的一般性支付需求千差万别，且与人们日常生活息息相关，社会影响广泛。以调整银行和客户之间的关系为主线，明确各方权利义务，全面理顺复杂的支付关系是电子支付法的重点。

3. 立法方向的发展性

目前，我国电子支付业务处于创新发展时期。为了给电子支付业务的创新和发展创造较为宽松的制度环境，促进电子支付效率的提高，保障电子支付安全。国家已经发布了数个电子支付方面的行政法规及其他规范性法律文件，用以引导和规范电子支付行为，涉及电子支付业务的许多法律制度问题仍处于研究和探索阶段，待条件成熟后再上升为立法，体现了促进电子支付业务创新发展、打造有利于电子商务交易的支付环境的整体指导思想。

二、电子支付立法概况

近年来，电子支付发展迅速，新兴的电子支付工具不断出现，电子支付交易量不断提高，逐步成为我国零售支付体系的重要组成部分。但在电子支付过程中出现的问题也越来越多，交易的有效性与安全性成为交易各方十分关注的问题。因此，电子商务发展迫切要求就电子支付活动建立稳定、完善的法律环境，以保障电子交易活动的顺利进行。

1. 国外立法概况

在国际社会中，电子支付的特征决定了它的法律渊源非常广泛。制定法、判例、清算组规则、银行实务惯例，它们之间相互联系共同构成了规范电子支付的法律制度群。美国电子支付立法较早，也比较成熟。1978 年，美国颁布了世界上首部电子支付方面的法律《电子资金划拨法》，该法调整小额消费者电子资金划拨问题，强调保护消费者权益，与之相配套的美国联邦储备系统理事会颁布 E 条例、D 条例等作为小额电子资金划拨的补充法。1989 年，美国颁布了《统一商法典》，其中第 4A 编与《电子资金划拨法》相衔接，主要调整大额商业性电子资金划拨问题。1968 年，美国的《真实信贷法》和相应的 Z 条例主要调整与信用卡有关的交易。此外，美国联邦储备银行发布了电子支付的操作规范并成立了民间清算机构，如美国自动清算协会的章程和运作规章等。

英国有多部自律组织清算规则，如《票据交换所自动收付系统清算规则》《银行业惯例守则》《CHAPS 清算规则》等。另外，还有一些银行实务惯例，如 1992 年由英国银行家协会等民间团体共同公布的《银行业惯例守则》为推动国际电子支付的广泛应用；1992 年联合国国际贸易法委员会制定了《国际资金支付示范法》；1993 年参照美国《统一商法典》有关规定，联合国制定并发布了《国际贷记划拨示范法》，它成为调整大额电子支付法律系统的法律，为各国立法提供了借鉴。

欧盟在 20 世纪 90 年代中期就开始对电子支付进行监管，1998 年 7 月发布了《欧盟电子货币指令》的草案；2000 年 10 月正式发布《电子货币机构指令》，标志着欧盟有关电子货币的法律框架的正式形成。欧洲中央银行也提出了建立电子货币系统的基本要求，即严格管理、可靠明确的法律保障、技术安全保障、有效防范洗钱等金融犯罪活动、货币统计报告、电子货币可回购性等。

2. 我国立法概况

我国有关电子支付方面的法律主要表现为部门规章及其他规范性法律文件，立法位阶较低，彼此之间可能存在效力冲突因而需要协调。《中国金融 IC 卡卡片规范》《中国金融 IC 卡应用规范》《POS 设备规范》是调整电子支付金融卡流通方面的规范，为国内金融卡跨行跨地区通用、设备共享及与国际接轨提供了强有力的支持，为智能卡在金融业的大规模使用提供了安全性与兼容性保障。《关于加强 IC 卡生产和应用管理有关问题的通知》《全国 IC 卡应用发展规划》《IC 卡管理条例》《集成电路卡注册管理办法 IC 卡通用技术规范》《银行卡业务管理办法》等相继出台，促进了各种电子支付系统的规范化和兼容化。

《刑法》《计算机信息系统安全保护条例及其实施办法》《计算机信息网络国际互联网安全保护管理办法》《金融机构计算机信息系统安全保护工作暂行规定》等法律法规与部门规章构成了电子支付网络安全保护方面的制度体系。

2005 年《电子签名法》的颁布实施加快了我国电子支付的立法进程，《网络交易平台服务规范》《互联网安全保护技术措施规定》《支付清算组管理办法》（征求意见稿）、《电子支付指引（第一号）》《电子银行业务管理办法》《电子银行安全评估指引》《金融机构反洗钱规定》《关于改进个人支付结算服务的通知》以及《电子认证服务管理办法》等系列部门规章与其他规范性法律文件的实施与适用发挥了规范电子支付行业、防范金融风险、维护银行和客户在电子支付中合法权益、提升支付效率等作用。

2010 年，中国人民银行又相继发布了《非金融机构支付服务管理办法》及其实施细则，对目前发展迅速的第三方电子支付服务行为进行了规范，只有依法取得《支付业务许可证》，非金融机构才能为支付机构提供支付服务，有助于防范市场风险，保护当事人合法利益。2011 年 5 月，包括支付宝、财付通在内的首批 27 家公司获得了中国人民银行颁发的《支付业务许可证》。为进一步规范非银行支付机构的网络支付业务，防范支付风险，保护当事人合法权益，中国人民银行于 2015 年 12 月 28 日又发布了《非银行支付机构网络支付业务管理办法》，自 2016 年 7 月 1 日起施行。2018 年 8 月 31 日全国人大常委会通过，2019 年 1 月 1 日开始施行的《电子商务法》也是电子支付法律制度重要的法律依据。

三、电子支付制度的几个法律问题

由于电子支付法律制度内容体系的复杂性，将电子支付中操作性过强的规范与法律制度概括为以下几个问题，本章后面两节将集中讨论电子支付法律关系当事人的权利义务与责任分担。

（一）电子支付法律制度的基本原则

虽然电子支付不是只针对电子商务开展的支付服务，但不可否认的是，电子商务的快速发展促进了电子支付的普及性应用。电子支付法律制度已经成为电子商务法的重要组成部分，电子商务法的基本原则对电子支付领域仍然适用，同时在电子支付领域应该特别强调的原则有：

1. 效率与安全保障原则

应该将效率与安全保障原则作为电子支付法的首要原则，以解决电子支付系统易受攻击、电子资金账户安全性难以得到保障的现状与对法律的需求，这就要求电子支付服务提供者采用各种技术手段提高交易者身份的确定性，同时法律制度应提供电子支付风险的分担机制。

2. 线上线下公平竞争原则

在电子支付中，除法律另有规定外，应该一体化保护传统支付活动与电子支付活动，对与传统支付活动功能相同的行为赋予同等的法律效力，这也是国际公认的功能等同原则的基本要求，也有助于发挥电子支付促进电子商务发展的作用。

3. 鼓励创新与促进发展原则

应该鼓励电子支付领域新技术的采用和推广，对于电子支付服务提供者为提高支付安全所采取的任何一种技术都应该被同等对待，得到鼓励。这也是国际电子商务立法技术中立原则的体现，法律应对技术的创新与发展持有中立态度，不得加以歧视。

（二）网上银行的法律问题

作为新生事物，网上银行的出现对传统法律制度产生了冲击，针对网上银行的法律制度应包括下列内容：

1. 顺应法律关系主体的变化进行规则调整

由于法律关系参与主体的变化，由传统支付关系中银行与客户面对面的关系变成银行或非银行支付机构当客户通过计算机产生的关系时，网上银行法律关系中的当事人最多有五方：即资金划拨人或称付款人、划入代理银行、资金受拨人或称收款人、受人代理银行及其他参与电子资金划拨的中介银行，法律规则应处理好上述主体间的权利与义务。

2. 网上银行监管法律制度的完善

在实践中，网上银行都是依存于传统银行存在的，实质上是传统银行的一个业务部门，其市场准入条件参照其他国家及我国香港地区的规定，通常是从现有银行开展网上银行业务或者现有银行设立网上银行分支机构两个方面进行：第一，网上银行的审批制与报告制。我国网上银行除了符合《中国人民银行法》《商业银行法》及《公司法》规定的一般银行应该具备的条件外，我国银行业监督管理委员会发布的《电子银行业务管理办法》中根据电子银行业务的不同类型分别适用审批制和报告制。明确利用互联网等开放性网络或无线网络开办的电子银行业务，以及包括网上银行、手机银行和利用掌上电脑等个人数据辅助设备开办的电子银行业务适用审批制。第二，网上银行的市场准入条件。明确了网上银行业务的适用主体为各类银行机构，开办网上银行应具有健全的内控机制、良好的电子化基础设施、平稳合理的资产负债指标、有必需的网上银行业务经营管理知识的相关人员等市场准入条件。第三，网上银行的风险管理措施。开办网上银行应采取具备运行安全策略、制定并实施充分的物理安全措施、采用合适的加密技术和措施、实施有效地防止交易系统被攻击的措施以及制定必要的系统运行考核指标等风险管理措施，违法开展网上银行业务应承担相应的法律后果。

3. 电子资金划拨风险承担机制的健全

电子资金划拨与电子支付无实质区别，两者为资金转移之实质与形式的关系，从广义角度，电子资金划拨是电子支付的核心组成部分。依据美国《电子资金划拨法》《统一商法典》及联合国国际贸易法委员会《国际贷记划拨示范法》《电子资金划拨指南》等规则与惯例，电子资金划拨中相关的法律规则可以概括如下：

（1）银行对划拨指令的要求、认证与后果承担。在电子资金划拨中，付款人应依据其与银行在服务协议中约定的形式要件发出支付指令，若付款人代理银行收到的指令不符合要求，或者支付金额超出客户在银行的存款额，银行有权及时通知指令人不予执行并说明原因。此外，银行在收到指令后，除对指令形式要件进行审查外，还应当对指令进行安全认证，若银行收到的指令经过了安全程序的认证，则依据指令产生的后果应由付款人承担，否则一般情形下因未经授权的支付命令造成损失的风险由银行承担。

（2）电子资金划拨的完成。当付款人向其代理行发出支付指令后，一旦代理行借记了付款人的账户，其执行即告完结，付款人从此时起即无权要求撤销其支付指令，也无权要求退回划拨的资金。同理，收款人的账户被贷记后，即使收款人尚未提取贷记的款项，其对贷记款项的权利也不可剩存，收款人银行对收款人的支付具有终结性和不可撤销性。

（3）支付中错误的责任承担。第一，支付指令中存在对收款人名称、账号等错误或不符的情况时，收款人代理行有权不接受付款人代理行的支付指令，付款人代理行应将款项退回付款人，由此造成的利息及其他损失由付款人自行承担。第二，支付指令内容本身或在传输过程中产生的错误，付款人原则上应对支付指令的正确性负责，除非指令接收人存在失误，因支付指令内容错误导致的损失应由付款人承担；对于指令在传输中的错误，除非当事人另有约定，一般也由付款人承担由此造成的损失。第三，支付指令执行中的错误导致的损失应当由指令接收人承担由此造成的损失。当然，除非另有约定，银行承担的责任仅限于返还相当于划拨资金本金及利息以及划拨费用的款项，而不承担划拨未能完成造成的间接损失，否则有违电子划拨迅捷与廉价的优越性。

上述规则主要是针对大额电子资金划拨的，对于消费者为一方当事人的小额电子资金划拨，通常情形下未经授权的电子资金划拨的风险责任由银行承担，除非消费者存在过错，才由消费者承担。上述规则可供我国的相关立法予以参考和完善。

（三）电子货币与虚拟货币的法律问题

所谓电子货币，即以电子信息或数字化数据形式存储在一定电子装置中的电子数据，其是货币价值的电子化，是依附于实体货币的一种支付工具与手段。而虚拟货币是网络服务商发行的用于购买自己或签约服务商所提供的商品或服务的一种电子数据，与电子货币相比，虚拟货币功能单一、使用范围有限、发行主体同时是商品或服务的提供人，故不属于电子货币。

1. 电子货币的法律问题

第一，电子货币的发行主体与条件。电子货币的发行主体包括金融机构与非金融机构两类，非金融机构发行电子货币的条件有待于明晰。此外，电子货币的可回赎性的具体条件也应当明确规定。第二，电子货币的法律风险。目前在我国主要表现为网络金融立法相对滞后与模糊导致的交易风险，电子货币交易者的身份认证、以电子货币交易对合同效力的影响等规则亟须明确，从而保证交易的顺利进行。尤其是电子货币的超强流通性使得电子货币是否还应当保留像传统纸币那样的匿名值得讨论。

☞ 新闻报道

据北京电视台财经频道 2018 年 3 月 15 日的报道，我国中国人民银行将成为全球范围内首个发行数字货币并开展正式应用的中央银行，也就是将发行数字货币即数字化的人民币，与支付宝、微信、电子银行等现有法定货币的信息化过程，是基于电子账户实现的支付方式不同，数字货币本身是货币，而不仅仅是支付工具。央行的数字货币称为数字货币电子支付（DCEP），通过移动通信或其他网络系统传递，是基于区块链分布式记账的法定数字货币，本质上追求零售支付系统的便捷高效低成本与高度安全性。

2. 虚拟货币的法律问题

第一，虚拟货币的发行主体应否回赎，通常认为，网络服务商是虚拟货币的发行主体，其目的是为了推动其销售商品或服务的主营业务，依据交易惯例，虚拟货币发行人一般不需要承担回赎义务。第二，我国《中国人民银行法》《关于进一步加强网吧及网络游戏管理工作的通知》《关于加强网络游戏虚拟货币管理工作的通知》等法律与部门规章中有关虚拟货币的具体管理规定是有关虚拟货币的直接规范依据，其中明确规定，严格区分虚拟交易和电子商务的实物交易，网络游戏经营单位发行的虚拟货币不能用于购买实物产品。

（四）第三方电子支付的法律问题

第三方支付在电子商务交易中对于交易成功提供了必要的支持，可以在交易质量、交易诚信与交易纠纷解决等整个交易过程中对交易双方进行约束与监督。其在提供服务的过程中也面临着下列一些问题。

1. 第三方电子支付的含义及其法律地位

第三方电子支付是具备一定实力与信誉保障的独立组织，在与各银行签约的基础上，提供与银行支付结算系统接口的交易支持平台的支付模式。第三方支付平台可以发挥电子商务交易监督人的角色，作为电子商务的主要支付方式，增强了交易双方的信用，保证了交易的迅捷与安全，第三方支付平台的法律地位即其在法律上的定位，目前其合法性不存异议，但是法律对其调整与规范到底是依据金融机构的规则还是依据第三方中介服务的模式来进行存在争议，也直接影响到第三方支付企业的生存与发展。

2. 第三方电子支付机构的市场准入与业务监管

目前，中国人民银行制定的《非金融机构支付服务管理办法》对非金融机构支付业务的申请与许可、监督与管理及支付业务的总体经营原则进行了以下规定。

（1）非金融机构申请提供支付服务应具备的条件主要有：符合我国《公司法》规定的公司；基于从事支付业务的范围为全国还是同一省（自治区、直辖市），注册资金的最低限额为实缴货币资金 1 亿元或 3000 万元人民币；主要出资人为具有相关领域从业经验和一定营利能力的公司法人；有 5 名以上熟悉支付业务的高级管理人员；具有相应的反洗钱措施并提交相应验收资料；提交必要的支付业务设施的技术安全监测认证证明；申请人及其高级管理人员和主要出资人应具备良好的资信状况并出具相应的无犯罪证明材料；有健全的组织机构设置、内部控制制度和风险控制措施；有符合要求的营业场所和安全保障措施等。

（2）进行支付业务应依法取得《支付业务许可证》，该许可证需经所在地中国人民银行副省级城市中心支行以上的分支机构审查后，报中国人民银行批准，自颁发之日起有效期 5 年，期满前 6 个月内可以提出续期申请，经过两级审批程序后，可以获得 5 年的续期。

（3）第三方支付业务的范围及监督管理。非金融机构支付服务主要包括网络支付、预付卡的发行与受理、银行卡收单以及中国人民银行确定的其他支付服务。支付机构接受的客户备付金不属于支付机构的自有财产，支付机构应在同一商业银行专户存放接收的客户备付金，且只能按照客户的要求使用，禁止支付机构以任何形式使用客户备付金。支付机构之间的货币资金转移应当委托银行业金融机构办理，不得通过支付机构相互存放货币资金或委托其他支付机构等形式办理。支付机构不得办理银行业金融机构之间的货币资金转移。中国人民银行对第三方支付业务履行法定监管职责。支付机构和备付金存管银行应分别按规定向中国人民银行报送备付金存管协议、备付金专用存款账户及客户备付金的存管或使用情况等信息资料。中国人民银行将依法对支付机构的客户备付金专用存款账户及相关账户等进行现场检查。商业银行履行协作监督责任。商业银行作为备付金存管银行，应当对存放在本机构的客户备付金的使用情况进行监督，并有权对支付机构违反规定使用客户备付金的申请或指令予以拒绝。支付机构拟调整不同备付金专用存款账户，必须经其备付金存管银行的法人机构进行复核。

3. 第三方电子支付的法律关系

（1）与客户的关系。第三方电子支付应对客户承担下列义务：第一，制定支付服务协议，明确其与客户的权利和义务、纠纷处理原则、违约责任等事项。支付机构应当公开披露支付服务协议的格式条款，并报所在地中国人民银行分支机构备案。第二，接受客户备付金时，只能按收取的支付服务费向客户开具发票，不得按接受的客户备付金金额开具发票。第三，应当按规定核对客户的有效身份证件或其他有效身份证明文件，并登记客户身份基本信息。支付机构明知或应知客户利用其支付业务实施违法犯罪活动的，应当停止为其办理支付业务。第四，依法保守客户的商业秘密，不得对外泄露。按规定妥善保管客户身份基本信息、支付业务信息、会计档案等资料，确保自身及特约商户均不存储客户敏感信息。第五，以显著方式提示客户注意服务协议中与其有重大利害关系的事项，采取有效方式确认客户充分知晓并清晰理解相关权利、义务和责任；增加信息透明度，定期公开披露风险事件、客户投诉等信息，加强客户的舆论监督。第六，充分尊重客户真实意愿，由客户自主选择提供网络支付服务的机构、资金收付方式等，不得以诱导、强迫等方式侵害客户自主选择权；支付机构变更协议条款、提高服务收费标准或者新设收费项目，应以客户知悉且自愿接受相关调整为前提。第七，及时处理客户提出的差错争议和投诉，并建立健全风险准备金和客户损失赔付机制，对不能有效证明因客户原因导致的资金损失及时先行赔付；对安全性较低的支付账户余额付款交易设置单日累计限额，并对采用不足两类要素进行验证的交易无条件全额承担客户风险损失赔付责任。

（2）与商业银行或信用卡组织的关系。第三方电子支付机构不是银行，其必须依靠信用卡组织和商业银行体系构建自己的服务框架，接受其支付与资金保管服务的客户通过信用卡或者银行账号将资金置入第三方支付机构的账户中。通常其与商业银行或信用卡组织之间的服务协议主要对下列内容进行约定：第一，支付机构接受客户备付金的，依法应当在商业银行开立备付金专用存款账户存放备付金，并将备付金存管协议报送所在地中国人民银行分支机构。第二，明晰对消费者信用卡或者银行账号的认证义务与责任。第三，银行应该配合客户的指令进行资金划拨。第四，对出现欺诈和退款要求的确认条件。

（3）接受中国人民银行的监管。第一，按照《支付业务许可证》核准的业务范围从事经营活动，不得从事核准范围之外的业务，不得将业务外包，不得转让、出租、出借支付业务许可证。第二，按照审慎经营的要求，制订支付业务办法及客户权益保障措施，建立健全风险管理和内部控制制度，并报所在地中国人民银行分支机构备案。第三，应当具备必要的技术手段，确保支付指令的完整性、一致性和不可抵赖性，支付业务处理的及时性、准确性和支付业务的安全性；具备灾难恢复处理能力和应急处理能力，确保支付业务的连续性。第四，接受中国人民银行及其分支机构定期或不定期的现场检查和非现场检查，如实提供有关资料，不得拒绝、阻挠、逃避检查，不得谎报、隐置、销毁相关证据材料。

第二节　电子支付当事人的权利与义务

一、电子支付法律关系

(一) 电子支付法律关系的概念与性质

电子支付法律关系，是指在电子商务活动中，因采用网络支付工具而产生的各方当事人之间的法律关系。

从法律性质上来看，虽然在电子支付法律关系中因参与当事人众多导致其相互间的关系极为复杂，当事人之间的基础法律关系仍是合同法律关系，应受《合同法》的调整与规范。具体包括：第一，付款人与收款人之间的买卖或其他合同关系，付款人依据该合同向收款人支付一定的价款；第二，付款人、收款人与银行间的金融服务合同关系，银行依据付款人、收款人的指令进行资金划拨与收取；第三，认证机构与付款人、收款人之间的认证服务合同关系，付款人、收款人都可能在电子支付活动中成为证书用户相对方进而成为证书信赖方。

(二) 电子支付法律关系的构成

1. 电子支付法律关系的主体

电子支付法律关系的主体即电子支付法律关系的当事人，是指在电子商务法律关系中，依法享有电子商务交易结果的权利和承担电子支付义务的自然人、法人或其他组织。关于电子支付法律关系的主体，有四主体说与八主体说两种主要观点：其中四主体说认为电子支付的当事人主要包括付款人、收款人、银行和认证机构四类，八主体说则认为电子支付的当事人包括付款人、付款人银行、收款人、收款人银行、中间银行、网络在线服务商、认证机构和支付系统等。本书认为，八主体说在一定意义上是四主体说的具体化，并无实质区别。采纳四主体说，同时需要注意存在第三方电子支付情形下第三方支付机构的法律主体地位。

其中，付款人依据服务协议向付款人银行发出付款指示；收款人依据服务协议要求收款人银行妥当接受所划拨来的资金；银行则包括付款人银行、收款人银行和中间银行，其依据与电子支付客户所订立的金融服务协议提供信用中介、支付中介和结算中介等电子支付服务；认证机构即 CA，是在网上建立的一种权威的、可信赖的、公正的第三方信任机构，为参与电子商务各方的各种认证要求提供证书服务，确认用户身份。随着具有去信任、去中介化特点的区块链技术的发展，电子商务交易不需要再依靠银行等中介机构进行支付交易，随着区块链技术的普及，电子支付法律关系也将产生根本的变化，更多是交易双方通过区块链技术进行交易。

2. 电子支付法律关系的内容

电子支付法律关系的内容，即电子支付法律关系主体间形成合同的关系，及在此基础上产生的具体权利与义务。

3. 电子支付法律关系的客体

电子支付法律关系的客体是电子支付行为。交易双方通过电子支付行为，实现资金从付款人银行账户到收款人银行账户的划拨。

二、电子支付当事人的权利与义务

（一）收款人在电子支付中的权利和义务

收款人通常为电子商务交易中的卖家，其在电子支付中一般是收款人的地位。收款人在电子支付中享有下列两项基本权利：第一，获得支付的权利，即收款人根据其与付款人订立的买卖或其他合同享有通过电子方式得到支付的权利；第二，获得通知的权利，即收款人根据付款人与银行间及其自身与银行间的金融服务合同享有从金融机构获得电子支付通知的权利。同时，收款人应承担如下义务：第一，在获得支付后，有告知付款人已收到款项、货物已经发出并请求付款人查收及查验、进行质量检查的义务；第二，在付款人告知已完成支付而收款人未收到款项时，有及时告知付款人并请其协助核实支付完成情况的义务。

（二）银行等电子支付服务提供者在电子支付中的权利和义务

1. 电子支付服务提供者在电子支付中的权利

（1）支付指令接受或拒绝的处置权。在电子支付中，电子支付服务提供者基于对当事人信用情况与自身风险的判断，可以接受指令人的支付指令，也可以拒绝支付指令或者要求指令人修正其发出的无法执行的、不符合规定程序和要求的指令，以在提供金融服务促进电子支付的同时防范自身的风险。

（2）对指令人的付款请求权。支付服务提供者有权要求付款人或指令人按时支付所指令的资金并承担因支付而发生的费用。

（3）对指令引起后果的免责权。通常情况下，未经授权的支付指令造成的损失与风险应当由支付服务提供者承担。但是，只要能证明是由于指令人的过错而致使其他人假冒指令人通过了安全程序和认证程序，支付服务提供者就有权要求指令人承担指令引起的后果。《电子商务法》明确规定，对于非因支付服务提供者自身原因导致的支付指令错误，电子支付服务提供者不需要承担责任；在未经授权的支付是因用户的过错造成时，电子支付服务提供者不承担责任。

2. 支付服务提供者在电子支付中的义务

（1）对客户指令的审查义务。在接收到客户的支付指令时，支付服务提供者有义务审查客户的支付指令是否合法有效、支付方式是否正确。虽然支付服务提供者应承担一项义务，但本质上是为保护其自身合法权益，避免承担不必要的法律责任。通过审查，支付服务提供者可以对该指令予以认证，鉴别发出支付指令客户身份的真实性，即证实发出、修改或取消支付指令的信息是客户发出的。同时，检测支付指令或信息在传送过程中或在内容上是否存在错误，保证电子支付的迅捷。

（2）依照付款人指令完成资金支付的义务。支付服务提供者应当就未按照付款人的指令完成资金支付而给付款人造成的全部直接损失向付款人承担责任。如果支付服务提供者能够证明未按照付款人的指令完成资金支付是由于非因其原因导致的系统故障或者其所不能控制的其他不可抗力等情况引起的，支付服务提供者可以免除其自身责任。

（3）公开披露相关信息与说明的义务。金融服务合同本质上是格式合同，支付服务提供者作为格式合同的提供者，依据合同法的规定，应履行主动提示与说明义务。在传统格式合同中，格式合同提供者的说明义务不是主动而是在对方当事人的要求下进行的，而在电子商务中，当事人通常不会面对面，故应该要求格式合同提供者主动进行必要的说明。支付服务提供者在电子支付中有义务以易于理解的词句和形式向付款人公开披露相关信息，揭示电子支付的程序、后果、操作要领及系统风险等能够确保付款人在判定是否通过电子方式传输其金钱时所需要的基本信息。对上述信息进行说明与解释，可以使消费者更好地理解其权利义务，选择适当的支付方式以及在发生问题时能够更好地保护自己的利益。要求支付服务提供者承担公开披露相关信息与进行说明的义务，有利于解决电子商务纠纷中举证困难的问题：所公开披露的电子支付信息构成付款人支付服务提供者投诉及对投诉进行调查的凭据，并且是判定支付服务提供者是否已经公开及说明义务的依据；而且支付服务提供者发送给付款人表明其已他人进行电子资金划拨的交易收据和定期通知，可以作为此划拨的证明或构成划拨完成自身已履行义务的初步证据。

（4）建立并遵守电子支付安全程序的义务。通常，为防止未经授权的人向银行传送支付指令等信息，支付服务提供者会与客户约定建立使用密码或其他有效的身份认证手段进行电子支付的安全程序，银行应遵守上述约定进行电子支付行为，经过安全程序认证的行为会被认为是付款人的行为而由付款人承担相应的后果。然而，由于电子技术传输中的风险，存在一项安全程序原则的例外：若付款人能够举证电子支付指令不是由能够接近安全程序的其所属雇员或其代理人发出的，也不是从付款人可以控制的来源发出的，即使支付指令经过了安全认证程序，付款人也不需对该支付指令造成的损失负责。根据《电子商务法》第54、55、57条的规定，电子支付服务提供者提供电子支付服务应符合国家有关支付安全管理的要求；在支付指令发生错误时，应当及时查找原因并采取相关措施予以纠正；发现支付指令未经授权或者收到用户支付指令未经授权的通知时应当立即采取措施防止损失扩大。

（5）保存电子支付交易记录的义务。在国内外有关电子支付和电子货币的立法中均将保留电子支付中相关的交易记录规定为金融机构的一项基本义务。电子支付使得资金在银行和其他金融机构之间转移不容易留下任何痕迹，则电子支付交易记录的保存就变得非常必要，通过对这些交易记录进行保存，使交易在银行的账簿上留下踪迹，从而有利于有关机构对犯罪活动进行追踪，而且产生纠纷时也可以作为电子证据。甚至还有学者建议引入第三方存储制度以解决电子数据证据效力认定的问题。《电子商务法》第 53 条明确规定，电子支付服务提供者为电子商务提供电子支付服务，应当遵守国家规定，告知用户电子支付服务的功能、使用方法、注意事项、相关风险和收费标准等事项，不得附加不合理的交易条件。电子支付服务提供者应当确保电子支付指令的完整性、一致性、可跟踪稽核和不可篡改。电子支付服务提供者应当向用户免费提供对账服务以及最近三年的交易记录。

（6）支付确认的义务。支付服务提供者完成电子支付后，应当及时准确地向用户提供符合约定方式的确认支付信息。支付服务提供者应该有合格技术保证支付确认的要求，也可以委托第三方机构如电子认证机构完成支付确认环节。《电子商务法》第 56 条明确规定，电子支付服务提供者完成电子支付后，应当及时准确地向用户提供符合约定方式的确认支付的信息。

（7）专款专用备付金的义务。所谓备付金是指在电子支付账户中存放的、支付服务提供者为办理客户委托的支付业务而实际收到的预收代付货币。备付金的使用限于付款人委托的支付业务和法律、行政法规规定的其他情形，任何单位和个人不得擅自使用；付款人有权要求支付服务提供者将其备付金划转至本人或本单位银行结算账户，不得设置障碍或者收取不合理费用；当支付服务提供者破产清算时，备付金不得用于清偿支付服务提供者的其他债务，而应当优先用于向付款人清偿。

（三）付款人在电子支付中的权利和义务

1. 付款人在电子支付中的权利。

付款人通常为电子商务交易中的买家，其在电子支付中一般是付款人的地位，在《电子商务法》中被称为用户。在电子支付中，付款人享有的权利有：

（1）违约损害赔偿请求权。其有权要求接受指令的网上银行按照指令的时间及时将指定的金额支付给指定的收款人。如果接受指令的网上银行没有按指令完成义务，付款人有权要求其承担违约责任，赔偿因此造成的损失。

（2）知情权与自愿交易权。付款人作为电子支付服务的使用人，有权知悉电子支付服务的功能、使用方法、注意事项、相关风险与收费标准等，有权自主选择提供支付服务的银行等金融机构，有权拒绝不合理的交易条件。

（3）交易记录获取权。付款人有权要求支付服务提供者提供月度对账服务及一定期间内的交易记录，除非金融服务协议另有约定，则有权免费获得。《电子商务法》第 53 条第 3 款规定了电子支付服务提供者应当向用户免费提供对账服务以及最近三年的交易记录。

2. 付款人在电子支付中的义务

付款人在电子支付中的基本义务主要包括以下几项：

（1）发出并检查指令的义务。付款人应签发正确的支付指令，并按照银行等金融机构的程序，检查指令有无错误和歧义，并有及时发出修正、修改错误或有歧义指令的义务。《电子商务法》第 5 条明确规定，用户在发出支付指令前，应当核对支付指令所包含的金额、收款人等完整信息。

（2）支付的义务。付款人一旦向付款人银行发出指令后自身应当受其指令的约束，承担从其指定联户内付款的义务。

（3）接受认证的义务。在符合商业惯例的情况下，付款人有义务接受认证机构的认证，保证电子支付的安全。与此相关，付款人应有风险防范意识，不能设置容易被其他人识别的个人识别码或其他密码。

（4）保管与通知的义务。付款人应当按照与支付服务提供者服务协议的约定，在合法范围内使用电子支付服务、支付服务费用，妥善保管交易密码、数字证书等安全工具。若身份信息发生变更，发现安全工具遗失、被盗用或者其他未授权交易的，应当及时通知支付服务提供者。《电子商务法》第 57 条第 1 款明确规定，用户应当妥善保管交易密码、电子签名数据等安全工具。用户发现安全工具遗失、被盗用或者未经授权的支付的，应当及时通知电子支付服务提供者。电子支付服务提供者在我国目前的实践中还是以银行等金融机构为主体，第三方支付机构兴起并不断参与其中，《电子商务法》中并未区分银行等金融机构与第三方支付机构作为支付服务提供者在权利义务上的区别。两者在提供支付服务中的具体权利与义务、资质及主体条件等相关区别见本章第一节的内容。

（四）电子认证服务机构的权利和义务

电子认证服务机构作为可信赖的第三方信任机构，依据电子商务参与各方的认证要求而提供证书服务、确认用户身份，在电子支付中发挥着重要作用。

1. 电子认证服务机构的权利

（1）对申请者资料进行审查的权利。电子认证服务机构确认用户身份的功能决定了其应该对申请者的资料进行认真、仔细审查，以确保其真实性。如果申请者为个人，对其审查的内容包括申请者的姓名、身份证号、联系电话、通信地址、邮政编码、电子邮箱等资料；如果申请者是法人或非法人组织，除审查申请者提供的上述具体材料外，还要审查法人或非法人组织的名称、主页地址、营业执照号、税务登记号、地址、电子邮箱、所属行业类别、组织机构代码、电话、传真等信息。

（2）发放电子证书的权利。电子认证服务机构有权在对证书申请者进行资格审查后发放电子证书。根据我国《电子认证服务管理办法》的规定，电子签名认证证书应当准确载明签发电子签名认证证书的电子认证服务机构名称、证书持有人名称、证书序列号、证书有效期、证书持有人的电子签名验证数据、电子认证服务机构的电子签名等内容，以及工业和信息化部规定的其他内容。

（3）撤销电子证书的权利。根据《电子认证服务管理办法》的规定，出现证书持有人申请撤销证书、证书持有人提供的信息不真实、证书持有人没有履行双方合同规定的义务、证书的安全性不能得到保证等情况之一，以及法律、行政法规规定的其他情况的，电子认证服务机构可以撤销其签发的电子签名认证证书。

（4）收取费用的权利。根据《电子认证服务管理办法》的规定，作为企业法人电子认证服务机构有权在向申请者提供电子认证服务后向申请者收取相关的费用。

2. 电子认证服务机构的义务

（1）公开重要信息的义务。根据《电子认证服务管理办法》的规定，取得认证资格的电子认证服务机构，在提供电子认证服务之前，应当通过互联网公布机构名称和法定代表人、机构住所和联系办法、《电子认证服务许可证》编号、发证机关和发证日期、《电子认证服务许可证》有效期的起止时间等信息。电子认证服务机构在《电子认证服务许可证》的有效期内变更法人名称、住所、法定代表人、注册资本的，应当在完成工商变更登记之日起 15 日内办理《电子认证服务许可证》变更手续；《电子认证服务许可证》的有效期届满需要延续的，电子认证服务机构应在许可证有效期届满 30 日前向工业和信息化部申请办理延续手续，并自办结之日起 5 日内依法公布相关信息。

（2）对认证客户信息的保密义务。认证机构在承担信息披露义务的同时，对用户重要的信息应该承担保密的义务，以维护用户的合法权益。

（3）保证使用系统安全的义务。电子认证服务机构应该使用可信赖系统完成证书的发布和撤销等各项操作。联合国国际贸易法委员会《电子签名示范法》第 10 条对"可信性"做了规定，在确定认证服务提供者使用的系统、程序和人力资源是否可信赖及可信赖的程度时，应考虑下列因素：①财力和人力资源，包括现有资产；②软件和硬件系统的质量；③证书及其申请书的处理程序和记录的保留；④是否可向证书中指明的签名人和潜在的依赖方提供信息；⑤由独立机构进行审计的经常性和审计的范围；⑥是否存在国家、资格鉴定机构或认证提供者做出的关于上述条件遵守情况或上述条件是否存在的声明。

（4）担保证书真实、准确的义务。电子认证服务机构一旦将证书颁发给用户，就承担着对证书持有人与证书信赖人担保证书所述内容真实、准确的义务。

（5）妥善保管自身私钥的义务。认证机构自身的私钥对于验证该认证机构作为颁发数字证书机构的身份具有不可或缺的作用，一旦丢失，该认证机构所颁发的所有证书都将作废。因此，妥善保管自身私钥是认证机构的重要义务。

第三节　电子支付的法律责任承担

从广义上讲，法律责任包括民事责任、行政责任与刑事责任，鉴于电子商务法商法属性的定位，本书主要是从民事责任的角度进行论述。电子支付中的民事责任主要包括合同责任及其他民事责任。

　　民事责任是指违反约定或者法定义务的行为人所应承担的否定性评价。对于民事责任的具体承担方式，根据我国《民法总则》与《合同法》的相关规定，包括停止侵害、返还财产、恢复原状、赔偿损失、支付违约金、继续履行以及采取修理、更换、重做等补救措施等。在电子支付法律关系中，由于电子支付参与主体不同，可以从电子认证服务机构、付款人与收款人，以及支付服务提供者三个方面的主体进行具体分析。

一、电子认证服务机构的法律责任

　　电子认证服务机构的法律责任承担方式主要有下列几个：
　　（1）赔偿损失。由于电子认证服务机构的过错而导致用户遭受损失的，应当在合理的范围内，由认证机构予以赔偿。
　　（2）继续履行。电子认证服务机构出现 CA 系统和设备停机、终止、信息丢失等技术问题，而导致认证操作出现问题、发布失效信息或证书发布不完善的，电子认证服务机构在修复 CA 系统和设备后，应立即发布正确、有效、完整的认证证书，以充分履行其与用户之间的合同。
　　（3）采取相应措施进行补救。如果电子认证服务机构出现管理漏洞、CA 方密钥泄露、用户注册信息泄露等问题，应立即采取有效措施，及时更正、修补出现问题的环节，避免引起进一步的损失。对已经给客户造成的损失应进行赔偿，除非能证明属于不可抗力。

二、付款人与收款人法律责任的承担方式

　　付款人与收款人属于电子支付法律关系中的客户，其承担法律责任的前提通常是存在过错。
　　（1）赔偿损失。在电子支付中，如果因客户自身的过错而造成其他各参与方损失的，诸如密钥或个人信息泄露、非法使用证书而产生的损失，存在过错的客户应当自己赔偿。
　　（2）采取补救措施。当用户密钥丢失或泄露或发现所发出的指令或提供的信息错误时，应及时通知接收银行或认证机构，以使接收银行或认证机构采取相应的防范措施，防止网络入侵、冒领等事件，或者避免其他参与主体因使用错误证书而蒙受损失。当用户发现银行执行指令出现错误或发现认证机构发布的用户信息错误或证书不完善时，应立即中止交易，并通知银行或认证机构修改错误。

三、支付服务提供者法律责任的承担方式

（一）继续履行
　　如果原资金划拨未能及时到位或者到位资金未能及时通知网络交易客户，支付服务提供者有义务返还客户本金，并按照原定利率返还利息。如果支付服务提供者到位的资金金额小于支付指令所载数量，则其有义务补足差额。如果支付服务提供者到位的资金金额大于支付指令所载数量，则其有权依照法律提供的其他方式从收款人处得到偿还。

（二）赔偿损失

对由于支付服务提供者的过错如提供电子支付服务不符合国家有关支付安全管理要求而造成的客户相关损失的，应当在可预见的范围内予以赔偿。如因支付服务提供者导致支付指令发生错误的，其应当及时查找原因，并采取相关措施予以纠正，因此给付款人造成的损失，应当予以赔偿。对于未经授权的支付造成的损失，除法律另有规定或能证明是付款人过错导致的以外，产生的后果由支付服务提供者承担，其应当赔偿因此导致的损失。本方式明确规定了过错推定原则，解决了用户举证困难的问题

（三）采取补救措施

在支付指令发生错误时，电子支付服务提供者应及时查找原因并采取相关措施予以纠正；如果电子支付指令未能成功执行时，支付服务提供者应当及时提示客户并采取必要的补救措施。当支付服务提供者接到付款人发现支付指令未经授权或者收到付款人支付指令未经授权的通知时，应当立即采取防止损失扩大的措施。支付服务提供者未及时采取措施导致损失扩大的，对损失扩大部分承担责任。

☞ 本章回顾

我国电子支付法律制度是一个包含着银行组织业务管理、电子资金划拨转移、电子清算与结算、电子签名、电子合同、消费者权益保护等制度在内的复杂系统，具有技术性、复杂性和发展性的特点。国际上电子支付的立法为我国相关制度的完善提供了借鉴，应了解其基本内容与趋势。在我国，需要把握电子支付特别应该强调的效率与安全保障、线上线下公平竞争、鼓励创新与促进发展等基本原则；网上银行市场准入条件、监管方式与电子资金划拨的风险承担机制均应明确；明确电子货币与虚拟货币的区别；第三方电子支付的法律地位、市场准入与业务监管等也有自己的特点，需要注意理解其与相关主体间法律关系的性质及权利义务的享有和承担。掌握电子支付法律关系的要素及当事人的具体权利与义务，不同主体在电子支付法律关系中的权利、义务与责任也有区别。

☞ 关键术语

电子支付法　电子资金支付基本原则　网上银行监管　电子资金划拨风险承担

机制　电子货币　虚拟货币　电子支付法律关系　电子支付法律责任

☞ **思考题**

1. 简述电子支付法律制度的构成与特征。
2. 电子支付法律制度特别应遵循的基本原则有哪些?
3. 电子资金划拨风险承担机制包括哪些内容?
4. 电子货币与虚拟货币的区别是什么?
5. 简述电子支付法律关系的概念、性质及构成。
6. 电子支付法律关系的主体有哪些,不同主体分部享有哪些权利,承担哪些义务?
7. 电子支付法律关系中不同主体承担责任的具体方式有哪些?

第十章　电子商务其他关联法律制度

【学习目标】

掌握电子商务监管相关知识

掌握电子商务消费者保护相关知识

掌握电子商务的争议处理相关知识

掌握电子合同相关法律知识

掌握电子签名相关法律知识

掌握电子认证服务相关法律知识

【章节纲要】

本章主要分五节来阐述电子商务其他相关联的法律制度问题。第一节主要介绍电子商务的监管问题；第二节主要介绍电子商务的消费者保护问题；第三节主要介绍电子商务的争议处理问题；第四节主要介绍电子签名的法律问题；第五节主要介绍电子认证服务的法律问题。

第一节　电子商务监管

一、电子商务监管模式与原则

所谓电子商务的监管模式，是指对电子商务领域进行监管的具体实施方式。在电子商务领域中，传统只依赖政府一方力量的监管显然已落后于实践的需要，应在完善行政监管的同时，加快培育和增强行业自律和企业自治的监管作用以及消费者和相关组织的维权监督作用，逐步形成多元共治的格局。即电子商务监管模式应该是各级人民政府相关部门、行业协会、电子商务平台经营者、消费者及其组织通过行政监管、行业自律、市场内部管理、消费者维权监督等机制构成的多元共治模式。

多元共治注重发挥市场主体的主动监督，应当尽可能通过市场机制解决问题，即便在必须运用监管手段时也应当采用对市场正常运行和发展影响最小的方式进行，尊重市场的自我纠偏能力，只有在必要时才启动监管手段，最大化发挥市场潜力、预留行业发展空间。监管的目的也是促进发展，防止政府的不当限制，电子商务发展程度高的国家普遍采用政府有限监管的原则，避免政府对电子商务作不恰当的限制。因此，政府有关部门在对电子商务实施监督管理的过程中应遵循依法行政、促进发展、适度有效的原则，避免对电子商务的发展进行不当限制。

我国既有的法律监管都是与中心化的社会组织形态相适应的，在电子商务尤其是共享经济时代，商业的组织形态和人的组织关系处理等规则都发生了颠覆性的变化，必然对监管规则提出挑战，呼唤新的监管方式出现。走向协同监管，由政府与第三方甚至第四方组织一起打造一个新的监管体系是必然的选择。我国《电子商务法》明确规定了"国家建立符合电子商务特点的协同管理体系"，推动形成政府有关部门、电子商务行业组织、电子商务经营者、消费者等共同参与的电子商务市场治理体系。有助于避免依赖传统行政监管成本高、难以保障效率的问题，体现市场主体多元化趋势的要求，实现市场监管领域构建商事主体自我约束、行业自律、政府监管、社会共治的监管新格局。在导入案例中，杨某与华为公司之间是典型的电子商务法律关系，其应采用协同监管的方式，形成多元共治的格局。

二、政府部门的行政监管

（一）行政监管体制与运行

1. 行政监管体制

结合我国电子商务发展与政府体制的客观现状，我国宜建立一般综合监管与专项分工监管相结合的政府监管体制。电子商务涉及网络商品或服务交易、网上支付、物流快递、电子认证、数据服务与信息安全等重要环节，监督管理也必然涉及多个方面或领域，涉及多个部门的分工负责。我国《电子商务法》明确规定，国务院有关部门按照职责分工负责电子商务发展促进、监督管理等工作。县级以上地方各级人民政府可以根据本行政区域的实际情况，确定本行政区域内电子商务的部门职责划分。这一规定确定了电子商务领域行政监管实行从中央到地方的多级行政监管以及各级政府根据行政层级确定监管职责的监管体制。从具体的监管部门来看，电子商务领域的行政监管基本采用部门分级监管的体制，由国务院各个部门、地方政府各个部门根据其本身的职能对电子商务的不同问题进行监管，而非建立统一的监管部门对所有事项进行监管。

我国《电子商务法》明确规定，国务院有关部门按照职责分工负责电子商务发展促进、监督管理等工作。县级以上地方各级人民政府可以根据本行政区域的实际情况，确定本行政区域内电子商务的部门职责划分。这一规定确定了电子商务领域行政监管实行从中央到地方的多级行政监管以及各级政府根据行政层级确定监管职责的监管体制。从具体的监管部门来看，电子商务领域的行政监管基本采用部门分工监管的体制，由国务院各个部门、地方政府各个部门根据其本身的职能对电子商务的不同问题进行监管，而非建立统一的监管部门对所有事项进行监管。

　　我国现行电子商务监管的各部门分工虽相对明确，但也存在交叉重叠或者空白，且相互之间协调不足。在中央层面，国务院各个部门就不同行业、不同领域负有相应的管理职能，从不同角度承担电子商务的监管职责，如国家发改委负责电子商务发展全局与发展方向的调控，工商总局负责网络商品交易及有关服务行为的规制建设，质检总局负责电子商务领域产品质量监管等。为克服相互间协调不足的问题，条件成熟时可考虑建立有关电子商务的一般监管部门与组织协调机构，同时借鉴行政执法实践中行之有效的沟通协调措施与《网络交易管理办法》中规定的跨部门协调联动机制，有助于提高监管效率。也正因为如此，《电子商务法》明确规定了"国务院建立电子商务管理综合协调机制，统筹协调处理电子商务发展中的重大问题"。以实现一般综合监管与专向分工监管相结合的电子商务监管机制，统筹指导电子商务的发展方向，协调跨部门、跨区域电子商务发展中存在的问题，建立协调、有序、高效的联动管理体制。在地方层面，各级政府也按照职责分工分别承担监管职能，同时考虑到我国各地电子商务领域发展情况的差别，市场监管的任务与问题也存在较大差异，地方政府有权按照本区域实际情况自主确定电子商务领域监管职责的划分。当然，鉴于电子商务的跨行政区域性，逐步建立起电子商务监管的工作协调机制是非常有必要的。

　　2. 行政监管的运行与协调

　　运用与逐步完善国务院建立的电子商务管理综合协调机制，国务院各部门、各级政府的相应部门结合本地实际进行电子商务监管。在具体监管时可实施电子商务监督管理中的跨部门联合执法工作。县级以上地方各级人民政府可以根据本地区的实际情形，确定本行政区域内电子商务监督管理部门的职责划分。政府有关部门之间应通过联合执法、信息共享、定期与不定期会商等方式建立健全沟通、协调机制。法律、行政法规对电子商务监督管理的政府部门职责分工另有规定的，按照其规定执行。

　　（二）行政监管的管辖

　　1. 地域管辖

　　《行政处罚法》中以属地管辖为主的原则在电子商务环境下受到极大的挑战，因为电子商务赖以生存的互联网环境的虚拟性与跨地域性，故需要建立符合电子商务特点的管辖职能划分原则。基于《网络交易管理办法》中对电子商务违法行为管辖的较为全面的规定，在此基础上依照从查处取证、处罚方便及与行政处罚相一致的角度考虑，对电子商务依据分类监管确立地域管辖。

　　对电子商务经营的日常行政监督管理，如信息信用档案、常规检查、许可准入、网站管理等工作，以经营者住所地为管辖标准，依照部门职责分工由经营者工商注册登记地或实际营业地的人民政府有关部门管辖。

对于违法行为的查处，有不同的地域管辖标准，一是违法行为发生地，一般把计算机终端、服务器等设备所在地作为违法行为发生地；二是经营者住所地，即其主要办事机构所在地或注册地；三是损害结果发生地，即当违法行为地或经营者住所地无法确定或虽能确定但因住所地机构管辖情况变化而导致案件查处难以有效进行时，应当以损害结果发生地管辖作为补充手段。

对于通过电子商务交易平台进行交易的平台内经营者，理论上由交易平台所在地的县级以上管理部门管辖具有可行性，但通过平台交易的经营者数量巨大且多数为异地经营，所以也应给予平台内经营者所在地的监督管理部门以管辖权。通过电子商务交易平台开展经营活动的电子商务经营者，其违法行为的查处由经营者住所地或营业所在地、经常居住地人民政府有关部门管辖。经营者住所地与经常居住地或营业所在地不一致且经常居住地或营业所在地难以确定的，也可由电子商务平台经营者住所地人民政府有关部门管辖。当不同地域的政府部门对电子商务违法行为都具有管辖权时，由最先接到投诉或立案的政府有关部门管辖。当对管辖权产生争议时，根据《网络交易管理办法》第41条第2款的规定，两个以上工商行政管理部门因网络商品交易及有关服务违法行为的管辖权发生争议的，应当报请共同的上一级工商行政管理部门指定管辖。

2. 级别管辖

对电子商务经营的监管原则上由登记机关及同级相应部门管辖，并以上级部门的直接管辖为补充。电子商务经营的日常监督管理以及违法行为查处，按照职责分工，由经营者进行登记的主管机关或登记机关所隶属的人民政府其他部门管辖。上一级人民政府有关部门认为必要时可以按照法定程序，对本行政区域内有重大影响的电子商务违法行为直接进行查处和监督管理。

3. 跨地域跨级别管辖的协调机制

电子商务的跨地域性决定了需要建立跨地域与跨级别的配合与协作机制，同时应当有配合协作机制落实的保证机制。行使电子商务管辖权的行政机关根据查处案件需要，可以提请异地相关行政机关协助调查取证或依法采取相应的行政强制措施，接到请求的一方应当予以配合和协作，并在一定的合理时间内就有关情况予以反馈。

☞ **新闻摘录**

2018年3月15日前夕，著名女作家六六在其微信公号上发布《无赖京东》一文，代其朋友程苿维权，因此前程苿在京东全球购平台购买了某款护腰枕，标价为人民币1 489元（美国官网售价为109.95美元），商家发货的是另一款护腰枕（美国官网售价仅33.6美元）。在其提出质疑后，卖家承认发货错误，但无法支持10

倍赔偿，并称文章存在恶意诋毁，已构成对京东商誉的侵害。按六六一方的表述，他们先是向所在城市的消协投诉，但是当地消协表示，京东不在当地；他们查到了京东注册在江苏宿迁，拨打宿迁12345，但是被告知京东只是把客服公司注册在了宿迁，要投诉京东得去北京；而北京的有关部门称，京东全球购和京东不是一家公司，那家公司注册在香港，内地法律管不了，要投诉，可以去香港找司法部门打官司。

这种情况该如何处理？消费者如何维权？

六六与京东一案暴露了我国现阶段监管模式的局限，跨地域经营与依地域监管的矛盾明显，更加凸显了协调管辖的必要性，以及我国难以离开行政监管面仅凭市场自治的现实。消费者消费时也应特别注意经营者在网站的信息公示，了解经营者的真实注册地址、主要营业机构所在地以及其他经营有关信息，以确定是否进行交易。同时，应积极进行联合监管协调机制的推广与运用。

（三）电子商务行政监管的方式与措施

基于电子商务的特点，传统的现场实地监管方式已不足以实现有效监管的效果，必须以网络为依托和手段，创新网络交易监管方式，因此，应该采取实地监管与网络监管相结合的方式。不仅可以采取检查、查阅、查封、扣押、停网整顿等传统的执法措施，也可以在《网络交易管理办法》及《企业信息公示条例》的基础上运用信用监管等创新方式。从现实性上看，包括工商行政管理部门在内的许多监管部门系统内部已搭建了信息共享或监管平台，为网络监管的实行提供了保障和可行性。

各级人民政府有关部门依据其职责可以采取实地监管和网络监管相结合的方式对电子商务活动进行监督检查，并依法行使相关职权、采取相应措施。监管部门依法取得的电子商务及有关服务活动的技术监测记录资料，可以作为对电子商务违法行为实施行政处罚或采取行政措施的电子证据。

政府有关监管部门应当积极采用信用监管的方式，建立电子商务及有关服务信用档案，记录日常监督检查结果、违法行为查处等情况。根据信用档案的记录，对电子商务经营者实施信用分类监管，对有不良信用记录的电子商务经营者实施重点巡查，对不良信用记录情节严重者实施失信联动惩戒或列入信用不良当事人名单，并与企业信用信息公示系统实现互联共享。

三、行业协会的自律监管

自律监管比他律监管更有效，因此，应注重发挥电子商务行业协会的自律监管作用。行业协会的自律监管不仅是权利，同时也是义务，是行业协会应尽的职责。明确电子商务行业协会应当履行行业自律职责，制定行业自律规范，指导、规范和监督电子商务经营者依法生产经营，并为其成员提供信息、技术、管理和培训等服务，向政府有关部门提出工作建议与意见。行业协会依法制定的章程、标准、公约、规则等自律规范，对其成员有约束力。若成员违反自律规范的，行业组织有权依照其章程和约束措施作出处理。我国《电子商务法》明确规定，电子商务行业组织按照本组织章程开展行业自律，建立健全行业规范，推动行业诚信建设，引导本行业经营者公平参与市场竞争。

同时，应当注重政府监管与行业协会监管的衔接，实现政府监管的权威性、强制性、独立性与行业协会的灵活性、适时性、民主性之间的互补，建立政府监管与行业自律的联动机制，达到社会利益与行业目标的均衡。政府有关部门应当确立与电子商务行业协会的沟通协调、信息共享制度，可以授权行业组织制定相关标准，根据行业协会对企业或会员的信用评价和处理措施，确定重点监管对象。

中国电子商务协会曾起草《网络交易平台服务规范》。2018 年 1 月 8 日，中国电子商务协会 B2B 行业分会正式上线 B2B 行业自律公约专题网站，标志着中国 B2B 行业诚信体系建设进入了一个新的时期。网站上线开放了申请通道，原则上所有 B2B 行业企业皆可申请加入，审核通过后协会将在公约专题网站上对公约成员进行资质展示。在导入案例中，华为公司作为电子商务经营者有权申请加入行业协会，接受行业自律规则的约束。对平台内电子商务经营者的监督管理既是电子商务平台经营者的职责，也是一种法定的义务，该义务的不履行可能导致平台经营者承担相应的法律责任。鉴于前述电子商务平台经营者的义务已有明确论述，此不赘述，只是概括性地规定电子商务平台经营者有权根据其依法制定的管理规则对平台内电子商务经营者及其他用户采取相应的监督管理措施。

此外，除了上述创新行政监管体制、发挥行业自律功能、鼓励商事主体自治等方式外，应进一步激活社会监督机制，形成全社会的监管合力。可以通过听证、座谈会、公开质询会等方式，提高民众参与监管的热情，也可以发动舆论监督的力量，允许媒体通过新闻报道、调查、评论等多种方式，对商事主体的违法行为进行监督。

四、电子商务平台经营者的自治管理

共治模式是电子商务领域最有效率的监管模式，电子商务平台经营者在其中发挥着重要作用。其对平台内电子商务经营者的情况最了解，监督也最直接，在一定程度上保证了监督的效果对平台内电子商务经营者的监督管理既是电子商务平台经营者的职责，也是一种法定的义务，该义务的不履行可能导致平台经营者承担相应的法律责任。鉴于前述电子商务平台经营者的义务已有明确论述，此不赘述，只是概括性规定电子商务平台经营者有权根据其依法制定的管理规则对平台内电子商务经营者及其他用户采取相应的监督管理措施。

第二节 电子商务消费者保护

维护消费者的合法权益是电子商务法重要的立法目的。电子商务的兴起极大地拓宽了消费市场，增加了消费者获得信息的途径，提供了更加方便快捷的消费方式，降低了消费成本，互联网等信息技术的不断飞跃、创新促进着电子商务规模的不断扩大，电子商务这种新兴的交易形式正在不断突破传统交易形式的壁垒，以其开放性、便捷性、低成本、无国界等得天独厚的优势吸引着广大潜在的经营者与消费者不断参与其中，我国网络购物用户与手机购物用户的规模呈逐年增长态势。与组织性和经济实力强大的经营者相比，消费者在为生活需要而购买商品时在经济实力、谈判能力和抵御风险的能力等方面明显处于劣势，信息极不对称。传统交易下产生的纠纷及消费者面临的风险并没有随着网络技术的进步而清灭，反而因为网络的虚拟性、流动性以及隐匿性对交易安全与消费者保护提出了新的挑战。消费者在交易过程中完全是被动接受经营者制定的包括用户注册、商品价格、付款、物流、保修、退换货等在内的一系列规则，意识自治受到一定局限。另外，消费者一旦选择电子商务交易形式，必须承担由于网络安全隐患所带来的个人账户安全、个人信息泄露等风险，消费者在电子商务交易形式下对经营者的依附更加明显。

我国目前虽有《消费者权益保护法》《产品质量法》《民法总则》《合同法》《反垄断法》《反不正当竞争法》《食品安全法》等法律中对传统与电子商务领域的消费者保护进行了规定，但并未形成在电子商务背景下消费者保护的系统性法律规则，法律法规的滞后性导致消费者权益在电子商务交易模式中受到损害，严重挫伤了消费者对电子商务的信心，甚至会阻碍电子商务的顺利发展。因此，应当在传统消费者权益保护法律制度的基础上，针对电子商务交易形式所具有的特殊性与个别性，对电子商务领域的消费者提供特殊的保护。对电子商务消费者的保护应当是一种全方位的保护。从立法角度来看，应确立保护消费者合法权益的宗旨，并在侵犯消费者某些权利频率较大的事件上给予消费者充分保护，如消费者的隐私权、安全权以及个人信息受保护权等；从行政角度来看，工商行政管理部门从维护公共利益的角度出发对网络经营者进行监管，通过登记、许可等制度给消费者提供相对透明、安全的网络环境，其他相关部门如信息产业、食品药品监管等有关部门依职权在各自范围内进行相应的监督管理；从司法角度来看，应提供有利于消费者权益保护的诉讼管辖原则及充分的救济方式。对于消费者的行政与司法保护在本书其他章节已有论述，本节主要针对消费者的权利结合国际条约、惯例、域外立法及我国《电子商务法》等相关法律的规定进行系统梳理。

一、消费者安全权

在世界范围内，为适应电子商务发展对消费者保护的需求，经济合作与发展组织（OECD）于 1999 年 12 月公布的《电子商务中对消费者保护的指针》中对 B2C 电子商务中如何保护消费者的问题提出了一些原则和指导性意见。规定了电子商务的支付方式及手段，要求电子商务经营者及第三方支付平台为消费者提供安全、操作方便的支付方式，以及与之相关的保密措施方面的信息。美国《电子资金划拨法》对未授权电子资金划拨中企业不能证明消费者存在故意或重大过失时应承担责任的规定也值得在电子商务中发生身份或密码以及电子货币被盗用时借鉴。

在我国《消费者权益保护法》第 7 条与《产品质量法》第 13 条相关规定的基础上，电子商务中消费者的安全权即消费者通过电子商务平台购买商品或者接受服务，享有人身、财产和信息安全不受损害的权利，电子商务经营者不得侵害消费者的人身、财产和信息安全。消费者有权获得有关商品或服务真实、全面的信息，保证交易安全；消费者有权要求电子商务经营者、物流快递服务提供者与支付服务提供者等提供的商品或服务符合安全要求。

二、消费者知情权

在电子商务交易中，交易当事人并非一对一对的，而是由众多潜在的交易人集中在一个电子虚拟空间的平台市场上，借助于便捷的电脑网络检索、查询和浏览功能，使用户自己相互匹配、磋商和交易。正因为网络环境的虚拟性，交易相对人无法判断对方的真实身份、资信状况等，而只能更多依靠平台上发布的信息和店铺招牌加以判断。由此，确保交易主体的真实性、交易信息的正确性以及交易过程的安全性变得非常重要。

OECD《电子商务中对消费者保护的指针》规定了电子商务经营者应公正地进行营业、广告、促销活动，明确了应当提供的信息与禁止从事的行为。欧盟以《电子商务指令》《电子签名指令》《远程销售令示》《数据保护指令》等法律文件形成了比较完善的电子商务消费者保护制度体系，明确规定了供应商缔约前的信息公示义务，以及一般情形下消费者在冷却期内无条件退货或解除合同的权利。美国《反滥发商业电子邮件法案》中将包含虚假商业信息的电子邮件定性为垃圾邮件，并以具体罚则明确规定了对消费者知情权的保护。韩国《电子商务消费者保护法》中基于销售方式的不同规定了电子商务经营者的网络公示、交易记录及提供查询的义务。

我国《消费者权益保护法》第 8 条也明确规定了消费者的知情权，在此基础上，电子商务中消费者知情权是指消费者有获得电子商务经营者及其提供商品或服务以及其他服务提供者真实情况的权利。消费者有权要求电子商务经营主体主动向其提供真实、全面的信息。

电子商务消费者知情权的主要内容包括：

第一，消费者有权根据商品或者服务的不同情况，要求经营者提供商品的价格、产地、生产者、用途、性能、规格、等级、主要成分、生产日期、有效期限、检验合格证明、使用方法说明书、售后服务，或者服务的内容、规格、费用、期限、起始及终止时间等有关情况，电子商务经营者应当如实提供，方便消费者选择甄别。

第二，消费者有权向电子商务平台经营者或主管部门获取平台内电子商务经营者的法定名称和交易名称、经营场所或住所地、注册地、许可证号或有效证件号、经营者的法定代表人姓名或负责人姓名及有效的联系方式等详细信息，平台或主管部门应当如实、及时提供有效信息。电子商务平台经营者对平台内电子商务经营者提供的信息具有审查义务。

第三，对于借助电子商务平台发布的商业广告，消费者有权要求广告的内容真实合法，并有权要求电子商务平台经营者提供广告主、广告经营者、广告发布者等相关方的信息。

第四，对于非在线交付的商品，消费者有权获得快递物流服务提供者的名称、送达时间、交接方式，并保证商品完好、单据齐全。

第五，消费者有权要求电子商务经营者对其提供的格式合同进行提醒和说明，并享有与经营者协商个性化条款的权利。

第六，消费者有权获得真实的用户评价。用户评价具有极强的交互性是电子商务特有的特征，互联网等信息网络使得用户与用户之间的交流变得更为简易。用户评价是消费者选择是否进行交易的重要参考指标，电子商务经营者不得编造用户评价。

三、消费者自主选择权

自主选择权是消费者应当享有的一项最重要的权利。在电子商务交易中，经营者通过格式合同、捆绑销售等方式限制消费者的自由选择权。此外，电子商务经营者推送信息的质量也影响消费者自主选择权的实现。

在世界范围内，保护消费者自主选择权的立法主要是针对垃圾邮件及商业信息传播的规制，要求商业性电子信息的发送应事先征询消费者的同意或者明确标示邮件属性给当事人是否阅览或直接删除的选择权。如美国《反滥发商业电子邮件法案》、日本《特定电子邮件法》、欧盟《电子商务指令》、韩国《电子商务消费者保护法》《信息与通信的传播、通信网络的应用以及信息保护法》《促进信息通信网络利用以及信息保护法》及我国台湾地区《电子商务消费者保护纲领》等规范中都有类似的规定。尤其是欧盟指令对电子商务消费者自由选择权的保护最为充分，也最具有代表性。其认为通过电子邮件等方式进行非需求商业信息传播可能对消费者与网络服务提供商造成侵扰与损害，甚至干扰互联网的正常运转，故规定其成员国可根据本国情况通过国内立法禁止或开放非需求商业信息传播，即便允许传播的成员国，也必须规定非商业信息传播易于识别、不得收费，且应设置相应的过滤机制予以监控和管理，尊重不希望收取非需求信息传播之自然人的意愿。

关于在远程合同订立中保护消费者权益的指令规定使用无人干预的自动寻呼机以及传真机进行商业信息传播必须征得消费者的同意，其他远程通信中的任何手段，也只有在消费者没有明确异议的前提下才能使用，这在有关电信行业中个人数据处理和隐私权保护的97/66指令及关于远程金融服务的2002/65/EC指令142中也有几乎相同的规定。2002年欧盟理事会和欧洲议会共同颁布的关于在电子通信领域个人数据处理及保护隐私的指令143在电子商务指令的基础上将非需求促销信息的发送对象区分为个人和公司及其他法人，除非消费者事先明确且特别说明同意使用其通信地址接收促销性信息，否则，服务商不得向任何消费者个人通过传真、自动语音电话、电子邮件或手机短信发送任何促销性信息。

在我国《消费者权益保护法》第9条、第29条及《全国人大常委会关于加强网络信息保护的决定》和《互联网电子邮件服务管理办法》等法律规定的基础上，结合《电子商务法》第18、19条的规定，电子商务消费者自由选择权的内容包括：第一，消费者有权自主选择电子商务经营者，有权自主选择商品或服务的种类和方式，有权获得充分的比较、鉴别、挑选的条件，有权决定是否进行交易。第二，消费者有权拒绝或者允许电子商务经营者推送商品或服务信息，拒绝捆绑销售。

四、消费者公平交易权

由于市场垄断与信息不对称的存在，以及现代消费交易形式的变化，消费者在消费交易中往往得不到公平的对待，通过法律对消费交易关系进行适度矫正，正视消费者与经营者之间的现实差异，赋予消费者相应的权利并规范经营者的行为从而实现交易公平。在电子商务交易中，消费者不像传统线下交易一样具有讨价还价的能力，其是否能享受到公平交易取决于商品或服务信息的真实性。

OECD在《关于电子商务下的消费者保护指南的建议》中指出：商业在从事电子商务时应当关注消费者的利益，并且其商业广告和营销行为必须符合公平商业行为的要求。商业不得作出误述遗漏或实施任何其他可能具有欺骗性、误导性欺诈的或者不公平的商业行为。欧盟关于消费者合同中的不公平条款的指令中明确规定了不公平条款的概念，认定及无效的法律后果。在韩国《电子商务消费者保护法》中也列举了电子商务经营者与通信销售业者不得实施的有违公平交易的行为。在我国《消费者权益保护法》与《网络交易管理办法》规定消费者公平交易权的基础上，电子商务消费者公平交易权的内容包括：第一，消费者有权要求电子商务经营者提供的商品或服务质量与其描述的相一致；第二，消费者有权要求邮寄费不得高于支付所购商品的对价。对于以收取高额运费变相涨价、转移成本的行为，消费者有权拒绝。

五、消费者便利获取权

与传统交易相比，电子商务交易流程更加复杂，参与的主体更多，一般包括用户注册、登录浏览、出价成交、网下交割、信用互评等流程，流程背后的交易系统是消费者无法参与制定的，若步骤过于复杂，会违背电子商务快捷便利的初衷，也会加大交易风险。无论在支付环节、发货退货环节还是损失赔偿环节，消费者都应当得到经营者的配合和提供的便利。

欧盟在有关电子支付的建议案中规定了发售商的信息告知义务，电子支付工具的使用条件及方式以及发售商与持有人之间的权利义务关系，同时在远程销售指令中规定了经营者对消费者无条件退货过程中的协助义务。在韩国《电子商务基本法》中规定电子交易者、网上商店经营者等应接受消费者保护组织提出的获得必要信息的要求，并予以合作，以对消费者提供保护。我国在《计算机系统安全保护条例》《计算机信息网络国际联网安全保护管理办法》《电子认证服务管理办法》《网络交易管理办法》等行政法规和规章中从经营者义务角度上间接规定了消费者有便利获取权。因此，电子商务消费者的便利获取权的内容是：在电子商务交易过程中，消费者有要求电子商务经营者在支付、退货、退款等各环节从技术、程序等方面提供便利条件的权利。

六、消费者收货验货权

由于电子商务中大部分的货物买卖与服务交易成立的与履行或交付之间存在一定的时间差，相较于传统销售，电子商务中保障消费者及时收货涉及两方主体，即电子商务经营者与快递物流服务提供者。在实践中，电子商务经营者一般没有明确约定发货时间，快递物流公司也很少有送货时间的承诺。对于消费者在验货方面存在的问题主要有：一是消费者自身缺少相关意识忽视了对相关内容的关注或者因为格式条款的存在而对相关信息了解不全；二是虽然很多电子商务经营者都在退换货政策中提醒消费者当场验收商品，但大部分消费者往往直接在物流单上签名，发现问题后可能错过举证商品质量存在问题的最好时机，给后来的维权带来不便。当然，对于收货、验货，既是消费者的权利也是消费者的义务，应该积极收货验货，以实现电子商务迅捷、高效的要求。因此，电子商务消费者收货验货权的内容包括：第一，消费者有权在合同约定的时间内收到电子商务交易的商品或服务单据，但因不可抗力造成运输迟延的除外。第二，消费者享有检验收到商品的权利，有权在签收商品之前就商品的外观、数量、附件盒和配件进行检查、验收，发现不符合合同约定的，有权拒绝签收。由于现实中存在购买者或付款者与收货者不一致的情况，收货者或服务的实际接受者才是货物或服务的真正使用者或享用者。因此，收货验货不仅是商品或服务购买人、付款人的权利，也是商品实际收货人或服务实际接受人的权利。

七、消费者退货权

依据传统的争议解决办法，在商品或服务存在质量瑕疵时，消费者可以选择修理、更换或退货的方法。然而，在电子商务交易中，考虑到电子商务经营者的售后服务能力与交易的效率，消费者一般选择换货或退货的救济方式。因此，在电子商务中更应该强调对退货权的保障。此项权利基于合同法的基本理论而延伸，同时也对处于弱势地位的消费者倾斜保护。在电子商务中，基于其交易延迟性、非当场性和快递物流依赖性等特点，赋予消费者以退货权的保障有利于交易的顺利进行，节省交易成本，对经营者和消费者均有利。

欧盟的上门交易指令、远距离交易指令对消费者的撤回权做了比较系统的规定，在此基础上，2011/83/EU 是关于消费者权益保护的最新指令，强化在远程及无店铺销售中消费者权利尤其是知情权和撤销权的保护，将撤销期限延长为 14 日。如果消费者通过网站购买，行使销权时也可通过网站进行，即便消费者已经使用过商品且使用超过必要限度，消费者依然可以撤销合同，只不过需要对商品价值贬损部分予以弥补。德国新民法典即德国债法现代化法在远程销售合同、电子交易等九类消费合同中规定了消费者退回权与冷却期的规则。美国消费者的撤回权称为冷静期制度，主要规定在消费信贷保护法与联邦贸易委员会的冷却期规则中明确规定了消费者行使解除权的时间及具体的权利与义务。我国相关法律法规对消费者退货权的规定经历了一个从无到有的过程，先是 1996 年辽宁省《实施〈消费者权益保护法〉规定》，消费者对购买的整件商品（不含食品、药品、化妆品）保持原样的，可以在 7 日内提出退货；经营者应当退回全部货款，不得收取任何费用。2000 年北京市《电子商务监督管理暂行办法》规定了冷却期条款，2005 年国务院《直销管理条例》以及上海、浙江、四川等地的行政法规也有类似规定。新修改的《消费者权益保护法》第 25 条明确规定了消费者 7 天无理由退货的适用条件与限制。

电子商务消费者的退货权不仅包括出现质量问题情况下的有理由退货权，也包括规定时间内的无理由退货权。其具体包括的内容有：

第一，消费者签收商品或服务单据后，发现有瑕疵或缺陷的，有权要求退货并要求电子商务经营者退还全部货款，退货的费用由经营者承担；因电子商务经营者不能履行的服务，消费者有权要求退还已付的全部费用。

第二，消费者有权自收到商品之日起 7 日内退货且无须说明理由，除消费者定做的，鲜活易腐的，在线下载或者消费者拆封的音像制品、计算机软件等数字化商品，交付的报纸、期刊、图书等商品，以及其他根据商品性质并经消费者在购买时确认不宜退货的商品外，消费者在保证商品完好的情况下可以无理由退货，往返运费由消费者承担，另有约定除外。上述不宜退货的商品，经营者明确承诺可以退货的，则消费者享有无理由退货的权利。消费者实现无理由退货权，不得更换商品内容，因消费者行为导致的成本增加应由消费者承担。

第三，消费者有权在购买服务后 7 日内，对未履行的服务退订且无须说明理由。

第四，消费者有权要求电子商务平台经营者在其收到货物之日起 7 日内，不得向平台内经营者支付其已预付给支付平台的货款。当然，针对部分消费者利用 7 天无理由退货权报复商家或者在拿到商品后更换商品、通过退货损害经营者利益的行为，此时的消费者已不属于传统意义上购买生活用品用以消费的消费者，应当由其承担因此给经营者造成的损害。

八、消费者评价权

消费者评价权属于电子商务经营者信用评价体系的组成部分。在电子商务迅速发展的市场背景下，消费者的评价权也日益得到重视。但是该权利无论在崇尚市场自律的美国还是在注重国家介入的欧盟法律中都很少涉及，其原因在于：其一，相关立法要求电子商务中书面材料与书面确认信息的适用为消费者提供了较为充分的信息获取途径；其二，欧美国家的电子商务立法是以消费者的后悔权即冷却期条款为基础构建的，即使消费者基于不真实信息而做出了错误的购买决定，也可以通过该制度挽回损失与寻求救济；其三，欧美市场上数百年来形成的诚信体系为消费者与电子商务经营者之间的相互信任问题提供了支撑。

国内外电子商务平台普遍采用在线信誉管理系统进行消费者评价的处理和反馈，通过用户与经营者的互相评价，形成信用反馈，经营者通过获取消费者的"好评"提高自己的信誉等级，消费者可以利用等级与评价帮助自己选择合适的商品和服务。

我国目前消费者评价权方面的问题集中表现在以下三个方面：一是电子商务平台经营者与平台内经营者达成协议屏蔽掉对平台内电子商务经营者不利的评价。二是非平台电子商务经营者以不正当手段诱使消费者进行有悖于事实的评价。三是非平台电子商务经营者雇佣大量的"刷客"进行好评以提升其信誉等级。由于消费者评价权制度的功能主要是为其他消费者选购商品与服务提供参考，国外的立法实践是将其作为电子商务平台经营者的自我管理行为而在法律制度上通过完善第三方支付和冷却期制度来落实消费者保护的目的。在我国，新的消费者权益保护法颁布后冷却期条款的执行情况不理想，消费者的评价通过对电子商务经营者的信誉与商誉的微观评价具有信息传递作用，其他消费者在参与电子商务交易时关注其他消费者的评价远多于关注"销量排序"与"商品推荐"等因素，在很大程度上能避免因电子商务经营者提供信息不真实导致的纠纷。同时，对商品服务的评价也有助于改进电子商务经营者的经营质量，对消费者大量评价的整理与掌握也是经营者进行决策的重要参考，还能为监管部门的监管政策提供实证基础。

保障消费者的评价权，实际上就是在保护其他潜在消费者的知情权。因此，应在原则上规定消费者有权就所购买的商品或接受的服务如实进行评价并发表在相应的公共平台上。同时，应该特别强调消费者如实评价的义务，防止其权利滥用。

九、消费者信息权

电子商务交易具有信息依赖性，消费者在参与电子商务过程中的注册信息、财务信息等必然为电子商务经营主体所知悉，正如传统商务活动中经营者应当负担保密等附随义务一样，在电子商务环境下掌握消费者个人信息的主体有义务对消费者个人信息负担更为严格的管理义务。与此相对应，应明确消费者具有相应的信息权，消费者信息权涉及两个基本的问题：一是个人信息的范围；二是信息权的主要内容。就个人信息的范围而言，德国个人资料保护法、英国资料保护法、韩国个人信息保护法都对个人信息进行了界定，通过其规定可以总结个人信息的范围包括两个方面：第一，易于识别的信息，即通过姓名、身份证号等能够识别个人的信息；第二，不易于识别的信息，即虽属于个人信息但因匿名难以识别，如果能与其他有关的个人信息结合起来识别个人的情况下就属于个人信息的保护范围。通常强调个人信息的可识别性而不限于列举的范围。我国新修订的《消费者权益保护法》与《网络交易管理办法》虽然也对个人信息的保护进行了规定，但没有界定个人信息的含义，而只是明确了个人信息需要保护及相关主体的义务与行为规范。就个人信息权的主要内容而言，美国对个人信息的保护采取主要法律规范与行业自律相结合的方式，隐私权法、反垃圾邮件法案、控制主动提供色情和产品推销邮件骚扰、儿童网上隐私保护法等特殊的法律规范及网络隐私认证、建议性行业指引及软件保护模式等行业自律规范。欧盟数据资料保护指令从资料收集原则、处理目的、收集范围、收集后的保存时限及收集后的处理进行了规定。法国计算机与自由法规定数据库必须公布其搜集资料的授权、目的、种类等。德国联邦政府信息与通信服务法对个人信息的保护程度最强，任何人、任何公司根本不能对网民个人信息进行搜集和整理。日本电脑处理个人资料保护法和电脑处理个人资料保护法之个人资料类别规定了政府部门及银行、保险等8个非政府部门收集个人资料并用于计算机处理时必须申请许可证。

整体上，国外立法对个人信息权的规定可总结为两个方面：第一，个人信息收集、使用人的行为规则，欧盟的"资料品质原则"被广泛采纳，具体包括正当处理原则、目的明确和限制原则、适当原则、准确原则、保存时限原则。第二，个人信息权利人的权利，包括权利人对自己信息的访问权与自主决策权，对他人收集、使用信息的知情权，对他人使用信息的拒绝权，以及对他人侵犯个人信息后的救济权。

我国新修订的《消费者权益保护法》与《网络交易管理办法》规定了较为系统的个人信息保护规则，电子商务消费者的个人信息权应在此基础上做如下规定：

第一，电子商务消费者个人信息是在消费者参与电子商务交易中被收集、使用的，可为信息系统所处理、与电子商务消费者相关、能够单独或通过与其他信息结合识别该特定消费者或者其电脑等电子设备的计算机数据。

第二，消费者享有信息安全不被侵犯的权利。电子商务经营者及其他电子商务服务提供者不得泄露或擅自使用消费者的注册信息和财务信息等各类个人信息，未经消费者本人许可不得向消费者推送商业广告。

第三，消费者有权向电子商务经营者及其他电子商务服务提供者索取相关交易、支付或物流等服务详情的详细信息，上述主体应当在合理期限内妥善保存并及时提供相关信息给消费者。

☞ 新闻摘录

据来源于新华网的报道，广西工商部门于 2018 年 3 月 6 日公布"2017 年广西消费维权十大案例"，其中"侵犯消费者个人信息权案"居首。广西工商部门介绍，未经同意的商业推销电话侵犯消费者个人信息权，影响消费者日常生活，今后将继续对此类违法行为进行依法查处。

在广西工商部门公布的"南宁恒创房产中介侵犯消费者个人信息权案"中，消费者吴女士举报称，她经常受到南宁恒创房地产经纪有限公司进行商业推销业务的电话骚扰，日常生活受到严重影响。南宁市工商局对此依法立案调查。

工商部门查明，涉案公司为增加业绩，对采集到的消费者个人信息及通过销售一手房采集到的消费者购房信息，未经同意进行二次收集保存，并在使用这些信息中，未经消费者同意，采用电话形式进行推广服务业务，严重侵扰了消费者生活安宁。涉案公司的行为违反了《消费者权益保护法》第 29 条的规定，属于未经消费者同意，擅自收集、使用消费者个人信息的违法行为。据此，南宁市工商局对涉案公司依法作出"责令改正违法行为，处以罚款 5 万元"的行政处罚。这是典型的侵犯消费者个人信息权的案件。如果给消费者造成人身财产损失的，还应当承担民事责任。

十、消费者求偿权

求偿权是消费者权益最终得到保障的最重要手段，求偿权的实现需要多种权利与制度的配合。在电子商务环境下，消费者求偿权面临的挑战较传统更大，具体表现为：第一，消费者人身、财产或信息安全受到损害时的责任主体难以确定即便能够确定所谓的责任主体，也经常发生因其隐藏信息或公开虚假信息而导致无力救济。第二，传统诉讼方式、举证规则及管辖权等均不利于电子商务消费者的求偿，非诉讼方式的作用也未得到充分发挥。第三，电子商务经营主体对消费者电子商务活动记录的保存期限与保存方式并不统一，消费者提出求偿主张时相关证据难以查询。

在世界范围内，对于责任主体确定问题，欧盟关于内部市场中与电子商务有关的若干法律问题的指令中规定，信息服务的提供应使其获取者和有关管理当局得以方便、直接和随时地获得服务供应商的相关情况。在远程销售指令中规定消费者在所有的情况下都必须获得可以处理消费者的任何投诉的供应商的营业厅地理位置。日本 ECOM 虚拟商店与消费者交易准则规定了电子商店应提供的信息。对于争议解决方式，OECD 公布的关于在电子商务中对消费者保护的指导建议鼓励商业机构、消费者代表和政府部门共同努力，为消费者提供各种不同的替代性争议解决机制，以通过这种机制公正有效及时的解决争议，且不给消费者增加任何不适当的费用负担。欧盟关于内部市场中与电子商务有关的若干法律问题的指令草案规定，各成员国应确保在服务供应商和获取方之间出现争议时，其本国立法允许当事人有效地诉诸非诉讼争议解决机制，包括通过适当的电子手段解决争议。美国统一计算机信息交易法也允许争议双方协议选择管辖法院。对于证据方面，欧盟远程销售指令中规定了销售者应当收到有关交易的书面确认信息。我国香港电子交易条例也有类似的规定。

在我国消费者权益保护法相关规定的基础上，电子商务消费者求偿权的内容主要有：

第一，商品或服务造成消费者人身、财产或信息安全损害的，消费者有权要求电子商务经营者或服务提供者等责任主体赔偿。上述责任主体等未及时采取措施造成消费者扩大损失的，消费者有权要求责任人对扩大的损失承担法律责任。

第二，在途商品或服务单据损失的消费者有权向责任人要求赔偿。

第三，消费者向电子商务平台经营者、支付服务提供者或快递物流服务提供者索取相关交易、支付情况、物流详情等详细信息而上述主体拒不提供或在合理期限内没有保存的，消费者有权要求上述主体进行赔偿。

十一、消费者监督权

监督权是传统消费者必然享有的权利之一，我国《消费者权益保护法》对此做了明确规定，对消费者权益保障具有重大意义。在电子商务交易中，与电子商务经营主体相比消费者的弱势地位更加明显，更应注重发挥其监督权的积极作用。不同于传统消费者监督权的对象是国家的消费者保护工作与经营者的行为，电子商务消费者监督权的对象是电子商务经营主体的经营行为，消费者的监督可以避免传统监管手段的不足，引导电子商务的健康发展。

在传统消费者监督权的基础上，电子商务消费者的监督权内容有：第一，消费者有权对电子商务经营主体的经营行为进行监督，有权对其违法行为提出建议、意见、批评或控告。第二，消费者有权检举、控告电子商务经营者以返现、回扣、优惠等方式引诱、唆使消费者作出有违客观事实评价的行为。为此，《电子商务法》第59条规定了电子商务经营者应当建立便捷、有效的投诉、举报机制，公开投诉、举报方式等信息，及时受理并处理投诉、举报。这是为保证消费者行使监督权而对所有电子商务经营者提出的要求。

第三节　电子商务的争议处理

传统上，民事纠纷的解决方式包括和解、人民调解、向相关组织投诉、民事诉讼以及仲裁五种方式。电子商务的纠纷解决机制除运用上述五种传统方式外，还包括各种在线争议解决方式。根据《电子商务法》第59、60、63条的规定，电子商务经营者应当建立便捷、有效的投诉、举报机制，公开投诉、举报方式等信息，及时受理并处理投诉、举报。电子商务争议可以通过协商和解，请求消费者组织、行业协会或者其他依法成立的调解组织调解，向有关部门投诉，提请仲裁或者提起诉讼等方式解决。电子商务平台经营者可以建立争议在线解决机制，制定并公示争议解决规则，根据自愿原则，公平、公正地解决当事人的争议。从性质上划分，电子商务纠纷解决途径包括诉讼与非诉讼两大类，非诉讼方式不属于国家司法救济，由当事人选择采用，方式更加灵活。而诉讼方式属于国家司法救济，其程序和方式由民事诉讼法规定，基本线下进行。但2017年8月18日我国在杭州挂牌成立了第一家集中审理涉网案件的试点法院——杭州互联网法院，其将涉及网络的案件从现有审判体系中剥离出来，充分依托互联网技术，完成起诉、立案、举证、开庭、裁判、执行全程在线化，实现便民诉讼，节约司法资源。同时，融合机制创新与网络纠纷，构建前置性指导化解、ODR、第三方调解、诉讼等多层次、多元化的涉网纠纷解决体系。互联网法院的建立为系统解决电子商务纠纷提供了全新的方式，以法院为依托，实现了诉讼方式与非诉讼方式的有机融合，丰富了诉讼解决机制的内涵与方式，机制更加灵活，更能确保效率。

一、电子商务诉讼管辖

在五种传统纠纷解决机制中，所谓和解，是指民商事争议双方当事人就争议问题进行协商，达成和解协议以消灭争议的争议解决方式。人民调解，是指人民调解委员会通过说服、疏导等方法，促使当事人在平等协商基础上自愿达成调解协议，解决民间纠纷的活动。和解与人民调解在我国纠纷解决过程中发挥着重要的作用，是我国纠纷解决法律制度中的重要一环，但由于和解与人民调解的当事人自主性较强，向有关组织申诉也是通过自律规则，法律对其规定较为宽松，加之与民事诉讼和仲裁相比其在现实生活中起到的作用有限，故本节重点对民事诉讼及仲裁的相关规则，尤其是民事诉讼管辖规则在电子商务环境下的改变与挑战进行讨论与论证。

（一）传统民事诉讼管辖在电子商务环境下所受的挑战

民事案件的管辖是确定上下级法院之间以及同级法院之间受理第一审民事案件的分工与权限，以在法院内部具体落实民事审判权的一项制度。民事诉讼管辖分为地域管辖和级别管辖两类，具有民诉法规定管辖权的法院做出判决或裁定才具有法律上的效力。按照我国现行四级法院的级别，民事诉讼法分别规定了基层、中级、高级及最高人民法院管辖一审民事案件的范围。同时，我国目前已设立六个巡回法庭，作为最高人民法院派出的常设审判机构，其判决、裁定和决定是最高人民法院的判决、裁定和决定，其审理或办理巡回区内应当由最高人民法院受理的案件，但知识产权、涉外商事、海事海商、执行案件和最高人民检察院抗诉的案件暂由最高人民法院本部审理或办理。电子商务环境下对级别管辖的挑战不大，但对地域管辖却提出了极大的挑战。

1. 传统民事诉讼地域管辖的规定

根据我国民事诉讼法及其司法解释的相关规定，在我国境内民事诉讼的地域管辖可以分为一般地域管辖、特殊地域管辖、专属管辖和协议管辖。

（1）一般地域管辖

一般地域管辖是以当事人的住所地与法院的隶属关系确定管辖，即通常所称的"原告就被告"规则，被告住所地或经常居住地（住所地与经常居住地不一致时）人由电子商务法院管辖。作为一般地域管辖的例外，在对不在中华人民共和国领域内居住的人提起的有关身份关系的诉讼、对下落不明或者宣告失踪的人提起的有关身份关系的诉讼、对被采取强制性教育措施的人提起的诉讼以及对被监禁的人提起的诉讼等特殊情况下，由原告住所地法院管辖。

（2）特殊地域管辖

特殊地域管辖是以诉讼标的所在地、法律事实所在地以及被告住所地等为标准确定法院管辖权的制度。

（3）专属管辖

专属管辖是指排除一般地域管辖与特殊地域管辖、排除当事人协议选择管辖法院，而由法律明确规定某些类型案件只能由特定法院行使管辖权的制度，专属管辖具有优先适用性。在我国，专属管辖只适用于下列三种情形：第一，因不动产纠纷提起的诉讼，由不动产所在地人民法院管辖；第二，因港口作业中发生的纠纷提起的诉讼，由港口所在地人民法院管辖；第三，因继承遗产纠纷提起的诉讼，由被继承人死亡时住所地或主要遗产所在地人民法院管辖。

（4）协议管辖

协议管辖是尊重当事人自治的表现，但适用领域有限，只适用于合同或其他财产权益纠纷中的第一审案件。我国《民事诉讼法》明确规定了"合同或者其他财产权益纠纷的当事人可以书面协议选择被告住所地、合同履行地、合同签订地、原告住所地、标的物所在地等与争议有实际联系的地点的人民法院管辖，但不得违反本法对级别管辖和专属管辖的规定。

总体而言，确定地域管辖的标准主要有当事人住所地、经常居住地、主要营业所在地、诉讼标的所在地、行为发生地、行为结果地等，这不仅是我国国内民事诉讼地域管辖的确定标准，也是涉外民事诉讼中国际私法确定连接点和准据法的标准。在涉外民事诉讼中，仍应坚持原告就被告的普通地域管辖原则，以利于程序的进行与生效判决的执行。此外，在涉外民事案件中，也会运用最密切的联系原则，合同履行地、标的物所在地、行为实施地、行为结果地等可被认为与案件具有最密切联系而所在地法院被认定为具有管辖权，成为原告就被告原则的有益补充。基于契约自由原则，当事人可以书面协议选择与案件有联系的国家或地区的法院管辖。同时，有些国家也明确排除了当事人对专属管辖作例外约定的权利，这类案件通常是涉及主权安全、经济安全等领域，如我国《民事诉讼法》就明确规定了"因在中华人民共和国履行中外合资经营企业合同、中外合作经营企业合同、中外合作探开发自然资源合同发生纠纷提起的诉讼，由中华人民共和国人民法院管辖"。以当事人的国籍作为确定法院管辖权的依据也在很多涉外案件中被适用。

2. 传统民事诉讼地域管辖标准在电子商务环境下受到的挑战

电子商务环境的典型特点决定了传统民事诉讼地域管辖标准在一定程度上的"失灵"。传统上，无论是国内民事诉讼管辖还是涉外民事诉讼管辖，确立法院是否具有管辖权的标准都有确定性与相对稳定性的特点，都与一定的实体物理空间相对应，因此较易判断与适用。

（1）电子商务环境下网络交易的特点

电子商务需要借助网络交易，而网络具有以下典型的特点：一是客观虚拟性，电子商务在网络虚拟空间内进行交易，虽然无法感知其物理存在的状态，但是其是客观存在的，是以计算机终端、电缆网线、程序等硬件为手段创造出来的系统。二是无边界性，电子商务打破了国家、地区之间的界限，物理意义上有形世界的界限不再存在，而管辖等法律规则又是以国家、地区为单位制定的，必然导致大量跨界法律问题的出现。三是信息可变性，由于网络环境信息沟通的相互性与信息传播的实时与迅捷性，可能出现多个主体同时实施侵权行为的情况，网络的超链接可以使不同网站位置相互链接而不需考虑实际位置远近，这对如何确定地域管辖提出了挑战。四是去中心性，以国家或者行政中心这种物理实体确定管辖的标准随着网络去中心化技术的发展变得不可能，尤其是区块链技术的去中心化与平面化更加挑战包括地域管辖规则在内的法律规则的适用。

（2）电子商务环境对传统管辖权依据挑战的表现

管辖权的确定是解决纠纷的前提，而传统管辖权确定的依据都与一定的物理空间相联系。对于一国国内民事诉讼地域管辖权的确定而言，电子商务环境的挑战尚且可以通过规则的制定与完善实现，其最大的挑战来自国际管辖权规则的冲突与解决。电子商务据以生存的网络环境恰恰打破了这种物理基础，当事人可以在时间、空间无须变化的前提下实现跨越物理国界的数据传输与进行交易，其对传统地域管辖的规则提出了极大的挑战。具体表现在：

①"行为地"标准面临挑战。网络传输的实时与迅捷性使人们通常在无须知道交易对方所处地理位置的情况下进行交易与交往，处于不同国家或地区的多方当事人可以同时交易或交往，可能会发生当事人在不同国家而接送信息的服务器又位于另外不同国家的情形，使得每一次交易都可能是跨国界的。一旦通过网络进行交易，交易当事人可能无法知道交易涉及的司法管辖边界，尤其是当事人位于不同司法管辖区域的情况发生时，交易当事人只知道自己进入和访问的地址是明确的，将网上交易的具体地点、确切范围与特定的司法管辖进行对应变得困难。如一国侵权人通过第三国服务器对另一国被侵权人实施侵权行为，如何依行为地确定管辖变得困难，甚至依传统规则还会导致管辖权严重冲突的结果。在无载体信息产品合同履行地的确定中，基于信息产品的不同类型，合同履行地可能是提供者发出信息产品的地点，可能是进入接受者系统的地点，也可能是交至某第三方存储机构平台或系统的地点。总之，网络技术的应用带来了传统行为地标准界定与应用的困难。

②当事人住所地标准受到挑战。作为普遍管辖规则的原告就被告规则在电子商务环境下也受到了挑战，被告与法院地的物理地域联系变得很少或没有，被告可能不是法院地国家的公民，可能在法院地国家无"住所"而只有经常居住地，可能在法院地国家无可供执行的财产，可能从未在法院地国家实施活动，如何将传统当事人住所地标准与虚拟网络世界的某些要素联结以确定新的管辖标准变得迫切而必要。

③最密切联系原则的运用产生困难。物理要素比较清晰意义下的最密切联系原则一方面给法院地国家管辖权的行使提供了一定的裁量权，也起到了限制管辖权滥

用的效果，但是网络环境下最密切联系的判断标准界定困难，网页制作、广告投放、不同服务的提供是否都可以被认为是密切联系，在实践中存在较大的分歧。

（二）电子商务民事诉讼管辖的理论发展

1. 国内电子商务民事诉讼的新理论

（1）技术优先论。技术优先论的主要观点是：由于网络发展的不平衡性，一些大城市的网络发展明显快于其他地方，我国一些发达地区的网络技术比较先进，有能力处理有关的技术问题，因此应当由这些城市和地区优先管辖案件。该观点在网络发展初期也许利于审理、有助于提升审判水平，但长久来看不利于网络的进一步发展，也不利于维护公平与公正。

（2）原告所在地论。原告所在地理论的主要观点为：在网络侵权案件中，不应再以侵权行为地或被告住所地等传统标准确定管辖，由于侵权行为地难以确定，故无操作性。被告住所地管辖虽然可行但不合理，往往原被告相距甚远，会给原告带来高昂的成本，不利于其合法权益的维护。因此对于网络侵权案件，理应由原告所在地法院管辖。我国 2015 年民事诉讼法司法解释规定，信息网络侵权行为实施地包括实施被诉侵权行为的计算机终端、网络服务器等信息设备所在地，侵权结果发生地包括被侵权人住所地。该规定未将原告住所地作为唯一标准，但是将其作为一个管辖依据。

此外，2015 年民事诉讼法司法解释对于电子商务买卖合同的地域管辖原则依据交付方式的不同确定合同履行地，对于以信息网络方式订立的买卖合同的管辖，通过信息网络交付标的的，以买受人住所地为合同履行地；通过其他方式交付标的的，收货地为合同履行地。这一规则是最密切联系原则的运用结果。但是，对于以信息数据或相关服务为标的物的合同，以买受人住所地为合同履行地这种传统地域管辖的确定标准恐有不妥，因为"交货"主要依靠网络服务商提供发送电子邮件服务或者其他在线方式实现，发送信息服务一方及其所在地的网络服务商，与信息数据存在最初的掌握和接触，与合同的联系最为紧密，一般应以信息发出一方的网站许可或备案地或网络服务商的营业所在地为履行地。同时，为保证我国法院对从境外发送信息数据的电子合同也拥有管辖权，信息发送方在境外或无法确定的，由接收信息一方网站许可或备案所在地或网络服务商的营业所在地为履行地。随着电子商务的发展，地域管辖标准的理论与实践也会进行新的探索，如我国杭州互联网法院的实践。

2. 国际电子商务民事诉讼管辖的理论发展

在国际电子商务民事诉讼管辖中，如前所述，传统管辖规则在电子商务环境下受到的挑战最大，世界范围内也发展出了一系列管辖据标准的理论观点，代表性的有管辖权相对论、网络自治论、网址依据论以及特定存在论等。

（1）管辖权相对论

管辖权相对论也称为第四空间理论，其主要观点为，网络类似于南极洲、太空和公海这三大国际空间之外的第四国际空间，因此应该在此领域内建立不同于传统规则的新的管辖权确定原则。认为在网络空间应该运用比较与类推的方法，也应该接受类似支配其他三个国际空间的默认的国际惯例，即通过制定相应的特定制度的条约来解决司法管辖权的问题。任何国家都可以管辖并将其法律适用于网络空间的任何人和任何活动，其程度方式与该人或该活动进入主权国家可以控制的网络空间的程度和方式相适应。网络空间内争端的当事人可以通过网络的联系在相关的法院出庭，法院的判决以通过网络的手段加以执行。

该理论基于电子商务赖以生存的网络空间的无边界性、非确定性与全球提出了网络空间争端解决之管辖权标准应突破传统物理标准的局限，这类争端解决的有效途径是制定相应的国际条约，遵从相应的国际惯例，通过国际协调解决问题。这顺应了网络跨国、跨区、跨民族主权司法解决的最终趋势，尤其是物联网时代更要求有跨界思维。同时，该理论落地的标准是以技术来解决网络技术本身带来的困境，将各国对作为整个网络空间的管辖权的大小由各个国家接触和控制网络的范围来决定，这在一定程度上体现了对网络发达国家司法主权的强势维护和对技术落后国家司法主权的一种无视与剥夺。并且接触和控制网络的范围这一标准本身缺少比较权威的理解与解释，具有一定的主观性，它可能会导致法官自由裁量权的滥用，也有可能导致世界各国均依此理论为依据主张对网上纠纷的管辖权，反倒增加网上纠纷司法管辖的复杂性。目前，网络空间已被视为继陆地、海洋、天空、外空之外的第五空间，治理好互联网必须深化网络空间国际合作，第四空间理论虽然因将网络空间管辖权大小与国家接触和控制网络的范围挂钩而有其局限性，但其国际化视角规制网络问题的出发点是值得肯定与运用的。

（2）网络自治论

网络自治论又称为新主权论，该理论的主要观点为：对于网络争议，应该摆脱传统地域管辖的观念，承认网络虚拟空间就是一个特殊的地域，并承认在网络世界与现实世界中存在一个法律上十分重要的边界，若要进入网络的地域，必须通过屏幕或密码，且进入网络的虚拟世界，则应适用网络世界的网络法，而不再适用现实中各国不同的法律。网络成员间的纠纷由 ISP（Internet Service Provider，互联网服务提供商）以仲裁者的身份来裁决，并由 ISP 来执行，网络空间将成为一个全球的新的市民社会，它有自己的组织形式、价值标准，完全脱离政府而拥有自治的权力，它的最终趋势是发展为网络大同世界。

该理论强调网络空间的新颖性和自治独立性，担心国家行政、司法权力的介入会妨碍网络的自由发展，试图以网络的自治取代传统法律的管辖，甚至排除国家的公力救济而寻求自我管理、判决与执行，形成网络自治的"世外桃源"。可以说，强调网络空间自治的基本理念是好的，有助于推动其发展。但同时根据基本法理，所谓的自由都不是绝对的，没有无限制的自由，过度自由导致的无政府主义带来的灾难无法预估，应实现自由与强制的平衡与协调，实现二者和谐共生，网络空间的自力救济与现实世界的公力救济均不可或缺。网络世界的虚拟性与客观存在性是并存的，网络世界的主体通常都是现实世界从事商事经营的主体，即虚拟世界的经营者是以现实世界的客观存在为支撑的。

（3）网址依据论

网址依据论的主要观点为：网址具有确定传统管辖权依据所需具备的相对稳定性与关联度两个条件，其具有相对稳定性，在网络空间的位置也是相对确定的，变更需要依照一定的程序借助服务器来进行，在特定时间段内是确定的。网址在网络空间中的地位与住所在物理空间中的地位类似，与提供网址的 ISP 所在地区有密切充分的联系，同时在涉及其他网络参加者时，网址也能与其他参加者所在地管辖区域产生联系。所以网址可以作为一种新的管辖权依据。网址依据论从确定管辖权依据需要具备的条件出发分析问题，美国已有依据网址确定管辖权的实践，但由此并不经常与现实住所相对应，且在技术上很容易被伪造或隐藏，加之网址定性与分类的标准不确定，进而以网址作为管辖权的依据也可能导致更大的混乱。

（4）特定存在论

特定存在论的主要观点为：网络本身可以被看作一条信息高速公路，放置在网络上的任何内容，以及用户本身在网络上的出现，在任何给定的时间上只能出现在一个地方。换言之，网络上的每一个服务器和其特定的物理位置相联系，由此当用户通过网络传输信息时，事实上可被看作从一个服务器所在的物理位置到另外一个服务器所在的物理位置，为了决定法院有无属人管辖权，法院就会探询当事人住所地或其主服务器所在地，因此，一般情况下法院对于域外居民将不行使管辖权，而例外情形是，如果域内的网址被域外的黑客攻击或破坏，或是收到了域外发来的侵权信息时，基于网址这一事实本身，法院就可以对域外网民行使管辖权。

特定存在论将传统属人管辖权理论与网络主服务器所在地空间进行对接，建立虚拟网络世界与现实世界的物理联结，从而运用传统管辖权的确定标准确定网络空间的法律适用。其障碍依然是如网址理论一样，网址技术上的可更改性与可隐藏性以及法院依该理论对域外居民进行管辖的局限性，使得该理论的应用空间大大降低。

随着网络技术的发展与创新，对网络纠纷管辖标准的研究也不断深化，会有更多的国际电子商务民事诉讼管辖依据的理论观点出现，取前述观点之长，补前述观点之短其为国际电子商务案件的立法与司法提供理论支撑。

（三）电子商务民事诉讼管辖的新实践

1. 我国国内电子商务民事诉讼管辖的新实践

在我国国内涉电子商务诉讼中，同样也存在互联网无边界挑战法律管辖原则的问题，案件证据大多存在于网络空间，原告难以查到被告真实身份，由此导致出现诉讼举证难、成本高、流程长、难度大等问题。在实践上就有了突破传统法律制度分割管辖做法的尝试，不再依民事、商事、行政等部门法的不同而分别交由不同的审判庭审理，而是基于其均属于涉电子商务案件而由统一的互联网法院统一审理，将具有互联网属性作为新的管辖标准。目前我国杭州互联网法院运行效果良好，结案率高，电子商务的争议解决人满意度高。

2017 年 8 月 18 日设立于我国杭州的互联网法院管辖权的标准就突破了传统地域管辖的限制，集中管辖杭州市辖区内基层人民法院有管辖权的涉互联网一审案件，不再受传统管辖权确定需要依据的物理性要素的局限。杭州互联网法院受理的案件范围有联网购物、服务、小额金融借款等合同纠纷；互联网著作权权属、侵权纠纷；利用互联网侵害他人人格权纠纷；互联网购物产品责任侵权纠纷；互联网域名纠纷；因互联网行政管理引发的行政纠纷；上级人民法院指定杭州互联网法院管辖其他涉互联网民事、行政案件。

互联网法院的设立开创了我国审理涉互联网案件的新的工作机制，在诉讼中注重运用其他非诉讼多元解决机制，并且实现了线上诉讼、线上判决、线上执行，改变了传统诉讼只能线下进行的现状，节约了工作成本，提高了工作效率，专业化的审理也有助于切实结合互联网的特点解决互联网纠纷，是有益的尝试。2018 年 7 月 6 日召开的中央深改委会议指出，在北京、广州增设互联网法院，是在司法上主动适应互联网发展的大趋势。在总结推广杭州互联网法院试点经验的基础上，回应社会司法需求，科学确定管辖范围，健全完善诉讼规则，构建统一诉讼平台，推动网络空间治理法治化。

2. 国际电子商务民事诉讼管辖的新实践

由于既有的国际电子商务民事诉讼管辖的理论存在固有的缺陷，在涉外电子商务民事诉讼中，也在不断努力进行新实践的探索。主要表现在以下几个方面：

（1）协议管辖的强化

在电子商务领域中，传统商事领域一致认可的当事人协议选择争议在法院得到了极大的认同与运用，其不仅体现了对当事人意思自治的尊重，而且有助于减少管辖权冲突。由当事人结合案件的实际情况选择最合适、最便利的法院处理案件，在一定程度上排除了与案件有关的其他国家法院的管辖权，可以防止由原告一方挑选法院给被告造成的不利与负担，消除管辖权、程序规则及其他问题的不确定性，有利于实现诉讼公平、提高诉讼效率，同时，有些国家或地区的立法为防止协议管辖带来的弊端，明确规定了当事人选择不合理、不公平时协议管辖效力的排除规则以及提供书面证明等程序要求，如美国与欧盟的相关立法。

（2）本国法院管辖权扩张的努力

各国纷纷努力在电子商务领域扩张本国法院的管辖权，表现在：第一，在电子

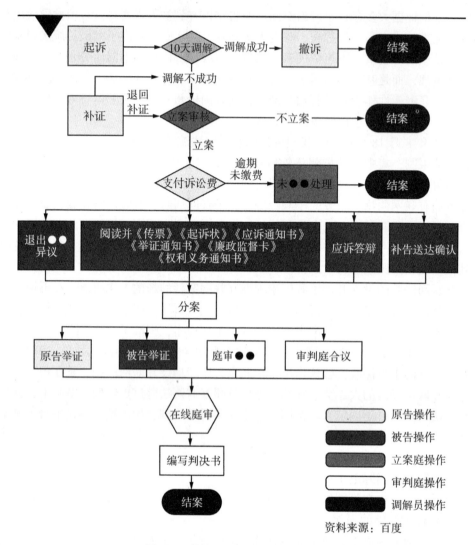

图 10-1 杭州互联网法院的工作流程

商务案件中最大限度地推广弹性管辖权标准，这在美国的实践中运用最广，如"最低限度联系"标准赋予法院根据案情做出符合网络案件特性与本国需要的管辖权判断，网址的交互性或被动性特性、管辖地所在州与争议利害关系的紧密程度、网站的访问数量等均是美国法院是否行使管辖权的参酌要素。第二，对本国消费者保护的强化使得消费者住所地标准得到许多国家的认可，消费者住所地法院在电子商务案件尤其是 B2C 案件中有较大的管辖权。第三，传统地域管辖确定的标准进行了有助于电子商务发展的含义调整如合同的签订地可以是信息发出或接收地、信息所经过的网络服务提供商所在地、信息发出或接收地可以是发出（接收）信息的计算机所在地、发出（接收）信息者的住所地、发出（接收）信息的网址所在地等，这有助于切实为电子商务争议的解决提供有效的机制。如我国最高人民法院《关于审理涉及计算机网络著作权纠纷案件用法律若干问题的解释》中尊重传统民事诉讼特殊管辖的规则，由侵权行为地或被告住所地人民法院管辖，同时结合电子商务的需要，将侵权行为地做了广义的界定，"包括实施被诉侵权行为的网络服务器、计算机终端等设备所在地。在难以确定侵权行为地和被告住所地时，原告发现侵权内容的计算机终端等设备所在地可以视为侵权行为地"。

（3）新的管辖标准不断确立

除对传统地域管辖的规则不断进行适应电子商务需要的调整外，各国、各地区在实践中也不断开发和运用新的管辖标准，并就新标准中存在的问题进行修正与完善，如前述网址、服务器所在地标准等，应结合具体电子商务纠纷案件进行恰当的理解与运用。我国设立专门法院审理相关区域内一审涉互联网案件的创新也值得肯定。

二、电子商务中的电子证据

电子商务中会形成大量的电子数据，在出现相关争议纠纷或者需要借助电子数据查明相关事实时，如何确定电子数据的证据效力在电子商务应用中具有非常大的法定性。虽然我国电子签名法已经明确了电子数据即数据电文的证据规则，民事、行政、刑事三大诉讼法中也都明确规定了电子数据作为证据的形式，但遗憾的是，电子数据作为证据的认定、采集、审查等规则亟须细化性的规定。为此，有学者提出在中立的第三方存储服务器上存储的电子数据应推定为真实信息，具有证据效力，推定真实的规则有助于减少电子证据鉴定真伪的成本，提高电子商务争议解决的效率。《电子商务法》第62条明确规定了电子商务争议处理中电子商务经营者提供原始合同、交易记录等电子证据的义务。因电子商务经营者丢失、伪造、篡改、销毁、隐匿或者拒绝提供前述资料，致使人民法院、仲裁机构或者有关机关无法查明事实的，电子商务经营者应当承担相应的法律责任。

（一）电子证据的特征、分类与法律地位

1. 电子证据的概念与特征

（1）电子证据的概念与特征

电子证据是随着计算机信息技术的发展而产生的新事物，在相关电子商务纠纷案件中对证明案件的事实发挥着至关重要的作用，是指以数字形式保存在计算机存储器或外部存储介质中能够证明案件真实情况的数据或信息的电磁记录物。这一概念表明了电子证据与计算机和网络技术的共生性、存在形式的独特性以及对案件事实的证明作用。

目前，电子证据的类型可涵盖保存在计算机或其他类似装置中的电子数据，保存在可移动的电磁或光学介质上的电子数据、电子邮件、电子数据交换中的信息、音轨、数字化图画和录像、数字化音频文件、语音邮件等。借助一定的工具与技术手段转化后，电子证据可以被读取和分析，用以证明电子交易的相关事实。

（2）电子证据的特征

①科技技术依赖性。电子证据本身就是科学和技术发展的必然产物，并且对科学技术的依赖越来越强。电子证据的产生、存储、提取、传输、识别都必须依赖高科技设备，其存在以计算机技术、存储技术、通信技术和网络技术等为基础，其生成、存储、传递、接收、重演等均需通过电子介质完成，其收集、判断、保存等也需要专业的技术知识，甚至其访问路径、破解加密、数据恢复等问题都需要专业技术的支持。由于其与科技技术伴生的特点，决定了其存在方式的科技性，不以有形方式存在，而是电磁记录物。

②表现方式复合性。电子证据不再限于单一的文字、图像或声音等方式，而是综合了文本、图形、图像、动画、音频、视频等各种多媒体信息，几乎涵盖了所有传统的证据类型。其借助技术手段可以有多种呈现方式，表现出极大的复合性。

③易损坏与易复制性。电子资料是以电磁或光信号等物理形式存在于各种存储介质上，这一特点决定了电子证据可被轻易改变、损坏、删除与复制。电子证据的质量受网络环境与专业技术的影响较大，操作失误、系统故障、技术错误等均可能导致数据的损坏或造成数据的不完整，甚至收集方式的不当也可能造成数据的删除或破坏，从这个意义上说，电子证据比较脆弱、容易损坏。同时，用于存储电子证据的磁性介质从技术上容易被除、修改、复制，并且不易留下痕迹，即便怀疑真伪也难以鉴定。

④较强的证明性。若没有外界蓄意修改或故障、技术等的不当影响，一旦发生并被真实记录，电子证据能准确地存储并反映有关案件的情况，具有较强的证明力。尤其是区块链技术发展后，去中心化使得每个人都是终端，每一次交易都会被无数个终端传导性记录，更改或删除不利信息变得不可能。这时的电子证据无疑是最有证明力的工具。

⑤不易识别性。不同于传统证据形式的有形化与易识别的特点，电子证据的信息量大、内容丰富，但其赖以存在的信息符号不易被直接识别，它以一系列电磁、光电信号形式存在于光盘、磁盘等介质上，如要阅读必须借助于适当的工具。作为证据的电子数据往往与正常的电子数据混杂在一起，要从海量的电子数据中甄别出与案件有关联的、反映案件事实的电子证据并非易事。

⑥时空上的连续性。由于电子商务交易的全球性以及地域突破性，虽然证明案件真实情况的电子证据可能分别存储于不同或相同地域的不同网站或相同网站上的一台或多台服务器上，但是，由于网络行为与网络数据传输的连续性，分散的电子

证据住往具有时空上的连续性，并能相互印证，形成证明事实的直接证据。

3. 电子证据的分类与法律地位

（1）电子证据的分类

根据不同的标准，电子证据有不同的分类：

①依据存储电子证据的设备或系统的不同为标准，可将电子证据分为存储在计算机系统中的电子证据与存储在类似计算机系统中的电子证据，前者如电子邮件、计算机自动记录的交易信息等，后者如手机短信、微信聊天记录等，这两种电子证据只是存储方式不同而已，其他无实质区别。

②依据电子证据表现形式的不同为标准，可将电子证据分为文本证据、图画证据、数据库证据、程序文件证据、组合证据。文本证据需要将软件、系统、代码与文本内容一起结合发挥证据作用，否则可能是乱码导致无法识别；图形证据具有直观性；数据库证据因为具有若干原始数据记录而具有较高的信息价值；程序文件证据是构成软件的基础，有较强的证明力；组合证据则因为集合文本、影像、图片、声音等复合媒体而具有直观性。

③依据电子证据形成中所处环境的不同为标准，可将电子证据分为数据电文证据、附属信息证据与系统环境证据。数据电文证据即电子数据本身，如电子邮件，作为主要证据用于证明法律关系或待证事实；附属信息证据是对数据电文生成、存储、传递、修改、增删引起的记录，如电子日志记录、电子文件的附属信息等，其主要用于证明数据电文证据的真实可靠性，类似于证据形成、保管与提交过程的一个完整链条；系统环境证据即数据电文运行所处的硬件和软件环境，如硬件或软件的名称与版本，其主要用于庭审或鉴定时显示数据电文。

④依据电子证据运行系统环境的不同为标准，可将电子证据分为封闭系统证据、开放系统证据及双系统证据。封闭系统证据即由独立的某台计算机组成的计算机系统内的电子证据，因具有封闭性所以较易跟踪电子证据的来源；开放系统证据即多台计算机组成的区域网络系统内的电子证据，因开放性所以证据来源不确定；双系统证据即同时出现在封闭与开放系统中的证据，如电子签名等，可以通过封闭系统的证据识别为开放系统的证据识别提供借鉴。

⑤依据电子证据形成方式的不同为标准，可将电子证据分为生成电子证据、储存电子证据及混合电子证据。生成电子证据即完全由计算机或类似设备直接自动生成的证据，是机器自动记录的结果，一般情况下这类证据的证明力较强。储存电子证据即由计算机等设备录制人类信息得来的证据，如通过录音设备录制别人的谈话，Word文档存储的合同等，因为有人为因素的加入，这类证据的证明力要考虑设备的准确性、考虑录制信息时是否有影响准确性的其他因素。混合电子证据即计算机等设备录制相关的信息后，再根据内部指令自动运行得来的证据。

（2）电子证据的法律地位

电子证据的法律地位问题是电子证据研究过程中存在的争议最大的问题，其核心是将电子证据作为一种单独的证据类型加以规范。代表性的观点有"视听资料说""书证说""附条件物证说""鉴定结论说""混合证据说""独立证据说"。在任何新事物产生之后，都不可避免出现其法律地位、性质甚至存在合理性的争论，下面择其要点简要说明。

①视听资料说。该说认为电子证据属于视听资料的一种，其渊源在于 1982 年民事诉讼法试行中首次规定了视听资料这一新的证据种类，并把录音、录像、计算机存储资料划归其中，由此延续至今，依然有许多认为电子证据属于视听资料的主张者，认为二者存在形式相似，均有可视属性，均需要借助一定的手段或形式转化才能被感知，均具有易复制性。但反对者更多，代表性的理由主要为：第一，视听资料具有间接性，将电子证据作为视听资料不利于充分发挥证据的作用；第二，电子证据与视听资料有明显的区别；第三，将电子证据归入视听资料范畴不符合联合国贸易法委员会通过的《电子商务示范法》的精神。

②书证说。该说可以说是目前的主流学说，认为电子证据与书证一样，都以表达的思想内容证明案件的事实情况。支持的理由主要有：第一，两者功能相同，均能记录完全的内容；第二，发挥证据作用的方式相同，均以其代表的内容说明案件的某一问题；第三，识别的方式上相同，均需输出或打印到一定的媒介上才能被识别和运用；第四，合同法明确规定书面形式包括合同书、信件和数据电文在内，间接证明了数据电文的书证属性；第五，功能等同法的意义就在于将传统书证与电子证据同等对待。反对的理由主要有：第一，不能将外国法律文件的规定作为在我国进行简单类比、类推的当然理由；第二，书面形式并不等同于书证，某一事物若属于书面形式则不一定得出其就是书证；第三，主张电子证据应归为书证与法律对书证须为"原件"的要求存在冲突；第四，功能等同法并不能解决电子证据的定性问题；第五，"书证说"难以周延回答计算。

③物证说。该说在我国的支持者不多，支持者也并非无条件支持物证说，而是条件具备时电子证据方能成为物证，毕竟电子证据与物证的区别相当明显。有学者认为物证有狭义物证与广义物证之分，电子证据不属于以其存放地点、外部特征等发挥证明作用的物品与物质痕迹的狭义物证，而只属于泛指一切实物证据的广义物证。有学者认为应以电子证据是否需要鉴定为标准界定其性质，不需要鉴定时属于书证，需要鉴定时则可能成为物证。

④鉴定结论说。该说认为电子证据属于鉴定结论，这是极少数学者的看法。支持理由认为法院或诉讼当事人对电子数据的可信性存在怀疑时，可由法院指定专家进行鉴定，辨明真伪，以确定其能否作为认定事实的根据。反对理由则认为，鉴定是由专家对初步可采用的证据的进一步确认，以判断其是否具有可采性的诉讼活

动。只有电子证据已经被采用的前提下，才需要专家就其真伪进行分析判断，法院再依据专家的鉴定结论确定其是否能作为认定事实的根据。

⑤混合证据说。该说认为电子证据是若干传统证据的组合，既非一种独立的新型证据，也非传统证据中的一种。有学者认为电子证据可分为电子书证、电子视听资料、电子勘验检查笔录和电子鉴定结论证据四类。也有学者认为在现行"七分法"的证据立法背景下，电子证据可分为电子物证、电子书证、电子视听资料、电子证人证言、电子当事人陈述、电子证据的鉴定结论及电子勘验检查笔录。

⑥独立证据说。该说认为应将电子证据作为一种独立的证据类型，认为电子证据具有区别于其他证据的显著特征，外在的表现形式也几乎涵盖了所有的传统证据类型，且以数据电讯为交易手段，从商事交易现实需要的角度来看，完全有理由将其作为一种新类型证据来对待。具体的支持理由有：第一，符合现行主要依据证据的不同特性为标准对证据进行分类的方法，电子证据科技依赖性、隐蔽性、复合型等本质特征无法为现行证据类型所涵盖；第二，满足现实需要，建立一套适合电子证据自身特点的证据统一收集、审查与判断规则是司法实践的迫切需求；第三，缓解与现行证据规则的冲突，将电子证据归入传统证据的试听资料或书证内，都会产生是否为原件、是否为直接证据、是否为无纸化等的判断与认定，增加成本。若将电子证据独立化，就可依专门的电子证据认定规则实现而无须考虑传统证据规则的要求；第四，有助于我国证据立法的国际对接，电子商务的发展需要全球化的立法保驾护航，《电子商务示范法》的规则已被多国国内立法吸收的事实也要求我国应参照《电子商务示范法》制定我国的电子证据法律制度。虽然有学者认为将电子证据作为独立证据类型对待过于轻率，但电子证据为独立证据类型的支持者越来越多，且得到了立法回应。2019年民事诉讼法修正草案中明确规定了电子证据作为独立的证据类型。本书赞同电子证据为独立证据类型的学说，应在了解、总结电子商务的争议中解决证据理论与实践的基础上制定出一套完整的电子证据法律规则，以达到更好服务电子商务发展的需要。

（二）电子证据的立法例梳理

1. 国际组织的法律文件

（1）联合国国际贸易法委员会的电子证据立法

联合国国际贸易法委员会在对解决电子商务活动中遇到的电子证据法律难题方面做出了卓越贡献，对世界各国立法产生了深远影响。其颁布的《电子商务示范法》《电子商务示范法颁布指南》《电子签名示范法》《电子签名示范法立法指南》《联合国国际合同使用电子通信公约》等一系列法律文件中提出了解决电子证据法律难题的四个基本思想。

①从广义角度对电子证据进行界定。基本上囊括了电子商务环境下以无纸形式生成、存储或传递的各类电文，不仅包括通信方面的，也包括计算机生成的并非用

于通信的记录。既适用于现有通信技术，也适用于未来可预料的技术发展。

②将功能等同法运用于数据电文的书面形式、原件与签字中。功能等同法是解决通过电子商业技术达到传统书面、原件与签字的目的和作用的手段与方法。首先，扩大"书面形式""签字""原件"等概念的范围，保持各国法律原有的概念与规则。同时，考虑到电子数据只有变为书面文字或显示在屏幕上才可识读的特点，还需要制定相应的规则。其次，电子记录可提供如同书面文件同样程度的安全，且在符合若干技术和法律要求的前提下，查明数据来源与内容的可靠程度与速度要比书面文件高得多，但是采用功能等同法不应造成电子商业使用者达到比书面环境更加严格的安全标准与相关费用。再次，由于数据电文的不同性质决定其不一定起到书面文件所能起到的全部作用，故不能将数据电文等同于书面文件。采用功能等同法时，注意到形式要求的现有等级，要求书面文件提供不同程度的可靠性、可核查性和不可更改性。同时应注意以书面形式提出数据的最低要求与较严格要求的区分。最后，功能等同法的目的并非确定相当于任何书面文件的计算机技术等同物，而只是以书面形式要求中的基本作用为标准，一旦数据电文达到这些标准，即可与起着相同作用的相应书面文件一样，享受同等程度的法律认可。

③在电子证据的可采性与证明力上适用平等对待原则。不得仅仅以某项信息采用数据电文形式为理由而否定其法律效力、有效性或可执行性。这意味着不能仅以信息的出现或保留形式为理由否认其法律效力、有效性或可执行性，但同时也不意味着无条件确立某一数据电文或其中所含任何信息的法律有效性。首先，不能以是数据电文或者不是原样（但是举证人按合理预期能得到的最佳证据）为由在任何法律诉讼中否定一项数据电文作为证据的可接受性。其次，在确定数据电文信息证明力时应考虑生成、存储或传递该数据电文办法的可靠性，保持信息完整性办法的可靠性，鉴别发件人的办法以及其他相关因素。

④明确了电子证据保全规则。通过留存数据电文的方式留存法律要求的某些文件、记录或信息，无论是自己留存还是通过使用其他任何人的服务留存，都必须同时满足下述条件：第一，其中所含信息可被调取以备日后查用；第二，按其生成、发送或接收时的格式留存了数据电文或可证明能使所生成、发送或接收的信息准确重现的格式留存了该数据电文；第三，留存可据以查明数据电文来源和目的地以及该电文被发送或接收的日期和时间的任何信息。需要注意的是，依上述条件留存文件、记录或信息的义务不只是为了使电文能够发送或接收而使用的任何信息。

（2）国际商会的电子证据立法

国际商会也是很早就关注电子证据问题的国际组织，其颁发的《电传交换贸易数据统一行为规则》为 EDI 以及 EDI 系统的经营者拟定具体通信协议提供了良好的基础，解决了 EDI 证据价值、书面形式要求、亲笔签字等难题。其在《国际贸易术语解释通则》修订中明确规定了电子证据的法律地位。

2. 其他国家电子证据立法概况

针对电子证据对传统规则的冲击和挑战，各国针对本国情况与立法实践，纷纷采取了相应的具有本土特色的电子证据立法模式，实现制度上的规范化、运用上的有序化，提供有益于电子商务发展的制度环境。纵观世界各国有关电子证据的立法模式，可概括为如下两类：一是将电子证据规则纳入传统法律范畴，对原有证据法律规则进行适当修正和解释；二是进行电子证据的专门立法，解决电子证据的理论与实践问题。采用第一种模式的国家主要有英国、美国、法国、日本等国家，上述国家在民事诉讼法、民事证据法、统一证据法规则、联邦证据规则，有关电子商务、电子交易及电子签名等法律规范中对电子证据的问题进行规定；采用第二种模式的代表性国家有加拿大和菲律宾，加拿大制定了世界上第一部电子证据法典《统一电子证据法》，菲律宾最高法院也制定了极为详尽的《电子证据规则》。

3. 我国电子证据立法概况

我国没有关于电子证据的专门立法，而是在现行民事、行政、刑事诉讼三大法律体系中有关证据规则的基础上，将电子证据规定为一种法定的基本证据类型。国务院颁行的《互联网上网服务营业场所管理条例》《互联网信息服务管理办法》等行政法规中规定了上网场所与网络服务商在业务活动中保全电子证据的相关义务与法律责任。最高人民法院、最高人民检察院关于民事、行政、刑事诉讼与证据规则的司法解释如《关于民事诉讼证据的若干规定》《关于行政诉讼证据若干问题的规定》《人民检察刑事诉讼规则》及《关于办理利用互联网、移动通信终端、声讯台制作、复制、出版、贩卖、传播淫秽电子信息刑事案件具体应用法律若干问题的解释》中都对电子证据的运用进行了相应规范。此外，公安部《计算机信息网络国际互联网安全保护办法》、证监会《网上证券委托暂行管理办法》、新闻出版总署《互联网出版管理暂行规定》等部门规章及上海市《数字认证管理办法》、广东省《电子交易条例》、北京市《电子商务监督管理办法》等地方性法规与规章也就电子证据的相关问题进行了规定。

总体上看，我国关于电子证据的规则在法律层面的原则性较强，在较具操作性的规则中，立法位阶较低，且存在着不统一之处，需要在总结梳理电子证据实践经验与理论研究成果的基础上逐步实现电子证据立法的体系化。

（三）电子证据的收集、保全与审查

1. 电子证据的收集

由于电子数据所具有的存在形式特殊性与易损性，无论在收集主体还是在收集方法上，都应该在法律法规规定的基础上注重专业性。

（1）电子证据收集主体

通常而言，电子证据的收集主体有下列人员：①诉讼当事人及代理人、辩护人。由民事、行政诉讼中的当事人及其诉讼代理人以及刑事诉讼中的辩护人作为了解、清楚争议事实的主体来收集证据，有助于实现证据收集上的直接性、全面性和及时性。②依法行使职权的侦查人员或专门调查人员。包括刑事案件侦查人员、人民法院指派的调查人员以及行政诉讼案件中的行政管理人员。③网络服务提供者。网络服务提供者依法具有以相应的技术保存信息并提供相应记录的义务。为固定电子数据，保证电子数据的证明力，一般需要专门技术人员的指导与协助进行电子证据的收集与破解工作。

（2）电子证据收集方法

目前运用的电子证据收集方法主要有：对由许多计算机构成的数字化网络进行检验、检查，提取物证、痕迹的技术性收集法；强制向网络服务提供者调取的方法；对电子数据的储存设备查封、扣押、搜查，进而获得电子数据内容的方法；专门的机关依职权为特定目的对电子数据的网络监控获取电子数据法。

2. 电子证据的保全

电子证据的保全需要借助传统证据的保全形式，同时结合电子证据的特点。基于电子证据的不同表现形式，保全方法也应有所区别：第一，对于电子证人证言、电子当事人陈述等言词证据，通常采用制作询问笔录和录制资料等方法，经当事人审核后签字确认。第二，对于电子物证、电子视听资料，通常采用绘图、拍照、录像、勘验、制作勘验笔录的方法。在条件允许时，也会以扣押或封存的方式提取原始介质。第三，对电子书证常用的保全方法除了扣押外，还包括缩微、复制、存档、拍照等方法，或是将该电子书证打印后经当事人审核签字确认。第四，对电子笔录常用的方法是通过计算机打印输出为纸质文档，然后经有关当事人核证后签字、盖章，并随相应案卷材料妥善保管。在上述保全方法需扣押、缩微、复制、存档有关电子证物时，通常还需要有在场见证人和持有人查点清楚，并当场开列清单经各相关人员签字确认。

随着网络技术的发展，在传统公证保全的基础上发展出了网络公证保全，由具有资质的网络公证机构借助网络平台进行线上公证，线上与线下公证保全都有助于增强电子证据的证明力。同时，越来越多的电子商务经营主体也认识到电子数据管理的必要性与重要性，从而加强了电子档案管理，由于计算机等设备的记录时间、记录顺序等不易更改，更改也易留下痕迹，故电子档案本身就是电子证据的理想保存方法，有助于形成电子文件的系统性和完整性，保证电子证据证明链条的完整性。

3. 电子证据的审查

由于电子证据的独特存在形式与易损性和可复制性，对电子证据的审查需在遵从传统证据审查规则的基础上结合电子证据的上述特点。对电子证据的审查应从可采性与证明力两个方面进行。

（1）电子证据可采性审查

①真实性。即认定当事人提供的电子证据是否符合案件的真实情况，是否具有客观性。结合国内外的实践，只要通过自认、证人具结、推定或鉴定之任何一种方式的检验，就应该认定电子证据的真实性，同时应该审查电子证据本身是否存在疑问及其相互之间是否自相矛盾，其与非电子证据是否指向同一方向，与其他证据是否相互印证、相互协调并形成完整证据链条证明案件的真实情况等。

②关联性。与需证明的案件事实或其他争议事实具有一定的关联是证据的基本要求，电子证据也不例外。在审查电子证据的关联性时，应判断三个方面：一是电子证据能证明案件某一方面的问题；二是电子证据证明的是案件争议方面的问题；三是电子证据对争议事实的解决具有实质性意义。

③合法性。电子证据合法性是其真实性与关联性的重要保障，也是发挥证据效力的基础性条件。对电子证据的合法性审查应从以下几个方面进行：一是是否经过核证程序，二是获得途径是否基于合法软件，三是生产证据或转录转存证据时计算机等设备是否处于正常状态，四是是否受到过篡改或攻击，五是获取证据的途径或方式是否合法或经过被收集者同意。否则，可能因非法性导致证据被排除适用。

（2）电子证据的证明力审查

电子证据的证明力审查，即审查电子证据本身及其与其他证据结合能否证明待证事实以及在多大程度上证明待证事实。

①可靠性。可靠性除了依据传统方法从证据本身的生成、存储、传送、收集环节进行审查外，还包括从计算机系统角度进行的侧面审查，即确定电子证据依赖的计算机系统具有可靠性，则推定证据也具有可靠性；确定电子证据是由诉讼中意图引入该证据的那一方当事人在利益上相反的其他当事人保存或提供，则推定证据具有可靠性；确定电子证据是在正常的业务活动中生成并保管，则推定证据具有可靠性。

②完整性。电子证据的证明力还需考虑证据的完整性。一是审查电子证据本身的完整性，电子证据为电磁记录物，若按原件与复制件的标准，能够感知的电子证据已非原件，而是经过了删改或变动处理的复制件，我国《电子签名法》明确规定"内容保持完整，未被改动"，而国际惯例是对电子证据的删改、变动是否会影响完整性，取决于删改、变动的必要性。如果删改、变动是必要的，且能增强证据的可信度，则不破坏完整性。二是审查电子证据依赖的计算机系统的完整性。这与可靠性的审查方法与标准类似。三是审查电子证据依赖的计算机系统的完整性，这与可靠性的审查方法与标准类似，可用传统方法结合推定方法。《电子商务法》规定，在电子商务争议处理中，电子商务经营者应当提供原始合同和交易记录。因电子商务经营者丢失、伪造、篡改、销毁、隐匿或者拒绝提供上述资料，致使人民法院、仲裁机构或者有关机关无法查明事实的，电子商务经营者应当承担相应的法律责任。

三、电子商务非诉讼争议解决机制

（一）非诉讼方式解决电子商务争议的基本原则与法律后果

以非诉讼方式解决电子商务争议，顾名思义，即以诉讼以外的方式解决电子商务当事人之间的争议，是以世界各国普遍存在的法定民事诉讼制度以外的非诉讼纠纷解决程序或机制解决电子商务争议。传统的非诉讼争议解决方式通常被称为ADR（Alternative Dispute Resolution），不同于作为国家司法救济的诉讼方式，非诉讼方式不属于国家的司法救济，能由当事人选择采用。在电子商务环境下，传统的ADR发展为ODR（Online Dispute Resolution），其为传统ADR的网络化，是其在电子商务中的扩展与延伸，在线解决争议降低了依传统方式解决电子商务纠纷导致的高昂成本。

1. 非诉讼方式解决电子商务争议应遵循的基本原则

（1）多元化原则

所谓多元化原则是指以非诉讼方式解决电子商务纠纷，应当充分尊重当事人的意思自治，允许当事人选择各种不同的解决方式，这也是电子商务据以生存的网络环境高度自治性的基本要求。随着理论研究与实践探索的不断深入，非诉讼方式的内涵不断扩大，具体的方式也不断创新。常见的非诉讼方式主要有：自行和解或协商、调停、仲裁、事实发现、中立聆听者、密歇根式调解、调解—仲裁、最后方案仲裁、聘请法官小型审判、简易陪审团等。

（2）高效率原则

高效率原则是指电子商务争议解决的非诉讼方式应当基于电子商务所依存之网络空间的全球性、虚拟性、去中心化及高度自治性等特点，追求争议解决的高效率。允许不同解决方式的运用，采用相应的线下或在线方式，以及灵活的同意方式等。电子商务当事人以非诉讼方式解决争议，根据需要和条件，可以选择线下方式、在线方式以及线下与在线相结合的方式。选择非诉讼方式解决纠纷，应当基于争议各方当事人一致同意。除法律另有规定外，同意的方式可以是书面，也可以是口头，只要一方向相关机构申请以某种非诉讼方式解决纠纷，另一方不持异议的，即视为同意。

（3）技术中立原则

技术中立原则是指政府或立法机构对于各种有关电子商务的技术、软件、媒体等采取中立的态度，由实际从事电子商务者和信息服务中介商根据技术发展选择采取新的或与国际社会接轨的技术，政府应当不偏不倚，鼓励新技术的采用和推广。该原则体现在争议解决上，即应该允许当事人运用新技术创造新的解决方式。

（4）功能等同原则

功能等同原则是指以书面形式要求中的基本作用为标准，一旦数据电文达到这些标准，即可同起着相同作用的相应书面文件一样，享受同等程度的法律认可。在电子商务争议解决中，功能等同原则意味着应尊重线上线下方式的相同作用，选择线下方式的不排除在线传输信息手段；选择在线争议解决方式的，不排除线下信息传输手段。此外，依据国内外实践，在线争议解决机构及电子商务平台经营者除了有权进行调解外，还可以对争议作出处理决定。

2. 非诉讼争议解决方式之间的衔接与司法确认

（1）非诉讼争议解决方式的衔接

为确保灵活、自由争议解决机制的适用，方便争议当事人更好地解决纠纷，需要在诉讼与非诉讼处理方式、线上与线下争议解决方式之间建立必要的衔接制度，实现多元化争议解决机制之间的相互融合与转化。鉴于诉讼作为国家司法救济的手段，除仲裁外，当事人选择非诉讼方式，不意味着排除司法救济，当事人有权放弃非诉讼方式或者基于对非诉讼机构作出处理决定的异议而提起诉讼。非诉讼解决方式通过线上还是线下进行由当事人自由选择，当事人有权放弃一种而寻求其他方式。

具体而言，当事人选择仲裁以外其他非诉讼方式解决争议，处理过程中一方或双方向人民法院提起诉讼的，视为放弃该种非诉讼争议解决方式，非诉讼争议解决机构不再处理；当事人放弃某种在线争议解决方式的，不影响其通过其他方式解决争议的权利当事人对非诉讼争议解决机构的处理决定持有异议时，可以在作出处理决定后15日内向人民法院起诉。当事人之间发生电子商务纠纷时，可以向有关行政部门、行业协会、电子商务平台经营者等机构投诉，一方是消费者的，消费者可以向消费者协会投诉。接到投诉的有关部门应当在收到投诉之日起7个工作日内将处理情况告知当事人。受理投诉的机构具有调解职责的，应当启动调解功能；通过一个机构达成调解的，其他机构的处理程序终止。

（2）非诉讼调解协议与处理决定的司法确认

除仲裁外，尽管非诉讼争议解决方式方便快捷，但因其无强制执行力，当事人有权继续选择诉讼方式解决争议，尤其是达成和解或调解协议后再进行诉讼，反而会增加纠纷解决的成本。因此，有必要在诉讼与包含 ADR 和 ODR 在内的非诉讼争议解决机制之间建立司法确认与强制执行的对接机制。根据《民事诉讼法》与《人民调解法》中对调解与诉讼衔接的规定，双方通过非诉讼调解组织调解达成协议的，经法院确认效力后，具有强制执行的效力。

当事人选择仲裁以外的非诉讼方式解决电子商务争议，通过依法成立的争议解决机构或者调解机构等达成调解协议或自行达成和解协议时，就调解协议或和解协议提起诉讼，调解协议效力的司法确认及强制执行等，应适用《民事诉讼法》与《人民调解法》的相关规定。当事人选择在线争议解决机构或者电子商务平台经营者解决争议，在线争议解决机构或电子商务平台经营者就当事人的请求和各方的责任作出认定和处理决定，当事人共同向法院确认遵守该处理决定的，一方可以请求人民法院强制执行。

（二）电子商务在线争议解决机制

1. 在线争议解决机制的概念与模式

（1）在线争议解决机制的概念与沿革

在线争议解决也称为 ODR，是指利用互联网进行全部或主要程序的各种争议解决方式的总称。根据美国联邦贸易委员会、欧盟、OECD 以及全球电子商务论坛所下的定义，ODR 是指涵盖所有网络上由非法庭但公正的第三人解决企业与消费者因电子商务契约所产生争执的所有方式。ODR 是 ADR 在互联网环境下的延伸适用，主要包括在线仲裁、在线和解、在线调解、在线申诉等形式。仅利用网络技术实现文件管理功能程序的其他部分仍用传统离线方式进行则不属于 ODR 的范畴。

ODR 从产生起的很长时间内都被当作 ADR 的特殊形式对待，ODR 的独立性自2001 年美国学者 Ethan Katsh 提出第四方（即指协助争议当事人及仲裁人或调解人解决纠纷的网络科技）的概念后开始得到重视，第四方概念的产生使 ODR 中的当事人关系与 ADR 中的当事人关系相比产生了质的变化，重视网络科技在纠纷解决程序里的功用，使得人们思考如何利用网络科技加速纠纷的解决。我国也有学者开始在 2003 年左右讨论 ODR 的独立性。虚拟空间的出现，是 ODR 独立存在最为重要的关键点，当事人在这里可以进行任何与信息交换有关的活动或行为，对于纠纷解决必要的信息，可以通过网站快速及便利地交换，网站里可以建构不同的信息互动模式，使所有当事人进行更有效率的互动，网站空间更可以轻易地分割，做各种不同目的的使用。虚拟空间的特性，使当事人之间能够不受空间及时间的限制，把争议的解决带离于实体世界之外，避免了时间及空间所带来的不便，可以进行更有效率的互动，形成及影响纠纷解决提供的方式。早期大部分 ODR 网站分布在北美洲地区，随后在欧洲及亚洲地区也有所发展。

（2）在线争议解决机制的几种模式

①在线协商。现行 OLR 网站除了提供争议双方程序通知及管理的服务外，还会使用一些类似于沟通工具的计算机程序及加密软件供争议当事人进入使用，提供给纠纷当事人更机密、更安全且更便利的协商环境，如 Square Trade 所使用的协商软件。在当事人同意的情况下给予密码通知当事人进入网站提供的虚拟空间并利用在线工具进行协商，避免了当事人之间自行通过电子邮件、聊天室、论坛、视频会议等方式进行协商可能导致的低效率。

②在线调解。根据运行的实际情况与自动化程序，在线调解可以分为完全自动化、有调解人介入的半自动化以及混用传统沟通方法的在线调解三类。自动化程度不同，解决争议的效率也有区别。有些调解单纯争议的网站，无须调解人的介入而仅凭电脑程序自动化的辅助即可完成；有些调解网站通过使用多阶段过滤筛选的调

解程序，混用在线协商、自动化调解程序以及专业有经验的调解人介入的半自动化程序使争议高效迅速解决；有些在线调解服务的公司设立网站，通过电子邮件、聊天室、视频会议等渠道交换资讯，在网站受理申请人的在线申请后，填写电子表格，表格内会有系统使当事人表明争议情形及可接受的结果范围，这些信息再传递给有经验的在线调解人，调解人在分析申请人填写的资讯后，利用在线工具通知争议相对人的在线调解意愿，若争议相对人愿意接受调解，便填写网站准备好的格式化调查争议表格，传送给网站及在线调解人，以便于调解人针对争议高效调解。

③在线仲裁。即仲裁协议订立、仲裁申请的提交与受理、仲裁庭审理及仲裁裁决做出等仲裁程序的主要环节都是在网络上在线进行。目前比较有影响的是网域名称争议解决的在线仲裁。由于网域名称的注册由网际网路名称与号码分配组织（Internet Corporation for Assigned Names and Numbers，ICANN）掌管，其对网域名称的注册申请不进行实体审查并采用申请在先的取得方式，这导致该领域易发纠纷的结果。世界知识产权组织于 1999 年 8 月及 10 月公布了"网域名称争议解决方法统一政策"及"网域名称争议解决方法统一政策规则"作为解决网域名称注册争议的准则，并规定将网址争议交由经 IACNN 认可的机构进行仲裁。IACNN 选择了在线仲裁，目前被其认可的有纽约的冲突预防与解决机构（CPRI）、我国香港国际仲裁中心（HKIAC）、美国国家仲裁论坛（NAF）与日内瓦世界知识产权组织仲裁与调解中心（WIPOAMC）4 个机构，这被证明是成功的、超国家的 ODR 系统。

④在线申诉。往往被政府机关、消费者保护团体等非营利机构所采用，其制定某种电子商务公平交易准则或消费者隐私保护政策，对同意采用及遵守其所制定规则或政策的在线商店与公司，在其交易网页内放置认可遵守公平交易的标志，以获得消费者青睐。当认证商家与消费者产生纠纷时，消费者可以向在线申诉网站填写电子化表格提出申诉，网站受理后对交易网站进行是否遵守规则或政策的调查，并反馈给消费者。

2. 我国在线争议解决的主体

（1）仲裁机构

在线仲裁的域外实践经验可供我们借鉴，如世界知识产权组织 WIPO 仲裁与调解中心的电子案件设施、国际商会仲裁员设立的 NETCASE 在线文件传输平台等。中国国际经济贸易仲裁委员会网上争议解决中心也开通了网站 http：//www. odr. org. cn，提供域名和网址争议的在线仲裁及非诉解决的服务。中国国际经济贸易仲裁委员会于 2009 年又制定了《网上仲裁规则》，该规则适用于解决电子商务争议，也可适用于解决当事人约定适用该规则的其他经济贸易争议。

根据我国仲裁法的相关规定，只有依仲裁法设立的仲裁机构才有权受理仲裁案件并作出裁决，其裁决也才具有强制力。对于在线仲裁是否具有强制执行力，在线仲裁是否能排除司法管辖，在国际上的做法不一。本书认为，法定仲裁机构的在线仲裁仅是具体仲裁实施方式的不同，本质上仍然是仲裁，是传统仲裁在网络环境中的全新应用，与线下仲裁具有相同的效力。依法成立的仲裁机构通过网上仲裁审理电子商务纠纷的，与线下仲裁具有相同的法律效力，除非当事人对仲裁规则另有约定，应视为同意按照该仲裁机构当时适用的网上仲裁规则进行仲裁。

但存在的问题是，由于我国仲裁法只规定了机构仲裁，而没有规定临时仲裁，这会导致我国企业在参与跨境电子商务的争议解决中处于不利地位。现实中许多从事 ODR 业务的网络服务提供者严格来说并不属于法定的仲裁机构，如果当事人通过我国非仲裁机构的网站解决争议的话，裁决可能不会得到承认和执行。当然，根据《纽约公约》的规定，承认与执行外国仲裁裁决既包括常设仲裁机构作出的仲裁裁决，也包括临时仲裁庭作出的仲裁裁决。我国法院执行的外国仲裁裁决也包括由临时仲裁庭作出的裁决。所以，在《纽约公约》框架内的外国临时仲裁裁决可以在我国得到承认和执行，而我国仲裁法又规定境内仲裁只有常设仲裁机构作出的裁决才能得到承认和执行，这显然造成了中外当事人之间的不平等，也不能满足大量的非涉外电子商务的需要。因为如果外国当事人与中国当事人就某一民商事纠纷约定在国外由某国外的 ODR 网络服务商进行调解和仲裁，在调解不成功的情况下需要作出仲裁裁决，该裁决毫无疑问是临时仲裁裁决，倘若该临时仲裁裁决按照约定的仲裁规则作出了中方败诉的裁决，如果中方当事人未能自动执行这一在《纽约公约》国境内作出的裁决，则外方当事人即可依照《纽约公约》向中方当事人所在地的中级人民法院申请强制执行该裁决。中国法院应当依据《纽约公约》的规定进行审查，如果裁决不存在公约第 5 条规定的情形，法院就应该承认该裁决的效力，并予以强制执行。反之，如果中外方当事人约定在中国由某个 ODR 网络服务商进行临时仲裁，作出了外方败诉的裁决，则外方当事人既可以根据我国仲裁法的规定，以当事人在仲裁协议中没有约定仲裁机构为由，向裁决地中级人民法院申请撤销该裁决，也可以在中方当事人向该外方当事人所在地法院申请执行该裁决时提出"根据裁决地法即我国《仲裁法》第 18 条关于当事人在仲裁协议中没有约定仲裁机构为由而导致该仲裁协议无效"的抗辩，而根据无效仲裁协议作出的仲裁裁决不能得到执行地法院的承认和执行。

可见，根据我国目前的仲裁法，ODR 解决争议之便利很难为中外当事人所共享，我国当事人既难以从事 ODR 业务，又难以利用 ODR 解决跨境电子商务争议，对我国企业参与全球竞争非常不利。因此，在我国电子商务飞速发展的今天，尤其是截至 2018 年 3 月最新的统计数据表明，我国跨境电商的规模已稳居世界第一。在跨境电商中，因发生的纠纷可能牵涉多国法律、不同管辖法域、完全陌生的诉讼环境，为节省交易费用和成本，需发展出一种适合电子商务尤其是跨境电子商务发展的争议解决模式。因调解、仲裁等替代性争议解决机制具有便捷、高效的特点，借助于网络技术的发展向这些具有明显优势的争议解决机制回归是理想的选择，

ODR 争议解决方式中的在线仲裁对于电子商务的健康发展、提升消费者的信心具有重要意义。故我国应该借鉴国外自由设立非正式的仲裁机构，且可以做出在线仲裁的做法，在仲裁法中增加规定临时仲裁制度，承认中立的、私人纠纷解决企业临时仲裁的存在和发展，允许其通过业界自律手段增强自己解决纠纷的能力，并且由人民法院保障 ODR 的处理结果能够得到执行。

（2）专门的在线争议解决机构

我国 2004 年依托中国电子商务法律网、中国电子商务政策法律委员会成立了第一个专门的在线争议解决机构"中国在线争议解决中心"，并开通了网站 http：//www. odr. com. cn，目前也有一些政府推动的项目如深圳众信电子商务交易保障中心开展 ODR 服务，但是由于缺乏权威性几乎没有开展业务。

①在线争议解决机构的设立与认证。欧盟在 2013 年的《消费纠纷网上解决机制条例》中规定了 ODR 的设立制度，我国也有必要规定在线争议解决机构的设立制度，具体的条件与程序可由国务院授权有关部门在下位法中规定。从发达国家 ODR 的发展经验看，在发展早期一般由政府设立 ODR 网站，当网站积累一些运营经验后，政府再退出而由网站独立运作。我国也应当由政府推动在线争议解决机构的发展以增强权威性，各级政府应当鼓励、推动行业自律组织、社会团体、企业、事业单位、专业服务机构或从业人员设立在线争议解决机构。同时借鉴日本对 ODR 自愿认证的方式，由有关机构对 ODR 机构的品质进行认证，更好地保护当事人的利益。经在线争议解决机构的同意或申请，行业协会可以对在线争议解决机构的资质等级进行认证。

②在线争议解决机构处理纠纷的依据与原则。明确在线争议解决机构处理纠纷的依据与原则有助于该机构运行的规范有序，更好地保护当事人权益。明确承认在线争议解决机构在解决争议上的权利，就应该确认其争议解决规则的约束力，并将其作为处理纠纷的依据。除非当事人另有约定或者争议解决规则违反国家法律、行政法规的规定，当事人选择在线争议解决机构解决纠纷，应当受该机构制定的争议解决规则的约束。但是，基于在线争议解决机构解决争议的民间性与自愿性的特点，应当允许当事人选择不同的争议解决规则，也应当赋予双方或一方退出在线争议解决程序的自由。在线争议解决机构处理争议期间当事人一方向人民法院起诉，双方同意退出在线争议解决程序，提出请求的一方撤回申请等情形出现时，在线争议解决机构不再处理该争议。在线争议解决机构解决争议的功能决定了其中立性的地位，其在解决争议时应当遵循独立、公正、中立和公平的原则。在线争议解决机构的争议解决规则、处理案件的人员名单和基本情况应当公开，在征得争议当事人同意的情况下，在线争议解决的程序和结果可以采取公开的方式。要求在线争议解决的公开、透明有助于对在线争议解决机构处理争议的监督。同时，也应注意公开透明与保护隐私的兼顾，要求在线争议解决机构对当事人商业秘密与隐私承担保密

义务。虽然在线争议解决机构在设立初期多为政府支持或社会捐助，但其属于法律地位独立的机构，为保障其持续运作以及独立性，其可以依据公开的争议解决规则收取合理的服务费用。

③在线争议解决机构纠纷处理的结果。我国仲裁法规定只有依法设立的仲裁机构作出的裁决才具有强制执行力，在仲裁法没有修改、没有新增临时仲裁规则的前提下，在线争议解决机构的性质属于一般的法律服务提供者，不宜赋予其作出的裁决具有强制执行效力。同时，若认为在线争议解决机构仅具有调解功能，则无益于保护其权威性，故可借鉴国外对于在线仲裁为非正式仲裁的定位，在受理申请后先基于当事人的自愿对电子商务纠纷进行调解，如果其争议解决规则明确规定在线争议解决机构可以作出处理决定，则在调解失败或者当事人不同意调解时，在线争议解决机构可以作出处理决定。需要注意的是，该处理决定不同于临时仲裁的裁决，不具有强制执行力。

（3）电子商务平台经营者

由于我国专门的在线争议解决机构还没有发展起来，加之网络零售电子商务纠纷的争议焦点不大，标的额多数也较小，通过电子商务平台经营者在线处理争议在实践中得到了极大程度的运用，并且这一模式也适应了电子商务快速发展的要求，也已有相关部门规章对电子商务平台经营者的纠纷解决作出了明确规定。《电子商务法》第63条也明确规定了电子商务平台经营者可以建立争议在线解决机制。基于共治原则以及电子商务交易平台的交易市场属性，电子商务平台经营者作为交易市场的提供者应当承担一定程度上处理当事人纠纷的义务。同时，考虑到效率要求和平台经营者解决争议的权威性，应当承认实践中的做法，赋予电子商务平台经营者处理争议时有权进行调解和作出处理决定。当然，为了防止平台经营者解决争议时的利益冲突，应当限制一定情形下平台经营者的争议处理权。

①电子商务平台经营者在线解决争议的义务与限制。电子商务平台经营者负有建立纠纷解决制度并通过平台提供在线纠纷解决服务的义务。当事人通过平台进行交易发生纠纷而向平台投诉或请求处理的，电子商务平台经营者应当介入协调和调解，调解不成或当事人拒绝调解时，电子商务平台经营者可以就争议做出处理决定，但对于当事人与电子商务平台经营者及其关联企业之间的争议，电子商务平台经营者无权处理，以保证公正性。

②电子商务平台经营者解决争议的依据与法律后果。由电子商务平台经营者通过平台在线解决争议是市场自治的体现，如果约定由电子商务平台经营者处理交易双方争议的，平台经营者制定并公布的争议处理规则对当事人有约束力。在不违反法律、行政法规规定的前提下，电子商务平台经营者可以按该规则处理争议。

电子商务平台经营者依据争议处理规则作出的处理决定或者当事人通过平台经营者处理争议所达成的调解协议，应该得到履行，以实现化解纠纷的后果。在实践中，电子商务平台经营者已经形成了一套比较完整的电子商务网络社区约束机制，可以通过信用评价、信息记录、限制通过平台交易、商品或店铺搜索降权、商品下架、店铺监管、扣分处罚等措施，加强当事人自律，促进交易当事人遵守和履行通过电子商务平台经营者达成的调解协议或作出的处理决定。

从本质上看，电子商务平台经营者解决争议属于非诉讼解决方式，不排除司法管辖的效力。当事人在电子商务平台经营者作出处理决定后有权向人民法院提起诉讼。如果平台经营者的处理决定与人民法院的生效判决相抵触的，平台经营者是否应承担相应的责任？对此有不同的观点。有人认为，根据平台经营者在其争议解决规则中"平台不是司法机关，不对作出的争议处理结果承担任何责任"的普遍规定，平台经营者不需承担任何责任。有人认为，这会导致电子商务平台经营者只有权力没有义务，平台经营者的责任过轻。本书认为，赋予平台经营者解决纠纷义务的同时，还要求其承担处理决定错误的法律风险，对其过于严苛，可能会阻碍其主动处理纠纷，不利于电子商务发展。因此，一般情形下不应要求电子商务平台经营者承担处理错误的责任，而是要求平台经营者根据法院生效判决作出相应的处理或者撤销原处理决定。只有在电子商务平台经营者作出错误处理决定时存在故意或者重大过失，给当事人造成损失时，才应当承担赔偿责任。

第四节　电子签名法律问题

一、电子签名的概念

2001 年 12 月，联合国第 56 届大会正式通过《联合国国际贸易法委员会电子签字示范法》（简称《电子签字示范法》）。该法给出了电子签字及其相关概念。

电子签字是以电子形式存在的数据。这种数据或包含在数据电文中，或附加于数据电文上，或在逻辑上与数据电文有联系，它可用于鉴别与数据电文相关的签字人和表明签字人认可的包含在数据电文中的信息。

证书是指签名人与签名制作数据之间关系的某一数据电文或其他记录。

签名人是指持有签名制作数据的人，代表本人或所代表的人行事。

认证服务提供人是指签发证书或可能提供与电子签名有关的其他服务的人。

依赖方是指可以根据某一证书或电子签名行事的人。

在联合国给出的概念的基础上，结合我国实际情况，本书给出电子签名的定义，电子签名是指一种电子形式的数据，这种数据或含在数据电文中，或附加在数据电文上，或在逻辑上与数据电文有关系，它可用于鉴别与数据电文相关的签字人和表明签字人认可的包含在数据电文中的信息。

二、电子签名的功能

以纸张为基础的传统签名主要是为了履行以下功能，即：

第一，确定一个人的身份。

第二，肯定是该人自己的签名。

第三，使该人与文件内容发生关系。

除此之外，视所签文件的性质而定，签名还有多种其他功能。如签名可以证明签名人愿意接受所签合同的约束；证明签名人认可其为某一文案的作者；证明签名人同意一份经由他人写出的文件的内容；证明签名人曾在某个地点的事实和时间。

为了保证电子商务活动的正常进行，需要具有书面签名功能的电子签名。调查各种正在被使用或仍在研制开发中的签名技术，所有这些技术的共同目的都是为了寻求手写签名和在纸质环境中的其他认证方式提供功能相同的替换物。但在电子商务环境中这些技术还可能实现别的功能，这些功能是从签名功能中旁生的，但在纸质环境中却不能找到类似的替代物。

三、电子签名的法律效力

（一）可靠电子签名

《中华人民共和国电子签名法》（以下简称《电子签名法》）第13条规定，电子签名同时符合以下条件的，视为可靠的电子签名：

（1）电子签名制作数据用于电子签名时，属于电子签名人专有；

（2）签署时电子签名制作数据仅由电子签名人控制；

（3）签署后对电子签名的任何改动都能够被发现；

（4）签署后对数据电文内容和形式的任何改动也能够被发现。

第13条提出了认定可靠电子签名的四个基本条件，且四个条件需要同时满足。

第一款和第二款是归属推定。如果可以证明在电子签名过程中使用的，将电子签名与电子签名人可靠地联系起来的字符、编码等数据是由使用它的人或代表使用它的人专有或控制，即可满足可靠的电子签名的归属条件。

第三款和第四款是完整性推定。如果可以证明在电子签名签署后可以发现电子签名的任何改动或发现数据电文内容和形式的任何改动，即可满足可靠的电子签名的完整性条件。

电子签名包括多种形式，如视网膜鉴别、手纹鉴别等。典型的电子签名是数字签名，这是最常用的，也是最方便的一种电子签名方法。

鉴于电子签名技术的迅速发展，《电子签名法》没有限定可靠的电子签名的具体技术，为各种电子签名技术的发展铺平了道路。此外，当事人也可以根据自己的判断，选择使用自己认为符合其约定的可靠条件的电子签名。这样的签名同样具有法律效力。

(二) 可靠电子签名的法律效力

《电子签名法》第 14 条进一步规定,可靠的电子签名与手写签名或盖章具有同等的法律效力。这是《电子签名法》的核心,确立了可靠的电子签名的法律效力。当一个电子签名被认定是可靠的电子签名时,该电子签名就与手写签名或盖章具有同等的法律效力。电子签名获得法律效力,意味着互联网上用户的身份确定成为可能。

(三) 未经授权使用电子签名的法律责任

未经授权使用电子签名可以分为两种情况,一是绝对无权使用,即使用人未经任何授权非法使用且签字所有人没有过错;二是相对无权使用,即使用人虽无权使用但签字所有人有过错,如本人疏于管理致使他人非法使用,超越本人的授权而使用等。

在绝对无权使用时,由于电子签名的所有人没有过错,该数据信息不能归属于本人,本人也不应承担法律责任。如黑客攻击获得秘钥而使用,或者认证机构的内部人员非法使用用户的密钥等,由此造成对相对人的损害,签名所有人是不知情也无法控制的,主观上不存在过错,因而无须对此负责。相对人所受损失应由行为人承担。

在相对无权使用中,由于签名所有人存在疏忽或过错,因此应承担一定的责任。如果电子签名的所有人没有合理地注意保管自己的秘钥,致使他人未经授权使用,该信息及其法律后果仍应归属于签名所有人。收件人因合理信赖该签名而遭到损失时,签名所有人应予以赔偿。但是,收件人如果知道该签名未经授权,如签名的所有权人已告知,或者收件人只要履行合理的注意就可以知道该签名未经授权,却仍然按该信息从事,由此产生的损害,签名的所有权人不承担责任。在收件人收到信息后,签名所有人告知其该信息未经授权,并且收件人有合理的时间处理却不处理导致损失扩大的,签名所有人对扩大的部分不承担责任。

四、电子签名的适用前提与范围

(一) 适用前提

电子签名的推广需要一个过程,《电子签名法》没有规定在民事活动中的合同或者其他文件、单证等文书中必须使用电子签名,而是规定当事人可以约定使用或者不使用电子签名、数据电文。但明确规定当约定使用电子签名、数据电文的文书后,当事人不得仅因为其采用电子签名、数据电文的形式而否定其法律效力。

(二) 适用范围

《电子签名法》设定的适用范围有一定的前瞻性与包容性,即主要适用于商务活动，但又不限于商务活动，原则上涵盖使用电子签名的所有实际场合。

借鉴其他国家的一些做法，《电子签名法》规定了电子签名不适用一些特定范围内的法律文书，包括：

（1）涉及婚姻、收养、继承等人身关系的；

（2）涉及土地、房屋等不动产权益转让的；

（3）涉及停止供水、供热、供气、供电等公用事业服务的；

（4）法律、行政法规规定的不适用电子文书的其他情形。

在我国，婚姻、收养、继承在人们生活中发生频率较低，土地、房屋等不动产在人们整体收入中所占比重较大，而停水、停热、停气、停电等公用事业服务需要更明确的通知。所以，《电子签名法》对此作出了限制。

五、电子签名使用人的基本行为规范

电子签名使用人包括电子签名人和电子签名依赖方。

（一）电子签名人及其行为规范

电子签名人是指持有电子签名制作数据并以本人身份或者以其所代表的人的名义实施电子签名的人。这里的"人"应理解为包括各种类型的人或实体，无论是自然人、法人团体还是其他法人都包括在内。

电子签名人应当妥善保管电子签名制作数据。电子签名人知悉电子签名制作数据已经失密或者可能已经失密时，应当及时告知有关各方，并终止使用该电子签名制作数据。电子签名人向电子认证服务提供者申请电子签名认证证书时，应当提供真实、完整与准确的信息。

《电子签名法》第32条规定，伪造、冒用、盗用他人的电子签名，构成犯罪的，依法追究刑事责任；给他人造成损失的，依法承担民事责任。本条所述行为的主体为一般主体，主观上是故意的，侵犯的客体是他人的电子签名，客观上表现为未经准许。根据情节不同，所述行为的后果可分为两种情况，即：一是利用伪造、冒用、盗用他人的电子签名，造成严重后果，构成犯罪，应依法追究刑事责任；二是虽然没有造成严重后果，不构成犯罪，但造成一定的损失，应依法承担民事责任。

（二）电子签名依赖方及其行为规范

电子签名依赖方是指基于对电子签名认证证书或者电子签名的信赖从事有关活动的人。电子签名依赖方为了自身的利益，应了解电子签名以及电子签名人认证证书内容的有效性、完整性与准确性，应采取合理的步骤核查电子签名的可靠性。

电子签名依赖方应遵守对电子证书的任何限制。

第五节　电子认证服务法律问题

电子认证服务是指电子认证服务机构利用电子认证技术为电子签名相关各方提供真实性、可靠性验证的公众服务活动。电子认证技术是确保电子商务交易安全的一项重要技术，主要包括用户身份认证和信息认证。前者属于鉴别用户身份，确保通信双方身份的真实性；后者用于保证通信双方的不可抵赖性和信息的完整性。

一、身份认证

(一) 身份认证的目标

身份认证是判明与确认交易双方真实身份的重要环节，也是电子商务交易过程中最薄弱的环节。身份认证包含识别和鉴别两个过程。身份识别是指定用户向系统出示自己的身份证明的过程。身份鉴别是系统核查用户的身份证明的过程。身份认证的主要目标包括：

(1) 确保交易者是交易本人，而不是他人。通过身份认证解决交易者是否存在的问题，避免与虚假的交易者进行交易。

(2) 避免与超过权限的交易者进行交易。有的交易者真实存在，但违反商业道德、恶意透支，或者提供虚假伪劣商品。利用身份认证，结合银行、工商管理部门和税务部门有关查处的信息，可以有效保证交易的安全性。

(3) 访问控制。拒绝非法用户访问系统资源，限定合法用户只能访问系统授权和指定的资源。

(二) 用户身份认证的基本方式

一般而言，用户身份认证可通过三种基本方式或其组合方式来实现：

(1) 用户通过某个秘密信息，例如用户通过自己的口令访问系统资源。

(2) 用户知道某个秘密信息，并且利用包含这一秘密信息的载体访问系统资源。包含这一秘密信息的载体应当是合法持有并能够随身携带的物理介质。例如，智能卡中存储用户的个人化参数，访问系统资源时必须持有该智能卡，并知道个人化参数。

(3) 用户利用自身所具有的某种生物学特征，如指纹、声音、DNA 图案、视网膜等，但这种方案一般造价较高，适用于保密程度很高的场合。

二、信息认证

在某些情况下，信息认证比身份认证更为重要。例如，在买卖双方发生一般商品交易业务时，可能交易的具体内容并不需要保密，但是交易双方应当能够确认时对方发送或接收了这些信息，同时接收方还能确认接收的信息是完整的，即在通信

293

过程中没有被修改或替换。因此，在这些情况下，信息认证将处于首要的地位。

信息认证的主要目标包括：

（1）可信性。信息的来源是可信的，即信息接收者能够确认所获得的信息不是由冒充者所发出的。

（2）完整性。要求信息在传输过程中保证其完整性，也即信息接收者能够确认所获得的信息在传输过程中没有被修改、遗失和替换。

（3）不可抵赖性。要求信息的发送者不能否认自己所发出的信息。同样，信息的接收者不能否认已收到了信息。

三、数字证书与电子认证服务提供者

（一）数字证书

根据联合国《电子签字示范法》第 1 条，证书指可证实签字人与签字生成数据有联系的某一数据电文或其他记录。我国《电子签名法》规定，电子签名认证证书是指可证实电子签名人与电子签名制作数据有联系的数据电文或其他电子记录。

电子签名认证证书有多种形式，如数字、指纹、视网膜、DNA 等。其中，最常用的认证证书是数字证书，因为它使用方便、便于记忆，价格又最便宜。

数字证书作为网上交易双方真实身份证明的依据，是一个经使用者数字签名的、包含证书申请者（公开秘钥拥有者）个人信息及其公开密钥的文件。基于公开密钥体制的数字证书是电子商务安全体系的核心，用途是利用公共密钥加密系统来保护与验证公众的密钥，由可信任的、公正的电子认证服务机构颁发。

数字证书按照不同的分类有多种形式，如个人数字证书和单位数字证书，SSL 数字证书和 SET 数字证书等。

数字证书由两部分组成：申请证书主体的信息和发行证书的 CA 签名。证书数据包含版本信息、证书序列号、CA 所使用的签名算法、发行证书 CA 的名称、证书的有效期限、证书主体名称、被证明的公钥信息。发行证书的 CA 签字包括 CA 签字和用来生成数字签字的签字算法。

向 CA 申请证书时，申请人可以提交自己的身份证、驾驶执照或护照，经验证后，颁发证书，以此作为网上证明自己身份的依据。

（二）电子认证服务提供者

电子认证服务是指为电子签名相关各方提供真实性、可靠性验证的活动。电子认证服务提供者是指为需要第三方认证的电子签名提供认证服务的机构，也成为电子认证服务机构（Certificate Authority，CA）。电子认证服务机构在电子商务中具有特殊的地位，它是为了从根本上保障电子商务交易活动顺利进行而设立的。电子认证服务机构主要提供下列服务：

（1）制作、签发、管理电子签名认证证书

（2）确认签发的电子签名认证证书的真实性

（3）提供电子签名认证证书目录信息查询服务

（4）提供电子签名认证证书状态信息查询服务

CA 的功能主要有：接受注册请求，处理、批准/拒绝请求，颁发证书。

需要注意的是，第三方认证服务机构是指完全独立于交易各方，与交易内容没有利益关系的认证服务机构。这种认证服务机构一般由信誉良好、资金雄厚的法人来担当。但在目前的网络交易中，实际还存在一种非独立方认证服务机构。

例如，在客户、商家与银行三角关系中，客户使用的是由某个银行发的信用卡，而商家又与此银行有业务关系（有商家的银行账户）。在这种情况下，客户与商家都信任银行，银行自行设立电子认证服务机构，担当 CA 角色，接受、处理银行卡客户证书和商家证书的验证请求。这类电子认证服务机构目前在我国法律上尚没有明确的定位，也没有列入信息产业部的管理范围。

四、电子认证服务法律关系

（一）电子认证服务机构的法定权利与义务

认证服务机构以其信誉为电子商务交易各方提供信用，因此认证服务机构在电子商务中是一个非常重要的独立的第三方主体，其在交易活动中的权利义务对各信赖主体的判断、选择和交易都具有关键性的影响。而仅以合同的方式来确定认证机构的权利义务尚不足以明确认证服务机构在电子商务中的地位与责任，也不利于交易的安全与秩序。所以，必须从法律上加以界定。

1. 认证机构的主要义务

（1）信息披露义务

工业和信息化部《电子认证服务管理办法》第 12 条规定，取得认证资格的电子认证服务机构，在提供电子认证服务之前，应当通过互联网公布下列信息：

①机构名称和法定代表人；

②机构住所和联系方式；

③《电子认证服务许可证》编号；

④发证机关和发证日期；

⑤《电子认证服务许可证》有效期的起止时间。

联合国《电子签名示范法》第 9 条也规定了认证服务机构应该提供合理的查证途径，使对方能够通过证书确认认证服务提供商的身份。

（2）业务说明义务

该义务要求认证服务机构公开其工作流程和为用户提供的服务及服务内容。《电子认证服务管理办法》第 15 条规定，电子认证服务机构应当按照工业和信息化部公布的《电子认证业务规则规范》等要求，制定本机构的电子认证业务规则和相应的证书策略，在提供电子认证服务前予以公布，并向工业和信息化部备案。业务说明的主要内容包括：

①描述任何与认证信息发布相关的内容，包括信息库的运营者、运营者的职责、信息发布的频率以及对所发布信息的访问控制等。

②运营信息库的实体标识，如电子认证服务机构，或独立信息库服务提供者。

③运营者发布其业务时间、证书和证书当前状态的职责，标识出对公众可用和不可用的项、子项和元素。

④信息发布的时间和频率。

⑤对发布信息的访问控制，包括证书策略、电子认证业务规则、证书、在线证书状态协议和证书吊销列表。

（3）保险义务

认证服务机构是一个高风险的行业，既面临着内部人员操作错误甚至恶意操作等机构运营带来的风险，又必须提防外部攻击。技术的飞速进步会致使机构业务发生重大变化，而且一旦发生风险往往会超出认证服务机构本身的控制。因此，为了减少认证服务机构的风险和稳定交易秩序，有必要施以认证服务机构参加责任保险的义务。认证服务机构就下列业务投保：

①外部进攻者对被保险人用户的数字证书业务系统进行攻击，破译该电子商务安全技术、伪造证书、篡改数据而造成被保险人用户交易账户资金的损失。

②病毒入侵被保险人用户的数字证书业务系统而造成被保险人用户交易账户资金的损失。

③火灾、水管爆裂致使被保险人数字证书业务系统遭到破坏，造成被保险人用户交易账户资金的损失。

④被保险人用户的数字证书丢失，报失后，他人利用其数字证书进行交易，造成被保险人用户交易账户资金的损失。

工业和信息化部《电子认证业务规则规范（试行）》规定，电子认证服务机构应声明下列事项：电子认证服务机构所负有的责任保险范围、利用其他资源来支持其运营和对潜在责任进行赔付、对其他参与者提供首方责任险或担保保护的程序。

（4）保密义务

电子认证服务机构在承担信息披露义务的同时，为保护用户合法利益，应承担保密义务。《电子认证服务管理办法》第20条规定，电子认证服务机构应当遵守国家的保密规定，建立完善的保密制度。

电子认证服务机构涉及的保密义务主要有两个方面：

①业务信息保密，指涉及机构运作信息的保密。

②个人隐私保密，指证书用户在申请数字证书时向认证服务机构披露的身份信息及有关信息、证书用户的私人密钥等的保密。

（5）担保义务

认证服务机构一旦将证书发放给用户，就承担着担保证书所述信息真实的义务。这里的"真实"是指认证服务机构在证书发放时依法对用户提供的身份状况等情况予以审查，不存在认证服务机构明知或应知是虚假信息的情况。同时，该义务要求认证服务机构没有超过其许可的限额。担保义务不仅仅针对证书持有人，也适用于证书信赖人。

2. 认证服务机构的主要权利

认证服务机构的主要权利表现在它对用户证书的管理上。但是，这里的权利在本质上更接近于职权。

（1）发放证书

用户认证证书的发放应是以证书申请人的请求进行的，认证服务机构在收到申请后，经审查符合条件的，可以发放证书。一般认为，申请人应提供包括其姓名或名称、住址、有效身份证件或商业登记、联系方式等在内的表明其真实身份的材料和相应证据。

（2）中止证书

认证服务机构对已经发生的可能发生的影响认证安全的紧急事件，应采取措施暂时阻止证书的使用。中止证书是应用户的请求或根据有关法律文件作出的。认证服务机构发现发放的证书有可能存在虚假的情况时，也可以中止证书，以确定情况是否属实。中止证书不能超过规定的时间。在其他情况下，认证服务机构不得自行中止证书，除非申请人另有约定。

认证服务机构在中止证书的同时应当在信息公告栏和可查询之处予以公告，并通知有关当事人。

（3）撤销证书

认证服务机构在用户的主体资格或行为不符合认证机构的规定时，应当终止用户证书的效力。撤销证书可以是基于当事人的请求或法律文件的规定，也可以是认证机构的决定。因此，撤销证书可分为申请撤销和决定撤销。申请撤销是认证服务机构应当事人的请求或法律文件的规定而撤销。决定撤销是在认证服务机构发现认证中的信息已发生变化时主动撤销证书，如用户已死亡或解散，认证服务机构的密钥或信息系统遭到破坏，影响证书安全或用户的私人密钥遭受危险；认证服务机构发现在证书虚假等情况，撤销应按法定或认证服务机构公开说明的程序进行，无须经证书持有人的同意，但应当通知证书持有人。撤销证书时，应公开相关信息。

（4）保存证书

认证服务机构在证书有效期满或撤销后，应当将证书保存并允许查询。认证服务机构应保存其颁发和吊销或撤销证书的所有记录，应尽合理的注意义务，并根据证书上建议的可靠限制，保证记录的安全。

（二）证书持有人的义务

1. 真实告知义务

证书申请人在申请时应依法如实提供有关身份信息的证明。申请人为法人或其他组织时应提供公司或组织的名称、住址、法定代表人或主要负责人的姓名和住址、联系方式、有关执照或登记证等。在持有证书期间，证书持有人在密钥可能为非授权人知道或存在危险证书安全的情况时应当立即通知认证服务机构。

2. 妥善保管义务

证书持有人在证书有效期间应经合理的注意义务，保管私人密钥，防止将其披露给任何未经授权的第三人。

（三）围绕电子认证证书形成的两种法律关系

网络交易不同于传统交易，网络交易首先要搞清楚的是在和谁进行交易，他的身份是否真实，信用如何。这方面的有关事宜是由电子认证服务机构提供的认证证书来说明的。这样，围绕认证证书这个核心形成了两种法律关系。

1. 电子认证服务机构与电子签名人之间的关系

认证服务机构与其证书持有人之间是合同关系。从保障电子商务交易安全的角度而言，认证服务机构介入交易关系是必不可少的，鉴于其地位的特殊性，法律对认证服务机构和持证人之间的关系做了许多的干预，双方的权利义务有很多强制性条款，但这并不意味着这不是合同关系。双方的法律地位是平等的，是否需要订立认证合同，其内容如何，均由当事人协商确定。法律的强制性规定体现了 20 世纪以来公法对契约自由的渗透，但尚未改变合同的本质。

当事人的合同关系表现在认证证书上。当事人在线或离线申请证书，认证服务机构允诺，合同即成立。合同的标的是认证机构的服务行为，双方的权利义务载明在认证证书上，因此，证书本身虽不是合同，但它是合同存在的证明。

电子认证服务机构提供证书服务，目的是表明电子签名人身份信息的真实性，让其他网络主体相信自己。同时，他可以了解其他电子签名人的真实身份，这是建立网络商事关系的前提。这种证书提供的服务是一种信息服务，双方的权利义务记载在证书的申请、接受等认证业务说明中，用户申请获得这样的服务，接受认证证书意味着其同意了双方的权利义务。因此，这时他们之间是合同关系。

2. 认证服务机构与电子签名信赖方之间的关系

电子签名信赖方是指由于相信电子认证服务提供者提供的认证证书而相信电子签名人的身份真实，从而与签名人进行商事交易的人。电子签名信赖方有以下几种情况：

①电子签名信赖方与电子签名人都是同一电子认证服务提供者的用户，都持有

电子证书。

②电子签名信赖方与电子签名人虽然都持有电子证书，但是由不同的认证机构发放的。

③电子签名信赖方不持有任何电子证书。

上述①，电子签名信赖方与电子认证服务提供者存在认证服务合同，具有合同关系。上述②③，电子签名信赖方与电子认证服务提供者之间没有合同，纯粹是基于对电子认证服务提供者的信任而相信证书持有人。不管是哪种情况，对电子认证服务提供者的信赖始终是存在的。即使在①中，也无法否认信赖利益的存在。基于此，这种法律关系应该法定化，它们之间的关系应是一种法定信赖利益关系，电子认证服务提供者对电子签名信赖方的法定义务即是其承担责任的基础。该义务集中表现在认证机构的担保义务上，即：

（1）电子认证服务提供者对证书的疏漏和虚假陈述承担责任。电子签名人申请时所提交的各类身份证明，电子认证服务提供者须合理地审查，以免遗漏。对于明知或应知是虚假事情而仍为陈述的，应承担责任。电子认证服务提供者对建议交易相关事项须以申请人真实资信状况为依据，也不得虚假陈述。但是，电子认证服务提供者已采取了各种合理措施仍不能防止遗漏或虚假事情出现的，不应承担责任。

（2）电子认证服务提供者对未按其认证业务说明的要求或程序进行操作承担责任。认证业务说明具有公示性，并使证书信赖人产生信赖。电子认证服务提供者违反业务说明进行操作，则有悖于诚实信用原则，由此造成证实信赖人损害的，应承担责任。

（四）认证机构的法律责任

1. 认证机构责任的限制

认证是一个高风险的行业，既有内部风险也有外部风险，并且一旦发生风险往往会造成非常严重的后果。认证机构在审查当事人的真实身份时应尽合理的注意，无过错的不应承担责任。具体而言，认证机构在以下几种情况下可以免责或减轻责任：

（1）当事人违反认证证书发放的目的进行交易。

（2）证书持有人知道其密钥已泄露或有被损坏或无用的危险时，有义务请求撤销而未提出，造成他人损失的，由其本人承担。

（3）认证机构在发现密钥或信息系统遭到破坏或可能遭到破坏，为避免更大的损失而中止或撤销用户证书，造成他人损失的可能减轻或免责。

（4）认证机构在审查证书申请人身份时已尽了合理注意仍不能避免错误的，认证机构对该错误及由此产生的损失免责。

（5）认证机构对于假冒或仿冒本机构的证书及由此产生的损失不承担责任。

　　2. 认证机构赔偿范围限制

　　认证机构与证书持有人和证书信赖人之间构成法定的权利义务关系，因认证机构的过错导致当事人损失的，认证机构应承担赔偿责任，认证机构与证书持有人也可以通过合同来确立彼此责任的范围和大小。

　　损害赔偿有直接损失赔偿和间接损失赔偿之分。直接损失是指现有财产的减少、损毁或灭失。间接损失是指可能得到利益的损失，主要是利润或名誉的损失。《合同法》第113条规定："损失赔偿额应当相当于违约所造成的损失，包括合同履行后可以获得的利益"，以及"不得超过违反合同订立一方订立合同时预见到或应当预见到的应违反合同可能造成的损失"。但是该赔偿范围不完全适用于认证机构。这是因为，认证机构是开展电子商务活动的基础设施和公用事业机构，证书用户众多，一旦发生赔偿，认证机构很可能无法正常运营，从而影响到整个交易的正常进行。因此，认证机构只能就其违约或失职行为所造成的正常的直接损失承担赔偿责任，对于当事人丧失利润或机会的损失、精神上的损失不予赔偿。

☞ **本章回顾**

　　在促进电子商务发展的前提下，我国注重适度监管作用的发挥，实现适度监管与促进发展的平衡。电子商务依存的互联网环境与创新的商业模式都对传统的监管方式与手段提出了新的要求，应探索适应网络环境与商业模式的监管方式与手段。在电子商务制度环境中，与传统法律部门最需要处理和衔接的制度是消费者权利的保护问题，系统梳理消费者应当享受的权利。电子商务消费者除了享有传统消费者应当享有的安全权、知情权、自主选择权、公平交易权等权利外，还享有电子商务环境下特有的无条件退货、评价权等。对于消费者权利的保护，需要通过电子商务经营主体的义务与责任实现。我国正在发展多元纠纷解决制度，电子商务的争议解决制度应实行民商事纠纷解决一般制度与电子商务法专门规定相结合的方式。电子商务的争议解决机制包括诉讼机制与非诉讼机制。电子商务纠纷的解决除适用传统方式外，在线纠纷解决机制ODR的构建适应了电子商务发展的趋势与要求，是对法院诉讼的替代性争议解决方法，主要包括在线仲裁、在线和解、在线调解、在线申述等形式。电子商务的发展使得传统商务合同在合同内容、合同载体、合同签名或盖章、合同文本的交换方法方面均出现新的变化，这也是电子合同与传统商务合同的显著区别。电子合同依据不同标准分为不同类别。电子签名具有其法律效力，适用前提与范围也具有其特定范畴。电子认证技术是确保电子商务交易安全的一项重要技术，主要包括用户身份认证和信息认证。在电子合同、电子签名及电子认证服务中，同样存在诸多的法律关系。

☞ 关键术语

行政监管体制　自律监管与自治管理　消费者安全权　消费者知情权　消费者自主选择权　消费者公平交易权　消费者便利获取权　消费者收货验货权　消费者退货权　消费者评价权　消费者信息权　消费者求偿权　消费者监督权　民事诉讼管辖权标准　管辖权相对论　网络自治论　网址依据论　特定存在论　ODR　在线协商　在线调解　在线仲裁　在线诉讼　在线争议解决主体　合同法　电子签名法　电子合同　电子控制　电子签名　电子认证服务　数字证书

☞ 思考题

1. 简述电子商务行政监管的方式与具体措施。
2. 简述电子商务消费者与传统消费者的联系与区别。
3. 简述我国电子商务消费者应当享有哪些权利。
4. 简述电子商务对传统民事诉讼管辖的主要挑战。
5. 何为电子合同，电子合同与传统商务合同有哪些区别？
6. 简述电子合同的类型。
7. 简述电子合同的法律关系。
8. 电子签名具有哪些功能？
9. 电子签名的法律效力有哪些？
10. 电子签名使用人的基本行为规范有哪些？
11. 简述电子认证技术的内涵。
12. 论述电子认证服务的法律关系。

第十一章　电商模式发展趋势

【学习目标】

掌握常见的电子商务模式分类标准

掌握生鲜电子商务相关知识

掌握医药电子商务相关知识

掌握县乡电子商务相关知识

掌握跨境电子商务相关知识

掌握移动电子商务相关知识

【章节纲要】

本章主要分五节来阐述与探讨电商模式发展趋势问题。第一节主要介绍电商模式发展背景及分类问题；第二节主要介绍生鲜电子商务与医药电子商务问题；第三节主要介绍县乡电子商务问题；第四节主要介绍跨境电子商务问题；第五节主要介绍移动电子商务问题。

第一节　电商模式发展背景及分类

一、电商模式发展背景

（一）流通衔接产销，促进经济发展

作为第三产业的重要构成部分，流通在经济发展中起到衔接生产与消费的重要作用。流通成为连通供应与消费的桥梁，实现了商品价值增值，在居民生活、经济发展与社会进步中占据重要地位。流通的价值与重要作用不言而喻，得到诸多肯定与认同。芮明杰等（2013）在一个产业系统中提出，流通企业发挥着极其重要的桥梁与整合作用。张先轸（2013）从多角度阐述了流通对消费的促进功能，并肯定了流通承担的重要作用。

（二）电子商务成为不可或缺的新型流通方式

电子商务出现后呈现出快速增长态势，被视为21世纪全球商务主导模式，以及21世纪巨大的经济增长点。电子商务对市场、产业、经济、竞争以及相关的诸

多要素都将带来颠覆性的影响。不仅如此，电子商务对世界商品市场与服务市场影响颇深，也将深度影响着世界经济新趋势。伴随着互联网络与网络终端设备的普及，网络技术得到推广与应用，网店与网商观念逐渐深入，以网络购物为代表的电子商务是人们日常生活不可或缺的一部分。在商品流通方面，电子商务扮演着越来越重要的作用，成为不可替代的新型流通方式，给实体经济与传统流通渠道带来重大的影响。在电子商务快速发展的推动下，现代服务业得到快速推进，传统企业加快适应与转型步伐，电子商务扩大了消费，推动中小企业、散户、农户等进入大市场，在社会发展、日常生活与国民经济中作用越来越显著。

(三) 经济新常态阶段

习总书记于 2014 年 5 月河南考察时提出"我国发展处于新常态这一重要战略机遇期"。新常态体现了中央政府对我国经济当前发展的认识与判断。在经历长久的经济高速增长后，伴随全球经济危机与经济增长疲软的影响，我国经济增速放缓。张立群（2015）提出我国经济发展已经进入新常态，这个新常态阶段是一个非常重要且关键的新时期。此外，张平（2015）也提出在新常态阶段，由于国际贸易增长明显低于各国 GDP 的平均增长，全球贸易红利结束。这一趋势将对我国产生深远影响。经济新常态既带来了发展的新机遇，也导致我国经济面临新的挑战。经济增速放缓，经济发展模式转变，增长驱力转型，市场与技术升级等都成为经济新常态阶段不容忽视的现状与趋势。

(四) 大数据、云计算、移动技术等广泛推广与应用

电子商务模式的创新与变化取决于相关技术的发展与社会环境等多种因素的影响，尤其是信息技术、互联网技术的创新、推广与应用。大数据在信息与网络中应用广泛，可以实现很多小数据无法实现的功能，在网络数据挖掘、消费者需求、商品与市场分析等方面都将带来巨大冲击。云计算能够提供安全、稳定的大数据，其数据储存、运算、挖掘与分析满足电子商务的智能化需求。移动技术推动了移动网络、移动智能终端与移动支付的发展与成熟，不仅夯实了电子商务的基础，也推动了电子商务模式与应用创新。此外，电子商务所需的计算机技术、网络技术与远程通信技术也在不断发展与成熟，包括 Web 浏览技术、安全技术、数据库技术、电子支付技术等都是电子商务创新与发展的保障。

(五) 企业巨头的引领与推动

企业作为市场活动的主要参与方，表现最为活跃，在经济与社会发展、产业创新、商业模式变革等方面一直扮演着重要角色。在电子商务环境下，阿里巴巴、京东等诸多电商巨头不断引领着行业走向与发展趋势。阿里巴巴上市后明确表示，2015 年将县乡市场、跨境业务、大数据与云计算作为集团战略，在夯实生鲜产品与移动业务外，将重点开发医药健康业务。天猫商城、京东商城、一号店、本来生

活、顺丰优选等纷纷发力生鲜产品业务。京东商城、苏宁易购等巨头投入大量人力、物力与财力，旨在抢占县乡电子商务与跨境电子商务市场份额。

围绕电子商务，中央政府与各地方政府近几年出台一系列政策与措施，旨在促进其进一步发展。政策不仅聚焦电子商务产业，包括基础设施、税费、资金贷款、经营环境等方面，还出台一系列促进细分市场的有力措施，如生鲜电子商务、县乡电子商务、移动电子商务、跨境电子商务等相关的措施与政策。新常态带来市场与需求的变化，个性化与多样化需求成为主流，新产业、新技术、新模式刺激着市场创新。新的机遇需要面对，如可观的经济增量、多元的增长动力、优化的经济结构、改善的制度环境等，其中多元化的增长动力包括新型工业化、城镇化、消费升级与科技创新等。认识新常态，需要从工业化思维转向互联网思维。移动互联网技术、大数据、云计算等信息技术与网络技术不断升级，夯实了电子商务创新的基石。随着国家与地方相关政策的不断出台，营造了电子商务创新的氛围与环境。电商企业与传统企业的自我觉醒又为行业趋势走向不断注入新鲜元素。近两年，移动电子商务、生鲜电子商务、县乡电子商务、跨境电子商务等新型电子商务模式不断涌现，得到重视与关注，并呈迅猛的发展势头。针对电子商务模式的划分，是否还沿用传统的分类标准或划分方式。在不断涌现的产业创新趋势中，是否存在新的电子商务模式划分依据，这都需要进行关注与研究。

二、电子商务模式划分

针对电子商务模式的研究早期多集中在分类层面，Paul Timmers（1998）从商务模式角度将电子商务分为电子商店、电子采购、虚拟社区等 10 类。Lumpkin 等（2004）将电子商务模式划分为委托佣金模式、商品加价模式、咨询中介模式、收费服务模式等七类。

此外，还有多种电子商务模式分类方式，如①基于价值链的分类，②混合分类，③基于原模式分类，④基于新旧模式的分类，⑤基于控制方的分类，⑥基于Internet 商务公用的分类，⑦基于 B2B 和 B2C 的分类。在对电子商务模式划分标准上，接受度最高且最常用的标准是依据电子商务交易主体。裴长洪（2000）提出电子商务最初有两类，分别为 B2C 与 B2B，其中美国集中发展的是 B2C，欧洲则集中发展 B2B。以交易主体为依据，电子商务模式有多种分类结果，如①B2B、B2C 与 C2C；②B2B、B2C、B2G、C2G；③B2B、B2C、C2C、B2B2C；④B2B、B2C、C2C、B2G。

虽然电子商务模式的分类标准较多，但是以交易主体为划分依据的分类方法应用最广泛，且接受度最高。按照交易主体的不同，交易对象分为企业、个人与政府。以交易对象分别作为买方或卖方，可以将电子商务模式划分为很多种，其中又以 B2B、B2C、C2C 与 B2G 应用最广泛。虽然，研究成果中有提到 C2G 模式，但是在政府购买与政府招投标规范化之后，个人为交易卖方的行为受到很大限制，这种模式几乎消失。随着电子商务的发展，又兴起一些不同的电子商务模式，如 O2O（Online To Offline）、B2F（Business To Family）、P2D（Provide To Demand）、O2P（Online To Partner）、C2B（Consumer To Business）、B2M（Business To Manager）、B2T（Business To Team）、B2S（Business To Share）、M2C（Manager To Consumer）、B2B2C（Business To Business To Customer）、C2B2S（Customer To Business-Share）等。

　　电子商务模式分类层出不穷，众说纷纭。仍以电子商务交易主体为分类标准，并将标准进行细化，提出以交易主体所处的空间位置为分类新依据。如图 11-1 所示，以城乡地理空间、国家地理空间为基础，交易主体双方都位于城市地理空间，则归类为城市电子商务；交易主体双方至少有一方位于县乡地理空间（县区、乡镇、农村），则归类为县乡电子商务；交易主体位于不同国家或地区，则归类为跨境电子商务。此外，借助于移动互联网络、移动支付、移动智能终端设备，交易主体不再局限于地理空间所限制，可以随时随地实现空间位移，则归类为移动电子商务。

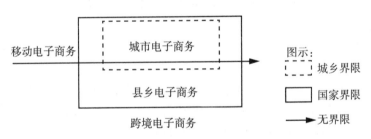

图 11-1　基于交易主体空间位置的电子商务模式分类

第二节　城市电子商务

　　电子商务最早起源于城市，主要得益于城市的网络基础设施、网络环境、网民与网商等方面的优势。伴随互联网普及率的提升、网民规模的剧增、网络购物的扩张等因素的影响与推动，城市电子商务发展速度快，其市场规模不断得到扩张。在高速增长的发展趋势下，城市电子商务增速开始放缓，市场逐渐饱和。市场的成熟刺激了细分市场的出现。在城市电子商务市场中，传统商品成为竞争的红海。在消费需求的刺激下，各种细分市场响应而生，成为城市电子商务新的蓝海，典型的细分市场有生鲜电子商务与医药电子商务等。

一、生鲜电子商务

（一）生鲜电子商务概念

生鲜电子商务衍生于电子商务，是传统电子商务向细分市场扩张的产物。生鲜电子商务指以互联网络为媒介与交易平台，通过网络实现生鲜产品的展示、浏览、下单、处理、支付、服务等线上活动，并通过线下的物流或冷链物流实现生鲜产品的运输与配送，以及与之相关的一系列电子商务行为。生鲜电子商务所经营的商品为生鲜产品，生鲜产品指未经过烹饪或深加工，只是为了实现销售而进行初步加工或处理的初级产品，主要有果蔬类、肉禽类、水产类等。生鲜电子商务既具有明显的电子商务特征，又具有显著的自身特征，其自身特征源于生鲜产品的易腐性与生鲜性，从而普通的物流方式无法满足其需求，冷链物流尤其是全程冷链物流是生鲜电子商务所必需的。

（二）生鲜电子商务发展现状

生鲜电子商务在我国出现较早，但是发展几经波折。2005 年易果网的诞生，标志着我国生鲜电子商务的出现。随后几年，生鲜电子商务发展停滞，无法匹配快速成长的城市电子商务发展趋势。2008 年生鲜电子商务出现一波小高潮，以"和乐康""沱沱工社"为代表的专业生鲜电子商务企业纷纷成立，尝试着开发生鲜电子商务市场。2012 年生鲜电子商务新贵"本来生活"成功策划了"褚橙进京"营销活动，以及后续的"京城荔枝大战"营销活动，使生鲜电子商务再次走进消费者视线。2013 年，生鲜电子商务痛并快乐着，"优菜网"和"天鲜配"因经营不善被转卖，而顺丰优选、一号生鲜则加大对生鲜业务的投入力度，市场表现非常活跃。随后，天猫商城、京东商城纷纷涉猎生鲜业务，一并推动着生鲜电子商务的发展。2015 年的一号文件以及李克强总理的政府工作报告，明确地提出要重点推动生鲜产品与电子商务的融合发展。

高回头率、高重复购买、高客户黏性、高毛利形成了生鲜电子商务的显著优势，吸引着众多眼球。生鲜电子商务将成为我国电子商务下一个千亿市场，具有巨大的发展潜力。据相关数据披露，2014 年我国生鲜电子商务交易规模达 260 亿元，环比增长超过 100%。在巨大的市场增速吸引下，众多传统电商与传统企业巨头纷纷涉足生鲜电子商务市场，包括阿里巴巴、京东商城、亚马逊、苏宁易购、华润万家、永辉超市、中粮、雨润、顺丰等。生鲜产品对采摘、仓储、物流要求甚高，投诉与产品质量问题频发，如知名作家六六与京东商城的山竹事件，2013 年年初，淘宝网的"遂昌高山散养猪"与"四大鲜果"聚划算事件，都是因为缺乏有效的冷链物流而导致质量安全问题出现，这些都对生鲜电子商务的发展带来巨大的挑战。

（三）生鲜电子商务企业类型

近两年，生鲜电子商务步入发展的快车道。据《2014—2015 年中国农产品电子商务发展报告》显示，2014 年我国涉农电商企业多达 3.1 万家，其中生鲜电商企业超过 4000 多家。典型的生鲜电子商务企业主要有天猫商城、京东商城、顺丰优选、一号生鲜、大润发、永辉超市、本来生活、沱沱工社等。通过梳理，归纳出以下几大类：①独立垂直生鲜电商，成立之初就定位经营生鲜产品，如易菜网、本来生活、沱沱工社、佳利麦、壹百克等；②借助传统电商优势，切入生鲜产品市场，如天猫商城、京东商城开通生鲜频道，一号店开通的一号生鲜等；③传统商超企业拓展生鲜电商业务，如大润发、永辉超市等；④物流企业凭借自身冷链物流优势介入生鲜电商市场，如顺丰优选等；⑤传统食品行业企业，凭借在食品领域的供应链整合优势与供应源头资源，开始拓展生鲜电商业务，如中粮、雨润、正大等；⑥媒体企业涉足生鲜电商市场，如乐视网开发的电商平台"乐生活"等。现阶段的生鲜电商仍处于起步阶段，缺乏学习与借鉴的标杆与样板，盈利模式与经营模式仍在不断探索中。

（四）生鲜电子商务发展机遇

1. 行业井喷

经过 2013 年与 2014 年的发展，生鲜电子商务市场日趋活跃，被许多电商大佬与传统企业看好，诸多资本纷纷注入，生鲜电子商务行业井喷。城市电子商务趋于成熟，市场逐渐细分化，以生鲜产品为主的利基市场迈入快车道。定位年轻白领与快生活节奏群体的生鲜电子商务迎合了目标群体的消费需求，目标消费群体注重生活质量与特色化的高品质生鲜产品，收入较高导致购买力强，快速的生活节奏刺激网络购物的消费趋向，频发的食品质量事件，导致消费者开始转向电商渠道购买更安全的生鲜食材。

2. 企业巨头重视

传统电商巨头与传统行业巨头看好生鲜电子商务前景，纷纷涉足该市场。阿里巴巴、京东商城、苏宁易购等传统电商巨头，纷纷涌入生鲜电子商务市场，借助自身优势，加快并加大开发力度；中粮、正大、雨润等传统食品企业巨头立足传统行业基础，辅助实体门店优势，切入生鲜电子商务业务；美味七七、本来生活等垂直生鲜电商进一步拓宽产品种类，并向上游供应链进行渗透；顺丰物流凭借自身物流优势，借助自有的冷链物流资源，也尝试争夺生鲜电子商务市场的大蛋糕。在行业巨头的拉动下，生鲜电子商务及冷链物流等关联产业都将得到建设与发展。

3. 冷链物流资源不断得到大力开发

从政府层面到企业层面，近几年都在注重冷链物流体系的建设。冷链物流基础设施建设成果斐然，冷链物流体系逐渐完善。冷库数量与规模、冷链设施与设备、冷链运输车辆等资源建设速度加快，增长幅度显著。据国家发展和改革委员会颁布的冷链物流发展规划，全国计划到 2015 年，新增冷藏运输车 4 万辆，增加冷库库容 1000 万吨。果蔬、肉类、水产冷链流通率分别提高到 20%、30%、36% 以上，冷藏运输率分别提高到 30%、50%、60% 左右，流通环节产品腐损率分别降至 15%、8%、10% 以下。

4. 技术与信息的推广与应用

除了冷链物流基础设施外，国家也在强化全程冷链重要性的宣传。从确保产品质量安全的角度，鼓励利用冷链物流理念与技术，制定并推广冷链物流与仓储的技术标准与操作规范，构建以 HACCP 为基础的全程质量控制体系，加快水果、水产品、猪肉等产品的冷链物流体系建设，以及南菜北运与东菜西输的冷链物流体系。在技术层面，推动各种节能环保的新型冷链物流技术，推动条形码、RFID（无线射频识别）、GNSS（全球卫星导航系统）、传感器、移动物流信息等技术的推广与应用。

5. 政策推动

中央部委及各地政府逐渐重视电商，出台多项政策与措施促进电子商务的发展。近几年，除了电子商务扶持政策外，在生鲜产品、冷链物流等方面，扶持政策层出不穷。中央连续几年在"一号文件"中明确要求积极发展生鲜产品与冷链物流建设，制定各类操作规范，并完善食品安全相关的法律法规。在 2014 年 9 大农业补贴项目中，有 8 项与农产品物流相关，有 6 项与冷链物流、储藏保鲜相关，资金补助金额最高达 2000 万元。

（五）生鲜电子商务面临的挑战

1. 行业自身局限性

生鲜产品具有易腐性、鲜活性、保质性、季节性等特点，决定了生鲜电子商务无法成为大众消费市场。生鲜电子商务的主力消费群体主要是 28～38 岁年龄段的城市白领，以及生活节奏快、对时间敏感的群体。以网络为流通渠道，面向更为广阔的个人消费市场，形成单笔订单量小、订单数量烦琐、分布区域分散等特点，这对生鲜产品的储藏和品质的保障都带来较高的要求。采摘、储藏、运输、包装、配送等过程都造成生鲜产品的巨大损耗。配送时间的不精确会造成产品质量的损坏。生鲜产品的特点对仓储与物流要求极高，正常损耗导致成本居高不下。

2. 配套冷链资源不健全

生鲜产品需要冷链仓储与物流，这是基于其易腐性与时效性等特性的需求。在仓储与物流环节中，尤其需要高效的组织协调性。我国现有的冷链资源整体上尚不能匹配生鲜电子商务发展的需求。在供应链各节点间，缺乏有效的资源协调与配套。如注重肉类与水产类仓储资源的建设，忽略了果蔬类仓储资源；加强了城市经营型冷库资源的建设，忽略了产地加工型冷库的建设；注重大中型仓储资源的建设，忽略了批发零售所需的小型仓储资源的建设；重视冷库的建设，忽略了冷链物流与配送资源的建设。由于冷链资源缺乏配套性，严重制约着生鲜电子商务的良性健康发展。

3. 欠缺规范的标准体系

由于生鲜产品不同于传统商品，尤其在仓储、物流与配送环节，生鲜电子商务对品类、温度、操作等均不同于传统电子商务的产品需求。即便是传统的冷藏库，由于缺乏专门针对生鲜电子商务而设计的低温分拣区与仓储区，导致冷链资源无法满足其需求。消费群体较为分散，单笔订单量较小，引发对生鲜产品包装、分拣工作的新挑战。在生鲜产品供应链中，相关的标准不成体系，且不规范，加剧了产品质量安全风险，也增加了操作难度，以及货损率及各类成本。在这些标准体系中，主要有生产标准、采摘标准、储藏标准、加工标准、运输标准、分拣标准、销售标准、检疫标准、配送标准等，以及各环节间的衔接标准。

4. 物流资源开放与协作度较低

日常订单不稳定，单笔订单量小，消费者分布散，这些都是生鲜电子商务无法回避的问题，零担物流配送成本过高，大幅削减了利润，冷链物流资源匮乏，传统市场需求超过供应，更无法辐射生鲜电商的物流需求。传统的第三方冷链物流企业间竞争日益加剧，干线与支线间、区域与城市间、城市内不同路线间缺乏协同与彼此的开放，生鲜电商在价值链中处于弱势地位，缺乏话语主导权，无法对冷链物流资源进行整合，从而实现整体链条的价值最大化。在反应速度、库存与订单对接服务等环节中，冷链物流资源还存在诸多短板，无法满足生鲜电子商务的需求。

二、医药电子商务

(一) 医药电子商务概念

医药电子商务衍生于电子商务，是传统电子商务向细分市场扩张的产物。医药电子商务是一种新型电子商务模式，指通过互联网络实现医药产品的陈列、浏览、购买与支付等线上活动，通过线下物流实现医药产品的运输与配送，以及与之关联的一系列环节。医药电子商务所经营的商品为医药产品，包括处方药、非处方药、保健品与计生品等。由于我国目前尚未放开处方药的网络经营许可，现阶段的医药电子商务以保健品与计生品为主，辐射非处方药。医药电子商务的交易主体以城市地区为主，所以归属于城市电子商务的细分种类。

(二) 医药电子商务发展现状

我国医药电子商务的雏形始于 2000 年，国家市场监督管理总局 (CFDA) 同年出台了《药品电子商务试点监督管理办法》，并确定了 10 家试点单位。在试点期间，包括九州通医药电子商务交易平台、民生医药电子商务网在内的一大批医药电子商务网站迅速发展起来。在 2006 年，CFDA 发放了第一张医药 B2C 拍照，医药电子商务市场又一次成为行业热点。但是，限于多种因素的制约，医药电子商务不温不火，远无法比拟实体渠道的销售规模。2014年5月28日，CFDA发布《互联网食品药品经营监督管理办法（征求意见稿）》，将放宽医药电子商务领域的限制政策，这将刺激市场的发展。在"互联网+"概念的推动下，电商巨头、各大药品企业与零售企业纷纷涉足医药电子商务市场，并看好其市场前景。据CFDA统计数据显示，近两年医药电商交易规模环比增长率超过300%，并预计到2015年增至150亿元。处方药政策约束一旦打开，医药电子商务的市场空间有望从目前的近2000亿非处方药向近万亿市场扩展，行业将实现从新业态到广泛应用业态的跨越，预计慢性病、常见病类口服药最先受益。除了医药连锁企业、医药企业开通医药电子商务业务外，近两年传统电商巨头也纷纷获得国家颁发的医药执照，纷纷加快医药电子商务的市场布局，包括京东商城的京东好药师、天猫商城的天猫医药馆、一号店的一号药网等。

（三）医药电子商务企业类型

在"互联网+"以及CFDA发布的《互联网食品药品经营监督管理办法（征求意见稿）》推动下，医药电子商务备受多方青睐，催生了众多医药电子商务企业。截止到2014年12月，共有351家获得CFDA颁发的《互联网药品交易服务资格证书》。除天猫商城、京东商城、1号店开始进入医药电商市场外，医药生产企业与医药流通企业也获取互联网医药销售资格，纷纷加大对医药电子商务市场的开发力度。通过梳理，将从事医药电子商务的企业归纳为以下几类：①传统互联网企业拓展医药电子商务市场，如腾讯、天猫商城、京东商城、1号店等；②医药生产企业采用联合经营或自建模式，切入医药电子商务业务，如哈药集团、上海医药、国药控股、康恩贝、太极集团、东阿阿胶等；③医药流通企业涉足医药电子商务市场，如九州通、一心堂、德仁堂等；④垂直医药电子商务企业，如健一网、华佗网等。

（四）医药电子商务发展机遇

1. 行业解禁与政策推动

CFDA在2014年发布了《互联网食品药品经营监督管理办法（征求意见稿）》，放宽了对医药电子商务领域的限制政策，规定只要符合资质与条件的企业都可以进行医药电子商务活动。即将公布实施的《互联网食品药品经营监督管理办法》为医药电子商务带来利好消息，处方药市场也有待获得解禁。"互联网+"概念得到迅速推广，国务院也在《关于大力发展电子商务加快培育经济新动力的意见》中明文强调，要推动传统商贸流通企业发展电子商务，并责成有关部门加快制定完善互联网食品药品经营监督管理办法，规范食品、保健食品、药品、化妆品、医疗器械网络经营行为，加强互联网食品药品市场监测监管体系建设，推动医药电子商务发展。

2. 市场大，前景看好

医药是我国重点技术创新产业之一，因其规范性较高，被世界公认为易于发展电子商务的行业之一。在电子商务大背景下，医药电子商务的发展是大势所趋。医药产品体积小、重量轻、便于运输、规范性高、适合网络展示与介绍，这些特点符合电子商务交易的要求。电子商务能够大幅降低医药产品的价格，在实体渠道白热化竞争的影响下，通过电子商务实现医药产品的销售吸引度较高。据中国医药电商研究中心数据显示，医药电子商务近两年增速很高，年增长率超过300%。加上政策松动，处方药有被放开的迹象，千亿元市场规模，乃至万亿元市场规模将刺激医药电子商务的快速发展。我国医药电子商务起步晚，相比成熟的国家，份额仍偏低，如美国医药电子商务渠道实现的交易额比重为30%左右，我们目前仅为0.35%。这也预示着我国医药电子商务具有巨大的市场空间与发展潜力。

3. 巨头发力，拉动行业井喷

作为电子商务交易主体，电商企业承担着重要作用，尤其是巨头们不仅仅是行业发展的航向标，也是拉动行业井喷的主力军。传统互联网巨头、医药生产企业巨头与医药零售巨头纷纷看好医药电子商务市场，在获得互联网营业资格后，加快了市场开发步伐。腾讯、阿里巴巴、京东商城、一号店不约而同涉足医药电子商务领域；以岭药业在北京宣布进军电子商务，其电商平台以岭健康城正式上线运营；国药集团开设国药健康、国药化试、国药商城、导药网等电商平台，并于2015年2月基于这些平台创办国药健康网，在全球发布试运行；白云山与阿里巴巴合作，投资大南药、大健康和大商业平台，与阿里巴巴旗下阿里健康合作探索医药电子商务市场；作为国内最大的民营医药连锁企业，九州通除了经营九州通医药交易平台、好药师网上药店与去买药网三大电商平台外，还计划与腾讯合作，发力医药电子商务业务。此外，太安堂、片仔癀、哈药集团、东阿阿胶、康爱多、七乐康、壹药网等巨头纷纷加大马力，一并拉动医药电子商务市场的做大做强。

4. 模式的吸引力

电子商务模式对医药销售具有显著的吸引力。电子商务渠道扩宽了医药产品的销售面，减少了中间销售环节，降低了销售成本。对企业而言，电子商务还能够降低交易成本，增加销售渠道，挖掘新兴消费市场；对消费者而言，增加购买的便利性，降低购买成本，减少购买时间，利于保护隐私；对政府机构而言，推动交易数据的真实性，利于监管与信息共享；对社会而言，利于解决养老问题、看病难吃药难等困境。从整体上与宏观上而言，发展医药电子商务能够促进大医改的推进与发展。

（五）医药电子商务面临的挑战

1. 市场混乱不规范，缺乏健全的监管体系

我国医药市场与体系尚不健全，缺乏规范性，假冒伪劣药品、制假售假行为屡禁不止。交易主体缺乏必要的自律，也缺少行之有效的社会监督体系。实体市场的

影响也波及网络渠道，消费者对于电子商务这一新兴交易渠道所售药品真伪难辨，对其更加谨慎小心。医药电子商务面临着配套政策与标准缺失、信息严重不对称的问题，对医药电子商务经营主体在资质要求、经营品种、数据信息、物流配送、质量追溯、投诉举报等方面搭建的监管系统还有很长的道路需要走。据益普索（Ipsos）调研显示，有61%的被访者因售卖药品真伪难辨而不选择网络购药，近两年被曝光的网络黑药店更是加剧了消费者的担忧。除了电子商务平台外，不法卖家还通过即时聊天工具和社交网络等新媒体售卖伪劣假药，新媒体的多样性、移动性与隐蔽性加剧了监管难度。诚信制度缺失、信息严重不对称加剧了交易风险。

2. 处方药及处方来源

医药电子商务无法回避政策困境，包括网络限制出售处方药、医药不分开、处方药难外流等。处方药限制与处方来源成为发展医药电子商务的难点。实体渠道在处方药的销售上主要依赖于医疗机构的处方，由药房的执业药师审核后方可出售，但是网络渠道缺少这一环节，导致出售或购买处方药成为难题。国内市场处方药是消费主流，占据80%的市场份额，由此导致医药电子商务无法开拓处方药市场。处方药与处方也是医疗结构与医生的专有资产，形成了自有的竞争优势。互联网加快了传播速度，也降低了信息传播成本，在这个环境下，处方持有方不愿主动提供处方，已有的处方也不被消费者所信赖，处方来源也存在风险。由此导致了处方药与处方来源形成了医药电子商务发展无法规避的一大障碍。

3. 物流瓶颈

医药产品对物流的要求较高，整个仓储、运输与配送过程必须符合国家《药品经营质量管理规范》（GSP）标准。不少医药产品对温度与湿度要求极高，如果缺乏专业的医药仓储与物流，很难保证质量。在医药电子商务市场，单笔订单价值小，需求主体分散，物流时效要求高，这些特征又加剧了物流困境。自建物流体系成本高，现有的市场尚且无法支撑。如首家通过GSP认证物流配送公司的药房网，也只在北京、上海、广州等个别城市实现自行配送。目前的医药电商物流与配送多采用第三方物流资源，但是包括四通一达在内的物流公司尚不具备配送医药产品的资质与水平。据益普索调研资料显示，有48%的被访者表示紧急用药时无法第一时间获得药品是不选择网络购药的原因之一，38%的被访者对医药产品的配送质量不放心。在2014年，CFDA出台了《关于加强互联网药品销售管理的通知》，规定医药电商必须使用符合规定的药品配送系统，不得委托第三方快递配送。第三方物流资源进行医药产品的配送还有待完善与规范，较大程度制约着医药电子商务的物流配送能力，降低了消费者体验。物流与配送成为医药电子商务的发展瓶颈。

4. 医保支付

我国在医保体系建设上成果斐然，辐射面与辐射人群较广，且力度较大，这也是很多消费者选择实体零售端购买医药产品的主要原因之一。目前，医保不能实现网上支付，医保统筹账无法用于零售终端支付。整个医保体系尚未对医药电子商务开放，网络销售系统无法与医保报销系统实现有效对接，导致消费者无法使用医保卡购药以及使用社保卡进行报销。这也成为制约医药电子商务发展的重要原因。

5. 人才匮乏

相对实体渠道，专业医师或具备专业医药知识的人员是医药电子商务平台所欠缺的。客服人员在电子商务中承担着重要角色，是信息传递者与沟通者。在电子商务渠道中，从咨询、销售到客诉与售后，都是客服人员的工作内容。客服环节承担着提升服务质量、改善购物满意度、增加使用忠诚度与回头率的重要作用。医药产品属于特殊产品，在电子商务渠道中，医药电商的客服人员除了具备简单的电脑知识、销售技巧外，还需具备专业的医药知识。专业客服人才的短缺成为很多医药电商面临的难题。此外，在医药电商平台中，专业医师与专家也相对缺乏，无法与实体渠道相比拟。由于专业人才的匮乏，成为医药电子商务发展的障碍。

第三节　县乡电子商务

一、县乡电子商务概念

县乡电子商务是相对于城市电子商务的一个概念，强调交易主体的地理空间位置，无论是卖方还是买方，至少有一个要位于县乡地区（县区、乡镇、农村等）。县乡电子商务也是源于传统电子商务，是交易主体突破了地理空间的限制，向县乡地区转化的产物。具体指位于县乡地区的交易主体，以电子商务平台为沟通与交易媒介，交易主体通过在线商品展示、浏览、沟通、下单、支付等，并通过线下物流实现商品的空间位移，以及与之相关的各类活动，是一种新型的电子商务交易模式。伴随着互联网络的普及，网民规模的提升，城市电子商务市场日趋饱和，增速放缓，网民与网商开始从城市向县乡地区扩散。网络覆盖更广，网络速度更快，网络资费更低，网络设备价格下调，尤其是智能手机普及率剧增，在政策推动下，县乡电子商务更被政府提升到产业创新与经济新增长点的高度。这些都为县乡电子商务的出现与发展提供了契机与环境。县乡电子商务不等同于农业电子商务、农村电子商务与农产品电子商务，不拘泥于三农商品的经营局限，是电子商务整个产业发展的结果。

二、县乡电子商务发展现状

随着城市电商逐渐饱和，县乡地区成为电子商务的新增长点。各大电商已不再拘泥于早期刷墙潮等宣传模式，纷纷以多种模式、多种角度切入县乡电子商务市场。如淘宝网开设专用的农村淘宝网页，通过县长培训模式，打造典型淘宝村，建

设县乡服务站；京东商城以直营模式建立县级服务中心，以连锁加盟形式设立
"京东帮"家电中心；苏宁联合苏宁易购，借助县乡地区苏宁家电零售网点，规划
5 年内建立 1 万家苏宁易购服务站，发力县乡市场；四通一达等物流企业，加快县
级市场的进入步伐，并开始向部分乡镇地区辐射。

　　在"互联网+"潮流的推动下，电子商务推动传统产业升级，拉动流通产业创
新，县乡电子商务正好迎合主流发展趋势。2015 年一号文件重点提出要加快县乡
地区电子商务与物流的发展，李克强总理在政府工作报告中再次重视县乡电子商务
的发展。2014 年农业部启动"信息进村入户"工程，商务部推出"电子商务进农
村"示范计划，交通部会同农业部、中华全国供销合作总社、国家邮政局在 2015
年联合印发了《关于协同推进农村物流健康发展、加快服务农业现代化的若干意
见》，旨在全面提升县乡电商与县乡物流的发展水平。黑龙江部署五项措施，借以
推动全省"快递下乡"工作，建立健全县乡地区快递网络体系，推动快递惠民和
转型升级。海南通过村邮站建设，探索城乡双向物流发展，借以刺激与推动海南县
乡电商与县乡物流的发展。广西加快推进快递下乡工作，扩大快递在县镇的覆盖
面，推进乡村邮政建设，为县乡电商与县乡物流发展搭建流通平台。以政府为引
导，多措并举，综合施政；以市场为导向，发展企业的主体作用，为县乡电子商务
与县乡物流的发展营造良好的环境。

　　县乡电子商务兴起于近两年，发展时间较短，仍处于初级阶段。县乡电子商务
强调交易主体的县乡地理空间，所以无法脱离县乡地区各种因素的影响，如地域特
征、人群结构、生活习惯、基础设施、消费观念等。县乡地区地域广袤，人口集中
度偏低，各类基础设施相对落后，居民的整体文化水平偏低，乡土固有观念与习惯
相对落后，导致了县乡电子商务交易主体偏小，交易规模偏低，市场体系相对尚不
完善，管理水平偏低，人才相对匮乏，各类成本偏高，物流资源相对缺乏，等等。
县乡电子商务会遭遇到诸多不同于城市电子商务的发展障碍。

三、县乡电子商务企业类型

　　县乡电子商务成为 2015 年流通产业与电子商务产业的热点之一，备受多方关
注。涉足县乡电子商务市场的企业，已不再局限于传统的电子商务企业，越来越多
的企业以及越来越多的行业的企业纷纷开发县乡电子商务业务，为市场增添了更多
的新鲜元素。目前，县乡电子商务企业主要涉及以下几种类型：①传统电商企业开
发县乡电子商务市场，代表企业有阿里巴巴旗下的淘宝网与天猫商城、京东商城、
当当网等；②传统零售企业涉足县乡电子商务市场，代表企业有国美、苏宁等；③
传统行业企业拓展县乡电子商务市场，代表企业有中粮、海尔、富士康等；④垂直
县乡电子商务企业，以经营县乡电子商务业务而成立与运营，代表企业有买卖宝、
众多淘宝村等；⑤物流企业进入县乡电子商务市场，凭借自身物流资源优势，发力

电子商务业务，代表企业有顺丰速递、中国邮政等。

四、县乡电子商务发展机遇

（一）市场大，前景好

中小城市与农村市场成为电子商务增长的新引擎。据 CNNIC 资料显示，截止 2014 年年底，农村网民网络购物用户规模达 7714 万，年增长率为 40.6%。阿里研究院披露，淘宝网与天猫商城发往农村地区的交易额占比从 2013 年第一季度的 8.65%，增至 2015 年第一季度的 9.64%，在淘宝网与天猫商城大盘剧增的背景下，来自农村市场的增速更快。据阿里研究院数据显示，2014 年农村网络消费总额约为 1800 亿元，预计到 2016 年攀升至 4600 亿元，这还不包含乡镇与县区的消费额。近年来，县乡居民收入增长显著，据国家统计局数据，2014 年城镇居民人均可支配收入为 28844 元，农村居民人均可支配收入为 10489 元，环比增长率分别为 6.8% 与 9.2%。电子商务可以实现城乡消费的无差异化，伴随环境与居民收入的改善，我国县乡地区电子商务市场容量与增长空间十分广阔，发展潜力大。

（二）移动化趋势

据工信部的统计数据，截止到 2015 年 3 月，我国 93.5% 的行政村已开通互联网络，互联网络从城市快速向县乡地区渗透。县乡地区的网络覆盖已成常态，限于城乡地区地域广袤、人口分散等特点，移动网络普及率更高，且更具有竞争优势。在 3G 网络、WiFi 网络的广泛覆盖，4G 网络的逐渐推广，网速得到大幅提升，资费下降明显，综合推动着移动网络的发展。虽然 PC 价格下降显著，但是单品价格仍旧偏高，而智能手机具有明显的价格优势，尤其是千元智能手机乃至几百元智能手机在县乡地区颇受欢迎，保有量逐渐攀升。移动智能终端更适合地域广、分布散、人口密集度低的县乡市场。越来越多的县乡网民通过智能手机浏览网页与网络购物，这都推动着县乡电子商务的发展。

（三）年轻群体成为主力

年轻网民、学生网民、务工群体网民的比重在县乡地区占比大，且呈现增长趋势。县乡区域的很多年轻人外出城市打工，根据清华大学社会学系调查显示，这些务工群体倾向网络购物，而且反向务工群体仍继续网络购物，甚至选择成为网商。以学生和务工群体为代表的年轻群体，无论在县乡电子商务购物中，还是在网商发展中，都扮演着越来越重要的角色，一起推动着县乡电子商务主体的年轻化。在"沙集""遂昌"为代表的样板县乡电商中，这种群体年轻化的趋势更为突出。

（四）政策推动

电子商务与政策因素相互推动，尤其从国家层面到地方层面，近两年来诸多政策与措施，有力推动了县乡电子商务的发展。这些政策包括基础设施建设、物流、网络环境、金融环境、人才培训等。如在 2014 年 10 月的国务院常务会议上，李克强总理强调重点推动提升宽带速度，支持网购发展和农村电子商务配送；商务部在2015年7月23日发布会披露，商务部已下拨37亿元扶持基金，用于推动2015年电子商务进村的综合示范，商务部的扶持基金重点用于示范县的县、乡、村三级物流配送机制，开展农村电子商务培训，建设县区电子商务公共服务中心与农村电子商务服务站点；福建省龙岩市工商局出台的服务监管示范点支持政策，包括工商联络站与消费维权站等；山东博兴批准专门用于兴建农民网商产业园的用地；广东揭阳提供创业贴息贷款等。

(五) 企业巨头拉动

企业巨头看好县乡电子商务市场，近两年纷纷加快进入步伐。以阿里巴巴、京东商城、当当网为代表的传统电商巨头于2014年开启县乡市场战略，尤其是阿里巴巴在2014年10月上市后即推出县乡战略，并将其作为集团发展战略，计划在未来的3~5年内，投资100亿元发展县乡业务，计划构建1000个县级运营中心与10万个村级服务站；京东商城启动了县乡电子商务项目，加快与示范县的合作步伐，并加快县乡自建物流体系；国美与苏宁借助县乡专卖店网络，以国美在线与苏宁易购为切入点，涉足县乡电子商务市场；顺丰速递与中国邮政凭借在县乡地区的物流资源优势，快速抢占县乡电子商务市场；海尔、富士康、唯品会等企业也加快了县乡市场的开发步伐。

(六) 从众观念

县乡居民亲情色彩浓重，倾向于信任身边的亲戚、邻居与朋友，这也是费孝通先生所提出的"熟人社会"理论的体现。由于县乡地区相对封闭，口碑传递、熟人经验影响颇深，造成了有较强的从众心理，这也表现在县乡电子商务市场中。在县乡地区，邻居、亲戚、朋友等购买或使用的产品，尤其获得好评后，周围的居民会争相购买，这与城市消费的个性化与差异化倾向明显不同。在县乡地区，无论从电子商务的买方还是卖方角度，都会形成连带效应，网上购物经历或县乡网商发展起来，就会向周围的邻居、亲友扩展。进而形成带动发展、互帮互学的特点，尤其在经验分享、购物从众性、网商产品的模仿性等方面，县乡电商这种从众趋势更为明显。

(七) 实体流通渠道资源不足

我国实体流通资源在县乡地区尚不完善，地区差异性较大。县乡地区的实体渠道分布密度低，分布比较散，在商品品质、供应数量、价格及服务方面都存在巨大差异，这些差异不仅表现在与城市实体渠道的差异，还表现在县区、乡镇与农村间的差异，不同县乡地区间的差异等。农村居民多在就近的小卖部或合作社购买物品，农村的庙会与集市也是常用的销售渠道，有条件的去县区内购物。如农村的小卖部商品数量少，可选范围较小，假冒伪劣商品较多；供销合作社商品数量少，价格偏高，多以农资产品为主；集市与庙会的时间固定，无法满足天天购买的需求，且假冒伪劣品居多；乡镇与县区的商城商品数量也有限，时间成本与交通成本也较高。这些都形成了县乡地区实体流通渠道资源严重不足的弊端，电子商务的优势恰好能够有效解决这些弊端。

五、县乡电子商务面临的挑战

(一) 基础设施滞后

县乡地区经济发展与城市相比偏弱，加上地域广、人口分散等特点，基础设施建设相对薄弱，制约着县乡电子商务的发展。落后的基础设施包含互联网基础设施、交通运输设施、仓储设施、金融设施、物流设施、综合服务设施等，也包括不同环节的衔接设施等。此外，基础设施滞后还表现为硬件设施的落后与软件设施的落后。县乡地域广、分布散，东、中、西部交通设施及物流基础依次弱化，部分区域交通与物流网络稀疏，县区、乡镇与农村的发展不均衡，地域、地区与县乡间差异较大。此外，物流基础设施的配套性、兼容性较弱，阻碍着县乡物流的发展，也制约着县乡电子商务的发展。

(二) 物流资源匮乏

物流是制约县乡电子商务的一大障碍。目前，我国的物流业务可以辐射到县区，但是多止步于乡镇，广大农村地区更无法覆盖，这一现象在西部地区与偏远地区表现更为突出。除中国邮政系统外，各大物流公司对县乡地区的物流网络覆盖率较低，大多只能辐射到县区，在乡镇及农村并未进行有效覆盖。县乡市场多以本土民营物流公司及当地人自营的小型物流公司为主，形成了县乡物流整体水平及物流网络覆盖偏低的现状。县乡地区的交通多以国道、县乡公路、农村公路为主，尚未形成完善的综合交通运输体系，不同运输方式间适应性、配套性与衔接性较低。

(三) 支付体系不足

支付是县乡电子商务的关键环节。广大县乡地区金融机构实体网点少，覆盖率较低，ATM网点少，且投资成本大，实际利用率偏低，储蓄卡与信用卡普及率低，尤其在广大农村地区仍旧偏好现金交易，更不会使用网络银行、手机银行、第三方支付工具等新兴支付方式。在县区地区，实体银行资源稀少，除了四大国有银行、交通银行、邮政储蓄银行与信用合作社外，其他商业银行很少辐射到县区；在乡镇地区，除了邮政储蓄银行及个别国有银行外，其他银行更少见；在农村地区，很少有银行网点的辐射。县乡居民对新兴事物接受度较低，尤其对网络银行、手机银行、第三方支付工具、移动支付等新兴支付方式认可度与使用度偏低。除了信用卡的普及率低外，以支付宝、财付通与微信钱包等为代表的第三方支付工具知晓度、使用度更加低。支付体系的不健全，严重制约了县乡电子商务的成长。

(四) 县乡观念与习惯的制约

县乡居民的知识与文化水平偏低，思维保守，观念落后，对外来事物与新兴事物的接受度与信任度偏低。人们对互联网和电子商务认知存在偏差，对这种虚拟经济缺乏安全感和信任感。县乡居民更偏向于相信实体存在，对网络交易和网络支付等认同感偏低，尤其认为网络购物、网银、支付宝、微信支付等并不现实，对其缺乏天然的信任感。加上县乡地区的空间特点，地域广、人口分布散、基础差等对农村信息化进程是一种制约。由于农村信息化程度进展较慢，对于扭转县乡地区落后观念又是一大障碍。

（五）人才资源缺失

县乡电子商务在交易、设计、技术、支付、金融、物流等各种岗位都面临人才匮乏的问题。与城市相比，县乡群体的文化程度偏低，县乡对外部人才的吸引力较低，导致县乡电子商务人才的短缺。大部分县乡地区缺乏成熟的教育培训体系，尤其是电子商务人才的培训机构与培训讲师。通过自身培养人才的模式见效慢、周期长、成本高、水平低等，加剧了县乡电子商务人才匮乏的问题。

第四节　跨境电子商务

一、跨境电子商务概念

跨境电子商务源于传统电子商务，是全球经济一体化、互联网络无国境化、国际贸易发展、国内经济增长疲软等综合因素作用的产物。跨境电子商务具体指分属于不同国境的交易主体，通过电子商务平台实现商品展示、浏览、下单、订单处理、在线支付、客服、售后等一系列活动，并通过线下跨境物流实现商品从卖方流向买方手中，以及与之相关的综合电子商务活动，这是一种新型的电子商务应用模式。跨境电子商务是在传统国际贸易基础上衍生的，也是传统电子商务跨出国门的结果。在经济全球化、互联网普及以及电子商务的发展与应用推动下，传统国际贸易走入线上，通过电子商务模式完成交易。传统电子商务已不再满足于国内市场，通过跨境电子商务实现买卖的国际化。跨境电子商务强调交易主体的空间地理位置，要分属于不同国家或海关。物流模式突破了传统的国际远洋运输，涉及国内物流、海关与商检、国际物流与目的国配送。

二、跨境电子商务发展现状

在信息技术与互联网技术发展以及经济全球化背景下，跨境电子商务获得突飞猛进的成长，成为全球热点之一。在 2015 年中央推动"互联网+"宏观思维，跨境电子商务正归属于传统贸易的创新，即"互联网+国际贸易"。2014 年我国跨境电子商务交易总额达 4.2 万亿元，同比增长了 33.3%，是 2014 年我国 GDP 增速的4.5 倍。跨境电子商务突破了时空限制，推动着全球化与去中心化趋势。目前我国的跨境电子商务普及率偏低，仍不到10%，远低于欧美等跨境电子商务成熟地区，为跨境电子商务提供了发展空间。

据海关总署披露，自2013年7月我国开始进行跨境电子商务试点，截止到2014年12月底，上海、杭州、重庆、宁波、广州、郑州等16个城市先后开展了跨境业务，在出口方面累计验放清单3823.5万份，涉及181个国家与地区，金额约20.4亿元；在进口方面验收包裹411万余件，金额约10.1亿元。在海关总署进行备案的我国跨境电子商务服务试点企业已超过2000家。从2013年起，国家政策密集出台，跨境电子商务行业内相关的流程与制度逐渐完善，为未来的发展提供了必要的内生性动力。以天猫商城、亚马逊、京东商城为首的电商企业纷纷进入跨境电子商务市场，洋码头、蜜芽宝贝等创业型企业也获得高额融资，为深耕市场打下坚实的资金基础。跨境支付获得快速发展。PayPal作为全球最广泛的跨境交易在线工具，已拥有超过1.32亿活跃用户，支持25种货币付款交易，我国第三方支付企业也陆续涉足跨境支付业务，以支付宝、财付通为代表的第三方支付企业已获得跨境支付业务试点资格。从交易主体、交易量、交易环境，到跨境支付方式等方面，已标志我国跨境电子商务时代的全面到来。

三、跨境电子商务企业类型

跨境电子商务市场具有很大的吸引力，众多企业纷纷进入，有来自诸多行业的不同企业。通过梳理，从事跨境电子商务业务的企业有以下几种：①传统电商企业拓展跨境电子商务业务，代表企业有天猫商城的天猫国际、淘宝网的淘宝全球购、京东商城的京东全球购、一号店的一号海淘、亚马逊的亚马逊直邮、网易的考拉海购等；②专业跨境电商企业，成立之初就定位于跨境电子商务业务，代表企业有阿里巴巴的全球速卖通、洋码头、蜜芽宝贝等；③传统零售企业开发跨境电子商务市场，代表企业有苏宁、沃尔玛、家乐福等；④传统外贸进出口企业，引入跨境电子商务服务，代表企业有活跃在义乌小商品市场的众多企业、中基宁波集团等；⑤其他传统行业企业涉足跨境电子商务业务，代表企业有海尔、华为、小米、浪莎等；⑥物流、运输等企业进入跨境电子商务市场，代表企业有顺丰速递的顺丰海淘、中国邮政、4PX、Cnova Brasil等。

四、跨境电子商务发展机遇

(一) 市场大，潜力足

据海关总署等相关数据，2014年我国海淘群体达1800万人，交易规模达1400亿元，跨入千亿元大关，预计到2018年将迈入万亿元大关。我国电商用户处于中产阶级群体的约有5亿人，80后及90后群体逐渐成为消费主力。旅游、留学、海归群体的消费习惯影响着身边群体，国内商品丰富性、价格、质量等劣于海外市场，这导致国内消费群体对海外商品认可度不断提升。全球经济一体化推动着全球经济的发展，削弱了国与国之间的贸易壁垒，促进商品、资本、劳务等各种资源能够突破国别的限制，实现自由流通。通过全球经济一体化的发展，拉近了国家与国家之间的距离，能够推动关税、贸易与市场的一体化，进而推动不同国家在经济、财政、市场、贸易等方面促进跨境电子商务的发展。

（二）政策红利

自 2012 年起，中央与各级地方政府出台许多政策鼓励与推动跨境电子商务的发展。国家发改委与海关总署牵头，将郑州、杭州、宁波、上海、重庆等十几个城市列为跨境电子商务服务试点城市。国务院办公厅、商务厅、海关总署等部门出台许多文件、政策、方案等大力发展跨境电子商务业务。郑州、上海、宁波等地方政府也在出台各项扶持政策，从海关、商检、税收、工商等各方面推动地方跨境电子商务业务，规划服务园区与跨境电子商务保税区，借以推动当地跨境电子商务的发展。2014 年至 2015 年，一系列政策先后出台，释放着跨境电子商务的利好信息。2015 年 4 月 28 日，国务院又放出关于降低进口产品关税试点、税制改革和恢复增设口岸免税店的相关政策。2015 年 6 月 10 日，国务院发布《关于促进跨境电子商务健康快速发展的指导意见》，强调促进跨境电子商务健康快速发展。2015 年 7 月15 日国务院部署六项促进外贸的具体措施，特别是支持外贸新型商业模式的发展。这些都是明显的政策红利信号，将会强有力推动跨境电子商务的发展。

（三）移动化、年轻化与社交化趋势显著

移动网络、移动终端与移动支付在跨境电子商务中得到推广与应用。移动性有利于打破交易的时间与空间制约，满足交易主体随时随地实现沟通与交易。主流跨境电子商务地区移动网络在通信运营商的推动下，普及率获得大幅提升；智能手机价格逐年下调，尤其是千元智能机大范围普及，保有量逐年剧增；移动支付逐渐走出国门，借助于移动智能终端及各类移动 APP 软件，将成为发展趋势。移动化的优势在一些地广人稀的国家与地区对跨境电子商务推动作用更加显著。80 后及 90后年轻群体进行跨境购物的比重剧增，年轻群体易于接受新兴事物，成为跨境电子商务市场的主力群体与活跃群体。作为电子商务的一种模式，跨境电子商务如何增加网站流量成为重中之重。社交网络则成为一种有效的解决方式。社交媒体对于消费的引导作用越来越大，消费者很重视社交媒体上的评价，借助于社交媒体既可以有效维系老顾客，也利于开发新顾客，所以社交媒体在跨境电子商务发展中扮演着不可或缺的角色。跨境电子商务依附于互联网络媒介，快速发展的互联网络拉近了人与人、人与物、物与物间的距离，打破了时间与地域限制，推动着人际交往的无边境化。在我国微信、QQ、微博等社交网络使用度及黏性较高，Facebook、Twitter、Youtube 等全球性社交网络普及率也在剧增，Pinterest、Tumblr、Yandex 等区域社交网络在当地占主流。

(四) 资本竞相注入，夯实资金基础

自 2014 年，互联网巨头纷纷将跨境业务提升至战略高度，阿里巴巴、京东商城、网易都在发力跨境市场；如蜜芽宝贝、洋码头等创业型企业加快了融资步伐；海外电商巨头如亚马逊、eBay 逐渐试水众多国内市场；物流企业发挥行业优势，优化供应链，并涉足跨境业务。包括中国在内的全球跨境电子商务备受资本青睐，传统企业通过自建、收购、兼并、入股、合资或合作等模式，投入大量资本，切入跨境电子商务市场。众多中小型创业跨境企业，纷纷被看好，斩获多轮融资，如小红书、贝贝网、辣妈帮、蜜淘、海世界、海蜜等。在充足的资金支持下，跨境电商能够进一步扩张，强化产品、渠道、技术、团队等方面的建设，通过资本运作，将获得更多发展选择。在诸多资本的强力倾注下，跨境电子商务市场更加活跃，诸多企业不断摸索，既竞争又相融共生，共同培育着跨境电子商务市场。

(五) 企业巨头发力跨境电子商务市场

以阿里巴巴、亚马逊、京东商城为首的传统电商企业纷纷开拓跨境市场；大龙网、敦煌网为代表的专业跨境电商企业纷纷成立，并专注于跨境电子商务业务；顺丰、韵达等物流企业也涉足跨境电子商务市场，为跨境电子商务注入活力；传统的外贸企业借助自身传统优势，借助互联网络，纷纷开通跨境电子商务平台；海尔、美的、华为等传统制造型企业也借助于电子商务平台，将其业务扩散到海外市场。通过传统电商的业务拓展与传统企业的转型，企业巨头作为交易主体在主导并推动着跨境电子商务的发展。

五、跨境电子商务面临的挑战

(一) 跨境物流成为发展短板

跨境电子商务离不开跨境物流，由于跨境电子商务的特征决定了跨境物流不再等同于国内物流与传统国际运输。与国内物流相比，跨境物流更为复杂，不仅涉及国内物流段，还涉及进出口的海关与商检、国际远洋运输、目的国物流与配送等环节。与传统国际物流比，跨境物流消费者分散、单笔订单量小、退换货更难于实现。常用的跨境物流多为国际邮政小包与国际快递，海外仓近两年得到推广，但是仍无法满足快速增长的跨境电子商务的需求。国际邮政小包时间久、物品限制多，国际快递成本高，海外仓对选取商品挑战高，这些都是现有跨境物流的短板。国际物流多采用国际多式联运，会涉及多种运输方式，各种运输方式对商品的种类、形状、体积、重量等要求不同，运输工具间存在衔接问题与风险。不同国家间物流设施与水平差异较大，仓储与最后一公里配送专业性要求较高，对各国海关与商检操作的熟悉程度不一，势必造成跨境物流网络系统中各要素与环节缺乏有效地协同与配合，难以实现跨境物流网络的整体价值增值。此外，物流成本高、时间久、服务差、逆向物流难，加上报税清关方面的不足，导致了跨境物流严重阻碍跨境电子商

务的发展的结果。

（二）海关与商检困难重重

跨境电子商务涉及出口海关与商检、进口海关与商检，虽然通过电子商务平台能够推动商品突破国界的限制而自由流动，但是海关与商检仍是跨境电子商务的最大壁垒。进出口商品需要通关与商检，这是国际贸易的行为准则，是跨境电子商务无法逾越的关卡。在清关与商检方面，工作内容较为复杂，存在不同国家标准与要求不一致的问题，海关与商检执行人员水平与要求存在差异，造成跨境物流更为复杂、物流风险更高的困境。不同国家对通关与商检的要求与标准各不相同，个人很难成功操作通关与商检，小额跨境电子商务业务限于商品超过海关限定需进行申报，烦琐的手续及费用支出增加了买卖双方的成本，因不合规定或申报不合格导致商品滞留海关的现象常有发生。各国目前对免税商品的规定仍较苛刻，不利于跨境电子商务的发展。

（三）人才匮乏

跨境电子商务涉及交易、支付、跨境物流、语言沟通、海关、商检、税收等诸多层面。跨境电子商务更为复杂，对人才的要求更高，需要的人才种类也更多。跨境电子商务起步较晚，伴随跨境电子商务的快速发展，国际贸易、语言、物流、金融等方面的人才已无法匹配其需求。在国际贸易与各国本土电子商务发展的推动下，传统外贸人才与电子商务人才缺口得到一定的缓解，但是跨境电子商务所需人才与其差异较大。传统外贸人才缺乏电子商务知识，无法适应跨境电子商务市场的需求；电子商务人才缺乏外贸知识，也无法担当起跨境电子商务市场的挑战。跨境电子商务人才不仅需要熟悉电子商务知识与国际贸易知识，对平台运作、国际物流、跨境支付要有一定了解，也要熟知目的国的政治、法律、税收、文化、习俗、消费者需求等，此外还需具备一定的语言基础。跨境电子商务人才数量与质量需求较大，目前的人才缺口十分明显。从事跨境电子商务的复合型人才与交叉型人才需求紧俏。跨境电子商务人才缺乏高端人才及复合人才，不仅如此，低端人才因短期内需求缺口及流动性较大，也成为摆在跨境电子商务面前的一道门槛。

（四）跨境支付存在弊端

支付构成了跨境电子商务的重要部分。跨境支付的汇率、费率、政策等制约着支付方式的应用。不同货币之间是否可以通用，不同货币之间的汇率比例，不同货币之间的汇率变化风险等，都对跨境电子商务造成巨大影响与风险。如因卢布大幅贬值，导致对俄跨境电子商务受到巨大影响。跨境电子商务涉及不同国家的货币交易，跨境支付也会产生费率，以及政策上是否允许等，这些在跨境电子商务中都不容忽视。不同国家之间支付方式的丰富性差异较大，欧美等跨境电商成熟地区的在线支付、第三方支付及移动支付应用较广，信用卡、网上银行、手机银行等使用普遍，但是在欠发达地区消费者更倾向于货到付款或现金交易，有的地区更偏好本地的支付方式，如澳大利亚的 eftpos 支付系统应用较广。金融基础设施的滞后，安全风险的担忧，网络费用高、速度低，也制约着跨境电子商务的支付环节。

(五) 政治、法律、社会因素等障碍

跨境电子商务涉及跨国交易，无法回避当地的政治、知识产权、区域习惯、政策变化、法律体系等因素。乌克兰政变、越南政局动荡、阿根廷限制跨境购物的规定、伊斯兰国家宗教信仰、东南亚排外政策和地方保护主义等诸多因素，对跨境电子商务都会产生较深的影响。本国保护主义在拉美较为盛行，一些拉美国家出台诸多政策限制跨境电子商务的发展，其目的是为了保护本国经济与金融，限制货币的外流等。拉美的国家政策、清关、商检、税赋等规定影响着跨境电子商务的发展。尤其对外来企业更为突出。此外，部分国家或地区存在汇率问题、低迷的经济增长、高通货膨胀、高家庭负债率、信贷操作困难、货币贬值等也会困扰着跨境电子商务的发展。

(六) 语言与文化成为沟通难题

语言与文化是跨境电子商务沟通的基础与桥梁。跨境电子商务突破了国家界限，多会涉及不同语言使用者的交流与沟通。比如我国与美国间的跨境电子商务活动就会涉及中文与英文的接触，比如网站显示语言、物流过程中的标识、客服与沟通的语言等。电子商务让购物突破了时空限制，即便是同一国家内，也会存在不同语言的使用模式，比如加拿大、印度等国家就存在多种官方语言，不同地区还存在方言与土著语言。交易主体还会受到本地文化、习俗、消费观念与习惯等因素的影响。在许多地区，还存在复杂的种族结构，宗教信仰复杂，文化差异较大，在民族融合进程中，交互融合特征鲜明，如拉美与澳洲就是典型地区。

第五节　移动电子商务

一、移动电子商务概念

移动电子商务衍生于电子商务，是移动网络、移动终端、移动技术与移动支付发展的产物。移动电子商务是指以移动通信及移动网络为媒介，通过移动智能终端（手机或平板电脑等）实现商品的展示、浏览、下单、支付、客服及退换货等活动，通过线下物流或实体店消费等一系列综合性电子商务行为，移动电子商务是一种新型的电子商务应用模式。

与传统电子商务相比，移动电子商务立足于移动设备，脱离了 PC 的有线制约，利用定位功能，实现与地理位置相结合，突破时间与地点的限制满足上网浏览与购物的需求。这一突破即形成了对电子商务模式的挑战，又会影响着流通模式的创新。借助于移动智能终端特有的应用优势，移动电子商务具备传统电子商务所缺

失的定位、拍摄、扫描、传感、通信、蓝牙、语音识别等功能，能够实现随时、随地、随身地沟通、浏览、支付与交易等。

二、移动电子商务发展现状

在互联网络发展的推动下，尤其是移动互联网的发展，消费者时间与空间的碎片化特征更加显著。移动电子商务正迎合了消费者突破时空限制的需求，能够打破碎片化的状态，实现随时随地的上网与购物。据中国电子商务研究中心报告披露 2014 年上半年，中国移动电子商务市场交易规模达到 2542 亿元，同比增长 378%。2014 年双 11 活动期间，天猫平台实现交易总额 571.12 亿元，移动端交易总额达到 243 亿元，占天猫交易总额的 42.6%。我国移动电子商务份额剧增，将成为电子商务的重要组成部分。移动互联网领域以及移动电子商务领域正逐步得到重视，据中研网调查显示，2014 年 1 月至 11 月，资本市场共产生 1756 次投资事件，从投资次数来看，移动互联网领域 216 次，排名第一位。百度采用占据入口的策略布局移动端，阿里巴巴围绕其传统电商优势领域布局移动业务，先是淘宝网、天猫商城扩展了移动端，随后兼并高德，重点发展 O2O 市场；腾讯依托微信布局移动业务，入股京东商城和大众点评网，整合易讯网业务。苏宁、国美、李宁、银泰、王府井等传统企业，也纷纷加大对移动电子商务业务的重视与投入。此外，唯品会、亚马逊、当当网、1 号店等传统电商也开始布局移动端。这些趋势都预示着移动电子商务时代的来临。

三、移动电子商务企业类型

在移动电子商务市场，互联网企业、传统行业企业都在不断涌入，移动互联网的发展为企业提供了机遇，企业的参与与活跃拉动了移动电子商务进一步发展。通过梳理，参与移动电子商务业务的企业主要有：①传统电商巨头，凭借在传统电子商务领域的优势，快速切入移动电子商务市场，代表企业有阿里巴巴、京东商城、亚马逊、当当网、唯品会等；②传统互联网巨鳄，借助在互联网领域的多年耕耘，通过开发、兼并、收购等方式，拓展移动电子商务业务，代表企业有腾讯、百度、网易等；③传统零售企业，在市场竞争的推动下，联合实体渠道，布局移动端业务，代表企业有苏宁、国美、王府井、银泰百货等；④其他传统行业企业，不想错过移动端业务，试图通过移动电子商务扭转传统市场的不足，代表企业有小米、华为、海尔、中兴等；⑤与电子商务业务相关的支付企业、物流企业等，代表企业有财付通、支付宝、顺丰速递等。2014 年已演变成移动电子商务领域百家争鸣的现状，该趋势仍旧会延续到 2015 年，移动电子商务将持续火热，且愈演愈烈。

四、移动电子商务发展机遇

(一) 移动网络的完善

互联网络是电子商务的沟通载体,伴随移动网络的完善,将为移动电子商务提供平台推力。3G 与 WiFi 网络得到普及,4G 网络正在大力推进,各大网络运营商的移动网络覆盖已成常态,无线网络覆盖也成为各大实体厂家的必备服务资源。国家在推动智慧城市的建设,在公共场所、公共交通工具等都在进行无线网络的覆盖。网络运营商不断加快移动网络速度的提升,以及资费的下调。从移动网络覆盖的广度到网络速度,再到网络成本等方面,移动网络不断得到完善,为移动电子商务的发展提供了更为优势的平台资源。

(二) 移动智能终端的普及

移动终端是移动电子商务的工具与使用载体。包括手机与平板电脑在内的移动智能终端普及率逐渐提升,功能更丰富、界面更人性化、价格更低,尤其是千元智能手机出货量剧增,保有量逐渐攀升,几百元智能手机的出现扩大了中低端消费群体的需求,尤其在县乡地区有利于满足消费者的使用需求。据中国互联网信息中心(CNNIC) 发布的第 36 次《中国互联网发展状况统计报告》显示,截止到 2015 年 6 月,我国手机网民达 5.94 亿人,网民中使用手机上网的群体占比为 88.9%。移动智能终端的普及,增加了移动电子商务的潜在消费规模,为移动电子商务的发展提供了终端资源。智能移动终端,尤其是智能手机操作简单,携带方便,能够突破时间与地域的限制,确保用户实现随时、随地、随身上网,这将大大推动移动电子商务的发展。

(三) 移动支付的应用与推广

移动互联网、移动支付、大数据、云计算、移动定位等技术发展成熟,移动支付普及率逐渐升高,不断地被认同与使用。移动支付可以配合移动网络与移动终端,共同确保移动电子商务交易的实现。移动支付确保了移动购物的无时空化,满足消费者随时随地购物与支付。各大银行纷纷推出手机银行业务,以手机支付宝、微信支付与 QQ 钱包为代表的第三方支付平台不断成熟,尤其是当面付、声波支付等多种方式进一步简化支付流程。据益普索在 2013 年年底的数据,在网民中,有 70.3% 的用户开通并使用手机银行,有 66.8% 的用户同时使用手机银行与第三方支付工具。从 2014 年支付宝推出手机支付宝、微信推出微信钱包,随后腾讯又推出 QQ 钱包,在抢红包的刺激下,移动支付获得广泛的应用。

(四) 消费群体的年轻化与社交化

智能终端上网用户主要以 26~35 岁为主,比重达 50.7%;同时,19~25 岁及 36~45 岁的青壮年用户占比也较高,合计占比为 42.4%。主要用户群体呈现年轻化的特点,在移动购物与移动支付使用方面,年轻者居多。年轻用户对新兴事物的学习能力强，接受度高，也推动着移动电子商务的发展。除此之外，不同年龄段的人群对移动购物的认知日渐成熟，移动消费理念日渐形成。年轻群体对社交网络的使用黏性较高，有着较高的网络认同感。以微信、微博、QQ 以及众多社交网络作为交流与沟通的媒介。社交网络为移动电子商务的发展提供了舞台与机遇，如通过微信开设购物商店，简称微店，近一年发展势头迅猛，成为又一个典型的移动购物平台。

（五）企业巨头的拉动

在移动电子商务热浪中，企业巨头成为不容忽视的中坚力量。互联网巨头以及诸多传统行业巨头纷纷涉足移动业务，加大对移动电子商务的投资。如阿里巴巴、百度、腾讯等互联网巨鳄通过自建、兼并、收购、合资等模式，发力移动电子商务市场；苏宁、中粮、海尔、华为、王府井等传统企业，在实体渠道发展滞缓的背景下，加大了对移动端的重视与投入，通过移动电子商务渠道，与实体渠道相互推动，抢占市场份额；支付企业、物流企业、信息企业等关联行业巨头通过优化与完善移动功能，推动移动电子商务生态系统的构建。企业巨头通过加大推广与宣传，推出各种促销活动，优化新型 APP 功能，完善移动端的布局，强化推广力度，为移动用户提供了更多的移动购物选择。O2O 的发展与本地生活服务等刺激了移动用户的生活需求，丰富了移动电子商务市场。

五、移动电子商务面临的挑战

（一）移动智能终端的自身弊端

虽然近两年，手机呈现出大屏幕化趋势，从 2.0 寸到 3.0 寸，乃至目前的 4.0 寸与 5.0 寸。但是与台式电脑相比，移动终端仍存在一些自身无法避免的弊端，具体表现在屏幕小、键盘输入困难等，不利于进行复杂性操作，信息承载量偏小，制约了商品的视觉展示与用户的消费体验。这些弊端制约着商户与消费者的交互体验，进而制约着移动电子商务的发展。消费者选择移动电商多以闲逛式的休闲娱乐需求为主，多带有一定的消费冲动性。移动电子商务在服装、日用百货、虚拟产品等低单价的商品上占有优势，但是在 3C、家具等其他要求高体验、高价值商品上受到一定的发展局限。

（二）安全问题层出不穷

安全问题是互联网络与生俱来的，伴随移动平台的增长，网络安全问题也随之增长。安全问题主要包括：交易风险、支付风险、物流风险、网络威胁、虚假信息威胁等。其中，又以网络风险、支付风险更为突出。网络风险包括虚假网站、木马病毒攻击、网络漏洞、信息泄露、假劣商品等，支付风险包括信用卡欺诈、支付工具不足、在线支付限额等。交易、支付、物流等安全问题也困扰着移动电子商务，并成为用户选择移动购物时首要考虑的问题。艾瑞咨询（2014）指出有 62.4% 的网民认为需要提高交易安全性，排名第一。在诸多要改善的移动支付问题中，提高交易安全性比重最大，占比为 43.8%。

（三）诚信机制与监管体系缺失

诚信机制与监管体系尚不健全，虽略有改观，但是仍无法匹配快速发展的电子商务及移动电子商务的需求。伴随着移动电子商务的飞速发展，诚信问题更加突出，完善的个人信用制度与法律法规还有待完善。网络欺诈、卖家出售假冒伪劣产品、买家恶性退换货等一些涉及诚信方面的问题层出不穷，职能部门与行业协会等对电子商务行业缺乏较为完备的监管，导致电商企业，尤其是移动电商企业存在虚假宣传、肆意加载各种恶意插件、泄露消费者的个人隐私信息等的现象。监管与引导不到位，体现在主观意识、立法与政策、机制与模式、技术与工具等方面。目前的监管主要依赖消费者的投诉，企业与行业的自律与他律，以及政府与机构的第三方监管相对较弱，尤其是网络监管技术与机制尚不成熟。

（四）关联服务与配套功能缺乏协同

移动电子商务作为一个整体系统，不仅包括交易主体、供应方、电商平台、支付、物流、客服与售后等主要关联环节，还受到消费群体结构、文化修养、消费观念、当地习惯、政策与法律等因素的影响。移动电子商务的快速发展得益于移动网络、移动设备与移动支付的发展，但是在商品供应、物流、客服与售后等环节仍旧偏弱，无法匹配整体增长速度与发展水平。此外，由于电子商务产生了消费群体分散化、单笔订单价值低、消费体验要求高等特点，移动电子商务又突破了交易的时间与空间制约，消费期望再次增加，这都为移动电子商务的发展带来新的挑战。政策与制度的风险，如我国计划出台新的《非银行支付机构网络支付业务管理办法》，明确规定了网络支付的诸多规定，在一定程度上将对移动支付产生不小的影响。关联服务与配套功能的不协调，缺乏整体系统的协同，是移动电子商务需要面对的问题。

（五）新媒体与社交网络是把双刃剑

移动互联网时代，信息的无边界传播加快了负面信息的传播速度与广度。微博、微信、陌陌、QQ 等新媒体已融入日常生活，信息不再是稀缺的。网络资源降低了信息的传播成本与壁垒，尤其是负面信息一经发布，会成网状散开。在新媒体的冲击下，网民将网络融入日常生活，成为不可或缺的一部分，尤其是年轻网民对新媒体与社交网络的使用黏性更强。负面信息，尤其是移动电子商务产生的诸多问题及负面影响，在传播力度、传播面、影响程度上都变得不可控，将呈几何倍数快速蔓延。以年轻群体为主的移动电子商务用户群，通过社交网络传递着彼此的体验与经历，对商品与商家都将产生不可忽视的影响。

☞ 本章回顾

在诸多因素的综合作用下，如电子商务的流通价值剧增、经济新常态阶段、新技术应用、政策与企业推动等，电子商务在实践层面出现一些新型模式。在电子商务模式的分类上，最常用的依据是交易主体，从而分为 B2C、B2B、B2G 与 C2C。通过实践检验，尝试着提出一种新的电子商务模式划分依据，即以交易主体空间位置为划分标准。不再拘泥于传统的划分方法，分别以交易主体是否处于城市地理空间、县乡地理空间或不同国家地理空间，电子商务模式区分为城市电子商务、县乡电子商务、跨境电子商务与移动电子商务。城市电子商务呈饱和之势，其增速放缓，但也衍生出一些新兴的细分市场，如生鲜电子商务与医药电子商务等。最后，分别对新划分的电子商务模式进行总体上的概述，希望能够提供一个较为整体与系统的轮廓。

☞ 关键术语

生鲜电子商务　医药电子商务　县乡电子商务　跨境电子商务　移动电子商务

☞ 思考题

1. 简述基于交易主体空间位置的电子商务模式分类。
2. 论述生鲜电子商务发展机遇与障碍。
3. 论述医药电子商务发展机遇与障碍。
4. 论述县乡电子商务发展机遇与障碍。
5. 论述跨境电子商务发展机遇与障碍。
6. 论述移动电子商务发展机遇与障碍。
7. 分别举例说明，常见的几种电子商务参与企业类型。

附件　中华人民共和国电子商务法

第一章　总　则

第一条　为了保障电子商务各方主体的合法权益，规范电子商务行为，维护市场秩序，促进电子商务持续健康发展，制定本法。

第二条　中华人民共和国境内的电子商务活动，适用本法。

本法所称电子商务，是指通过互联网等信息网络销售商品或者提供服务的经营活动。

法律、行政法规对销售商品或者提供服务有规定的，适用其规定。金融类产品和服务，利用信息网络提供新闻信息、音视频节目、出版以及文化产品等内容方面的服务，不适用本法。

第三条　国家鼓励发展电子商务新业态，创新商业模式，促进电子商务技术研发和推广应用，推进电子商务诚信体系建设，营造有利于电子商务创新发展的市场环境，充分发挥电子商务在推动高质量发展、满足人民日益增长的美好生活需要、构建开放型经济方面的重要作用。

第四条　国家平等对待线上线下商务活动，促进线上线下融合发展，各级人民政府和有关部门不得采取歧视性的政策措施，不得滥用行政权力排除、限制市场竞争。

第五条　电子商务经营者从事经营活动，应当遵循自愿、平等、公平、诚信的原则，遵守法律和商业道德，公平参与市场竞争，履行消费者权益保护、环境保护、知识产权保护、网络安全与个人信息保护等方面的义务，承担产品和服务质量责任，接受政府和社会的监督。

第六条　国务院有关部门按照职责分工负责电子商务发展促进、监督管理等工作。县级以上地方各级人民政府可以根据本行政区域的实际情况，确定本行政区域内电子商务的部门职责划分。

第七条　国家建立符合电子商务特点的协同管理体系，推动形成有关部门、电子商务行业组织、电子商务经营者、消费者等共同参与的电子商务市场治理体系。

第八条　电子商务行业组织按照本组织章程开展行业自律，建立健全行业规范，推动行业诚信建设，监督、引导本行业经营者公平参与市场竞争。

第二章 电子商务经营者

第九条 本法所称电子商务经营者，是指通过互联网等信息网络从事销售商品或者提供服务的经营活动的自然人、法人和非法人组织，包括电子商务平台经营者、平台内经营者以及通过自建网站、其他网络服务销售商品或者提供服务的电子商务经营者。

本法所称电子商务平台经营者，是指在电子商务中为交易双方或者多方提供网络经营场所、交易撮合、信息发布等服务，供交易双方或者多方独立开展交易活动的法人或者非法人组织。

本法所称平台内经营者，是指通过电子商务平台销售商品或者提供服务的电子商务经营者。

第十条 电子商务经营者应当依法办理市场主体登记。但是，个人销售自产农副产品、家庭手工业产品，个人利用自己的技能从事依法无须取得许可的便民劳务活动和零星小额交易活动，以及依照法律、行政法规不需要进行登记的除外。

第十一条 电子商务经营者应当依法履行纳税义务，并依法享受税收优惠。

依照前条规定不需要办理市场主体登记的电子商务经营者在首次纳税义务发生后，应当依照税收征收管理法律、行政法规的规定申请办理税务登记，并如实申报纳税。

第十二条 电子商务经营者从事经营活动，依法需要取得相关行政许可的，应当依法取得行政许可。

第十三条 电子商务经营者销售的商品或者提供的服务应当符合保障人身、财产安全的要求和环境保护要求，不得销售或者提供法律、行政法规禁止交易的商品或者服务。

第十四条 电子商务经营者销售商品或者提供服务应当依法出具纸质发票或者电子发票等购货凭证或者服务单据。电子发票与纸质发票具有同等法律效力。

第十五条 电子商务经营者应当在其首页显著位置，持续公示营业执照信息、与其经营业务有关的行政许可信息、属于依照本法第十条规定的不需要办理市场主体登记情形等信息，或者上述信息的链接标识。

前款规定的信息发生变更的，电子商务经营者应当及时更新公示信息。

第十六条 电子商务经营者自行终止从事电子商务的，应当提前三十日在首页显著位置持续公示有关信息。

第十七条 电子商务经营者应当全面、真实、准确、及时地披露商品或者服务信息，保障消费者的知情权和选择权。电子商务经营者不得以虚构交易、编造用户评价等方式进行虚假或者引人误解的商业宣传，欺骗、误导消费者。

第十八条 电子商务经营者根据消费者的兴趣爱好、消费习惯等特征向其提供商品或者服务的搜索结果的，应当同时向该消费者提供不针对其个人特征的选项，尊重和平等保护消费者合法权益。

电子商务经营者向消费者发送广告的，应当遵守《中华人民共和国广告法》的有关规定。

第十九条　电子商务经营者搭售商品或者服务，应当以显著方式提请消费者注意，不得将搭售商品或者服务作为默认同意的选项。

第二十条　电子商务经营者应当按照承诺或者与消费者约定的方式、时限向消费者交付商品或者服务，并承担商品运输中的风险和责任。但是，消费者另行选择快递物流服务提供者的除外。

第二十一条　电子商务经营者按照约定向消费者收取押金的，应当明示押金退还的方式、程序，不得对押金退还设置不合理条件。消费者申请退还押金，符合押金退还条件的，电子商务经营者应当及时退还。

第二十二条　电子商务经营者因其技术优势、用户数量、对相关行业的控制能力以及其他经营者对该电子商务经营者在交易上的依赖程度等因素而具有市场支配地位的，不得滥用市场支配地位，排除、限制竞争。

第二十三条　电子商务经营者收集、使用其用户的个人信息，应当遵守法律、行政法规有关个人信息保护的规定。

第二十四条　电子商务经营者应当明示用户信息查询、更正、删除以及用户注销的方式、程序，不得对用户信息查询、更正、删除以及用户注销设置不合理条件。

电子商务经营者收到用户信息查询或者更正、删除的申请的，应当在核实身份后及时提供查询或者更正、删除用户信息。用户注销的，电子商务经营者应当立即删除该用户的信息；依照法律、行政法规的规定或者双方约定保存的，依照其规定。

第二十五条　有关主管部门依照法律、行政法规的规定要求电子商务经营者提供有关电子商务数据信息的，电子商务经营者应当提供。有关主管部门应当采取必要措施保护电子商务经营者提供的数据信息的安全，并对其中的个人信息、隐私和商业秘密严格保密，不得泄露、出售或者非法向他人提供。

第二十六条　电子商务经营者从事跨境电子商务，应当遵守进出口监督管理的法律、行政法规和国家有关规定。

第二十七条　电子商务平台经营者应当要求申请进入平台销售商品或者提供服务的经营者提交其身份、地址、联系方式、行政许可等真实信息，进行核验、登记，建立登记档案，并定期核验更新。

电子商务平台经营者为进入平台销售商品或者提供服务的非经营用户提供服务，应当遵守本节有关规定。

第二十八条 电子商务平台经营者应当按照规定向市场监督管理部门报送平台内经营者的身份信息，提示未办理市场主体登记的经营者依法办理登记，并配合市场监督管理部门，针对电子商务的特点，为应当办理市场主体登记的经营者办理登记提供便利。

电子商务平台经营者应当依照税收征收管理法律、行政法规的规定，向税务部门报送平台内经营者的身份信息和与纳税有关的信息，并应当提示依照本法第十条规定不需要办理市场主体登记的电子商务经营者依照本法第十一条第二款的规定办理税务登记。

第二十九条 电子商务平台经营者发现平台内的商品或者服务信息存在违反本法第十二条、第十三条规定情形的，应当依法采取必要的处置措施，并向有关主管部门报告。

第三十条 电子商务平台经营者应当采取技术措施和其他必要措施保证其网络安全、稳定运行，防范网络违法犯罪活动，有效应对网络安全事件，保障电子商务交易安全。

电子商务平台经营者应当制定网络安全事件应急预案，发生网络安全事件时，应当立即启动应急预案，采取相应的补救措施，并向有关主管部门报告。

第三十一条 电子商务平台经营者应当记录、保存平台上发布的商品和服务信息、交易信息，并确保信息的完整性、保密性、可用性。商品和服务信息、交易信息保存时间自交易完成之日起不少于三年；法律、行政法规另有规定的，依照其规定。

第三十二条 电子商务平台经营者应当遵循公开、公平、公正的原则，制定平台服务协议和交易规则，明确进入和退出平台、商品和服务质量保障、消费者权益保护、个人信息保护等方面的权利和义务。

第三十三条 电子商务平台经营者应当在其首页显著位置持续公示平台服务协议和交易规则信息或者上述信息的链接标识，并保证经营者和消费者能够便利、完整地阅览和下载。

第三十四条 电子商务平台经营者修改平台服务协议和交易规则，应当在其首页显著位置公开征求意见，采取合理措施确保有关各方能够及时充分表达意见。修改内容应当至少在实施前七日予以公示。

平台内经营者不接受修改内容，要求退出平台的，电子商务平台经营者不得阻止，并按照修改前的服务协议和交易规则承担相关责任。

第三十五条 电子商务平台经营者不得利用服务协议、交易规则以及技术等手段，对平台内经营者在平台内的交易、交易价格以及与其他经营者的交易等进行不合理限制或者附加不合理条件，或者向平台内经营者收取不合理费用。

第三十六条 电子商务平台经营者依据平台服务协议和交易规则对平台内经营

者违反法律、法规的行为实施警示、暂停或者终止服务等措施的，应当及时公示。

第三十七条　电子商务平台经营者在其平台上开展自营业务的，应当以显著方式区分标记自营业务和平台内经营者开展的业务，不得误导消费者。

电子商务平台经营者对其标记为自营的业务依法承担商品销售者或者服务提供者的民事责任。

第三十八条　电子商务平台经营者知道或者应当知道平台内经营者销售的商品或者提供的服务不符合保障人身、财产安全的要求，或者有其他侵害消费者合法权益行为，未采取必要措施的，依法与该平台内经营者承担连带责任。

对关系消费者生命健康的商品或者服务，电子商务平台经营者对平台内经营者的资质资格未尽到审核义务，或者对消费者未尽到安全保障义务，造成消费者损害的，依法承担相应的责任。

第三十九条　电子商务平台经营者应当建立健全信用评价制度，公示信用评价规则，为消费者提供对平台内销售的商品或者提供的服务进行评价的途径。

电子商务平台经营者不得删除消费者对其平台内销售的商品或者提供的服务的评价。

第四十条　电子商务平台经营者应当根据商品或者服务的价格、销量、信用等以多种方式向消费者显示商品或者服务的搜索结果；对于竞价排名的商品或者服务，应当显著标明"广告"。

第四十一条　电子商务平台经营者应当建立知识产权保护规则，与知识产权权利人加强合作，依法保护知识产权。

第四十二条　知识产权权利人认为其知识产权受到侵害的，有权通知电子商务平台经营者采取删除、屏蔽、断开链接、终止交易和服务等必要措施。通知应当包括构成侵权的初步证据。

电子商务平台经营者接到通知后，应当及时采取必要措施，并将该通知转送平台内经营者；未及时采取必要措施的，对损害的扩大部分与平台内经营者承担连带责任。

因通知错误造成平台内经营者损害的，依法承担民事责任。恶意发出错误通知，造成平台内经营者损失的，加倍承担赔偿责任。

第四十三条　平台内经营者接到转送的通知后，可以向电子商务平台经营者提交不存在侵权行为的声明。声明应当包括不存在侵权行为的初步证据。

电子商务平台经营者接到声明后，应当将该声明转送发出通知的知识产权权利人，并告知其可以向有关主管部门投诉或者向人民法院起诉。电子商务平台经营者在转送声明到达知识产权权利人后十五日内，未收到权利人已经投诉或者起诉通知的，应当及时终止所采取的措施。

第四十四条　电子商务平台经营者应当及时公示收到的本法第四十二条、第四十三条规定的通知、声明及处理结果。

第四十五条　电子商务平台经营者知道或者应当知道平台内经营者侵犯知识产权的，应当采取删除、屏蔽、断开链接、终止交易和服务等必要措施；未采取必要措施的，与侵权人承担连带责任。

第四十六条　除本法第九条第二款规定的服务外，电子商务平台经营者可以按照平台服务协议和交易规则，为经营者之间的电子商务提供仓储、物流、支付结算、交收等服务。电子商务平台经营者为经营者之间的电子商务提供服务，应当遵守法律、行政法规和国家有关规定，不得采取集中竞价、做市商等集中交易方式进行交易，不得进行标准化合约交易。

第三章　电子商务合同的订立与履行

第四十七条　电子商务当事人订立和履行合同，适用本章和《中华人民共和国民法总则》《中华人民共和国合同法》《中华人民共和国电子签名法》等法律的规定。

第四十八条　电子商务当事人使用自动信息系统订立或者履行合同的行为对使用该系统的当事人具有法律效力。

在电子商务中推定当事人具有相应的民事行为能力。但是，有相反证据足以推翻的除外。

第四十九条　电子商务经营者发布的商品或者服务信息符合要约条件的，用户选择该商品或者服务并提交订单成功，合同成立。当事人另有约定的，从其约定。

电子商务经营者不得以格式条款等方式约定消费者支付价款后合同不成立；格式条款等含有该内容的，其内容无效。

第五十条　电子商务经营者应当清晰、全面、明确地告知用户订立合同的步骤、注意事项、下载方法等事项，并保证用户能够便利、完整地阅览和下载。

电子商务经营者应当保证用户在提交订单前可以更正输入错误。

第五十一条　合同标的为交付商品并采用快递物流方式交付的，收货人签收时间为交付时间。合同标的为提供服务的，生成的电子凭证或者实物凭证中载明的时间为交付时间；前述凭证没有载明时间或者载明时间与实际提供服务时间不一致的，实际提供服务的时间为交付时间。

合同标的为采用在线传输方式交付的，合同标的进入对方当事人指定的特定系统并且能够检索识别的时间为交付时间。

合同当事人对交付方式、交付时间另有约定的，从其约定。

第五十二条　电子商务当事人可以约定采用快递物流方式交付商品。

快递物流服务提供者为电子商务提供快递物流服务，应当遵守法律、行政法规，并应当符合承诺的服务规范和时限。快递物流服务提供者在交付商品时，应当提示收货人当面查验；交由他人代收的，应当经收货人同意。

快递物流服务提供者应当按照规定使用环保包装材料，实现包装材料的减量化和再利用。

快递物流服务提供者在提供快递物流服务的同时，可以接受电子商务经营者的委托提供代收货款服务。

第五十三条　电子商务当事人可以约定采用电子支付方式支付价款。

电子支付服务提供者为电子商务提供电子支付服务，应当遵守国家规定，告知用户电子支付服务的功能、使用方法、注意事项、相关风险和收费标准等事项，不得附加不合理交易条件。电子支付服务提供者应当确保电子支付指令的完整性、一致性、可跟踪稽核和不可篡改。

电子支付服务提供者应当向用户免费提供对账服务以及最近三年的交易记录。

第五十四条　电子支付服务提供者提供电子支付服务不符合国家有关支付安全管理要求，造成用户损失的，应当承担赔偿责任。

第五十五条　用户在发出支付指令前，应当核对支付指令所包含的金额、收款人等完整信息。

支付指令发生错误的，电子支付服务提供者应当及时查找原因，并采取相关措施予以纠正。造成用户损失的，电子支付服务提供者应当承担赔偿责任，但能够证明支付错误非自身原因造成的除外。

第五十六条　电子支付服务提供者完成电子支付后，应当及时准确地向用户提供符合约定方式的确认支付的信息。

第五十七条　用户应当妥善保管交易密码、电子签名数据等安全工具。用户发现安全工具遗失、被盗用或者未经授权的支付的，应当及时通知电子支付服务提供者。

未经授权的支付造成的损失，由电子支付服务提供者承担；电子支付服务提供者能够证明未经授权的支付是因用户的过错造成的，不承担责任。

电子支付服务提供者发现支付指令未经授权，或者收到用户支付指令未经授权的通知时，应当立即采取措施防止损失扩大。电子支付服务提供者未及时采取措施导致损失扩大的，对损失扩大部分承担责任。

第四章　电子商务争议解决

第五十八条　国家鼓励电子商务平台经营者建立有利于电子商务发展和消费者权益保护的商品、服务质量担保机制。

电子商务平台经营者与平台内经营者协议设立消费者权益保证金的，双方应当就消费者权益保证金的提取数额、管理、使用和退还办法等作出明确约定。

消费者要求电子商务平台经营者承担先行赔偿责任以及电子商务平台经营者赔

偿后向平台内经营者的追偿，适用《中华人民共和国消费者权益保护法》的有关规定。

第五十九条 电子商务经营者应当建立便捷、有效的投诉、举报机制，公开投诉、举报方式等信息，及时受理并处理投诉、举报。

第六十条 电子商务争议可以通过协商和解，请求消费者组织、行业协会或者其他依法成立的调解组织调解，向有关部门投诉，提请仲裁，或者提起诉讼等方式解决。

第六十一条 消费者在电子商务平台购买商品或者接受服务，与平台内经营者发生争议时，电子商务平台经营者应当积极协助消费者维护合法权益。

第六十二条 在电子商务争议处理中，电子商务经营者应当提供原始合同和交易记录。因电子商务经营者丢失、伪造、篡改、销毁、隐匿或者拒绝提供前述资料，致使人民法院、仲裁机构或者有关机关无法查明事实的，电子商务经营者应当承担相应的法律责任。

第六十三条 电子商务平台经营者可以建立争议在线解决机制，制定并公示争议解决规则，根据自愿原则，公平、公正地解决当事人的争议。

第五章 电子商务促进

第六十四条 国务院和省、自治区、直辖市人民政府应当将电子商务发展纳入国民经济和社会发展规划，制定科学合理的产业政策，促进电子商务创新发展。

第六十五条 国务院和县级以上地方人民政府及其有关部门应当采取措施，支持、推动绿色包装、仓储、运输，促进电子商务绿色发展。

第六十六条 国家推动电子商务基础设施和物流网络建设，完善电子商务统计制度，加强电子商务标准体系建设。

第六十七条 国家推动电子商务在国民经济各个领域的应用，支持电子商务与各产业融合发展。

第六十八条 国家促进农业生产、加工、流通等环节的互联网技术应用，鼓励各类社会资源加强合作，促进农村电子商务发展，发挥电子商务在精准扶贫中的作用。

第六十九条 国家维护电子商务交易安全，保护电子商务用户信息，鼓励电子商务数据开发应用，保障电子商务数据依法有序自由流动。

国家采取措施推动建立公共数据共享机制，促进电子商务经营者依法利用公共数据。

第七十条 国家支持依法设立的信用评价机构开展电子商务信用评价，向社会提供电子商务信用评价服务。

第七十一条 国家促进跨境电子商务发展，建立健全适应跨境电子商务特点的海关、税收、进出境检验检疫、支付结算等管理制度，提高跨境电子商务各环节便利化水平，支持跨境电子商务平台经营者等为跨境电子商务提供仓储物流、报关、报检等服务。

国家支持小型微型企业从事跨境电子商务。

第七十二条 国家进出口管理部门应当推进跨境电子商务海关申报、纳税、检验检疫等环节的综合服务和监管体系建设，优化监管流程，推动实现信息共享、监管互认、执法互助，提高跨境电子商务服务和监管效率。跨境电子商务经营者可以凭电子单证向国家进出口管理部门办理有关手续。

第七十三条 国家推动建立与不同国家、地区之间跨境电子商务的交流合作，参与电子商务国际规则的制定，促进电子签名、电子身份等国际互认。

国家推动建立与不同国家、地区之间的跨境电子商务争议解决机制。

第六章 法律责任

第七十四条 电子商务经营者销售商品或者提供服务，不履行合同义务或者履行合同义务不符合约定，或者造成他人损害的，依法承担民事责任。

第七十五条 电子商务经营者违反本法第十二条、第十三条规定，未取得相关行政许可从事经营活动，或者销售、提供法律、行政法规禁止交易的商品、服务，或者不履行本法第二十五条规定的信息提供义务，电子商务平台经营者违反本法第四十六条规定，采取集中交易方式进行交易，或者进行标准化合约交易的，依照有关法律、行政法规的规定处罚。

第七十六条 电子商务经营者违反本法规定，有下列行为之一的，由市场监督管理部门责令限期改正，可以处一万元以下的罚款，对其中的电子商务平台经营者，依照本法第八十一条第一款的规定处罚：

（一）未在首页显著位置公示营业执照信息、行政许可信息、属于不需要办理市场主体登记情形等信息，或者上述信息的链接标识的；

（二）未在首页显著位置持续公示终止电子商务的有关信息的；

（三）未明示用户信息查询、更正、删除以及用户注销的方式、程序，或者对用户信息查询、更正、删除以及用户注销设置不合理条件的。

电子商务平台经营者对违反前款规定的平台内经营者未采取必要措施的，由市场监督管理部门责令限期改正，可以处二万元以上十万元以下的罚款。

第七十七条 电子商务经营者违反本法第十八条第一款规定提供搜索结果，或者违反本法第十九条规定搭售商品、服务的，由市场监督管理部门责令限期改正，没收违法所得，可以并处五万元以上二十万元以下的罚款；情节严重的，并处二十万元以上五十万元以下的罚款。

第七十八条 电子商务经营者违反本法第二十一条规定，未向消费者明示押金退还的方式、程序，对押金退还设置不合理条件，或者不及时退还押金的，由有关主管部门责令限期改正，可以处五万元以上二十万元以下的罚款；情节严重的，处二十万元以上五十万元以下的罚款。

第七十九条 电子商务经营者违反法律、行政法规有关个人信息保护的规定，或者不履行本法第三十条和有关法律、行政法规规定的网络安全保障义务的，依照《中华人民共和国网络安全法》等法律、行政法规的规定处罚。

第八十条 电子商务平台经营者有下列行为之一的，由有关主管部门责令限期改正；逾期不改正的，处二万元以上十万元以下的罚款；情节严重的，责令停业整顿，并处十万元以上五十万元以下的罚款：

（一）不履行本法第二十七条规定的核验、登记义务的；

（二）不按照本法第二十八条规定向市场监督管理部门、税务部门报送有关信息的；

（三）不按照本法第二十九条规定对违法情形采取必要的处置措施，或者未向有关主管部门报告的；

（四）不履行本法第三十一条规定的商品和服务信息、交易信息保存义务的。

法律、行政法规对前款规定的违法行为的处罚另有规定的，依照其规定。

第八十一条 电子商务平台经营者违反本法规定，有下列行为之一的，由市场监督管理部门责令限期改正，可以处二万元以上十万元以下的罚款；情节严重的，处十万元以上五十万元以下的罚款：

（一）未在首页显著位置持续公示平台服务协议、交易规则信息或者上述信息的链接标识的；

（二）修改交易规则未在首页显著位置公开征求意见，未按照规定的时间提前公示修改内容，或者阻止平台内经营者退出的；

（三）未以显著方式区分标记自营业务和平台内经营者开展的业务的；

（四）未为消费者提供对平台内销售的商品或者提供的服务进行评价的途径，或者擅自删除消费者的评价的。

电子商务平台经营者违反本法第四十条规定，对竞价排名的商品或者服务未显著标明"广告"的，依照《中华人民共和国广告法》的规定处罚。

第八十二条 电子商务平台经营者违反本法第三十五条规定，对平台内经营者在平台内的交易、交易价格或者与其他经营者的交易等进行不合理限制或者附加不合理条件，或者向平台内经营者收取不合理费用的，由市场监督管理部门责令限期改正，可以处五万元以上五十万元以下的罚款；情节严重的，处五十万元以上二百万元以下的罚款。

第八十三条 电子商务平台经营者违反本法第三十八条规定，对平台内经营者侵害消费者合法权益行为未采取必要措施，或者对平台内经营者未尽到资质资格审核义务，或者对消费者未尽到安全保障义务的，由市场监督管理部门责令限期改正，可以处五万元以上五十万元以下的罚款；情节严重的，责令停业整顿，并处五十万元以上二百万元以下的罚款。

第八十四条　电子商务平台经营者违反本法第四十二条、第四十五条规定，对平台内经营者实施侵犯知识产权行为未依法采取必要措施的，由有关知识产权行政部门责令限期改正；逾期不改正的，处五万元以上五十万元以下的罚款；情节严重的，处五十万元以上二百万元以下的罚款。

第八十五条　电子商务经营者违反本法规定，销售的商品或者提供的服务不符合保障人身、财产安全的要求，实施虚假或者引人误解的商业宣传等不正当竞争行为，滥用市场支配地位，或者实施侵犯知识产权、侵害消费者权益等行为的，依照有关法律的规定处罚。

第八十六条　电子商务经营者有本法规定的违法行为的，依照有关法律、行政法规的规定记入信用档案，并予以公示。

第八十七条　依法负有电子商务监督管理职责的部门的工作人员，玩忽职守、滥用职权、徇私舞弊，或者泄露、出售或者非法向他人提供在履行职责中所知悉的个人信息、隐私和商业秘密的，依法追究法律责任。

第八十八条　违反本法规定，构成违反治安管理行为的，依法给予治安管理处罚；构成犯罪的，依法追究刑事责任。

第七章　附　则

第八十九条　本法自 2019 年 1 月 1 日起施行。

参 考 文 献

[1] Barney J, Wright M, Ketchen D J. The resource-based view of the firm: Ten years after 1991 [J]. Journal of management, 2001, 27 (6): 625-641.

[2] den Hartigh E, Tol M, Visscher W. The health measurement of a business ecosystem [C] //Proceedings of the European Network on Chaos and Complexity Research and Management Practice Meeting, 2006: 1-39.

[3] Dobson P W. Competing, countervailing, and coalescing forces: the economics of intra-and inter-business system competition [J]. Antitrust Bull, 2006, 51: 175.

[4] Iansiti M, Levien R. The keystone advantage: what the new dynamics of business ecosystems mean for strategy, innovation, and sustainability [M]. Harvard Business Press, 2004.

[5] Lewin R. Complexity: Life at the edge of chaos [M]. University of Chicago Press, 1999.

[6] Lumpkin G T., Dess Gregory G. E-business Strategies and Internet Business Models: How the Internet Adds Value [J]. Organizational Dynamics, 2004, 33 (2): 161-173.

[7] Moore J F. The Evolution of Wal-wart: Sawy Expansion and Leadership [J]. Harvard Business Review, 1993, May-June: 82-83.

[8] Moore J F. Business Eeosystems and the View from the Firm [J]. Antitrust Bulletin, 2006, 51 (1): 45.

[9] Nguyen T N. The ecology of software: a framework for the investigation of business IT integration [J]. The Journal of American Academy of Business, 2002, 2 (1): 7-11.

[10] Paul Timmers. Business Models for Electronic Markets [J]. Journal on Electronic Markets, 1998, 8 (2): 3-8.

[11] Peltoniemi M, Vuori E. Business ecosystem as the new approach to complex adaptive business environments [C] //Proceedings of eBusiness research forum. 2004: 267-281.

[12] Power T, Jerjian G. Ecosystem: Living the 12 principles of networked business

［M］．Financial Times Management，2001．

［13］Rabkin B.，Bradford D. Evolution Theory［J］．Bests Review magazine，2002，103（4）：3．

［14］Tansley A G. The use and abuse of vegetational concepts and terms［J］．Ecology，1935，16（3）：284-307．

［15］Zahra S A，Nambisan S. Entrepreneurship and strategic thinking in business ecosystems［J］．Business horizons，2012，55（3）：219-229．

［16］E. 马尔特比，等．生态系统管理——科学与社会问题［M］．康乐，韩兴国，等译．北京：科学出版社，2003：2-3．

［17］白津夫，刘中伟．经济新常态亟须创新驱动发展［J］．中国党政干部论坛，2015（4）：45-47．

［18］范保群，王毅．战略管理新趋势：基于商业生态系统的竞争战略［J］．商业经济与管理，2006（3）：3-10．

［19］傅伯杰．我国生态系统研究的发展趋势与优先领域［J］．地理研究，2010（3）：383-396．

［20］傅俊．企业电子商务生态系统构建与平衡研究［J］．商业时代，2014（15）：54-55．

［21］高富平．中国电子商务立法研究［M］．北京：法律出版社，2015．

［22］高富平．从电子商务法到网络商务法——关于我国电子商务立法定位的思考［J］．法学，2014（10）：138-148．

［23］郭鹏．电子商务法［M］．北京：北京大学出版社，2017．

［24］郭旭文．电子商务生态系统的构成、特征及其演化路径［J］．商业时代，2014（10）：71-72．

［25］黄国雄．流通新论［J］．商业时代，2003（1）：13-14．

［26］韩福荣，徐艳梅．企业仿生学［M］．北京：企业管理出版社，2002．

［27］何炼红，邓欣欣．"互联网＋"时代我国电子商务平台法律定位之反思［J］．重庆邮电大学学报（社会科学版），2016（1）：31-37．

［28］何家弘．电子证据法研究［M］．北京：法律出版社，2002．

［29］胡岗岚，卢向华，黄丽华．电子商务生态系统及其演化路径［J］．经济管理，2009（6）：110-116．

［30］胡岗岚，卢向华，黄丽华．电子商务生态系统及其协调机制研究——以阿里巴巴集团为例［J］．软科学，2009，23（9）：5-10．

［31］纪淑娴，李军艳．电子商务生态系统的演化与平衡研究［J］．现代情报，2012（12）：71-74．

［32］杰拉尔德·G. 马尔滕．人类生态学——可持续发展的基本概念［M］．顾朝

林，袁晓辉，等译．北京：商务印书馆，2012：2.

[33] 冀芳，张夏恒．跨境电子商务物流模式创新与发展趋势 [J]．中国流通经济，2015（6）：14-20.

[34] 冀芳，张夏恒．电子商务模式划分新视角——基于交易主体空间位置 [J]．中国流通经济，2016，30（4）：40-46.

[35] 贾康．把握经济发展"新常态"打造中国经济升级版 [J]．国家行政学院学报，2015（1）：4-10，14.

[36] 吕瑞祥，韩静．电子商务类平台型企业生态系统构建 [J]．商业经济研究，2015（20）：112-113.

[37] 陆杉，高阳．供应链的协同合作：基于商业生态系统的分析 [J]．管理世界，2007（5）：160-161.

[38] 陆玲．略论企业生态学原理 [J]．世界科学，1996（3）：44-46.

[39] 李全喜，马晓苗．电子商务模式其及发展趋势研究 [J]．情报科学，2005（8）：1138-1142.

[40] 李晓东．电子商务——21 世纪全球商务主导模式 [J]．国际贸易问题，2000（3）：1-6.

[41] 李琪，彭丽芳，魏修建．电子商务概论 [M]．北京：高等教育出版社，2015.

[42] 李佳．电子商务法中消费者权利的保障 [J]．网络法律评论，2001：54-71.

[43] 李晓秋．电子商务法案例评析 [M]．北京：对外经济贸易大学出版社，2015.

[44] 刘宝强．医药电商股崛起　行业发展仍需完整生态圈 [N]．第一财经日报，2015-2-12，A07.

[45] 刘伟江，王淑华，杨艳萍．电子商务模式分析及展望 [J]．吉林大学社会科学学报，2001（4）：40-45.

[46] 刘志坚．基于产业集群的企业生态网络研究 [J]．经济与管理研究，2006（1）：61-64.

[47] 刘颖，何其生．《国际合同使用电子通信公约》对我国电子商务立法的启示 [J]．暨南学报（哲学社会科学版），2009，31（4）：67-79.

[48] 刘颖．论电子合同成立的时间与地点 [J]．武汉大学学报（哲学社会科学版），2002，55（6）：654-658.

[49] 聂林海．我国电子商务发展的特点和趋势 [J]．中国流通经济，2014（6）：97-101.

[50] 欧阳泉．第三方物流企业运行机制分析——基于商业生态系统视角 [J]．理论探讨，2013（1）：106-109.

［51］彭向升．"新常态"下的中国宏观经济［J］．现代经济探讨，2015（4）：10-14.

［52］裴长洪．电子商务的兴起及其对世界经济的影响［J］．中国工业经济，2000（10）：45-54.

［53］潘剑英，王重鸣．商业生态系统理论模型回顾与研究展望［J］．外国经济与管理，2012（9）：51-58.

［54］齐爱民．电子商务法原论［M］．武汉：武汉大学出版社，2010.

［55］千年生态系统评估项目组．生态系统与人类福祉：评估框架［M］．张永民，译．北京：中国环境科学出版社，2007：51.

［56］秦成德．电子商务法［M］．北京：中国铁道出版社，2010.

［57］邱业伟．电子商务诚信缺失与诚信的构建［J］．政法论坛——中国政法大学学报，2008，26（1）：165-171.

［58］芮明杰，刘明宇，陈扬．我国流通产业发展的问题、原因与战略思路［J］．财经论丛，2013（11）：89-94.

［59］苏丽琴．电子商务法［M］．北京：电子工业出版社，2015.

［60］孙儒泳，李博，诸葛阳，等．普通生态学［M］．北京：高等教育出版社，1993：128.

［61］水藏玺，吴平新，廖文平．互联网+电商采购、库存、物流管理实务［M］．北京：中国纺织出版社，2017.

［62］王伟泉．世界电子商务发展现状与我国电子商务发展战略［J］．清华大学学报（哲学社会科学版），1999（4）：34-39.

［63］王兴元．商业生态系统理论及其研究意义［J］．科技进步与对策，2005（2）：175-177.

［64］王刊良．基于分类的企业电子商务模式创新方法［J］．系统工程理论与实践，2003（3）：18-23.

［65］王肃之．电子商务用户信息安全的法律保护——兼评《电子商务法（草案）》相关立法条款［J］．南京航空航天大学学报（社会科学版），2017（2）：69-73.

［66］王利明．电子商务法律制度：冲击与因应［M］．北京：人民法院出版社，2005.

［67］王岳丽．从法律角度审视电子商务格式合同效力［J］．边疆经济与文化，2017（8）：27-28.

［68］［英］维克托·迈尔-舍恩伯格，肯尼思·库克耶著．大数据时代：生活、工作与思维的大变革［M］．盛杨燕，周涛译．杭州：浙江人民出版社，2012：9.

［69］吴恒亮，于本海，张巍巍．试论电子商务生态系统的内涵及其构建策略［J］．江苏商论，2010（2）：43-45.

［70］徐海明．中国电子商务法律问题研究［M］．北京：北京理工大学出版社，2017.

［71］薛冰鑫，肖潇．B2C模式下电子商务合同中的要约与要约邀请［J］．上海商学院学报，2017（03）：98-106.

［72］薛军．电子商务立法中的几个核心问题［N］．上海法治报，2017-02-08.

［73］杨忠直．企业生态学引论［M］．北京：科学出版社，2003.

［74］杨坚争，万以娴，杨立钒，郭烨．电子商务法教程［M］．北京：高等教育出版社，2016.

［75］杨坚争．经济法与电子商务法［M］．北京：高等教育出版社，2011.

［76］叶秀敏，陈禹．网商生态系统的自组织和他组织［J］．系统工程学报，2005（2）：148-152.

［77］益普索大中华区．医药电商现状、瓶颈与展望［J］．市场研究，2013（6）：16-18.

［78］詹文杰，杨颖．B2B电子商务模式的特征及其演变［J］．管理评论，2004（1）：55-58.

［79］章宁，王天梅，许海曦，等．电子商务模式研究［J］．中央财经大学学报，2004（2）：68-70.

［80］曾小春，王曼．电子商务的信任机制研究——针对不同模式的比较分析［J］．山西财经大学学报，2007（2）：57-63.

［81］詹姆斯·弗·莫尔．竞争的衰亡：商业生态系统时代的领导与战略［M］．梁骏，杨飞雪，李丽娜，译．北京：北京出版社，1999：5-6.

［82］张夏恒．跨境电子商务支付表征、模式与影响因素［J］．企业经济，2017（7）：53-58.

［83］张夏恒．跨境电子商务人才供需矛盾与解决路径［J］．当代经济管理，2017（9）.

［84］张夏恒，刘梦恒，马述忠．跨境电商：战略驱动·成长困境和政策牵引［J］．浙江经济，2017（9）：48-49.

［85］张夏恒．跨境电子商务法律借鉴与风险防范研究［J］．当代经济管理，2017，39（3）：29-34.

［86］张夏恒．跨境电商类型与运作模式［J］．中国流通经济，2017，31（1）：76-83.

［87］张夏恒．俄罗斯跨境电子商务发展路径及优化方向［J］．俄罗斯东欧中亚研究，2016（6）：81-93，157.

［88］张夏恒 . 京东：构建跨境电商生态系统［J］. 企业管理，2016（11）：102-104.

［89］张夏恒，郭海玲 . 跨境电商与跨境物流协同：机理与路径［J］. 中国流通经济，2016，30（11）：83-92.

［90］张夏恒 . "互联网+"下医药电子商务生态系统的构建与发展路径［J］. 当代经济管理，2016，38（11）：26-29.

［91］张夏恒 . 县乡电子商务的演进与引导［J］. 生产力研究，2016（7）：96-99.

［92］张夏恒 . 移动电子商务生态系统构建路径研究［J］. 北京邮电大学学报（社会科学版），2016，18（1）：40-44.

［93］张夏恒 . 流通新常态下我国电子商务移动趋势研究［J］. 北京工业大学学报（社会科学版），2015（6）：40-43.

［94］张夏恒，马天山 . 制造型企业供应商质量管理优化——以渭南中联重科为例［J］. 企业管理，2015（11）：72-75.

［95］张夏恒，马天山 . 大数据背景下网络购物的物流增值研究［J］. 当代经济管理，2015，37（11）：29-33.

［96］张夏恒 . 流通视域下生鲜产品电商的物流风险与管控对策［J］. 北华大学学报（社会科学版），2015，16（5）：36-39.

［97］张夏恒 . 新常态下移动电子商务演进轨迹［J］. 改革与战略，2015（9）：172-174.

［98］张夏恒 . 网络购物环境下物流满意评价模型及实证研究［J］. 数学的实践与认识，2014，44（24）：114-124.

［99］张夏恒 . 网络购物的物流增值服务［J］. 中国流通经济，2014（9）：96-100.

［100］张夏恒 . 生鲜电商物流现状、问题与发展趋势［J］. 贵州农业科学，2014，42（11）：275-278.

［101］张夏恒 . 跨境电子商务生态系统研究［M］. 北京：经济科学出版社，2017.

［102］张夏恒，张荣刚 . 跨境电商与跨境物流复合系统协同模型构建与应用研究［J］. 管理世界，2018（12）：190-191.

［103］张夏恒 . 全球价值链视角下跨境电商与跨境物流协同的内生机理与发展路径［J］. 当代经济管理，2018，40（8）：20-24.

［104］张楚，张樊，谭华霖，赵占领 . 电子商务法［M］. 北京：中国人民大学出版社，2016.

［105］张新元，王龙，张鹏，等 . 我国 C2C 电子商务发展存在的问题及解决措施［J］. 情报杂志，2005，24（6）：78-79.

［106］张立群 . 中国经济正趋向新常态［J］. 中国党政干部论坛，2014（12）：28-30.

[107] 张平. 中国经济"新常态"与减速治理 [J]. 现代经济探讨, 2015 (1): 5-9.

[108] 郑友敬. 电子商务: 21 世纪巨大的经济增长点 [J]. 数量经济技术经济研究, 2000 (1): 3-8.

[109] 张先轸. 流通促进消费最新研究进展: 微观基础综论 [J]. 商业经济与管理, 2013 (1): 14-21.

[110] 郑师章, 吴千红, 王海波, 等. 普通生态学——原理、方法和应用 [M]. 上海: 复旦大学出版社, 1994.

[111] 周建良. 基于电子商务生态系统的中小企业发展策略研究 [J]. 企业经济, 2011 (9): 63-65.

[112] 赵旭东. 电子商务主体注册登记之辨 [J]. 清华法学, 2017 (4): 41-52.

[113] 赵湘莲, 陈桂英. 未来新的商业模式——商业生态系统 [J]. 经济纵横, 2007 (8): 79-81.

[114] 赵湘莲. 商业生态系统的序参量探讨 [J]. 经济与管理研究, 2006 (11): 70-74.

[115] 朱晓娟. 电子商务法 [M]. 北京: 中国人民大学出版社, 2018.